ABITUR-TRAINING

FOS · BOS Technik

Analysis und Analytische Geometrie 1

Reinhard Schuberth

Autor: Reinhard Schuberth, selbst Absolvent einer Berufsoberschule, ist langjährige Lehrkraft und Schulleiter.

Jahrzehntelange Unterrichtserfahrung an verschiedenen bayerischen Fachoberschulen und Berufsoberschulen, die Mitarbeit an der virtuellen Berufsoberschule (ViBOS) und das Verfassen verschiedener Lehrbücher bilden eine gute Grundlage, um verständliche und schülergerechte Lernhilfen im Bereich Mathematik zu erstellen. Das Herausarbeiten und Einüben von Schlüsselstellen des Mathematikstoffes, die für eine erfolgreiche Teilnahme am Unterricht und der Abschlussprüfung zentrale Bedeutung haben, ist ihm besonders wichtig.

Als ausgebildeter Beratungslehrer weiß er aus erster Hand, wo die Nöte von Schülerinnen und Schülern im Mathematikunterricht liegen. Ihnen über diese Hürden mit hinwegzuhelfen und sie zu einem erfolgreichen Abschluss zu führen, ist ihm ein besonderes Anliegen.

© 2020 Stark Verlag GmbH
www.stark-verlag.de
1. Auflage 2017

Inhalt

Vorwort

Funktionen **1**

1   Grundlegende Begriffe **2**
1.1   Funktionsbegriff 2
1.2   Schnittpunkte mit den Achsen 11

2   Lineare Funktionen **14**
2.1   Geraden 14
2.2   Rechnen mit Geradengleichungen 20
2.3   Geradenscharen und Geradenbüschel 26
2.4   Anwendungen für lineare Funktionen 29
2.5   Lineare Ungleichungen 33

3   Quadratische Funktionen **35**
3.1   Parabeln 35
3.2   Quadratische Gleichungen 38
3.3   Quadratische Ungleichungen 47
3.4   Quadratische Funktionen mit Parameter 50
3.5   Extremwertaufgaben 57

4   Ganzrationale Funktionen **62**
4.1   Polynomdivision 62
4.2   Ganzrationale Funktionen 3. und 4. Grades 68
4.3   Mehrfache Nullstellen 71
4.4   Schnittpunkte zweier Graphen 74
4.5   Symmetrie 75
4.6   Ganzrationale Funktionen mit Parameter 77
4.7   Verhalten für $x \rightarrow \pm\infty$ 83

Differenzialrechnung **85**

5   Ableitung einer Funktion **86**
5.1   Sekante und Differenzenquotient 86
5.2   Tangente und Differenzialquotient 87
5.3   Differenzierbarkeit 90
5.4   Tangenten- und Normalengleichung 92

5.5   Ableitungsfunktion   94
5.6   Ableitung elementarer Funktionen   96
5.7   Ableitungsregeln   97
5.8   Höhere Ableitungen 103
5.9   Ableitung abschnittsweise definierter Funktionen 105

6   Kurvendiskussion **107**
6.1   Monotonieverhalten 107
6.2   Krümmungsverhalten 113
6.3   Extremwerte 116
6.4   Wendepunkte und Wendetangenten, Sattelpunkte 125
6.5   Zusammenfassende Übersicht über Extrem- und Wendepunkte 128

Lineare Algebra **135**

7   Koordinaten und Vektoren **136**
7.1   Punkte und ihre Ortsvektoren im Koordinatensystem 136
7.2   Vektorbegriff 139
7.3   Rechnen mit Vektoren 140
7.4   Skalarmultiplikation 143

8   Lineare Abhängigkeit und Unabhängigkeit **147**
8.1   Linearkombinationen 147
8.2   Lineare Abhängigkeit von Vektoren 152
8.3   Lineare Gleichungssysteme und Gauß'scher Algorithmus 158
8.4   Anwendungen linearer Gleichungssysteme 166
8.5   Basis eines Vektorraums 172

9   Produkte von Vektoren **178**
9.1   Skalarprodukt 178
9.2   Betrag und Winkel 183
9.3   Vektorprodukt 192

Lösungen **199**

Autor: Reinhard Schuberth

Vorwort

Liebe Schülerin, lieber Schüler,

dieser Trainingsband ist für die 11. Jahrgangsstufe der Fachoberschule (FOS) in der Ausbildungsrichtung Technik konzipiert. Auch Schülerinnen und Schüler der Berufsoberschule (BOS) können damit lernen. Für die Vorklassen und zum Wiederholen von Grundkenntnissen steht Ihnen der Trainingsband „Grundwissen Algebra" (Stark Verlag, Best.-Nr. 92416) zur Verfügung.

Die modulare Struktur der Kapitel erlaubt es Ihnen, an vielen Stellen mit dem Lesen zu beginnen, ohne den Kontext zu verlieren. Daher können Sie sich sofort mit genau den Themenbereichen beschäftigen, die Ihnen noch Probleme bereiten. Die folgenden Punkte helfen dabei, das Lernen mit diesem Buch zu erleichtern:

- In den grün umrandeten bzw. getönten Kästen finden Sie – präzise und schülergerecht formuliert – die wichtigen **Definitionen, Regeln und Merksätze,** die Sie sicher beherrschen müssen.
- Anhand passgenauer, kommentierter **Beispiele** lässt sich die Theorie unmittelbar nachvollziehen, verstehen und wiederholen.
- Die **Übungsaufgaben** eines jeden Abschnitts sind im Schwierigkeitsgrad steigend angeordnet und beinhalten auch anwendungsorientierte Aufgaben.
- Am Ende des Buches finden Sie zu jeder Aufgabe eine vollständig ausgearbeitete, kleinschrittige **Lösung** zur Selbstkontrolle.

Bleibt mir nur noch, Ihnen viel Erfolg bei der Arbeit mit diesem Trainingsband und in der Schule zu wünschen!

Ihr

Reinhard Schuberth

Funktionen

Funktionen sind das unentbehrliche Standardwerkzeug der höheren Mathematik. Mit ihrer Hilfe werden beliebige Zusammenhänge und Abhängigkeiten mathematisch erfasst. Der Verlauf von Brückenbögen lässt sich damit ebenso modellieren wie Satellitenbahnen oder Klimaveränderungen.

1 Grundlegende Begriffe

1.1 Funktionsbegriff

Grundlegend für die gesamte Analysis und für viele Anwendungen ist der Begriff der **Funktion**.

Definition

> **Der Funktionsbegriff**
> Eine **Zuordnungsvorschrift**, die jedem Element x aus einer Menge D, der **Definitionsmenge**, genau ein Element y aus einer anderen Menge W, der **Wertemenge**, zuordnet, bezeichnet man als **Funktion**.

Demnach lässt sich eine Funktion so veranschaulichen:

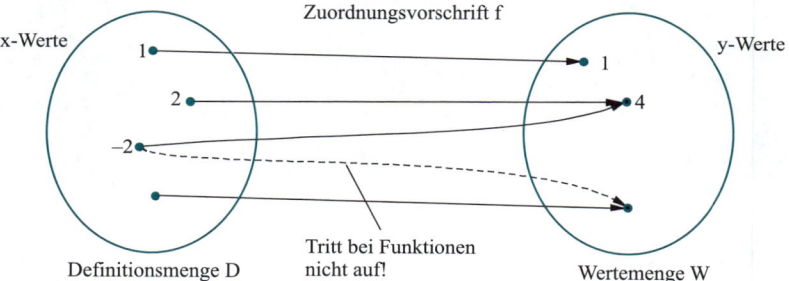

Wie in der Abbildung angedeutet, dürfen bei Funktionen einem x-Wert nicht mehrere y-Werte zugeordnet werden, weil laut Definition jedem x-Wert **genau ein** y-Wert zugeordnet ist.

Funktionen werden mit einem Symbol bezeichnet, üblicherweise mit dem Buchstaben f. Ist f bereits vergeben, so fährt man im Alphabet fort mit g und h. Die oft benutzte Schreibweise **f(x)**, sprich: „f von x", meint den **Funktionswert** der Funktion f an der Stelle x; das ist der y-Wert, der dem x-Wert zugeordnet ist. Statt von Zuordnung spricht man auch von einer **Abbildung**. In dieser Vorstellung wird jeder x-Wert auf genau einen y-Wert abgebildet. Dies kommt auch in der folgenden Schreibweise für Funktionen zum Ausdruck:

$$f: x \mapsto y = f(x) \quad \text{oder einfacher} \quad f: x \mapsto f(x)$$

Dabei heißen x die **unabhängige Variable** oder das **Argument** der Funktion f und y bzw. f(x) die **abhängige Variable** oder der **Funktionswert**.

Die Menge D der x-Werte nennt man **Definitionsmenge** oder **Definitions-bereich**. Will man deutlich machen, dass es sich um den Definitionsbereich der Funktion f handelt, so schreibt man auch D(f) oder D_f.

Wenn der Definitionsbereich einer Funktion eine Teilmenge der reellen Zahlen oder diese selbst ist, also $D \subset \mathbb{R}$, und das Gleiche für die Wertemenge gilt, so spricht man auch von einer **reellen Funktion**. Da im Folgenden nur solche Funktionen auftreten, wird meist auf die Angabe dieses Zusatzes verzichtet.

Beispiele

1. Praktische Beispiele für Funktionen sind u. a. die folgenden Zuordnungen: Die gefahrene Strecke und der verbrauchte Treibstoff, das Datum und der Kurs einer bestimmten Aktie, die produzierte Stückzahl und die Kosten, das Lebensalter und die Körpergröße.

2. In diesem Beispiel ist der Zusammenhang zwischen Uhrzeit und Außentemperatur dargestellt. Wenn man stündlich die Außentemperatur misst, kann man eine Wertetabelle wie folgt aufstellen:

Uhrzeit	9	10	11	12	13	14	15	16
Temperatur in °C	8	11	14	16	17	15	13	11

Hier ist die Uhrzeit die unabhängige Variable und die gemessene Außentemperatur die abhängige Variable.

Anschaulich wird der Temperaturverlauf an diesem Tag, wenn man die **Messwertepaare** grafisch darstellt (das kann man z. B. mit einem Tabellenkalkulationsprogramm machen):

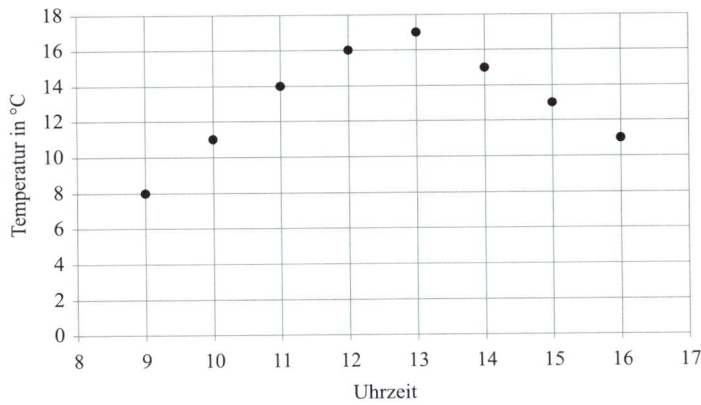

Definition

Funktionsterm und Funktionsgleichung

In der Mathematik sind Funktionen gewöhnlich durch einen Rechenausdruck gegeben, der angibt, wie aus den x-Werten des Definitionsbereiches die zugehörigen y-Werte zu berechnen sind. Diese Rechenausdrücke nennt man **Funktionsterme**, sie werden ebenfalls mit **f(x)** bezeichnet.

Manchmal gibt man eine Funktion auch in der Form f: $y = f(x)$ an und bezeichnet $y = f(x)$ als **Funktionsgleichung**.

Funktionen werden meist in Form von Funktionstermen angegeben.

Allgemein ist **f(x)** der Funktionsterm und **$y = f(x)$** die Funktionsgleichung.

Beispiele

1. Die Funktion f: $x \mapsto x^2$ hat den Funktionsterm x^2, den man in der Regel als $f(x) = x^2$ schreibt. Die Funktionsgleichung von f lautet f: $y = x^2$.

2. Entsprechend hat die Funktion g: $x \mapsto x - 2$ den Funktionsterm $g(x) = x - 2$ und die Funktionsgleichung g: $y = x - 2$.
   Wenn klar ist, dass die Funktion g gemeint ist, lässt man den Funktionsbuchstaben gelegentlich auch weg, schreibt also einfach:
   $y = x - 2$

Da mathematische Funktionen in der Regel als Funktionsterm gegeben sind, kann man leicht Funktionswerte der Funktion berechnen.

Regel

Berechnen von Funktionswerten

Hat man eine Funktion in Form eines Funktionsterms vorliegen, so können die zu bestimmten x-Werten gehörenden **Funktionswerte** durch Einsetzen der x-Werte in den Funktionsterm berechnet werden.

Beispiele

1. Gegeben ist $f(x) = \frac{1}{2}x^2 - 3x + 2$, $D_f = \mathbb{R}$.
   Berechnen Sie den Funktionswert für $x = 1$.

   Lösung:
   Soll der Funktionswert an der Stelle $x = 1$ berechnet werden, dafür schreibt man f(1), sprich: „f von 1", so wird für sämtliche x eben 1 eingesetzt.
   $$f(1) = \frac{1}{2} \cdot 1^2 - 3 \cdot 1 + 2 = -\frac{1}{2}$$

   Bemerkung: Wenn die Berechnung der Funktionswerte komplizierter wird, nimmt man den Taschenrechner zur Hilfe.

2. Nicht selten benötigt man von einer Funktion – vor allem, wenn sie gezeichnet werden soll – mehrere Funktionswerte. Diese stellt man dann übersichtlich in einer sogenannten **Wertetabelle** dar.
Beispielsweise sei $g(x) = x^3$; es soll eine Wertetabelle von $x = -2$ bis $x = 3$ mit der **Schrittweite** $\Delta x = 0{,}5$ (sprich: „Delta x gleich 0,5") erstellt werden. Beginnend mit $x = -2$ wird $g(-2) = (-2)^3 = -8$ berechnet, dann $g(-1{,}5) = (-1{,}5)^3 = -3{,}375$ usw., bis man zu $x = 3$ gelangt.
Die Wertetabelle stellt man übersichtlich so dar:

x	−2	−1,5	−1	−0,5	0	0,5	1	1,5	2	2,5	3
g(x)	−8	−3,375	−1	−0,125	0	0,125	1	3,375	8	15,625	27

In den meisten Fällen genügt es, die Funktionswerte auf zwei Nachkommastellen zu runden.

Regel

> **Maximaler Definitionsbereich**
> Bei reellen Funktionen wird häufig kein Definitionsbereich angegeben sein. Dann ist automatisch immer der größtmögliche oder **maximale Definitionsbereich** (auch mit D_{max} bezeichnet) in der Grundmenge $\mathbb{R}$ gemeint. Dies bedeutet, dass jede Zahl $x \in \mathbb{R}$ zu D gehört, für die sich beim Funktionsterm ein berechenbarer Funktionswert ergibt.
> Gibt es in der Berechenbarkeit der Funktionswerte keinerlei Einschränkungen, so ist der maximale Definitionsbereich ganz $\mathbb{R}$.

Es gibt natürlich Beispiele für Funktionen, bei denen Einschränkungen notwendig sind:
- **Gebrochene Funktionen:** Bei gebrochenen Funktionen muss man alle Zahlen ausschließen, für die im Nenner null herauskommt.
  Man ermittelt den maximalen Definitionsbereich, indem man den Nenner gleich null setzt, die sich ergebende Gleichung löst und diese Lösungen aus $\mathbb{R}$ herausnimmt.
- **Wurzelfunktionen:** Bei Wurzelfunktionen dürfen unter der Wurzel nur Werte ≥ 0 vorkommen.
  Man ermittelt den maximalen Definitionsbereich, indem man den Term unter der Wurzel größer gleich null setzt und die sich ergebende Ungleichung löst. Diese Lösungsmenge ist dann zugleich D_{max}.

1. Betrachtet werden die Funktionen: f: $x \mapsto x^2$ und g: $x \mapsto x - 2$ mit den Definitionsbereichen $D_f = \mathbb{R}$ und $D_g = [1; 4]$.
   Die Funktion f hat ihren maximalen Definitionsbereich erhalten, während der Definitionsbereich von g eingeschränkt worden ist, denn in g dürfen nur reelle Zahlen von 1 bis 4 eingesetzt werden.

2. Bestimmen Sie jeweils den maximalen Definitionsbereich der folgenden Funktionen:
   a) $f(x) = \frac{1}{x}$
   b) $g(x) = \sqrt{x}$

   Lösung:
   a) Für $x = 0$ ergibt sich kein berechenbarer Funktionswert. Die Zahl Null gehört folglich nicht zum Definitionsbereich: $D_f = \mathbb{R} \setminus \{0\}$
   b) g kann nur für solche x ausgewertet werden, bei denen unter der Wurzel etwas nicht Negatives herauskommt. Also gilt hier:
   $D_g = \{x \in \mathbb{R} \mid x \geq 0\}$

In der Regel kann man eine Funktion in einem **kartesischen** (= rechtwinkligen) Koordinatensystem grafisch darstellen. Das Koordinatensystem teilt die Zeichenebene in vier **Quadranten** ein, der I. Quadrant wird von der positiven x- und y-Achse eingerahmt, die Nummerierung der Quadranten erfolgt entgegen dem Uhrzeigersinn (= mathematisch positiver Drehsinn). Darin kann man dann den sogenannten **Funktionsgraphen** einzeichnen und erhält eine Veranschaulichung der Funktion.

Der Graph einer Funktion
Der **Graph** einer Funktion f (meist mit G_f oder $G(f)$ bezeichnet) ist die Menge aller Punkte $P(x \mid y)$, wobei $x \in D_f$ und $y = f(x)$. Die Punkte haben jeweils
- eine x-Koordinate (auch **Abszisse** genannt) und
- eine y-Koordinate (auch **Ordinate** genannt).

Die x-Koordinate eines Punktes wird häufig auch als **Stelle** bezeichnet, z. B. Nullstelle, Extremstelle.

Der Graph einer Funktion besteht in der Regel aus einer unendlichen Menge von Punkten. Bevor man den Graphen zeichnet, erstellt man normalerweise eine Wertetabelle. Dazu berechnet man für einige ausgewählte x-Werte die zugehörigen y-Werte.

Zum Zeichnen trägt man die x- und y-Koordinaten der Punkte aus der Werte-
tabelle in ein kartesisches Koordinatensystem ein und verbindet die Punkte unter
Berücksichtigung des Definitionsbereichs von f zu einer (möglichst glatten)
Kurve.
Manchmal ist es nötig, die Skalierung auf den Achsen zu ändern. Wenn kein
Maßstab angegeben ist, gilt in der Regel: 1 Längeneinheit (LE) = 1 cm.

Beispiele

1. Zeichnen Sie den Graphen der Funktion $f(x) = \frac{1}{2}x^2 - 3x + 2$ im Bereich
   $0 \le x \le 6$ anhand einer Wertetabelle mit Schrittweite 1.

   Lösung:

x	0	1	2	3	4	5	6
f(x)	2	−0,5	−2	−2,5	−2	−0,5	2

   Diese Punkte werden in das Koordinatensystem eingezeichnet und zu
   einer glatten Kurve verbunden (siehe Abbildung).

   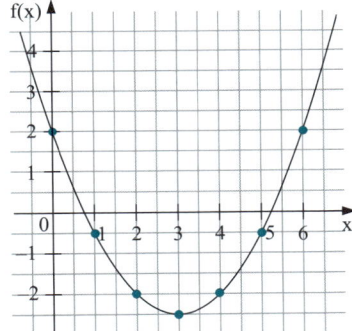

2. Betrachtet werden die Funktionen $f: x \mapsto x^2$ und $g: x \mapsto x - 2$ mit den
   Definitionsbereichen $D_f = \mathbb{R}$ und $D_g = [1; 4]$.
   Erstellen Sie mithilfe von Wertetabellen die Graphen, wobei natürlich die
   jeweiligen Definitionsmengen zu beachten sind.

   Lösung:

x	−3	−2	−1	0	1	2	3
f(x)	9	4	1	0	1	4	9

x	1	2	3	4
g(x)	−1	0	1	2

   Natürlich könnte man im jeweiligen Definitionsbereich weitere x-Werte
   in die Berechnung der Wertetabelle miteinbeziehen. Dazu muss man
   überlegen, ob sich der zusätzliche Aufwand lohnt. Wenn nichts weiter
   angegeben ist, wird die Schrittweite 1 gewählt.

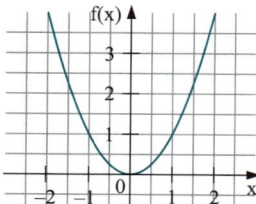 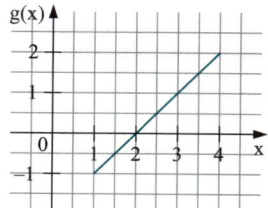

3. Versieht man die vorhin betrachteten Funktionsterme $f*(x) = x^2$ und $g*(x) = x - 2$ mit anderen Definitionsmengen, z. B. $D_{f*} = \{x \in \mathbb{R} \mid x \geq 0\}$ und $D_{g*} = \{1; 2; 3; 4\}$, so ergeben sich die unten abgebildeten Graphen.

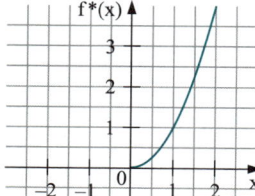 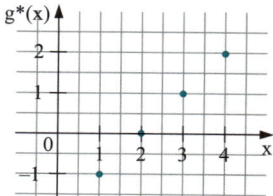

In diesem Beispiel besteht der Graph von g* überhaupt nur aus vier Punkten. Das macht noch einmal deutlich, wie wichtig die Beachtung des Definitionsbereichs ist.

4. Da laut Funktionsdefinition jedem x-Wert nur genau ein y-Wert zugeordnet sein darf, wird bei Funktionsgraphen jede vertikale Gerade höchstens einmal vom Graphen geschnitten.

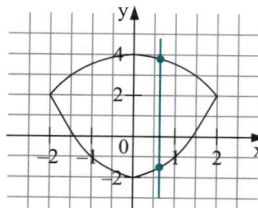 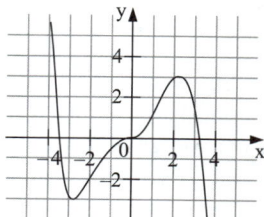

Die vertikale Gerade wird zweimal geschnitten, d. h. einem x-Wert werden zwei y-Werte zugeordnet: Die abgebildete Kurve ist daher nicht Graph einer Funktion.

Jede vertikale Gerade schneidet den Graphen höchstens einmal; es handelt sich also um einen Funktionsgraphen.

Während die Definitionsmenge die zulässigen x-Werte einer Funktion enthält,
sind es beim **Wertebereich** die von der Funktion angenommenen y-Werte.

Definition

Wertebereich
Der **Wertebereich** einer Funktion f ist die Menge derjenigen (reellen) Zahlen,
welche die Funktion als Funktionswert annimmt. Mathematisch ausgedrückt:
$W_f = \{y \in \mathbb{R} \mid y = f(x) \text{ für ein } x \in D_f\}$

Neben dem Wertebereich verwendet man bei Funktionen auch noch den Begriff
der **Zielmenge Z**. Diese umfasst den Wertebereich der Funktion und ist bei reellen Funktionen stets eine Teilmenge von $\mathbb{R}$, sodass gilt: $W_f \subset Z \subset \mathbb{R}$.
Um darzustellen, welche Mengenzuordnungen bei einer Funktion vorkommen,
schreibt man symbolisch: $f: D \to Z$. Die Zuordnungsvorschrift muss zusätzlich
angegeben werden, z. B. $f: [0; 1[\to \mathbb{R}; \ x \mapsto \sqrt{x}$.

Beispiele

1. Der Wertebereich der konstanten Funktion $g(x) = 2$ besteht nur aus einem
   Element: $W_g = \{2\}$

2. Der Graph der Funktion $h: [-2; 3] \to \mathbb{R}$
   mit $h(x) = -\frac{1}{2}x + \frac{3}{2}$ ist nebenstehend abgebildet. Es ist die Strecke zwischen den
   Punkten $P_1(-2 \mid \frac{5}{2})$ und $P_2(3 \mid 0)$.

   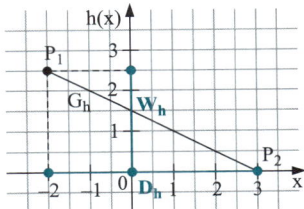

   Diese Funktion hat als Definitionsmenge
   das Intervall $D_h = [-2; 3]$ und die Zielmenge ist $Z_h = \mathbb{R}$.

Die Wertemenge lässt sich leicht aus der grafischen Darstellung ablesen:
Der größte Funktionswert tritt am linken Rand der Definitionsmenge auf,

$h(-2) = -\frac{1}{2} \cdot (-2) + \frac{3}{2} = \frac{5}{2} = 2{,}5,$

und der kleinste Funktionswert am rechten Rand:

$h(3) = -\frac{1}{2} \cdot 3 + \frac{3}{2} = 0$

Alle zwischen 0 und 2,5 liegenden y-Werte werden ebenfalls als Funktionswert angenommen, sodass die Wertemenge von h das Intervall
$W_h = [0; \frac{5}{2}]$ ist.

3. Bei der nebenstehend abgebildeten Funktion $f(x) = -\frac{3}{2}x^2 + 9x - \frac{19}{2}$ mit

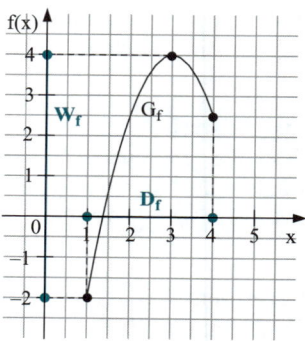

$D_f = [1; 4]$ kann man den Wertebereich aus der Zeichnung ablesen:
Durch die Funktion f werden die $x \in [1; 4]$ auf das Intervall $W_f = [-2; 4]$ abgebildet, das damit den Wertebereich dieser Funktion darstellt.

Wäre für das oben angegebene $f(x)$ der Definitionsbereich ganz $\mathbb{R}$, so würde sich als Wertebereich das Intervall $]-\infty; 4]$ ergeben.

Aufgaben

1. Berechnen Sie für die Funktion $f(x) = \frac{1}{2}x^2 - 3x + 2$ die Funktionswerte $f(0)$, $f(-1)$, $f(\sqrt{2})$ und $f(3 + \sqrt{5})$ sowohl exakt als auch mit dem Taschenrechner.

2. Gegeben ist die Funktion $g(x) = \sqrt{x+2}$.
   Berechnen Sie die Funktionswerte an den Stellen $x = -2$, 0 und 4,25.
   Lässt sich $g(-3)$ berechnen?

3. Berechnen Sie für die Funktion $h(x) = \frac{1}{x}$ die Funktionswerte $h(2)$, $h(1)$, $h(0,5)$, $h(0,1)$ und $h(0)$.

4. Erstellen Sie für die Funktion $k(x) = \frac{2}{9}x^3 - \frac{4}{3}x^2 + 2x - 1$ im Bereich $-1 \leq x \leq 6$ eine Wertetabelle mit Schrittweite $\Delta x = 1$.

5. Bestimmen Sie jeweils den maximalen Definitionsbereich der folgenden Funktionen.

   a) $f(x) = x^3 - 4x^2 + 5x - 1$

   b) $g_1(x) = \frac{1}{x+3}$; $g_2(x) = \frac{1}{x^2+1}$; $g_3(x) = \frac{x+1}{x^2-1}$

   c) $h_1(x) = \sqrt{x-2}$; $h_2(x) = \sqrt{-3x+4}$

6. Zeichnen Sie die Graphen der folgenden Funktionen:

   a) $f(x) = \frac{1}{x}$ mit $x \in \mathbb{N} \setminus \{0\}$. Wählen Sie auf der y-Achse: 1 LE = 5 cm

   b) $g(x) = \frac{1}{x}$ im größtmöglichen Definitionsbereich

   c) $h(x) = x^3$

7. Zeichnen Sie nach dem Erstellen einer geeigneten Wertetabelle die Graphen folgender Funktionen: $f(x) = -x^2 + 2$; $g(x) = 1$; $h(x) = x$

8. Zeichnen Sie die Graphen der folgenden Funktionen und geben Sie jeweils ihren Wertebereich an.

   a) $f(x) = x$ mit $x \in [0; 3]$ b) $g(x) = -x^2$

   c) $h(x) = \frac{1}{x^2}$ d) $\ell(x) = (x-1)^2 - 1$

1.2   Schnittpunkte mit den Achsen

Von besonderer Bedeutung sind diejenigen x-Werte, für die sich der Funktionswert null ergibt. Man nennt sie **Nullstellen**.

Definition

Nullstellen   Eine Zahl $x_0 \in D_f$ heißt **Nullstelle** der Funktion f, wenn gilt: $f(x_0) = 0$ Nullstellen werden berechnet, indem man den Funktionsterm gleich null setzt: **f(x) = 0**   Diese Gleichung muss dann gelöst werden.

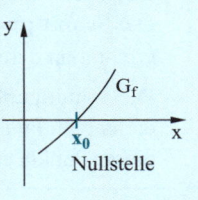

Die Berechnung von Nullstellen wird bei den einzelnen Funktionstypen noch ausführlich behandelt.

Stellen, also feste Zahlen auf der x-Achse, werden häufig mit x und einer nachfolgend tiefer gestellten Zahl bezeichnet. x_0 (sprich: „x Null") meint also einen bestimmten x-Wert, während x (ohne Index) alle x-Werte des Definitionsbereiches symbolisiert.

Beispiele

1. Um die Nullstellen der Funktion $f(x) = -\frac{1}{2}x^2 - \frac{3}{2}x + 2$ zu ermitteln, wird der Funktionsterm gleich null gesetzt. Das führt auf die Gleichung:

   $-\frac{1}{2}x^2 - \frac{3}{2}x + 2 = 0$

   Diese quadratische Gleichung muss dann gelöst werden.

2. Berechnen Sie die Nullstellen der Funktion $f(x) = x^2 - 3x$.

Lösung:

$$f(x) = 0$$
$$x^2 - 3x = 0$$
$$\mathbf{x(x-3) = 0}$$
$$\Rightarrow \quad x_1 = 0; \ x_2 = 3$$

Der Funktionsterm wird gleich null gesetzt. In diesem Fall führt man die entstehende quadratische Gleichung durch Ausklammern von x in eine **Produktform** über.
Ein Produkt ist null, sobald ein Faktor null ist. Man kann jetzt die Lösungen ablesen.

$x_1 = 0$ und $x_2 = 3$ sind die beiden Nullstellen von f.

Außer den Nullstellen sind häufig noch die Schnittpunkte eines Graphen mit den Koordinatenachsen von Interesse.

Regel

> **Schnittpunkte mit den Koordinatenachsen**
>
> • Der Graph einer Funktion f schneidet die **y-Achse** des Koordinatensystems, wenn die Zahl 0 zum Definitionsbereich der Funktion gehört.
> Der **Schnittpunkt S_y** mit der y-Achse hat die x-Koordinate 0, die y-Koordinate erhält man durch Einsetzen von $x = 0$ in den Funktionsterm, also $S_y(0 \mid f(0))$.
>
> • Die Schnittpunkte mit der **x-Achse** (hiervon kann es auch mehrere geben) sind diejenigen Punkte des Graphen, deren y-Koordinate 0 ist. Die x-Koordinaten dieser Punkte entsprechen den Nullstellen von f.

Beispiel

Der abgebildete Funktionsgraph hat den Funktionsterm $f(x) = -\frac{1}{2}x^2 - \frac{3}{2}x + 2$.
Bestimmen Sie sämtliche Schnittpunkte mit den Koordinatenachsen.

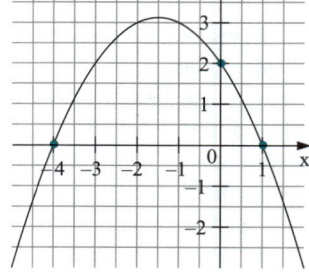

Lösung:
Der Schnittpunkt mit der y-Achse hat wegen $f(0) = -0 - 0 + 2 = 2$ die Koordinaten $S_y(0 \mid 2)$.
Das gleiche Ergebnis erhält man durch Ablesen aus der Zeichnung.

Die Schnittpunkte mit der x-Achse können aus der Zeichnung abgelesen werden:
$S_{x,1}(-4 \mid 0)$, $S_{x,2}(1 \mid 0)$
Rechnerisch lassen sich diese durch Lösen der quadratischen Gleichung
$-\frac{1}{2}x^2 - \frac{3}{2}x + 2 = 0$ (Nullstellen von f) ermitteln.

Aufgaben 9. Ermitteln Sie die Nullstellen der folgenden Funktionen:

a) $f(x) = (x+4)(x-1)$ b) $g_1(x) = x^2 - 9$

c) $g_2(x) = x^2 + 9$ d) $h(x) = 3$

10. Berechnen Sie jeweils die Schnittpunkte mit den Koordinatenachsen.

a) $f(x) = -2x + 3$ b) $g(x) = -\frac{1}{2}\left(x - \frac{\sqrt{3}}{2}\right) + \frac{2}{3}$

c) $h_1(x) = 1$ d) $h_2(x) = x$

11. a) Ermitteln Sie aus den Darstellungen der Graphen von f und g
   - den Schnittpunkt des Graphen von f mit der y-Achse,
   - die Definitionsmenge und die Nullstelle von g,
   - den Funktionswert von f an der Stelle −1, also f(−1), und
   - die Abszisse des Punktes des Graphen von g mit dem y-Wert 1.

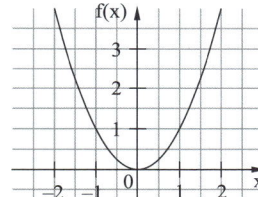 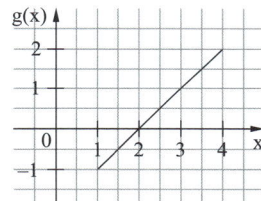

b) Geben Sie die Wertemengen von f und g an.

12. Begründen Sie jeweils, in welchen der nachfolgenden Diagramme Graphen von Funktionen dargestellt sind und in welchen nicht.

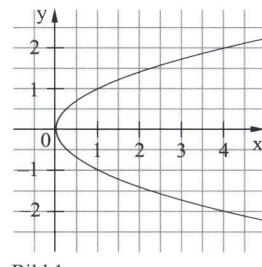 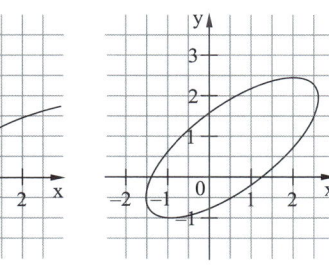

Bild 1   Bild 2   Bild 3

13. Auf der nächsten Seite sind drei Funktionen zusammen mit ihren Graphen gegeben. Ermitteln Sie aus den grafischen Darstellungen jeweils:
   - Schnittpunkt mit der y-Achse
   - Nullstellen
   - Wertemenge

Geben Sie zusätzlich die maximalen Definitionsbereiche von f, g und h an.

a) $f(x) = -x^2 - x + 2$

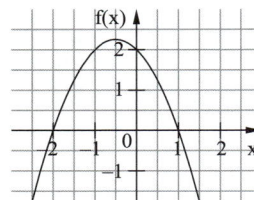

b) $g(x) = x^3 + \frac{1}{2}x^2 - 3x$

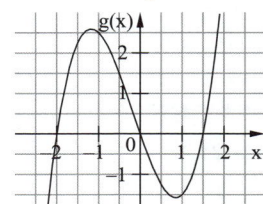

c) $h(x) = 0,2x^4 - 2x^2 + 6$

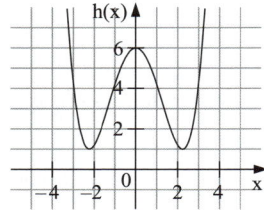

14. Erstellen Sie die Graphen der folgenden Funktionen, geben Sie jeweils die Wertemenge und die Nullstellen an:

a) $f_1(x) = \frac{1}{2}x - 1$

b) $f_2(x) = -x^2 + 4$

c) $f_3(x) = x^4$

2 Lineare Funktionen

2.1 Geraden

Liegen bei einer Funktion alle Punkte des Graphen auf einer **Geraden**, so spricht man von einer linearen Funktion. Im Funktionsterm treten zwei Parameter m und t auf, die bereits **alle** Informationen über die Funktion enthalten.

Definition

> **Lineare Funktionen**
> Die linearen Funktionen haben die Grundform: $g: x \mapsto mx + t$
> Die unabhängige Variable x kommt nur in der 1. Potenz vor, d. h., es tritt kein x^2, $\sqrt{x}$ oder Ähnliches im Funktionsterm auf. Dabei sind m und t **Parameter** (oder Formvariablen), die folgende Bedeutung haben:
> **m** ist die **Steigung**, **t** der **y-Achsenabschnitt** von g.
> Lineare Funktionen haben den maximalen Definitionsbereich $D_{max} = \mathbb{R}$.

Beispiele

1. $f(x) = \frac{1}{2}x - 3$ ist eine lineare Funktion mit Steigung $m = \frac{1}{2}$ und y-Achsenabschnitt $t = -3$.

2. $g(x) = x$ ist eine lineare Funktion mit $m = 1$ und $t = 0$.
   Diese besondere lineare Funktion heißt **identische Funktion**, weil hier jedes x auf sich selbst abgebildet wird. Die Funktionsschreibweise $g: x \mapsto x$ bringt dies noch deutlicher zum Ausdruck.

3. $h(x) = 2$ ist eine lineare Funktion mit $m = 0$ und $t = 2$.
   Man nennt solche Funktionen, die immer den gleichen Funktionswert haben, auch **konstante Funktionen**. Ihre Graphen sind parallele Geraden zur x-Achse, hier bei der Funktion h in der Höhe von $y = 2$.

4. $k(x) = 3(x - 2) + 5$ ist eine lineare Funktion, wenn auch nicht in der Grundform. Sie lässt sich durch einfache algebraische Umformungen jedoch ohne Weiteres in diese umrechnen: $k(x) = 3x - 1$, d. h. $m = 3$ und $t = -1$.
   Entsprechend ist $\ell(x) = \frac{3 - 2x}{3}$ eine lineare Funktion mit $m = -\frac{2}{3}$ und $t = 1$.

5. $p_1(x) = x^2$, $p_2(x) = \frac{1}{x} + 2$ und $p_3(x) = 3\sqrt{x} + 2$ sind *keine* linearen Funktionen, weil x nicht nur in der 1. Potenz auftritt. Diese Funktionen werden deshalb auch als **nichtlineare Funktionen** bezeichnet.
   $q(x) = 3(x - 2)^2 + 5$ ist ebenfalls eine nichtlineare Funktion, weil x auch quadratisch vorkommt. Das ist unmittelbar an dem Quadrat bei der Klammer erkennbar, denn ausmultipliziert (2. binomische Formel) und zusammengefasst erhält man $q(x) = 3x^2 - 12x + 17$.

6. **Implizite lineare Funktionen**
   Auch eine Gleichung mit zwei Unbekannten x und y wie z. B.
   $g: 3y - 4x + 1 = 0$ (Geradengleichung) stellt eine lineare Funktion dar. Man bezeichnet sie als **implizite** Funktion, weil sie nicht nach der abhängigen Funktionsvariablen y aufgelöst ist. In dieser impliziten Form lassen sich m und t nicht direkt ablesen. Dafür muss man die Funktion in die **explizite**, nach y aufgelöste Form bringen, was stets durch einfaches algebraisches Umstellen nach y möglich ist. Im Falle von g führt das auf die explizite Darstellung $g: y = \frac{4}{3}x - \frac{1}{3}$.

Regel

Der Graph einer linearen Funktion

Lineare Funktionen $g(x) = mx + t$ mit Definitionsbereich $D = \mathbb{R}$ haben stets eine **Gerade** als Graph. Aus dem folgenden Schaubild geht hervor, wie die Steigung m und der y-Achsenabschnitt t mit der grafischen Darstellung zusammenhängen:

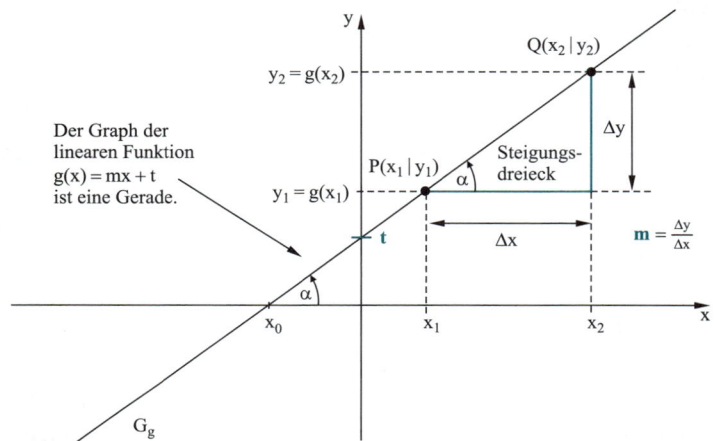

Der **y-Achsenabschnitt t** ist diejenige y-Koordinate, an der die Gerade G_g die y-Achse schneidet. Dies folgt auch aus der Rechnung $y_S = g(0) = m \cdot 0 + t = t$.

Die **Steigung m** einer linearen Funktion ermittelt man mithilfe eines **Steigungsdreiecks** (siehe Abbildung). Kennt man zwei Punkte $P(x_1 | y_1)$ und $Q(x_2 | y_2)$, die auf der Geraden g liegen ($P, Q \in g$), so kann die Steigung mithilfe der folgenden **Differenzenquotienten** ausgerechnet werden:

$$m = \frac{\Delta y}{\Delta x} = \frac{y_2 - y_1}{x_2 - x_1} \quad \text{oder} \quad m = \frac{y_1 - y_2}{x_1 - x_2} \quad \left(\text{Steigung} = \frac{\text{Differenz der y-Werte}}{\text{Differenz der x-Werte}} \right)$$

Es gilt:

m > 0: Die Gerade steigt an (verläuft von links unten nach rechts oben).

m = 0: Die Gerade verläuft parallel zur x-Achse (horizontal).

m < 0: Die Gerade fällt (verläuft von links oben nach rechts unten).

Δy ist die Gegenkathete und Δx die Ankathete zu dem im (rechtwinkligen) Steigungsdreieck eingezeichneten Winkel α. Da das Verhältnis $\frac{\text{Gegenkathete}}{\text{Ankathete}}$ den Tangens ergibt, gilt für den **Neigungswinkel** α einer Geraden mit Steigung m:

$$\tan \alpha = \frac{\Delta y}{\Delta x} = m \quad \text{bzw.} \quad \alpha = \arctan(m)$$

Zur Bestimmung der **Nullstelle** x_0 muss die lineare Gleichung $mx + t = 0$ gelöst werden. Für $m \neq 0$ lässt sich diese stets nach x auflösen, die Nullstelle ist dann:

$$x_0 = -\frac{t}{m}$$

Beispiele

1. *Sonderfälle:* Für $t=0$ geht die zugehörige Gerade durch den Koordinatenursprung, man nennt sie dann eine **Ursprungsgerade**.
   Für $m=0$ und $t\neq0$ (**horizontale Gerade** parallel zur x-Achse) hat die Gerade **keine Nullstelle**. Sollte t auch noch null sein, dann hat die Gerade die Funktionsgleichung $y=0$ und stellt die x-Achse dar.

2. Wegen $\tan(45°)=1$ hat eine Gerade mit einem Neigungswinkel von $45°$ die Steigung $m=1$. Das trifft beispielsweise auf die **Winkelhalbierende** des I. und III. Quadranten mit der Geradengleichung $y=x$ (identische Funktion) zu.

3. Geraden mit gleicher Steigung sind **parallel** (oder sogar **identisch**, wenn sie auch noch im y-Achsenabschnitt übereinstimmen).

4. Die Gerade g enthält die Punkte $P(2\,|\,{-3})$ und $Q(4\,|\,1)$.
   Welche Steigung hat g, was bedeutet diese anschaulich? Wie groß ist der Neigungswinkel?

   Lösung:
   - Steigung von g:
   $$m = \frac{\Delta y}{\Delta x} = \frac{1-(-3)}{4-2} = \frac{4}{2} = 2$$

   Das gleiche Ergebnis erhält man, wenn man die Reihenfolge bei den Differenzbildungen umdreht:
   $$m = \frac{\Delta y}{\Delta x} = \frac{-3-1}{2-4} = \frac{-4}{-2} = 2$$

   - Anschauliche Deutung:
   Wenn man von einem beliebigen Punkt der Geraden g im Koordinatensystem um eine Einheit nach rechts ($\Delta x=1$) und anschließend um 2 Einheiten nach oben geht ($\Delta y=2$), dann landet man wieder auf einem Punkt der Geraden g.

   - Neigungswinkel:
   Wegen $\tan\alpha=m=2$ erhält man $\alpha=\arctan(2)$. Die Berechnung wird mit dem Taschenrechner vorgenommen: 2 eingeben und dann $\boxed{\text{INV}}$ $\boxed{\text{TAN}}$ drücken. Es wird dann $63,43\ldots$ angezeigt, sodass gilt:
   $\alpha\approx63,4°$

5. Bei maximalem Definitionsbereich $D_{max}=\mathbb{R}$ hat eine Gerade als **Wertebereich** ebenfalls $\mathbb{R}$, falls $m\neq0$ gilt. Für $m=0$ gilt $W=\{t\}$.

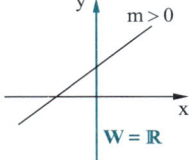

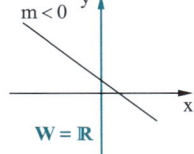

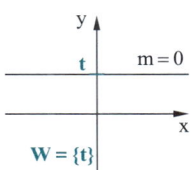

6. Vorzeichenwechsel bei Nullstellen:
   Eine lineare Funktion hat höchstens eine Nullstelle. Häufig ist wichtig zu wissen, wie die Funktionswerte an einer Nullstelle das Vorzeichen wechseln.

An der Nullstelle x_0 wechselt f(x) sein Vorzeichen von – nach +, wenn m > 0 (kurz: VZW: – ↗ +), oder von + nach –, wenn m < 0 (kurz: VZW: + ↘ –).

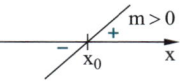

VZW: – ↗ +, wenn m > 0

VZW: + ↘ –, wenn m < 0

Regel

> **Zeichnen von Geraden**
>
> Hat man eine Geradengleichung g: $y = mx + t$ vorliegen und soll der Graph dazu gezeichnet werden, so geht man wie folgt vor:
>
> Man markiert den y-Achsenabschnitt t auf der y-Achse, von diesem Punkt aus geht man um **eine** Einheit nach **rechts** ($\Delta x = 1$) und dann um $|m|$ Einheiten
> - nach **oben**, falls m > 0,
> - nach **unten**, falls m < 0.
>
> Wenn man für $\Delta x = 1$ wählt, dann ist $\Delta y = m$, wie die Formel $m = \frac{\Delta y}{\Delta x}$ zeigt.
>
> Sollte sich das sich ergebende Steigungsdreieck als zu klein erweisen, kann man es um einen beliebigen Faktor vergrößern: Verdoppelt man beispielsweise Δx, so muss man natürlich auch Δy verdoppeln; m verändert sich dadurch nicht.

Beispiele

1. Zeichnen Sie den Graphen der Funktion g: $y = -3x + 2$.

   Lösung:
   Man markiert zuerst den y-Achsenabschnitt t = 2. Im vorliegenden Fall ist m = –3, also geht man **eine** Einheit nach **rechts** und **drei** Einheiten nach **unten**.

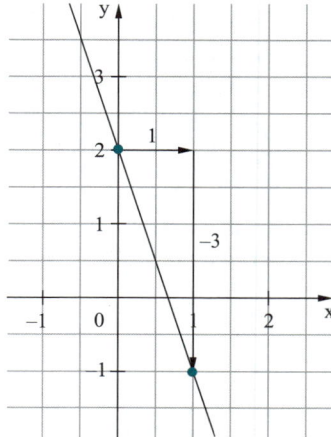

2. Für $m = \frac{1}{3}$ wäre $\Delta x = 1$ und $\Delta y = \frac{1}{3}$ eine ungünstige Wahl für die Größe des Steigungsdreiecks. Stattdessen wird man beide Katheten um den Faktor 3 vergrößern, sodass man mit $\Delta x = 3$ und $\Delta y = 1$ ein gut darstellbares Steigungsdreieck erhält.

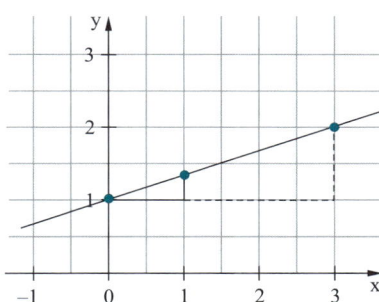

Aufgaben

15. Entscheiden Sie, welche der folgenden Funktionen zur Klasse der linearen Funktionen gehören und geben Sie für diesen Fall jeweils die Steigung und den y-Achsenabschnitt an.

a) $f(x) = 3x - 4 + \frac{1}{x}$

b) $f(x) = 4(1 - x)$

c) $f(x) = \frac{x - 3}{2}$

d) $f(x) = x(x + 1)$

16. Im Diagramm ist die Gerade g eingezeichnet. Ermitteln Sie daraus:

a) Nullstelle

b) Schnittpunkt mit der y-Achse

c) y-Koordinate des Punktes $P(-1 \mid y_P) \in g$

d) x-Koordinate des Punktes $Q(x_Q \mid 1) \in g$

e) Steigung

f) Funktionsgleichung

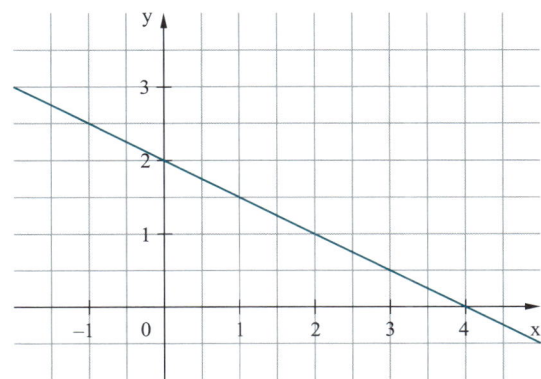

17. Gegeben ist die Geradengleichung $g: y = 2x - 3$.

a) Untersuchen Sie rechnerisch, ob die Punkte $A(2 \mid 1)$ und $B(3 \mid 5)$ auf der Geraden g liegen.

b) Bestimmen Sie die fehlenden Koordinaten so, dass die Punkte $C(3 \mid y_C)$ und $D(x_D \mid 5)$ auf der Geraden g liegen.

18. Das Verkehrszeichen „14 % Steigung"
bedeutet, dass die Straße auf eine horizontale Entfernung von 100 m um 14
Höhenmeter ansteigt:

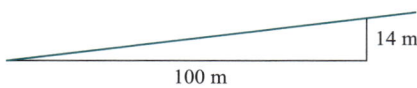

14 m

100 m

Berechnen Sie die mathematische
Steigung und den Neigungswinkel
der Straße.

19. Gegeben sind die Geradengleichungen $g_1: y = -\frac{3}{2}x + \frac{5}{2}$, $g_2: y = x$, $g_3: y = 2$.

  a) Zeichnen Sie die Geraden in ein gemeinsames Koordinatensystem ein.

  b) Berechnen Sie jeweils den Neigungswinkel.

  c) Geben Sie die Wertebereiche an.

  d) Untersuchen Sie rechnerisch, ob der Punkt $P(2|2)$ auf einer der drei Gera-
  den liegt.

20. Gegeben ist die Funktionsgleichung $g: 3x - 4y + 1 = 0$ in der impliziten Form.
Bringen Sie g in die explizite (nach y aufgelöste) Form.
Lesen Sie m und t ab und stellen Sie g im Koordinatensystem dar.

2.2 Rechnen mit Geradengleichungen

Regel

> **Aufstellen von Geradengleichungen**
> Durch zwei vorgegebene Punkte $P(x_1|y_1)$ und $Q(x_2|y_2)$ wird eine Gerade g fest-
> gelegt. Soll die Funktionsgleichung dieser Geraden ermittelt werden, so erreicht
> man das mit den folgenden zwei Schritten:
> 1. Mithilfe der Koordinaten der beiden Punkte berechnet man gemäß $m = \frac{\Delta y}{\Delta x}$ die
>   Steigung der Geraden und setzt diese in die allgemeine Geradengleichung
> $g: y = mx + t$ ein.
> 2. Da die Punkte P und Q auf g liegen, müssen P und Q die Geradengleichung er-
>   füllen. Man braucht also nur noch die Koordinaten von P oder Q in die Gera-
>   dengleichung einsetzen und das noch unbekannte t berechnen.

Beispiel

Durch die Punkte P(−2|4) und Q(5|−1) soll eine Gerade g gelegt werden. Ermitteln Sie die Geradengleichung von g.

Lösung:

$$m = \frac{\Delta y}{\Delta x} = \frac{-1-4}{5-(-2)} = \frac{-5}{7} = -\frac{5}{7}$$

Berechnung der Steigung aus den Koordinaten der Punkte P und Q

$$\Rightarrow \text{ g: } y = -\frac{5}{7}x + t$$

Einsetzen der Steigung $m = -\frac{5}{7}$ in die allgemeine Geradengleichung

$$4 = -\frac{5}{7} \cdot (-2) + t$$

Einsetzen der Koordinaten von **P** (oder **Q**), auflösen nach t

$$4 = \frac{10}{7} + t$$

$$t = \frac{18}{7}$$

$$\Rightarrow \text{ g: } y = -\frac{5}{7}x + \frac{18}{7}$$

Einsetzen von $t = \frac{18}{7}$ in die Geradengleichung

Probe: Nachweis, dass auch Q ∈ g. Einsetzen von **Q** in g ergibt:

$-1 = -\frac{5}{7} \cdot 5 + \frac{18}{7}$, also $-1 = -\frac{7}{7}$ (wahre Aussage)

Es gilt tatsächlich Q ∈ g.

Regel

> **Schnittpunkte zweier Geraden**
> Sollen die Schnittpunkte der Graphen zweier linearer Funktionen berechnet werden, so werden die **Funktionsterme gleichgesetzt**. Dies führt auf eine Gleichung mit der Unbekannten x, im Falle von linearen Funktionen handelt es sich um eine lineare Gleichung. Diese muss gelöst werden, sodass man im Allgemeinen die x-Koordinate x_S des **Schnittpunktes S** erhält.
> Um die y-Koordinate y_S von S zu erhalten, wird die **Schnittstelle x_S** in eine der beiden Funktionen eingesetzt (in welche ist egal, also nimmt man die einfachere). Der Schnittpunkt lautet dann $S(x_S | y_S)$.

Beispiele

1. Die Geradengleichungen g: $2x + 4y = 2$ und h: $y = 3x − 2$ sind gegeben. Berechnen Sie die Koordinaten des Schnittpunktes.

   Lösung:
   Zunächst wird g in die explizite, nach y aufgelöste Form gebracht: Aus $2x + 4y = 2$ wird zunächst $4y = −2x + 2$ und schließlich g: $y = -\frac{1}{2}x + \frac{1}{2}$.

Berechnung des Schnittpunktes S von g und h:

$g(x) = h(x)$	**Gleichsetzen** von g und h
$-\frac{1}{2}x + \frac{1}{2} = 3x - 2$	
$-\frac{7}{2}x = -\frac{5}{2} \quad \Big\vert \cdot \left(-\frac{2}{7}\right)$	Alle x auf die linke Seite, alle Zahlen auf die rechte Seite bringen.
$x_S = \frac{5}{7}$	**Auflösen** nach x ergibt x_S.
$y_S = h\left(\frac{5}{7}\right) = 3 \cdot \frac{5}{7} - 2$	**Einsetzen** von $x_S = \frac{5}{7}$ in h ergibt y_S.
$= \frac{15}{7} - \frac{14}{7} = \frac{1}{7}$	

Schnittpunkt: $S\left(\frac{5}{7} \mid \frac{1}{7}\right)$

2. Berechnen Sie den Schnittpunkt der Geraden g: $y = -\frac{1}{2}x + 2$ und
   h: $y = x - 1$, überprüfen Sie das Ergebnis zeichnerisch.

   Lösung:

$g(x) = h(x)$	Gleichsetzen von g und h
$-\frac{1}{2}x + 2 = x - 1$	
$-\frac{3}{2}x = -3 \quad \Big\vert \cdot \left(-\frac{2}{3}\right)$	Alle x auf die linke Seite, alle Zahlen auf die rechte Seite bringen.
$x_S = 2$	Auflösen nach x ergibt x_S.
$y_S = h(2) = 2 - 1 = 1$	Einsetzen von $x_S = 2$ in h ergibt y_S.

Schnittpunkt: $S(2 \mid 1)$

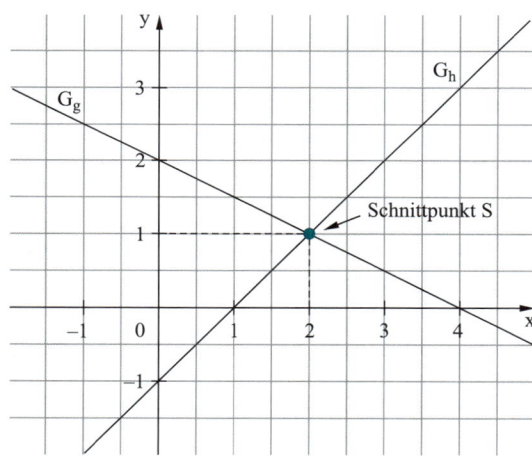

Regel

Zueinander senkrecht stehende Geraden

Wenn zwei Geraden g_1 und g_2 mit den Steigungen m_1 und m_2 zueinander senkrecht stehen, so gilt stets $m_1 \cdot m_2 = -1$. Daher ist bei zueinander senkrecht stehenden Geraden die Steigung der einen Geraden der negative Kehrwert der Steigung der anderen Geraden:

$$m_2 = -\frac{1}{m_1}$$

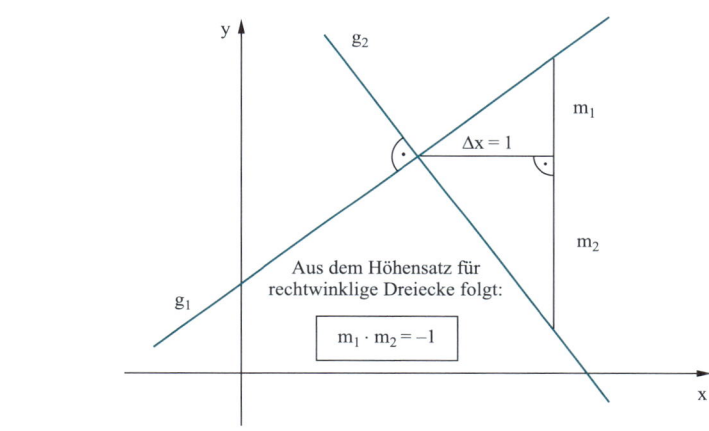

Aus dem Höhensatz für rechtwinklige Dreiecke folgt:

$$m_1 \cdot m_2 = -1$$

Beispiel

Die Gerade g_1 habe die Steigung $m_1 = 2$.
Welche Steigung muss dann eine zu g_1 senkrecht verlaufende Gerade g_2 besitzen?

Lösung:

$$m_1 = 2 \;\Rightarrow\; m_2 = -\frac{1}{m_1} = -\frac{1}{2}$$

Aufgaben

21. Lesen Sie aus der grafischen Darstellung der Funktion f mehrere Punkte ab
und berechnen Sie jeweils die Steigung.
Ermitteln Sie den y-Achsenabschnitt. Wie lautet die Funktionsgleichung?

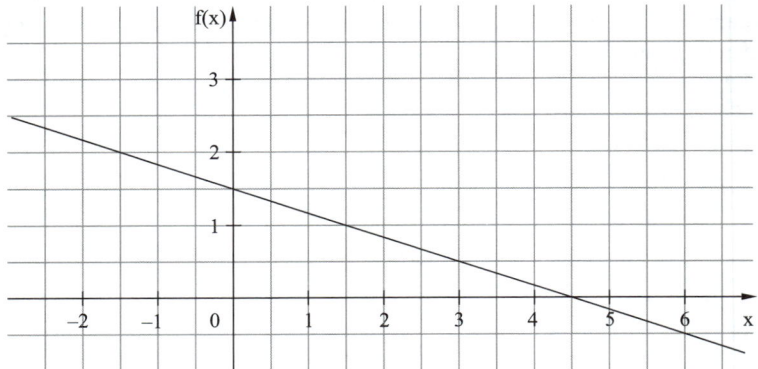

22. Kann die y-Achse als Geradengleichung dargestellt werden?
Begründen Sie Ihre Antwort. Wie sieht das mit der x-Achse aus?

23. a) Die Gerade h soll die Steigung $m = -2$ aufweisen und durch den Punkt
$P(0|2)$ gehen.
Geben Sie die zugehörige Funktionsgleichung von h an.

b) Die Gerade h* verläuft parallel zu h und schneidet die x-Achse an der
Stelle 3.
Ermitteln Sie die Funktionsgleichung von h*.

24. Stellen Sie die Geradengleichungen der Geraden g und h auf, wobei g die
Punkte $P(-2|-1)$ und $Q(3|2)$ enthalten soll, h die Nullstelle bei $x = -2$ hat und
die y-Achse im Punkt $R(0|3)$ schneidet.

25. Stellen Sie die Funktionen $g_1: [-1; 2] \to \mathbb{R}$ mit $x \mapsto x$, $g_2: \mathbb{R} \to \mathbb{R}$ mit
$x \mapsto -x$ und $g_3: \,]-1; 2] \to \mathbb{R}$ mit $g_3(x) = \frac{3}{2}$ jeweils grafisch dar und geben
Sie jeweils Definitions- und Wertemenge in mathematisch korrekter Schreib-
weise an. Beschreiben Sie zudem verbal auffällige Besonderheiten dieser
Zahlenmengen.

26. Die Gerade g ist durch die Punkte $A(3|4)$ und $B(2|-1)$ festgelegt, die Gera-
de h durch die Punkte $C(5|-3)$ und $D(-2|-2)$.

a) Ermitteln Sie die Funktionsgleichungen von g und h.

b) Wo schneiden g und h die x- bzw. y-Achse?

   c) Welche y-Koordinate muss gewählt werden, damit der Punkt P(5|y_P) auf
      g liegt?

   d) Welche x-Koordinate muss gewählt werden, damit der Punkt Q(x_Q|3) auf
      h liegt?

   e) Wo schneiden sich die Geraden g und h?
      Überprüfen Sie das Ergebnis auch zeichnerisch.

27. Gegeben sind die Geraden g: $y = 3x + 4$ und h, wobei h durch die Punkte
Q(−1|0) und P(5|3) verläuft.

   a) Bestimmen Sie die Schnittpunkte von g mit den Koordinatenachsen.

   b) Stellen Sie die Funktionsgleichung von h auf.

   c) Berechnen Sie den Schnittpunkt von g und h.

   d) Ermitteln Sie die Neigungswinkel der beiden Geraden.

28. Vorgegeben sind die Punkte A(−2|1) und S(1|2). Dabei ist S der Schnitt-
punkt zweier Geraden g und h.

   a) Die Gerade g verläuft außerdem durch den Punkt A.
      Stellen Sie die Funktionsgleichung von g auf.
      Hinweis: Keine Näherungswerte verwenden!

   b) Berechnen Sie die Schnittpunkte von g mit den Koordinatenachsen.

   c) Die Gerade h hat eine Nullstelle bei $x_0 = 3$.
      Ermitteln Sie die Funktionsgleichung von h.

   d) Stellen Sie die Geradengleichung der Geraden h* auf, wobei h* parallel
      zu h verläuft und den Punkt A enthält.

   e) Überprüfen Sie rechnerisch, ob der Punkt B(200|76) oberhalb, unterhalb
      oder auf g liegt.

29. Gegeben sind die Gerade g: $y = -\frac{1}{3}x + 2$ und der Punkt P(3|1).

   a) Ermitteln Sie die Funktionsgleichung derjenigen Geraden h, die senkrecht
      zu g steht und den Punkt P enthält.

   b) Berechnen Sie den Schnittpunkt von g und h.

   c) Überprüfen Sie Ihre Rechnung zeichnerisch.

30. Eine Gerade g_1 ist festgelegt durch die Punkte P_1(−25|52) und P_2(85|−168).

   a) Ermitteln Sie die Geradengleichung von g_1.

   b) Stellen Sie die Funktionsgleichung der Geraden g_2 auf, die senkrecht zu
      g_1 verläuft und den Punkt Q(2|3) enthält.

c) Vergleichen Sie die Funktionsgleichungen von g_1 und g_2.
   Wo müssen sich diese beiden Geraden schneiden?

d) Zeichnen Sie die Graphen von g_1 und g_2 in ein Koordinatensystem ein.

e) Berechnen Sie den Neigungswinkel von g_2 und schließen Sie über die Winkelsumme im Dreieck auf den Neigungswinkel von g_1 (Zeichnung aus Teilaufgabe d zur Hilfe nehmen).
   Berechnen Sie anschließend zum Vergleich auch noch den Neigungswinkel von g_1 anhand der Steigung.

31. Im Punkt P(1|3) soll eine zur Winkelhalbierenden des I. und III. Quadranten senkrecht stehende Gerade errichtet werden.
Ermitteln Sie deren Funktionsgleichung.

2.3   Geradenscharen und Geradenbüschel

Bislang sind nur Funktionen mit einer unabhängigen Variablen, nämlich x, betrachtet worden. Im Folgenden wird ein weiterer Buchstabe im Funktionsterm auftreten, der auch **Parameter** genannt wird. In den Geradengleichungen können der y-Achsenabschnitt, die Steigung oder beide durch einen Parameter ersetzt werden; man erhält sogenannte **Funktionenscharen**.

Zuerst werden die linearen Funktionen g_t: $y = \frac{1}{2}x + t$ mit $t \in \mathbb{R}$ betrachtet.

Für jede Zahl t, die aus dem Wertevorrat für t (hier ganz $\mathbb{R}$) eingesetzt wird, erhält man eine Gerade. Die Gesamtheit dieser (unendlich vielen) Geraden bezeichnet man als **Geradenschar**. Alle Geraden dieser Schar sind parallel, weil alle die gleiche Steigung $m = \frac{1}{2}$ besitzen.

Nebenstehendes Diagramm zeigt einige ausgewählte Geraden aus der Schar g_t, nämlich $g_{-0,5}$, g_0, g_1, $g_{2,5}$.

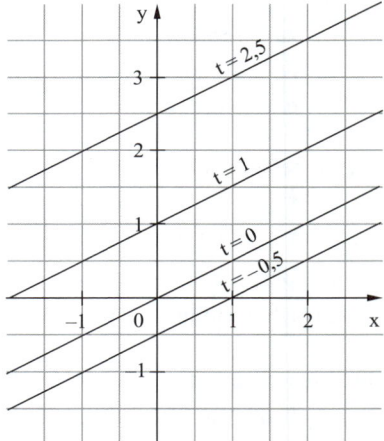

Nun werden die linearen Funktionen b_m: $y = m(x-2)+3$ mit $m \in \mathbb{R}$ betrachtet.

Man erkennt, dass sich die Steigung in Abhängigkeit von m verändert. Ferner stellt man fest, dass der Punkt P(2|3) auf allen Geraden liegt, d. h., alle Geraden gehen durch diesen Punkt. Man spricht daher auch von einem **Geradenbüschel**.

Nebenstehendes Diagramm gibt einige Geraden aus dem Büschel wieder, nämlich b_{-3}, b_{-1}, b_0, $b_{0,5}$, b_2.

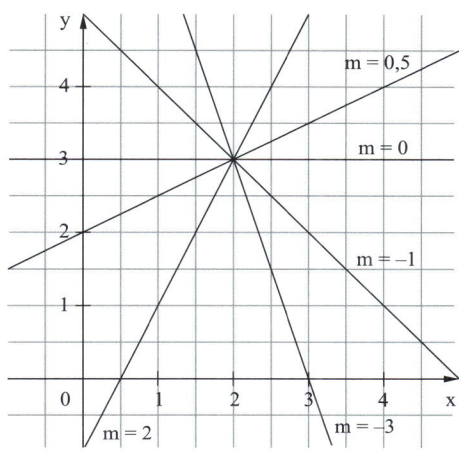

Beispiele

1. Welche Schargerade g_t: $y = \frac{1}{2}x + t$ mit $t \in \mathbb{R}$ enthält den Punkt P(1|2)?

   Lösung:
   P muss die Geradengleichung erfüllen. Einsetzen von P in g_t: $\mathbf{2} = \frac{1}{2} \cdot \mathbf{1} + t$
   Das ergibt nach t aufgelöst: $t = \frac{3}{2}$
   Demnach enthält die Gerade $g_{\frac{3}{2}}$: $y = \frac{1}{2}x + \frac{3}{2}$ den Punkt P.

2. Berechnen Sie die Nullstellen der Geradenschar g_t: $y = \frac{1}{2}x + t$ mit $t \in \mathbb{R}$.

   Lösung:
   Der Ansatz $g_t(x) = 0$ führt auf eine lineare Gleichung mit Parameter:
   $\frac{1}{2}x + t = 0$
   Diese Gleichung muss nach x aufgelöst werden, man erhält:
   $x = -2t$
   Für jedes t kann damit die Nullstelle der zugehörigen Geraden g_t sofort angegeben werden.

3. Zeigen Sie rechnerisch, dass je zwei unterschiedliche Geraden der Geradenschar g_t: $y = \frac{1}{2}x + t$; $t \in \mathbb{R}$ keinen gemeinsamen Punkt haben.

   Lösung:
   Um diese Aufgabe zu lösen, nimmt man zwei beliebige, aber verschiedene Geraden aus der Geradenschar mit den Parametern t_1 und t_2 ($t_1 \neq t_2$) heraus:
   $g_{t_1}(x) = \frac{1}{2}x + t_1$
   $g_{t_2}(x) = \frac{1}{2}x + t_2$

Mögliche Schnittpunkte ermittelt man durch Gleichsetzen:

$$g_{t_1}(x) = g_{t_2}(x)$$
$$\tfrac{1}{2}x + t_1 = \tfrac{1}{2}x + t_2 \quad \Big| -\tfrac{1}{2}x$$
$$t_1 = t_2$$

Das ist aber eine falsche Aussage, da nach Voraussetzung $t_1 \neq t_2$ gilt. Damit ist nachgewiesen, dass zwei beliebige, unterschiedliche Geraden aus der Schar keinen gemeinsamen Punkt haben, sich also nirgends schneiden (alle Geraden sind zueinander parallel).

Aufgaben

32. Gegeben ist das Geradenbüschel b_m: $y = m(x-2) + 3$.

a) Für welchen Wert von m enthält die Gerade b_m den Punkt $P(1\,|\,2)$?

b) Berechnen Sie sämtliche Nullstellen der Büschelgeraden.
Gibt es Geraden aus dem Büschel, die keine Nullstelle besitzen?
Lässt sich das rechnerisch erkennen?

c) Geben Sie die Funktionsgleichung derjenigen Büschelgeraden an, die senkrecht zur Büschelgeraden $b_{0,5}$ steht.

d) Weisen Sie rechnerisch nach, dass sich je zwei beliebige, verschiedene Geraden aus dem Geradenbüschel stets in genau dem gleichen Punkt schneiden.
Bestimmen Sie auch die Koordinaten dieses Punktes.

33. Gegeben ist die Geradenschar g_k: $y = kx + 2 - 3k$ mit $k \in \mathbb{R}$.

a) Berechnen Sie den Schnittpunkt von g_1 und g_2.

b) Zeichnen Sie g_0, g_1 und g_2 in ein gemeinsames Koordinatensystem ein.

c) Zeigen Sie, dass der Punkt $P(3\,|\,2)$ auf allen Geraden der Schar g_k liegt.
Welche besondere Rolle nimmt demnach P in Bezug auf die Geradenschar ein?

d) Berechnen Sie die Nullstellen von g_k in Abhängigkeit von k.
Für welche k gibt es keine Nullstelle?
Welcher Sonderfall liegt vor?

e) Wie muss k gewählt werden, damit g_k durch den Punkt $(1\,|\,4)$ verläuft?

f) Gehört die Gerade g: $5x - y - 23 = 0$ zu der gegebenen Geradenschar?

34. Gegeben sind die Geradenscharen g_k: $y = kx + 3 - k$ und h_k: $y = x - k$ mit $k \in \mathbb{R}$.

a) Berechnen Sie die Nullstellen der Geraden g_k in Abhängigkeit von k.
Führen Sie bezüglich k eine Fallunterscheidung durch und interpretieren Sie Ihre Ergebnisse geometrisch.

b) Zeigen Sie, dass der Punkt P(1|3) auf allen Geraden der Schar g_k liegt. Welche besondere Rolle nimmt demnach P in Bezug auf die Geradenschar ein?

c) Beschreiben Sie die Lage der Schar der Geraden h_k möglichst genau mit eigenen Worten.

d) Berechnen Sie die Schnittstellen der beiden Geradenscharen. Diskutieren Sie eventuelle Sonderfälle in Abhängigkeit von k und interpretieren Sie diese geometrisch.

2.4 Anwendungen für lineare Funktionen

Häufig besteht zwischen zwei Größen ein linearer Zusammenhang. Man sagt, die Größen sind **proportional** zueinander. Für lineare Funktionen existieren daher, trotz des einfachen Aufbaus, zahlreiche praktische Anwendungsmöglichkeiten.

Definition

> **Direkte Proportionalität zweier Größen**
> Zwei Größen x und y heißen **(direkt) proportional** zueinander, wenn es eine Zahl **m ∈ ℝ** (die sogenannte **Proportionalitätskonstante**) gibt, sodass zwischen x und y der Zusammenhang **y = m · x** besteht.
> Man schreibt dafür auch kurz: **y ~ x** (Das Zeichen „~" bedeutet „**proportional**".)

Direkte Proportionalität bedeutet also: „Wenn man die Größe x verdoppelt, verdreifacht usw. zieht das auch eine Verdoppelung, Verdreifachung usw. der Größe y nach sich." Sollen zwei Größen, z. B. anhand einer Messreihe, auf direkte Proportionalität hin untersucht werden, so kann dies mithilfe von grafischen und rechnerischen Mitteln erfolgen.

Beispiele

1. Fährt ein Auto mit konstanter Geschwindigkeit v (gleichförmige Bewegung), so ist die zurückgelegte Strecke s proportional zu der Fahrzeit t: s ~ t
   Als Proportionalitätskonstante tritt in diesem Beispiel die **Geschwindigkeit v** auf:
   s = v · t

Damit ergibt sich die Formel für die **Berechnung der konstanten Geschwindigkeit** $v = \frac{s}{t}$. Wählt man als Längeneinheit m (Meter) und als Zeiteinheit s (Sekunden), so ergibt sich nach obiger Formel für die Einheit der Geschwindigkeit $\frac{m}{s}$ (Meter pro Sekunde). Wählt man hingegen als Längeneinheit km und als Zeiteinheit h (Stunde), so erhält man die vom Auto her bekannte Einheit $\frac{km}{h}$ (Kilometer pro Stunde). Demnach ist die Geschwindigkeit nichts anderes als die Steigung der Geraden im nebenstehenden t-s-Diagramm (Zeit-Weg-Diagramm):

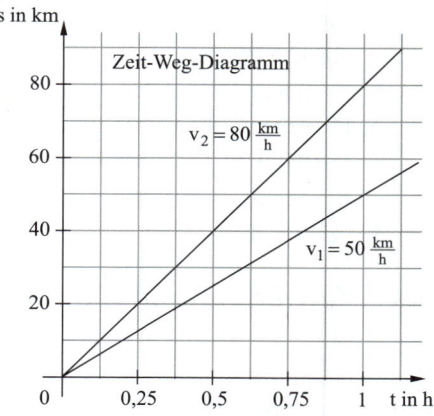

2. An einer Stahlfeder wird mit einer Kraft F gezogen, dabei dehnt sich die Feder um die Strecke s. Man stellt fest: $F \sim s$
   Man nennt dieses Verhalten auch das **Hooke'sche Gesetz**.

3. Legt man an einen ohmschen Widerstand eine Spannung U an, so fließt ein Strom I. Spannung und Strom sind zueinander proportional: $U \sim I$
   Das ist das **Ohm'sche Gesetz**.

Anfallende Kosten in Wirtschaft und Haushalt, z. B. Stromkosten, setzen sich gewöhnlich aus zwei Anteilen zusammen: einem festen Anteil (hier: Grundgebühr) und einem verbrauchsabhängigen Anteil (hier: Kilowattstunden).

Definition

Fixe und variable Kosten
Den festen Anteil, der unabhängig vom Verbrauch anfällt, nennt man **fixe Kosten K_f** und den verbrauchsabhängigen Anteil **variable Kosten K_v**.
Die variablen Kosten sind direkt proportional zu der verbrauchten Menge x, sodass gilt:
$K_v = k_v \cdot x$
Dabei stellt k_v die Kosten für eine Verbrauchseinheit dar. Für die Gesamtkosten K in Abhängigkeit vom Verbrauch x erhält man demzufolge:
$K(x) = K_f + K_v = K_f + k_v \cdot x$

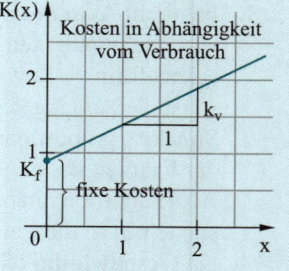

Da üblicherweise kein negativer Verbrauch auftreten wird (außer man speist im obigen Beispiel Strom in das Netz ein), wird man als Definitionsbereich $D_K = \mathbb{R}_0^+$ wählen. Die Berechnungsformel $K(x) = K_f + k_v \cdot x$ ist eine Geradengleichung, bei der die fixen Kosten K_f den y-Achsenabschnitt t und die Kosten pro Verbrauchseinheit k_v die Steigung m darstellen.

Beispiel

Ein Internetprovider verlangt pro Monat eine Grundgebühr von 4,90 € und zusätzlich eine Nutzungsgebühr von 0,49 € pro Stunde. Ein zweiter Anbieter verlangt 9,90 € Grundgebühr und 0,09 € pro Stunde Nutzungsgebühr.

a) Ermitteln Sie die beiden Kostenfunktionen in Abhängigkeit von der Nutzungsdauer in Stunden.

b) Stellen Sie die beiden Kostenfunktionen in einem gemeinsamen Koordinatensystem grafisch dar.

c) Ab welcher Nutzungszeit wird das Angebot des zweiten Anbieters kostengünstiger?

Lösung:
Es werden alle Kosten in € und alle Zeiten in h (Stunden) angegeben. Deshalb wird in den mathematischen Formeln auf die Angabe von Einheiten verzichtet.

a) Die Grundgebühren werden mit t, die Nutzungsgebühren mit m bezeichnet.
   1. Anbieter: $t = 4,9$; $m = 0,49$ $\Rightarrow$ $K_1: y = 0,49x + 4,9$
   2. Anbieter: $t = 9,9$; $m = 0,09$ $\Rightarrow$ $K_2: y = 0,09x + 9,9$

b) y in €

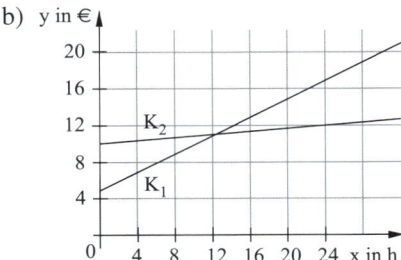

c) Aus der grafischen Darstellung in Teilaufgabe b erkennt man, dass K_2 ab etwas mehr als 12 Stunden günstiger sein müsste. Die Aufgabe lässt sich aber auch rechnerisch lösen: Es muss die Schnittstelle der beiden Graphen berechnet werden.
   Ansatz:
   $$K_1(x) = K_2(x)$$
   $$0,49x + 4,9 = 0,09x + 9,9$$
   $$0,4x = 5$$
   $$x = \frac{5}{0,4} = 12,5 \,[h]$$

Bei mehr als 12,5 h Nutzungszeit ist der 2. Anbieter günstiger.

35. Zählen Sie mindestens drei Beispiele aus dem Alltag auf, bei denen eine Größe x direkt proportional zu einer anderen Größe y ist.
Finden Sie ebenso viele Beispiele, wo dies nicht der Fall ist.

36. Für verschiedene Volumina V in Liter (ℓ)
und das zugehörige Gewicht m in kg von
Heizöl wurden folgende Werte
gemessen:

V in ℓ	0,5	1	2	3,5	5
m in kg	0,41	0,83	1,66	2,91	4,15

a) Stellen Sie m in Abhängigkeit von V grafisch dar.
Entscheiden Sie, ob zwischen diesen Größen eine direkte Proportionalität
besteht.

b) Berechnen Sie die Quotienten $\frac{m}{V}$ für die Messwertepaare aus der Wertetabelle. Was stellen Sie fest?
Welche Einheit und welche physikalische Bedeutung haben diese Quotienten?

37. Zu den beiden Internetprovidern aus dem Beispiel auf der vorangehenden
Seite kommen zwei weitere Angebote eines 3. und 4. Anbieters hinzu.

Anbieter	Grundgebühr	Nutzungsgebühr
3. Anbieter	49 €	0 €
4. Anbieter	0 €	0,01 € pro Minute

a) Erstellen Sie auch für Anbieter 3 und 4 die Funktionsgleichungen der Kosten-
funktionen.

b) Zeichnen Sie die Kostenfunktionen der vier Anbieter
in ein Diagramm ein (geeigneten Maßstab wählen).

c) Entscheiden Sie rechnerisch,
welchen Anbieter Sie wäh-
len, wenn Sie monatlich
20 Stunden das Internet
nutzen wollen.

2.5 Lineare Ungleichungen

Im Zusammenhang mit linearen Funktionen treten häufig lineare Ungleichungen auf, beispielsweise $mx + t > 0$. Diese lassen sich nach den gleichen Regeln lösen wie lineare Gleichungen, indem man die Unbekannte x auf die eine Seite und die Zahlen auf die andere Seite der Ungleichung bringt. Es gibt nur einen wesentlichen Unterschied:

Regel

> Wird eine Ungleichung mit einer **negativen Zahl** durchmultipliziert oder durch eine negative Zahl dividiert, so **dreht** sich das **Ungleichheitszeichen** um.

Beispiel

Bestimmen Sie alle Werte $x \in \mathbb{R}$, für die die lineare Ungleichung $-\frac{1}{2}x + 4 > -x - 2$ eine wahre Aussage ergibt.

Lösung:

$$\begin{aligned}
-\tfrac{1}{2}x + 4 &> -x - 2 &&| -4 \\
-\tfrac{1}{2}x &> -x - 6 &&| +x \\
\tfrac{1}{2}x &> -6 &&| \cdot 2 \\
x &> -12
\end{aligned}$$

Die Lösungsmenge ist also $\mathbf{L =]{-12}; \infty[}$.

Man kann diese Aufgabe auch grafisch lösen. Auf jeder Seite der Ungleichung steht der Term einer linearen Funktion, also stellt man deren Graphen dar.

Aus der Zeichnung ist erkennbar, dass die Gerade $y = -\frac{1}{2}x + 4$ etwa ab $x > -12$ oberhalb der Geraden $y = -x - 2$ verläuft. Das Intervall $]{-12}; \infty[$ ist also ungefähr die Lösungsmenge der Ungleichung $-\frac{1}{2}x + 4 > -x - 2$.

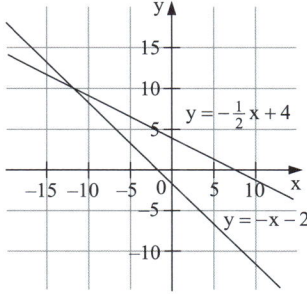

Man beachte, dass die grafische Lösung ungenau und aufwendig ist.

ufgaben

38. Es wird der Internetanbieter mit der Kostenfunktion $K_1: y = 0{,}49x + 4{,}9$ ausgewählt (siehe Aufgabe 37).
Wie viele Stunden darf man höchstens im Internet sein, damit 25 € Gesamtkosten nicht überschritten werden?

39. Für den Versorgungsbereich eines Elektrizitätsunternehmens stehen folgende
Tarife zur Auswahl:

Tarif	Preis für eine Kilowattstunde	Grundgebühr
I	0,16 €	15 €
II	0,49 €	0 €

a) Stellen Sie für beide Tarife
die Kosten in Abhängigkeit
vom Verbrauch rechnerisch
dar.

b) Berechnen Sie die Kilowattstunden, die man mindestens
verbrauchen muss, damit der
Tarif I günstiger wird.

c) Wie viele Kilowattstunden
dürfen höchstens verbraucht
werden, wenn die Strom-
kosten bei Tarif I nicht mehr
als 50 € betragen sollen?

40. Bestimmen Sie, gegebenenfalls mit Fallunterscheidung, die Lösungsmengen
der folgenden linearen Ungleichungen. Die Parameter sind, wo nichts angegeben ist, aus ganz $\mathbb{R}$.

a) $\frac{1}{2}\left(x - \frac{3}{2}\right) + \frac{1}{4} > \frac{5}{2}x + \frac{1}{2}$

b) $2x - m \leq m(x + 2) + m$

c) $-\frac{1}{3}\left(x - \frac{k}{2}\right) + \frac{k}{4} > \frac{5}{2}x + \frac{1}{2k}$ mit $k \in \mathbb{R} \setminus \{0\}$

d) $t^2 x - t \geq t - 1$

41. Gegeben sind die Geradenscharen g_k: $y = kx + 3 - k$ und h_k: $y = x - k$ mit
$k \in \mathbb{R}$.
Untersuchen Sie, für welche x gilt: $g_k(x) < h_k(x)$

3 Quadratische Funktionen

3.1 Parabeln

Die quadratischen Funktionen sind die einfachsten **nichtlinearen** Funktionen und besitzen viele interessante mathematische Eigenschaften. Sie spielen u. a. in der Physik eine wichtige Rolle, z. B. beim Beschleunigen eines Fahrzeugs, beim Wurf eines Gegenstandes oder beim freien Fall.

Definition

Quadratische Funktionen
Die quadratischen Funktionen haben die Grundform
$f: \ x \mapsto ax^2 + bx + c$ (mit a, b, c $\in \mathbb{R}$; a $\neq$ 0).
Die unabhängige Variable x kommt in der 2. Potenz (also im „Quadrat") vor. Die Parameter a, b und c werden auch **Koeffizienten** genannt. Ferner gilt $D_{max} = \mathbb{R}$.
Der Graph einer quadratischen Funktion heißt **Parabel**, für **a = 1 oder a = −1** auch **Normalparabel**.

Beispiel

$f(x) = x^2$ ist die einfachste quadratische Funktion (mit a = 1 und b = c = 0).
Wertetabelle:

x	−3	−2	−1	0	1	2	3
f(x)	9	4	1	0	1	4	9

Die Normalparabel kann bei der Längeneinheit von 1 cm auf beiden Achsen mit einer handelsüblichen Parabelschablone gezeichnet werden. Die Normalparabel hat die y-Achse als **Symmetrieachse**. Der Punkt S(0|0) ist der **Scheitel** der Normalparabel.

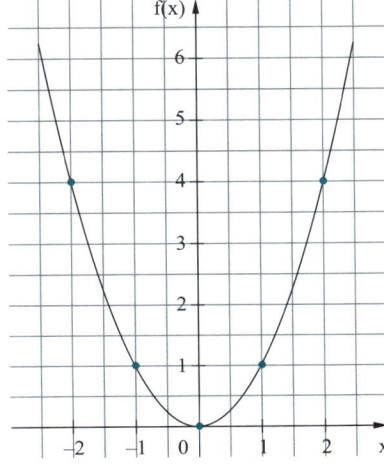

Regel

> **Einfluss der Koeffizienten a und c einer quadratischen Funktion**
> Das Vorzeichen des Koeffizienten **a** vor x^2 (auch **Leitkoeffizient** genannt) bestimmt die **Öffnungsrichtung** einer Parabel:
> - $\mathbf{a>0} \Rightarrow$ Die zugehörige Parabel ist nach **oben geöffnet**.
> - $\mathbf{a<0} \Rightarrow$ Die zugehörige Parabel ist nach **unten geöffnet**.
> Eine Veränderung der **additiven Konstante c** bewirkt eine vertikale Verschiebung (Verschiebung entlang der y-Achse) des Graphen der Funktion.

Beispiele

1. Um den Einfluss des Koeffizienten **a** zu erkennen, wird die Funktionenschar $f_a(x)=\mathbf{a}x^2$ mit $a \in \mathbb{R} \setminus \{0\}$ näher untersucht. Im Vergleich mit der Normalparabel $y=x^2$ wird jeder Funktionswert noch mit dem Faktor a multipliziert. Das hat folgende Auswirkungen auf den Graphen:

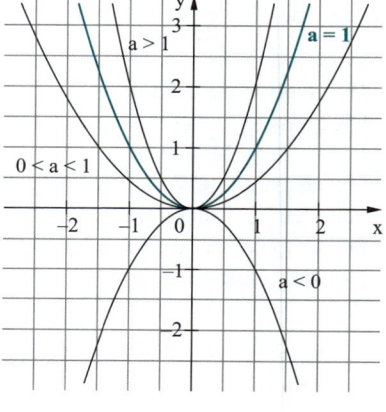

- Für **a > 1** sind die zugehörigen Parabeln in y-Richtung gestreckt.
- Für **0 < a < 1** sind die Parabeln weiter als die Normalparabel.
- Für **a < 0** sind die Parabeln nach unten geöffnet.

Im Vergleich zu einer Parabel mit positivem a erscheint eine Parabel mit negativem a an der x-Achse **gespiegelt**.

2. Es wird untersucht, wie sich eine Veränderung von **c** auf das Aussehen der zugehörigen Parabeln auswirkt. Betrachtet wird $f_c(x)=x^2+\mathbf{c}$ mit $c \in \mathbb{R}$. Im Vergleich zur Normalparabel wird jetzt eine konstante Zahl, die auch negativ sein kann, hinzu addiert. Das verschiebt die Parabel längs der y-Achse

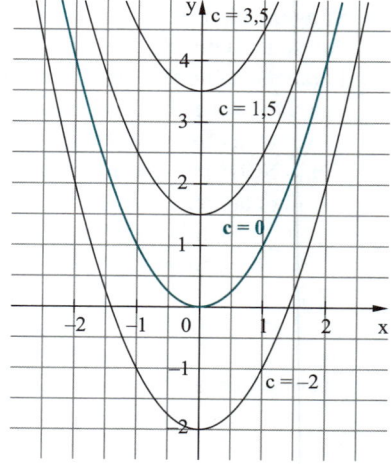

- um c Einheiten nach **oben**, falls **c > 0**, oder
- um |c| Einheiten nach **unten**, falls **c < 0**.

3. Die Einflüsse der Koeffizienten a
und c auf das Aussehen und die
Lage der zugehörigen Parabeln
wurde in den obigen Beispielen
untersucht. Bisher war stets $b=0$,
weil das lineare x-Glied „bx" in
den bisherigen Funktionstermen
nicht aufgetreten ist. Die zu den
Funktionen $x \mapsto ax^2 + c$ gehörenden Parabeln sind alle **symmetrisch zur y-Achse**. Sobald im
Funktionsterm einer quadratischen Funktion das lineare
x-Glied auftritt, ist die y-Achse
keine Symmetrieachse der Parabel mehr.

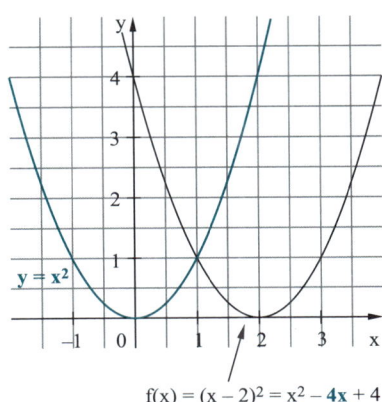

$$f(x) = (x-2)^2 = x^2 - 4x + 4$$

Aufgaben 42. Beschreiben Sie Aussehen und Lage der Parabeln der folgenden quadratischen Funktionen.
Zeichnen Sie die zugehörigen Parabeln in ein Koordinatensystem ein.
Geben Sie zudem die Wertebereiche der Funktionen an und bestimmen Sie
rechnerisch den jeweiligen Schnittpunkt der Parabel mit der y-Achse.

a) $f_1(x) = -x^2$

b) $f_2(x) = 2x^2 + 1$

c) $f_3(x) = \frac{x^2}{3}$

d) $f_4(x) = -\frac{1}{2}x^2 - \frac{3}{4}$

43. Gegeben ist $f_p(x) = (x-p)^2$ mit $p \in \mathbb{R}$.

a) Zeichnen Sie die Graphen von f_p für $p = -3, -1, 0$ und 2 in ein Koordinatensystem ein.
Welche allgemeine Erkenntnis lässt sich daraus gewinnen?

b) Obige Funktion wird erweitert zu $f(x) = (x-p)^2 + q$.
Welche Bedeutung haben die reellen Parameter p und q für die Lage der
Parabel?
Zeichnen Sie die Parabeln für die (p; q)-Paare $(-3; -2), (-1; 1)$ und $(2; 0)$
mithilfe einer Parabelschablone in ein Koordinatensystem.

c) Die allgemeine Scheitelpunktsformel lautet $f(x) = a(x-p)^2 + q$.
Bringen Sie diese durch Ausmultiplizieren auf die Form $f(x) = ax^2 + bx + c$
und ermitteln Sie durch Koeffizientenvergleich, wie sich p und q aus den
Koeffizienten a, b und c errechnen lassen.

44. Auf der Erde fällt ein Gegenstand unter Vernachlässigung des Luftwiderstandes nach dem folgenden Zeit-Weg-Gesetz zu Boden **(freier Fall)**:

$$h(t) = \tfrac{1}{2}gt^2 \ \text{mit } t \geq 0$$

Dabei ist t die Fallzeit in Sekunden, $g = 9{,}81\,\tfrac{m}{s^2}$ die Fallbeschleunigung auf der Erde und h(t) die durchfallene Höhe in Meter.

a) Zeichnen Sie den Graphen von h in ein nach unten orientiertes Koordinatensystem ein und kennzeichnen Sie, wo sich die Kugel nach 0 s, 1 s bzw. 2 s befindet.

b) Jemand lässt einen Stein in einen Brunnen fallen. Der Aufschlag des Steins erfolgt nach 2,5 s. Wie tief ist der Brunnenschacht?

3.2 Quadratische Gleichungen

Die Berechnung der Nullstellen quadratischer Funktionen $f: x \mapsto ax^2 + bx + c$ führt auf das Problem des Lösens von Gleichungen der Form $ax^2 + bx + c = 0$.

Regel

> **Lösen von quadratischen Gleichungen**
> Die Gleichung $ax^2 + bx + c = 0$ heißt **Grundform der quadratischen Gleichung** mit den Koeffizienten a, b, c $\in \mathbb{R}$ und $a \neq 0$ (dies stellt sicher, dass tatsächlich nur quadratische Gleichungen vorkommen, keine linearen).
> Die **Lösungsmenge** der Gleichung besteht aus sämtlichen reellen Zahlen $x \in \mathbb{R}$, die beim Einsetzen in die Gleichung eine **wahre Aussage** ergeben.
> Die **Lösungsformel** für die Grundform der quadratischen Gleichung lautet:
> $$x_{1/2} = \frac{-b \pm \sqrt{b^2 - 4ac}}{2a}$$
> Der Ausdruck $\mathbf{D = b^2 - 4ac}$ unter der Wurzel heißt **Diskriminante** der quadratischen Gleichung und entscheidet über die Anzahl der möglichen Lösungen.

Die Lösungsformel für quadratische Gleichungen ist so wichtig, dass man sie einfach **auswendig kennen muss**! Wenn man diese Formel weiß, kennt man auch die Diskriminante; es ist der Ausdruck unter der Wurzel. Die Wurzel selbst gehört nicht mit zur Diskriminante.

Ist eine quadratische Gleichung durch Null-setzen einer quadratischen Funktion entstan-den, dann sind die Lösungen dieser Gleichung die Nullstellen der quadratischen Funktion.

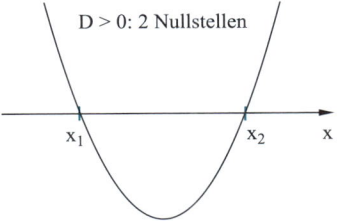

D > 0: 2 Nullstellen

x_1 x_2 x

Eine quadratische Funktion hat je nach Vor-zeichen und Wert der Diskriminante D ent-weder

*   **zwei** Nullstellen x_1, x_2, wenn **D > 0**,
*   **eine** Nullstelle $x_{1/2}$, wenn **D = 0**, oder
*   **keine** Nullstelle, wenn **D < 0**.

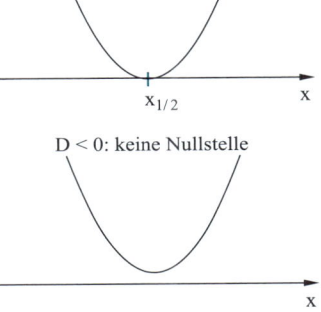

D = 0: 1 Nullstelle

$x_{1/2}$ x

D < 0: keine Nullstelle

x

Im Falle von zwei Nullstellen, spricht man von zwei **einfachen** Nullstellen. Die Parabel schneidet an diesen Stellen die x-Achse und es findet ein **Vorzeichenwechsel** bei den Funk-tionswerten statt.

Hat die quadratische Funktion nur 1 Nullstel-le, so bezeichnet man diese als **doppelt**, was auch in der Schreibweise $x_{1/2}$ zum Ausdruck kommt. An der doppelten Nullstelle **berührt** die Parabel die x-Achse, es findet **kein Vorzeichenwechsel** statt. Man kann sich die doppelte Nullstelle aus zwei einfachen entstanden denken, die „aufeinander" liegen.

Besitzt eine quadratische Funktion keine Nullstelle, so haben alle Funktionswerte das gleiche Vorzeichen, und zwar

*   ein **positives**, wenn die Parabel **nach oben geöffnet** ist, bzw.
*   ein **negatives** bei nach **unten geöffneter** Parabel.

Beispiele

Bestimmen Sie die Nullstellen der folgenden quadratischen Funktionen:

a) $f_1(x) = \frac{1}{2}x^2 + x - \frac{15}{2}$

b) $f_2(x) = 2{,}5x^2 + 5x + 2{,}5$

c) $f_3(x) = x^2 - 3x + 4$

d) $f_4(x) = x^2 + 3x + 1$

Lösung:

a) Die Koeffizienten $a = \frac{1}{2}$, $b = 1$ und $c = -\frac{15}{2}$ werden in die Lösungsformel eingesetzt:

$$x_{1/2} = \frac{-b \pm \sqrt{b^2 - 4 \cdot a \cdot c}}{2 \cdot a} = \frac{-1 \pm \sqrt{1^2 - 4 \cdot \frac{1}{2} \cdot \left(-\frac{15}{2}\right)}}{2 \cdot \frac{1}{2}} = \frac{-1 \pm \sqrt{1 + 15}}{1} = -1 \pm 4$$

f_1 hat demnach die zwei einfachen Nullstellen $x_1 = 3$ und $x_2 = -5$.

Probe durch Einsetzen in die Funktion f_1:

$$f_1(3) = \frac{1}{2} \cdot 3^2 + 3 - \frac{15}{2} = \frac{9}{2} + 3 - \frac{15}{2} = 0$$

$$f_1(-5) = \frac{1}{2} \cdot (-5)^2 + (-5) - \frac{15}{2} = \frac{25}{2} - 5 - \frac{15}{2} = 0$$

b) $\quad x_{1/2} = \dfrac{-5 \pm \sqrt{5^2 - 4 \cdot 2{,}5 \cdot 2{,}5}}{2 \cdot 2{,}5} = \dfrac{-5 \pm \sqrt{25 - 25}}{5} = \dfrac{-5 \pm 0}{5} = -1$

f_2 hat demnach die doppelte Nullstelle $x_{1/2} = -1$.
Man erkennt, dass in der Lösungsformel unter der Wurzel der Wert null herauskommt. Die Diskriminante dieser Gleichung ist $D = 0$, deshalb gibt es nur eine Lösung.

c) $\quad x_{1/2} = \dfrac{-(-3) \pm \sqrt{(-3)^2 - 4 \cdot 1 \cdot 4}}{2 \cdot 1} = \dfrac{3 \pm \sqrt{9 - 16}}{2} \notin \mathbb{R} \implies$ keine reelle Lösung!

Unter der Wurzel ergibt sich ein negativer Wert, $D = -7$, also existiert keine reelle Lösung. Die zugehörige Funktion hat keine Nullstellen. Da es sich um eine nach oben geöffnete Parabel handelt, gilt $f_3(x) > 0$ für alle $x \in \mathbb{R}$. Wenn zu vermuten ist, dass es keine Lösungen gibt, sollte man zuerst die Diskriminante berechnen.

d) $\quad x_{1/2} = \dfrac{-3 \pm \sqrt{3^2 - 4 \cdot 1 \cdot 1}}{2 \cdot 1} = \dfrac{-3 \pm \sqrt{9 - 4}}{2} = \dfrac{-3 \pm \sqrt{5}}{2} = \dfrac{1}{2}(-3 \pm \sqrt{5})$

f_4 hat zwei „krumme" (irrationale) Nullstellen. Auf zwei Nachkommastellen gerundet ergibt sich $x_1 \approx -0{,}38$ und $x_2 \approx -2{,}61$.

Regel

Nullstellen und Scheitelpunkt einer Parabel
Wie aus der Abbildung hervorgeht, liegen die **Nullstellen** einer Parabel $y = ax^2 + bx + c$ immer symmetrisch zu ihrem **Scheitelpunkt S**. Wegen des Ausdrucks $\pm$ ist in der Lösungsformel bereits die x-Koordinate des Scheitelpunkts enthalten. Lässt man den Term $\pm\sqrt{D}$ in der Lösungsformel weg, so erhält man die x-Koordinate des Scheitelpunkts:

$$x_S = \frac{-b}{2a}$$

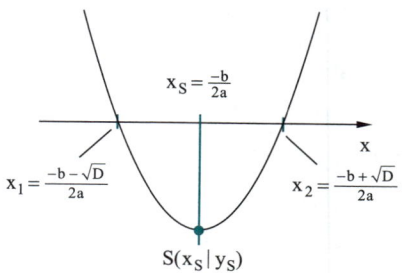

Die y-Koordinate des Scheitelpunkts ergibt sich durch Einsetzen von x_S in die Funktionsgleichung, also $y_S = f(x_S)$.
Diese Berechnungsmethode funktioniert im übrigen auch dann, wenn die Parabel bzw. die quadratische Funktion gar keine (reelle) Nullstelle besitzt.

Der Scheitelpunkt S liegt genau in der Mitte zwischen den Nullstellen x_1 und x_2. Sind diese bekannt, so erhält man x_S auch mithilfe der Formel:

$$x_S = \frac{1}{2}(x_1 + x_2)$$

Beispiel

Ermitteln Sie die Scheitelkoordinaten der Parabel $f(x) = x^2 - 3x + 4$.

Lösung:
Es gilt $a = 1$, $b = -3$ und $c = 4$. Damit folgt:

$$x_S = \frac{-b}{2a} = \frac{-(-3)}{2 \cdot 1} = \frac{3}{2} \text{ und } y_S = f\left(\frac{3}{2}\right) = \left(\frac{3}{2}\right)^2 - 3 \cdot \frac{3}{2} + 4 = \frac{9}{4} - \frac{9}{2} + 4 = \frac{7}{4}$$

$$\Rightarrow S\left(\frac{3}{2} \mid \frac{7}{4}\right)$$

Zwar lässt sich mithilfe der Lösungsformel die Lösungsmenge jeder quadratischen Gleichung bestimmen, trotzdem kommen häufig einige Sonderformen von quadratischen Gleichungen vor, die sich auf andere Weise schneller lösen lassen.

Regel

> **Rein-quadratische Gleichungen**
> Die rein-quadratischen Gleichungen enthalten kein lineares x-Glied, d. h., der Koeffizient **b** in der Grundform $ax^2 + bx + c = 0$ ist null. Die Unbekannte x kommt nur im Quadrat vor, daher lassen sich rein-quadratische Gleichungen stets auf die folgende Form bringen:
> $x^2 = k$ (mit $k \in \mathbb{R}$)

Was die Lösbarkeit einer rein-quadratischen Gleichung anbelangt, so sind drei Fälle zu unterscheiden:
- **$k > 0$:** Es gibt zwei Lösungen: $x_1 = \sqrt{k}$, $x_2 = -\sqrt{k}$

  Dafür schreibt man meist kurz: $x_{1/2} = \pm\sqrt{k}$
- **$k = 0$:** Es gibt genau eine (doppelte) Lösung: $x_{1/2} = 0$
- **$k < 0$:** Es gibt keine reelle Lösung: $L = \varnothing$

  (Die Lösungsmenge L ist die leere Menge.)

Beispiele

1. $x^2 = 81 \quad | \sqrt{}$ Es wird aus beiden Seiten die Wurzel gezogen.

   $\sqrt{x^2} = \sqrt{81}$ Diesen Zwischenschritt schreibt man meist nicht an.

   $|x| = 9$ Die Wurzel aus x^2 ist nicht x, sondern der **Betrag von x,** d. h. $\sqrt{x^2} = |x|$.

   $x_{1/2} = \pm 9$ Damit hat man die Lösungen. Die zweite und dritte Zeile werden oft weggelassen, sodass man die Lösung in nur einem Rechenschritt erhält.

2. $\frac{1}{3}x^2 - 4 = 0$ x^2 und Zahlen auf verschiedene Seiten der Glei-
                                                                             chung bringen.

   $x^2 = 12$

   $x_{1/2} = \pm\sqrt{12} = \pm 2\sqrt{3}$ Die $\pm$ Lösungen angeben.

3. $4x^2 + 3 = 0$

   $x^2 = -\frac{3}{4}$ Da links die Unbekannte x zum Quadrat steht
                                                                             (also nie negativ werden kann) und rechts eine
                                                                             negative Zahl steht, kann es keine reelle Lösung
                                                                             geben.

   $L = \varnothing$

Regel

> **Gleichungen ohne additive Konstante c**
>
> Hat eine quadratische Gleichung keine x-freie Konstante (d. h. $c = 0$), so kann man
> die entsprechende quadratische Gleichung durch Ausklammern von x lösen. Man
> erhält dann die Produktform einer Gleichung und diese ist null, sobald ein Faktor
> null ist:
>
> $ax^2 + bx = 0$
>
> $x(ax + b) = 0$
>
> $\Leftrightarrow \quad x = 0 \quad \lor \quad ax + b = 0$
>
> $\Leftrightarrow \quad \mathbf{x_1 = 0} \quad \lor \qquad \mathbf{x_2 = -\dfrac{b}{a}}$
>
> Eine solche Gleichung hat stets **zwei Lösungen**, eine davon ist immer null.

Beispiele

1. $3x^2 - 4x = 0$

   $x(3x - 4) = 0$

   $\Leftrightarrow \quad x = 0 \quad \lor \quad 3x - 4 = 0$

   $\Leftrightarrow \quad \mathbf{x_1 = 0} \quad \lor \qquad \mathbf{x_2 = \dfrac{4}{3}}$

2. $\quad \dfrac{2u^2}{3} = 4u \quad \Big| \cdot \dfrac{3}{2}$ Die Gleichung darf mit einer beliebigen reellen
                                                                             Zahl $\neq 0$ multipliziert werden. Wenn man hierbei
   $\qquad u^2 = 6u$ geschickt vorgeht, kann sich das Lösen von Glei-
                                                                             chungen oft erheblich vereinfachen.
   $u^2 - 6u = 0$ Niemals darf durch die Lösungsvariable dividiert
                                                                             werden, denn diese kann auch null werden.
   $u(u - 6) = 0$ Nach dem Ausklammern von u lassen sich die
                                                                             Lösungen direkt ablesen. Wichtig dabei ist, dass
   $\Rightarrow u_1 = 0; \; u_2 = 6$ auf der rechten Seite tatsächlich eine Null steht.

Die allgemeine quadratische Gleichung $ax^2 + bx + c = 0$ lässt sich stets auf die **normierte Form** bringen, sodass der Koeffizient a bei x^2 (der Leitkoeffizient) den Wert 1 hat. Man braucht nur die allgemeine Gleichung durch a zu dividieren und erhält die normierte Form $\mathbf{x^2 + px + q = 0}$ mit neuen Koeffizienten p, $q \in \mathbb{R}$.

Regel

> **Normierte quadratische Funktionen in Produktform**
> Jede normierte quadratische Funktion $f(x) = x^2 + px + q$ mit den reellen Nullstellen $\mathbf{x_1}$, $\mathbf{x_2}$ besitzt die **faktorisierte Darstellung (Produktform)**:
> $f(x) = (x - \mathbf{x_1})(x - \mathbf{x_2})$
> Dabei heißen $(x - x_1)$ bzw. $(x - x_2)$ die **Linearfaktoren** der Funktion f.
> Der Zusammenhang zwischen den Koeffizienten p, q und den Nullstellen x_1, x_2 ist gegebenen durch den **Satz von Vieta**:
> $\mathbf{q = x_1 x_2}$ (q ist das Produkt der Nullstellen x_1 und x_2.)
> $\mathbf{-p = x_1 + x_2}$ (−p ist die Summe der Nullstellen x_1 und x_2.)
> Dadurch können die Nullstellen x_1, x_2 von f bestimmt werden, ohne dass die Lösungsformel verwendet wird.

Der Vorteil der Produktform ist, dass sich daraus die Nullstellen einer quadratischen Funktion f, also die **Lösungen** der Gleichung $f(x) = 0$, direkt ablesen lassen (Satz vom Nullprodukt):

$$(x - x_1)(x - x_2) = 0$$
$$\Leftrightarrow \quad x - x_1 = 0 \quad \vee \quad x - x_2 = 0$$
$$\Leftrightarrow \quad \mathbf{x = x_1} \quad \vee \quad \mathbf{x = x_2}$$

Beispiele

1. Bestimmen Sie alle Nullstellen der Funktion $f(x) = (x - 2)(x - 5)$.

   Lösung:

$f(x) = 0$	Die Nullstellen liegen bei $x_1 = 2$ und $x_2 = 5$.
$(x - \mathbf{2})(x - \mathbf{5}) = 0$	Probe: $f(2) = (2 - 2)(2 - 5) = 0 \cdot (-3) = 0$
$\Leftrightarrow \quad x_1 = 2 \vee x_2 = 5$	$f(5) = (5 - 2)(5 - 5) = 3 \cdot 0 = 0$

2. Bestimmen Sie die faktorisierte Darstellung der Gleichung $x^2 - 5x + 4 = 0$ mit dem Satz von Vieta.

   Lösung:

   $x^2 - 5x + \mathbf{4} = 0$

   Welche **ganzzahligen** Kombinationen $\mathbf{x_1, x_2} \in \mathbb{Z}$ ergeben als Produkt **4**? Solche Zahlenpaare sind z. B. 1 und 4, −1 und −4, 2 und 2 sowie −2 und −2.

   $x^2 - \mathbf{5}x + 4 = 0$

   Welches Zahlenpaar von oben hat den Summenwert $-(-\mathbf{5}) = 5$?

   Faktorisierte Darstellung:
   $(x - \mathbf{1})(x - \mathbf{4}) = 0$

   Offensichtlich **1** und **4**, das sind die passenden Zahlen für die faktorisierte Darstellung der Gleichung.

3. Lösen Sie die Gleichung $x^2 + 7x - 12 = 0$, wenn möglich mit dem Satz von Vieta.

Lösung:

$$x^2 + 7x - 12 = 0$$

$$x_{1/2} = \frac{-7 \pm \sqrt{7^2 - 4 \cdot 1 \cdot (-12)}}{2}$$

$$= \frac{-7 \pm \sqrt{49 + 48}}{2} = \frac{-7 \pm \sqrt{97}}{2}$$

$$x_1 \approx 1,42; \ x_2 \approx -8,42$$

Mögliche Faktorisierungen von **–12** sind ±1; ∓12, ±2; ∓6 und ±3; ∓4. Mit –3; 4 oder 3; –4 lässt sich aber die Summe **–7** nicht erreichen, entsprechendes gilt für die anderen ganzzahligen Kombinationen.
Folgerung: Entweder hat die Gleichung keine Lösung oder keine ganzzahligen Lösungen. In so einem Fall greift man auf die bekannte **Lösungsformel** zurück.

Auch allgemeine quadratische Funktionen lassen sich mithilfe der Nullstellen faktorisieren, es ist lediglich der Leitkoeffizient a vor x^2 mit zu berücksichtigen.

Regel

> **Zerlegungssatz**
> Jede quadratische Funktion $f(x) = ax^2 + bx + c$ mit den reellen Nullstellen x_1, x_2 besitzt die **faktorisierte Darstellung (Produktform)**:
> $f(x) = a(x - x_1)(x - x_2)$
> Hat f eine doppelte Nullstelle x_0, so gilt:
> $f(x) = a(x - x_0)(x - x_0) = a(x - x_0)^2$
> Hat die Funktion f **keine** reelle Nullstelle, so kann sie auch **nicht** in Linearfaktoren zerlegt werden.

Oft lassen sich quadratische Funktionen **ohne** Verwendung der Lösungsformel „im Kopf" faktorisieren:
1. Leitkoeffizient a **ausklammern**:

$$f(x) = ax^2 + bx + c = a\left(x^2 + \frac{b}{a}x + \frac{c}{a}\right)$$

2. Den normierten quadratischen Funktionsterm $x^2 + \frac{b}{a}x + \frac{c}{a}$ mit dem **Satz von Vieta** in Produktform überführen (nur sinnvoll, wenn die Koeffizienten $\frac{b}{a}$ und $\frac{c}{a}$ ganzzahlig sind).

Diese Methode kann Zeit und Rechenarbeit sparen, sie lässt sich jedoch nicht immer (sinnvoll) anwenden.

Beispiele

1. Stellen Sie die Funktion $f(x) = \frac{1}{2}x^2 - x - 4$ in Produktform dar.

    Lösung:

    $f(x) = \frac{1}{2}x^2 - x - 4$ Der Leitkoeffizient $\frac{1}{2}$ wird ausgeklammert.

    $f(x) = \frac{1}{2}(x^2 - \mathbf{2x} - \mathbf{8})$ Auf die runde Klammer wird der Satz von Vieta angewandt. Mögliche Faktorisierungen von -8 sind $\pm 1; \mp 8$ und $\pm 2; \mp 4$.

    Produktform von f: Die Summe muss $-(-2) = 2$ ergeben, daher ist $-2; 4$ das passende Zahlenpaar.

    $f(x) = \frac{1}{2} \cdot [x - (\mathbf{-2})] \cdot (x - \mathbf{4})$

    $\quad = \frac{1}{2}(x + 2)(x - 4)$

2. Zerlegen Sie die Funktion $f(x) = 3x^2 - 2x + \frac{1}{3}$ in Linearfaktoren, falls möglich.

    Lösung:
    Durch das Ausklammern von 3 würden in der Klammer Brüche entstehen. In diesem Fall ist es sinnvoller, die Nullstellen mit der Lösungsformel zu bestimmen:

    $$x_{1/2} = \frac{2 \pm \sqrt{4 - 4 \cdot 3 \cdot \frac{1}{3}}}{2 \cdot 3} = \frac{2 \pm 0}{6} = \frac{1}{3}$$

    Es liegt eine doppelte Nullstelle vor.
    Nach dem Zerlegungssatz lautet die Produktform:

    $$f(x) = 3\left(x - \frac{1}{3}\right)\left(x - \frac{1}{3}\right) = 3\left(x - \frac{1}{3}\right)^2$$

3. Faktorisieren Sie die Funktion $f(x) = x^2 + 2$.

    Lösung:
    Die Funktion $f(x) = x^2 + 2$ nimmt nur positive Werte an und besitzt daher keine reellen Nullstellen (Berechnen der Diskriminante bestätigt dies ebenfalls). Es gibt daher **keine Faktorisierung**.

Aufgaben

45. Bestimmen Sie die Lösungsmengen der folgenden quadratischen Gleichungen:

a) $x^2 + 2x + 1 = 0$

b) $\frac{1}{2}x^2 + 4x + \frac{3}{2} = 0$

c) $\frac{2}{3}m^2 + \frac{4}{3}m = \frac{5}{3}$

d) $5x^2 + 4x = 0$

e) $\frac{2x^2}{3} = 576$

f) $k^2 = 4(k - 3)$

g) $(x + 1)^2 + (x - 1)^2 = 7x - 4$

h) $x + 1 = \frac{2}{x}$

i) $(x - 3)(x + 1) = 0$

j) $\frac{1}{2}t^2 + t = \sqrt{3}$

46. Berechnen Sie die Nullstellen und die Scheitelkoordinaten folgender quadratischer Funktionen:

a) $f(x) = x^2 + 1$

b) $f(x) = x^2 + 6x + 5$

c) $f(x) = 3x^2 + 2x - 5$

d) $f(x) = \frac{1}{3}x^2 + 4x$

e) $f(x) = -\frac{1}{2}(x-1)^2 + 1$

f) $f(x) = \frac{(x-2)^2}{\sqrt{3}}$

47. Lösen Sie die folgenden rein-quadratischen Gleichungen zum einen mit der Lösungsformel und zum anderen auf direktem Weg:

a) $x^2 + 1 = 0$

b) $x^2 + \sqrt{3} = 2x^2$

c) $4x^2 - 0{,}5 = 0$

d) $\frac{1}{a^2} = 9$

e) $\sqrt{5} = \frac{x^2}{\sqrt{5}}$

f) $-\sqrt{2}z^2 + \frac{1}{\sqrt{2}} = 2$

48. Lösen Sie die folgenden Gleichungen zum einen mithilfe der Lösungsformel und zum anderen durch Ausklammern:

a) $x^2 = x$

b) $\left(\frac{x}{3}\right)^2 + \frac{x}{3} = 0$

c) $\frac{w^2}{81} = \frac{w}{9}$

d) $\sqrt{3}x^2 + x = 0$

Verwenden Sie zur Lösung der Aufgaben 49 bis 52 den Satz von Vieta.

49. Zerlegen Sie die Funktion $f(x) = x^2 - 5x + 6$ in Linearfaktoren und geben Sie die Nullstellen an.

50. Der Graph einer normierten quadratischen Funktion schneidet die x-Achse an den Stellen −2 und 3.
Wie lautet die zugehörige Funktionsgleichung?

51. Schreiben Sie die Gleichung $x^2 + 3x - 10 = 0$ in faktorisierter Darstellung und bestimmen Sie die Lösungsmenge.

52. Bestimmen Sie die Nullstellen der folgenden Funktionen mithilfe der Produktform.

a) $f(x) = 3x^2 - 15x + 18$

b) $g(x) = 2x^2 + 14x + 24$

Hinweis: Durch Ausklammern des Leitkoeffizienten erhalten Sie normierte quadratische Funktionsterme in der Klammer.

53. Zerlegen Sie folgende quadratischen Funktionen – wenn möglich – in Linearfaktoren und geben Sie deren Nullstellen an.

a) $f(x) = x^2 - 3x - 28$

b) $f(x) = 2x^2 - 4x$

c) $f(x) = -x^2 + 8x - 16$

d) $f(x) = x^2 - 4x + 4$

e) $f(x) = 4x^2 - 12x + 9$

f) $f(x) = \frac{1}{2}x^2 - \frac{1}{2}x - 3$

g) $f(x) = -\frac{1}{3}(x-3)^2 + 2$

h) $f(x) = 2x^2 + 1$

54. Bestimmen Sie jeweils die Lösungsmenge der folgenden quadratischen Gleichungen mit der jeweils günstigsten Lösungsmethode. Schauen Sie zunächst, ob sich x ausklammern lässt oder ob es sich um eine rein-quadratische Gleichung handelt. Falls beides nicht zutrifft, prüfen Sie kurz, ob sich der Satz von Vieta anwenden lässt. Erst wenn nichts von dem zutrifft, verwenden Sie die Lösungsformel.

a) $-0{,}5x^2 + 2x + 6 = 0$

b) $\frac{1}{x^2} + \frac{1}{x} = 1$

c) $u^2 = 4u$

d) $4(x+3)^2 = 0$

e) $\frac{\sqrt{2}}{x^2+1} = \frac{1}{\sqrt{2}}$

f) $\frac{1}{a} = \frac{a}{a+1}$

3.3 Quadratische Ungleichungen

Möchte man beispielsweise untersuchen, für welche $x \in \mathbb{R}$ eine quadratische Funktion positive Funktionswerte hat, so ergibt sich eine quadratische Ungleichung $ax^2 + bx + c > 0$. Um deren Lösungsmenge zu bestimmen, sind entsprechende Lösungsmethoden erforderlich. Rein-quadratische Ungleichungen löst man am schnellsten wie in den nachfolgenden Beispielen dargestellt.

Beispiele

1. $x^2 - 4 > 0 \qquad | +4$ x^2 wird auf einer Seite isoliert.

$\qquad x^2 > 4 \qquad | \sqrt{}$ Auf beiden Seiten radizieren.

$\qquad |x| > 2$ Achtung: Bei Ungleichungen muss der Betrag verwendet werden! Mit $\pm$ wie bei den Gleichungen darf hier nicht gearbeitet werden.

Die Lösungsmenge bilden also alle Zahlen, die **betragsmäßig** größer als 2 sind, d. h., die kleiner als -2 oder größer als $+2$ sind.

$L = {]-\infty; -2[} \cup {]2; \infty[}$
Oder kompakter:
$\mathbf{L = \mathbb{R} \setminus [-2; 2]}$

Man beachte die geschlossen Intervallgrenzen des aus $\mathbb{R}$ herausgenommenen Intervalls. Damit die Grenzen ± 2 nicht zu L gehören, müssen sie mit **herausgenommen** werden, deshalb $[-2; 2]$ und nicht $]-2; 2[$.

2. $x^2 + 4 > 0$ x^2 wird isoliert.

   $\qquad x^2 > -4$ Wurzelziehen geht nicht, da auf der rechten Seite
   eine negative Zahl (-4) steht.

   $\qquad \mathbf{L = \mathbb{R}}$ Die Lösungsmenge muss durch Überlegung ge-
   funden werden:
   Für welche x ist x^2 größer als -4?
   Das ist offensichtlich für alle $x \in \mathbb{R}$ der Fall.

Allgemeine quadratische Ungleichungen löst man mit der folgenden Methode:

Regel

> **Lösen von quadratischen Ungleichungen**
>
> **Schritt 1:**
> Die Ungleichung auf die Normalform $ax^2 + bx + c \geq 0$ bringen (anstatt „$\geq$" kann natürlich auch eines der Ungleichheitszeichen $\leq$, $>$ oder $<$ auftreten).
>
> **Schritt 2:**
> Die zugehörige quadratische Gleichung $ax^2 + bx + c = 0$ lösen. Die Lösungen lauten x_1, x_2.
>
>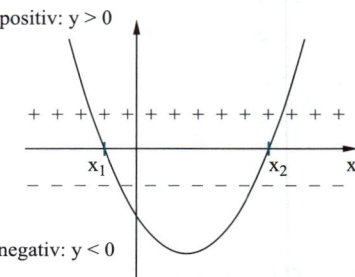
>
> **Schritt 3:**
> Die zugehörige Parabel skizzieren.
> Dazu genügt es, die berechneten Nullstellen einzuzeichnen und darauf zu achten, ob die Parabel nach oben oder nach unten geöffnet ist.
>
> **Schritt 4:**
> Die Lösungsmenge aus der Skizze ablesen.

Beispiele

1. Bestimmen Sie die Lösungsmenge der quadratischen Ungleichung $2x^2 + 3x < 2$.

   Lösung:
   Schritt 1:
   Die auf Normalform gebrachte Ungleichung lautet:
   $2x^2 + 3x - 2 < 0$

   Schritt 2:
   Aufstellen und Lösen der zugehörigen quadratischen Gleichung:
   $2x^2 + 3x - 2 = 0$

   $$x_{1/2} = \frac{-3 \pm \sqrt{9 - 4 \cdot 2 \cdot (-2)}}{4} = \frac{-3 \pm \sqrt{25}}{4} = \begin{cases} 0,5 \\ -2 \end{cases}$$

Schritt 3:

$y = 2x^2 + 3x - 2$ ist eine nach oben geöffnete Parabel mit Nullstellen bei −2 und 0,5. Die nebenstehende Abbildung zeigt die Skizze des Graphen.

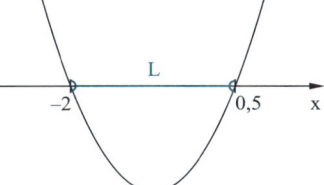

Schritt 4:

Wegen $2x^2 + 3x - 2 < 0$ sind diejenigen x-Werte in der Lösungsmenge enthalten, für welche die Parabel im Negativen, also unterhalb der x-Achse verläuft. Die Lösungsmenge der Ungleichung lautet:

L =]−2; 0,5[

2. Lösen Sie die Ungleichung $-\frac{1}{2}x + 2x - 3 \geq 0$ über der Grundmenge $\mathbb{R}$.

   Lösung:

   Berechnet man die Diskriminante der zugehörigen quadratischen Gleichung, so ergibt sich:

   $D = 2^2 - 4 \cdot \left(-\frac{1}{2}\right) \cdot (-3) = -2 < 0$

   Die quadratische Gleichung hat also keine reellen Lösungen.

   Die Skizze der zugehörigen nach unten geöffneten Parabel führt auf die Lösungsmenge **L = ∅** (für kein x verläuft diese Parabel im positiven Bereich).

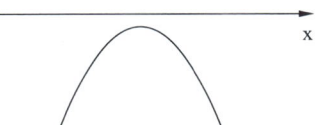

   Hätte die Ungleichung $-\frac{1}{2}x + 2x - 3 \leq 0$ gelautet, so wäre die Lösungsmenge ganz $\mathbb{R}$, weil die Parabel unterhalb der x-Achse, also für alle x im Negativen verläuft.

3. Bestimmen Sie die Lösungsmenge der Ungleichung $x^2 - 2x + 1 > 0$. Wie lautet die Lösungsmenge, wenn > durch ≥, ≤ oder < ersetzt wird?

   Lösung:

   Die Ungleichung kann direkt gelöst werden. Die Umformung mit der zweiten binomischen Formel (Minusformel) ergibt $(x - 1)^2 > 0$. Wegen des Quadrats ist die linke Seite immer größer als null, nur für $x = 1$ ist sie null. Zu der Lösungsmenge gehören damit alle reellen Zahlen außer der Eins, **L = $\mathbb{R}\setminus\{1\}$**.

   Für $x^2 - 2x + 1 \geq 0$, gleichbedeutend mit $(x - 1)^2 \geq 0$, lautet die Lösungsmenge **L = $\mathbb{R}$**. Die Ungleichung $x^2 - 2x + 1 \leq 0$ hat die Lösungsmenge **L = {1}** und die Ungleichung $x^2 - 2x + 1 < 0$ wird von keiner reellen Zahl erfüllt, also **L = ∅**.

Aufgaben

55. Bestimmen Sie die Lösungsmengen der folgenden Ungleichungen:

a) $x^2 - 7x + 12 > 0$

b) $-x^2 + 12x - 26 < 6$

c) $x^2 + 1 \leq 2(x - 2)$

d) $x^2 \geq x$

e) $2(x + 1) > x(x + 1)$

f) $-(3x + 2)^2 \geq 0$

56. Lösen Sie die Ungleichungen $2x^2 + 3x \leq 2$, $2x^2 + 3x > 2$ und $2x^2 + 3x \geq 2$ und vergleichen Sie die Lösungsmengen (siehe auch Beispiel 1).

3.4 Quadratische Funktionen mit Parameter

Es werden nun quadratische Funktionen mit Parameter betrachtet. Bei diesen kommt neben der unabhängigen Variablen x ein weiterer Buchstabe im Funktionsterm vor.

Definition

> **Quadratische Funktionenscharen**
> Im Funktionsterm einer quadratischen Funktion können neben der unabhängigen Funktionsvariable x weitere Variablen (Formvariable oder **Parameter** genannt) auftreten. Dadurch hat man – ähnlich wie bei Geradenscharen – nicht nur eine einzige quadratische Funktion, sondern für jeden Wert des Parameters eine.

Natürlich sind auch bei Funktionenscharen die Nullstellen der in der Schar enthaltenen Funktionen von Interesse, diese hängen dann in der Regel vom Scharparameter ab.

Beispiele

1. Ein einfaches Beispiel ist die quadratische Funktionenschar $f_a : x \mapsto ax^2$ mit $a \in \mathbb{R} \setminus \{0\}$. Für $a \in \{-2; -0,3; 0,1; 0,25; \sqrt{2}\}$ sind die zugehörigen Parabeln im nebenstehenden Koordinatensystem dargestellt. Tatsächlich enthält die Schar natürlich unendlich viele Parabeln; für jedes $a \in \mathbb{R} \setminus \{0\}$ eine. Grafisch muss man sich auf eine Auswahl beschränken. Rechnerisch lassen sich alle auf einmal, ggf. mit Fallunterscheidungen, behandeln.

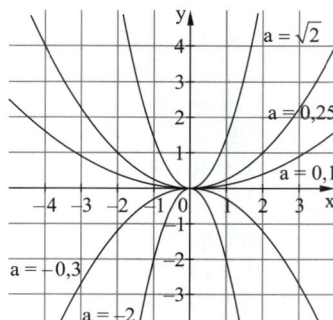

2. Gegeben ist die Funktionenschar $f_k(x) = x^2 - x + k$ mit $k \in \mathbb{R}$.
   Bestimmen Sie die Lage, Vielfachheit und Anzahl der Nullstellen in Abhängigkeit von k.

   Lösung:
   Ansatz zur Berechnung der Nullstellen: $f_k(x) = 0$
   $x^2 - x + k = 0$
   Über die Vielfachheit und Anzahl der Nullstellen gibt die Diskriminante Auskunft, deshalb wird diese zunächst berechnet:
   $D = b^2 - 4ac = (-1)^2 - 4 \cdot 1 \cdot k = 1 - 4k$

   Je nachdem, ob $D > 0$, $D = 0$ oder $D < 0$ ist, sind drei Fälle zu unterscheiden:

Fall 1: $D > 0$	**Fall 2:** $D = 0$	**Fall 3:** $D < 0$
$1 - 4k > 0 \Leftrightarrow k < \frac{1}{4}$	$1 - 4k = 0 \Leftrightarrow k = \frac{1}{4}$	$1 - 4k < 0 \Leftrightarrow k > \frac{1}{4}$
Für $k < \frac{1}{4}$ hat f_k zwei einfache Nullstellen:	Für $k = \frac{1}{4}$ hat f_k eine doppelte Nullstelle:	Für $k > \frac{1}{4}$ hat f_k keine Nullstellen.
$x_{1/2} = \frac{1 \pm \sqrt{1 - 4k}}{2}$	$x_{1/2} = \frac{1 \pm 0}{2} = \frac{1}{2}$	

Man erkennt, dass der Parameter k eine Verschiebung der Parabeln parallel zur y-Achse bewirkt. Das zeigt sich rechnerisch, wenn man die Scheitelkoordinaten berechnet:

$x_S = \frac{-b}{2a} = \frac{-(-1)}{2} = \frac{1}{2}$

Da die x-Koordinate von k unabhängig ist, liegen alle Scheitelpunkte auf einer vertikalen Geraden durch $x = \frac{1}{2}$.

Für y_S gilt:

$y_S = f_k\left(\frac{1}{2}\right)$

$ = \left(\frac{1}{2}\right)^2 - \frac{1}{2} + k$

$ = k - \frac{1}{4}$

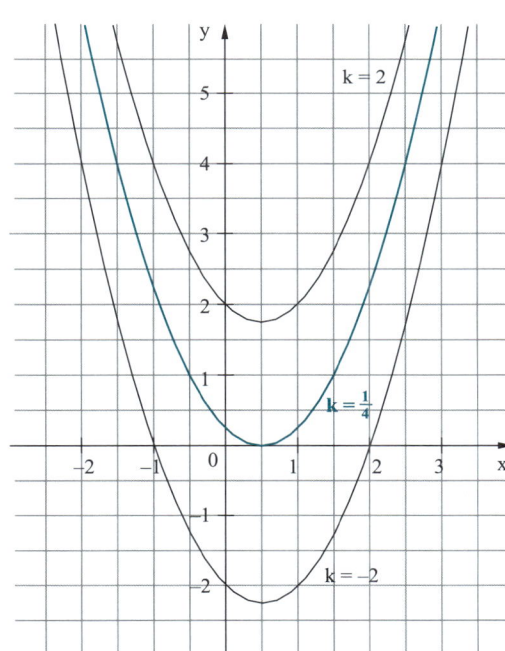

Man erkennt, dass sich die y-Koordinaten der Scheitel in Abhängigkeit von k verändern.

3. **Senkrechter Wurf**

Ein Gegenstand wird von der Erdoberfläche aus mit der Anfangsgeschwindigkeit v_0 senkrecht nach oben geworfen. Bei Vernachlässigung des Luftwiderstandes setzt sich die Geschwindigkeit des Gegenstandes zu jedem Zeitpunkt aus der nach oben wirkenden gleichförmigen Geschwindigkeit v_0 und der nach unten wirkenden, zunehmenden Geschwindigkeit des freien Falles zusammen.

Für das Zeit-Weg-Gesetz des senkrechten Wurfes gilt daher:

$h(t) = -\frac{1}{2}gt^2 + v_0 t$ mit $0 \leq t \leq t_A$

Dabei sind:

h(t): Höhe in Meter

t: Flugzeit in Sekunden

t_A: Aufschlagzeitpunkt

$g = 9,81 \frac{m}{s^2}$ (Fallbeschleunigung auf der Erde)

v_0: Startgeschwindigkeit

Im Diagramm sind einige Graphen für unterschiedliche Anfangsgeschwindigkeiten eingezeichnet.

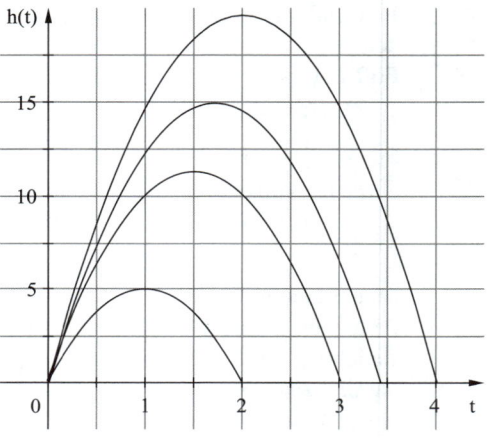

Die Nullstellen entsprechen in diesem Fall dem Start- und Aufschlagzeitpunkt, die Scheitelkoordinaten enthalten die Informationen über die Steigzeit und die maximale Höhe, die der Gegenstand erreicht.

Bei vielen Aufgaben benötigt man die Schnittpunkte zweier Graphen. Auch diese Aufgabenstellungen führen häufig auf quadratische Gleichungen.

Regel

Berechnen von Schnittpunkten zweier Graphen

Um die Schnittpunkte zweier Graphen zu berechnen, geht man wie folgt vor:

1. Funktionsterme gleichsetzen und

2. die so erhaltene Gleichung lösen. Diese Lösungen sind die x-Koordinaten der gesuchten Schnittpunkte, die sogenannten **Schnittstellen**.

3. Die Schnittstellen in eine der Funktionen einsetzen, um die y-Koordinaten der **Schnittpunkte** zu erhalten.

Beispiele

1. Gegeben sind die Funktionen $f(x) = -x^2 - 4x + 2$, $g(x) = -2x - 1$ und
    $h(x) = -2x + 4$.
    Bestimmen Sie die Schnittpunkte des Graphen von f mit den Geraden g
    und h.

    Lösung:
    $f(x) = g(x)$, also $-x^2 - 4x + 2 = -2x - 1$ bzw. $x^2 + 2x - 3 = 0$
    Das ergibt nach Vieta:
    $(x + 3)(x - 1) = 0$
    Die Lösungen der Gleichung und damit die Schnittstellen sind:
    $x_1 = -3;\ x_2 = 1$
    Einsetzen in g:
    $y_1 = g(-3) = 5;\ y_2 = g(1) = -3$
    Alternativ hätte man x_1 und x_2 auch in die Funktion f einsetzen können.
    Die Schnittpunkte haben die Koordinaten **$S_1(-3\,|\,5)$ und $S_2(1\,|\,-3)$**.

    Soll die Parabel
    statt mit g mit
    der Geraden
    h: $y = -2x + 4$
    geschnitten wer-
    den, so führt die
    Rechnung auf
    eine quadrati-
    sche Gleichung
    mit negativer
    Diskriminante
    ($D = -4$). Das
    bedeutet, dass
    sich f und h
    nicht schneiden.

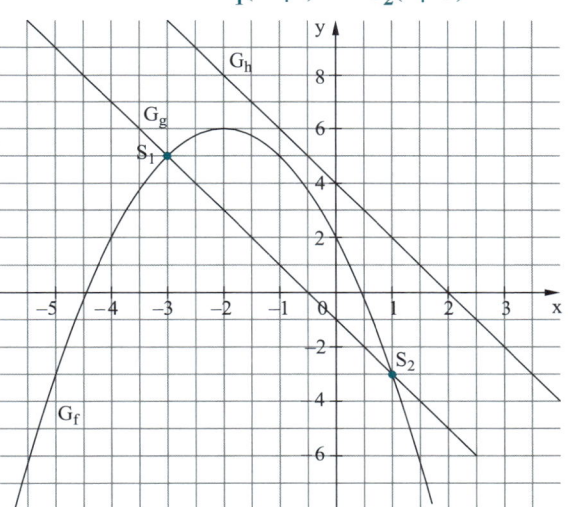

2. Betrachtet werden nun (in Anlehnung an Beispiel 1) die quadratische
    Funktion $f(x) = -x^2 - 4x + 2$ und die Geradenschar g_t: $y = -2x + t$ mit $t \in \mathbb{R}$.
    Für welchen Wert von t haben die Graphen von f und g keinen, genau
    einen bzw. zwei Schnittpunkte?

    Lösung:
    Vorgehensweise wie in Beispiel 1:
    $-x^2 - 4x + 2 = -2x + t \iff x^2 + 2x + t - 2 = 0$
    Die Anzahl der Lösungen und damit der Schnittpunkte hängt von der
    Diskriminante ab:
    $D = b^2 - 4ac = 2^2 - 4(t - 2) = -4t + 12$

Es sind drei Fälle zu unterscheiden:

Fall 1: $D < 0$

$-4t + 12 < 0 \iff t > 3$ (Die lineare Ungleichung wird nach t aufgelöst.)

Für $t > 3$ ist $D < 0$. Für diese t gibt es **keine Schnittpunkte**, die zugehörigen Geraden g_t „gehen" an der Parabel vorbei.

Fall 2: $D = 0$

$-4t + 12 = 0 \iff t = 3$

Für $t = 3$ „berührt" die Gerade g_3 die Parabel. Man nennt eine solche Gerade auch **Tangente**. Die Koordinaten des Schnittpunktes, genauer **Berührpunktes**, werden berechnet, indem man die Gleichung $x^2 + 2x + t - 2 = 0$ für $t = 3$ löst:

$x^2 + 2x + 1 = 0$, also $(x + 1)^2 = 0$

Die doppelte Lösung lautet $x_{1/2} = -1$. Die y-Koordinate erhält man wieder durch einsetzen: $y_1 = f(-1) = 5$. Der Berührpunkt hat die Koordinaten $B(-1 \mid 5)$.

Fall 3: $D > 0$

Das trifft zu, wenn $t < 3$. In diesem Fall gibt es jeweils **2 Schnittpunkte** S_1 und S_2 zwischen der Parabel und der jeweiligen Geraden. Die Schnittstellen kann man in Abhängigkeit von t angeben. Mit der Lösungsformel erhält man:

$$x_{1/2} = \frac{-2 \pm \sqrt{4 - 4(t-2)}}{2} = \frac{-2 \pm \sqrt{-4t + 12}}{2} = -1 \pm \sqrt{-t + 3} \quad \text{für } t < 3$$

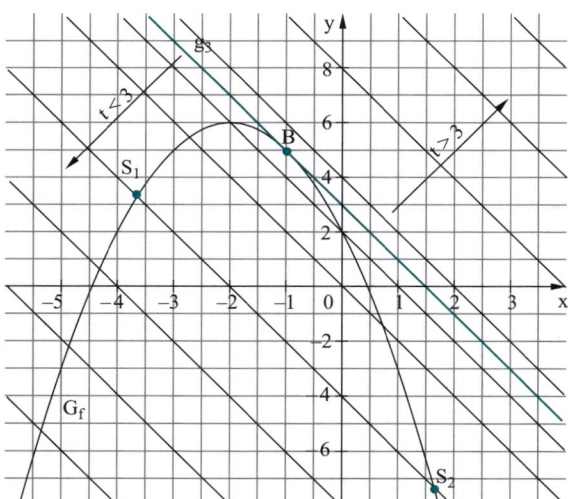

Aufgaben

57. Gegeben ist die Funktionenschar $f_t(x) = -x^2 + tx - x$ mit $t \in \mathbb{R}$. Ermitteln Sie die Lage, Vielfachheit und Anzahl der Nullstellen in Abhängigkeit vom Parameter t. Skizzieren Sie die Funktionenschar für $t \in \{-3; -1; 1; 3; 5\}$.

58. Untersuchen Sie die folgenden Funktionenscharen auf Anzahl und Vielfachheit der Nullstellen:

a) $f_t(x) = 2x^2 + 6x + t$ b) $f_a(x) = x^2 - 6ax + 5a^2$

c) $f_k(x) = x^2 - k^2$ d) $f_m(x) = x^2 + mx + \dfrac{3m+4}{4}$

e) $f_n(x) = -\dfrac{1}{2}x^2 + (2-n)x + 4n - \dfrac{9}{2}$

59. Zwei Massen m_1 und m_2 (etwa die Erde und der Mond), die den Abstand d aufweisen, üben auf eine dazwischen liegende Masse (z. B. einen Satelliten) Anziehungskräfte aus.
Gesucht wird die Stelle x zwischen diesen beiden Massen, an der sich die Anziehungskräfte von m_1 und m_2 gegenseitig aufheben (Schwerelosigkeit).

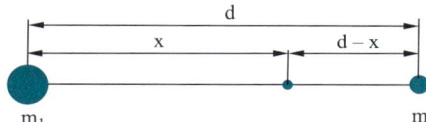

Da die Anziehungskraft nach dem Gravitationsgesetz von Newton proportional zur Masse und indirekt proportional zum Quadrat des Abstandes ist, erhält man den folgenden Ansatz:

$\dfrac{m_1}{x^2} = \dfrac{m_2}{(d-x)^2}$

a) Bringen Sie diese Bruchgleichung auf die Grundform einer quadratischen Gleichung und identifizieren Sie die Koeffizienten a, b, c der Gleichung.

b) Bestimmen Sie zunächst x für den Fall, dass $m_1 = m_2$.

c) Lösen Sie die quadratische Gleichung für $m_1 \neq m_2$ mithilfe der Lösungsformel und vereinfachen Sie die Lösung so weit wie möglich.

60. Bestimmen Sie allgemein den Zusammenhang, nach welcher Zeit t sich ein Körper beim senkrechten Wurf in einer bestimmten Höhe h befindet.
Wie groß ist die maximale Steighöhe h_{max}?

61. Gegeben sind das Geradenbüschel $h_m : y = mx + \dfrac{17}{2}$ ($m \in \mathbb{R}$) und die Funktion $f(x) = -\dfrac{1}{2}(x+2)(x-4)$. Bestimmen Sie die Art und Anzahl der Schnittpunkte der Graphen von h_m und f in Abhängigkeit von m.

62. Untersuchen Sie rechnerisch, ob sich Parabeln der Funktionenschar $f_t : x \mapsto t^2 x^2 - 4tx + 1; t \in \mathbb{R} \setminus \{0\}$ schneiden.

63. Gegeben sind die quadratischen Funktionen $f(x) = -\frac{1}{2}x^2 - \frac{3}{2}x + \frac{7}{8}$ und
$g(x) = \frac{1}{8}(4x^2 - 12x - 11)$.

a) Berechnen Sie deren Nullstellen und die Scheitelkoordinaten der zugehörigen Parabeln.

b) Stellen Sie die Funktion f in faktorisierter Form dar.

c) Berechnen Sie die Koordinaten der Schnittpunkte der beiden Parabeln.

d) Stellen Sie die Geradengleichung jener Geraden h auf, die durch diese beiden Schnittpunkte geht.

e) Ermitteln Sie die Geradengleichungen derjenigen Geraden h* und h**, die parallel zu h verlaufen und die jeweils den Graphen von f bzw. von g berühren. Berechnen Sie die Koordinaten der Berührpunkte.

f) Zeichnen Sie die fünf Graphen der Funktionen aus den vorhergehenden Teilaufgaben in ein gemeinsames Koordinatensystem ein.

64. Vorgegeben sind die quadratische Funktionenschar $f_k(x) = k(x-2)^2$ mit $k \in \mathbb{R} \setminus \{0\}$ und die Funktion $g(x) = x^2 + 2x$.

a) Zeigen Sie für den Sonderfall $k = 1$, dass die zugehörigen Parabeln genau einen Schnittpunkt haben und bestimmen Sie dessen Koordinaten.

b) Untersuchen Sie, ob es weitere $k \in \mathbb{R} \setminus \{0\}$ gibt, für die sich die Graphen von f_k und g in nur einem Punkt schneiden, und berechnen Sie auch hier die Koordinaten der Schnittpunkte.

c) Führen Sie nun eine Fallunterscheidung für k durch, was die Anzahl der Schnittpunkte der Graphen von f_k mit dem Graphen von g anbelangt.

d) Berechnen Sie die Koordinaten der Schnittpunkte der Graphen von $f_{0,5}$ und g auf zwei Nachkommastellen genau.

e) Zeichnen Sie den Graphen von g und die Graphen von f_k für
$k \in \left\{-1; -\frac{1}{8}; \frac{1}{2}; 1\right\}$.

65. Es sind die quadratische Funktion $f(x) = (x-1)^2$ und die Funktionenschar $g_m: y = mx + \frac{m}{2} - 4$ gegeben, wobei m eine beliebige reelle Zahl ist.

a) Untersuchen Sie, für welche m sich der Graph von f mit den Graphen von g_m keinmal, einmal oder zweimal schneidet.

b) Bestimmen Sie für diejenigen m, für die es nur einen Schnittpunkt gibt, die Koordinaten dieses Schnittpunktes.

c) Fertigen Sie eine Zeichnung der Graphen von f und g_m für $m = -8$ und $m = 2$ an.

3.5 Extremwertaufgaben

Bei Funktionen ist eine Größe y von einer anderen Größe x abhängig. In vielen Anwendungen geht es darum, herauszufinden, für welchen Wert von x die Größe y den größten Wert (z. B. wenn y den Gewinn darstellt) oder den kleinsten Wert (z. B. wenn y die Kosten sind) annimmt. Solche Fragestellungen nennt man **Extremwertaufgaben**, da sie den absolut größten bzw. kleinsten (also den „extremen") Funktionswert suchen. Mitunter wird auch von Optimierungsproblemen gesprochen.

Regel

> **Extremwertaufgaben bei quadratischen Funktionen**
> Hängt die Größe y quadratisch von der Größe x ab, d. h. $y = f(x) = ax^2 + bx + c$, so sind Extremwertaufgaben besonders einfach zu lösen. Das liegt daran, weil der Scheitel der zugehörigen Parabel ein sogenannter **Extremalpunkt** ist. Die x-Koordinate des Scheitels mit
>
> $x_S = \frac{-b}{2a}$
>
> wird **Extremstelle** genannt. Die y-Koordinate des Scheitels mit
> $y_S = f(x_S)$
> ist dann der **Extremwert**. Je nachdem, ob die Parabel nach oben oder nach unten geöffnet ist, handelt es sich um ein **Maximum** (bei nach unten geöffneter Parabel) oder um ein **Minimum** (bei nach oben geöffneter Parabel).

Bei anwendungsorientierten Aufgaben ist der Definitionsbereich in aller Regel nur eine Teilmenge (meist ein Intervall) von $\mathbb{R}$.

Beispiele

1. Für die Hühner auf einem Bauernhof soll an der Hauswand eine Fläche eingezäunt werden (siehe Skizze). Es stehen 30 m Zaun zur Verfügung. Wie müssen die Abmessungen a und b gewählt werden, damit die größtmögliche Rechteckfläche eingezäunt wird?

   Lösung:
   Hilfreich ist es, bei derartigen Aufgaben eine Skizze anzufertigen:

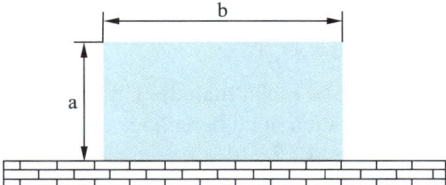

Schritt 1:

Die zu optimierende Größe (hier: Flächeninhalt) wird als Hauptformel aufgestellt:

$A(a; b) = a \cdot b$

Schritt 2:

Formel für Nebenbedingungen (hier: Umfang) angeben:

$U = 2a + b$

Wegen $U = 30$ m folgt:

$2a + b = 30 \implies b = 30 - 2a$

Schritt 3:

Mithilfe der Nebenbedingungen kann man Variablen (hier b) aus der Hauptformel eliminieren. In der Flächenformel wird b durch $30 - 2a$ ersetzt und man erhält die Flächeninhaltsfunktion in Abhängigkeit von a:

$A(a) = a(30 - 2a) = -2a^2 + 30a$

Weil der Umfang 30 m ist, kann a nur zwischen 0 und 15 m liegen, also folgt für den Definitionsbereich von A:

$D_A = [0; 15]$

Der Flächeninhalt A in Abhängigkeit von a ist in der grafischen Darstellung eine nach unten geöffnete Parabel.

Für jede Zahl $a \in D_A = [0; 15]$ ist der Funktionswert $A(a)$ der Flächeninhalt, der vom Zaun eingeschlossen wird.

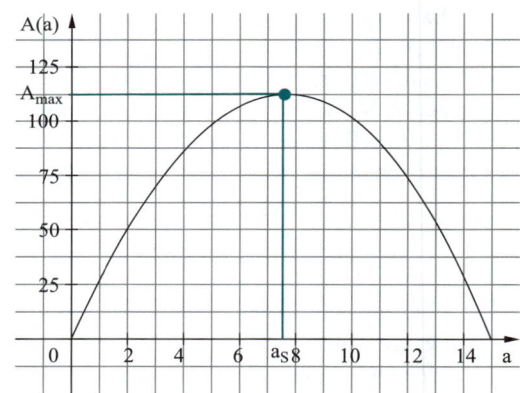

Schritt 4:

Berechnung der Extremstelle; bei quadratischen Funktionen erfolgt dies mit der Formel für die Scheitelkoordinaten:

$a_S = \dfrac{-30}{2 \cdot (-2)} = \dfrac{15}{2} = 7,5$

(Es ist wichtig zu überprüfen, ob $a_S \in D_A$!)

Wählt man $a = 7,5$ m und $b = 15$ m, so erhält man die Umzäunung mit dem größten Flächeninhalt. Dieser soll auch noch berechnet werden:

$A_{max} = A(7,5) = -2 \cdot 7,5^2 + 30 \cdot 7,5 = 112,5$

Der Flächeninhalt beträgt bei diesen Abmessungen 112,5 m². Es ist der größtmögliche bzw. maximale Inhalt, der unter diesen Voraussetzungen erreicht werden kann.

2. Eine 400-Meter-Laufbahn (Tartanbahn) aus zwei parallelen geraden Lauf-
strecken der Länge ℓ mit zwei angesetzten Halbkreisen (mit Radius r) soll
so angelegt werden, dass der Flächeninhalt des Rechteckfeldes zwischen
den Geraden (der Rasenplatz) möglichst groß wird.
Wie sind die Abmessungen ℓ und r zu wählen?

Lösung:

Schritt 1:
Zu optimierende Größe: Formel für Flächeninhalt
$A(r; \ell) = 2r\ell$

Schritt 2:
Nebenbedingung: Gesamte Laufstrecke = Umfang U

$U = 400 = 2\ell + 2r\pi \;\Rightarrow\; r = \dfrac{200 - \ell}{\pi}$

Schritt 3:
Flächeninhaltsfunktion in Abhängigkeit von ℓ:

$A(\ell) = 2\ell \cdot \dfrac{200 - \ell}{\pi} = \dfrac{2}{\pi} \cdot \ell \cdot (200 - \ell)$

Definitionsbereich: $D_A = [0; 200]$

Schritt 4:
Berechnung der Extremstelle ℓ_S:
Bei $A(\ell)$ handelt es sich um
eine nach unten geöffnete
Parabel, die Nullstellen sind
$\ell_1 = 0$, $\ell_2 = 200$.
Bekanntlich liegt der Scheitel
in der Mitte zwischen den
beiden Nullstellen, also
$\ell_S = 100$.
Die Seitenlänge ℓ des Rasen-
platzes muss 100 m betragen.
Der zugehörige Radius ist:

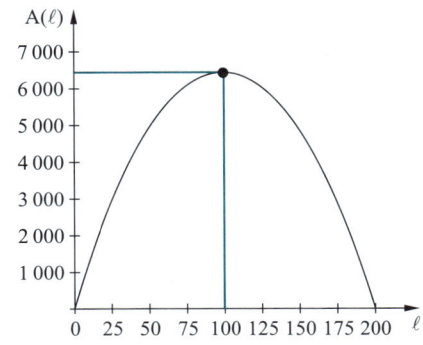

$r = \dfrac{200 - \ell_S}{\pi} = \dfrac{100}{\pi} \approx 31{,}8 \, [m]$

Maximale Fläche:

$A_{max} = A(\ell_S) = \dfrac{2}{\pi} \cdot 100 \cdot (200 - 100) \approx 6366 \, [m^2]$

Aufgaben

66. Eine Toreinfahrt, bestehend aus einem Rechteck und einem daran angesetzten Halbkreis, soll bei einem vorgegebenen Umfang von 20 m so bemessen werden, dass der größtmögliche Flächeninhalt entsteht. Bestimmen Sie die Maße für h und r.

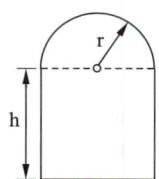

67. Ein Architekt soll für ein Atelierhaus einen voll verglasten Giebelbereich planen. Der Giebel setzt sich aus einem Rechteck und einem darauf aufgesetzten, rechtwinkligen und gleichschenkligen Dreieck zusammen (siehe Skizze). Der Gesamtumfang des Giebels soll 50 m betragen. Um möglichst viel Lichteinfall zu gewährleisten, soll der Architekt die Glasfront so bemessen, dass sich die maximal mögliche Glasfläche ergibt.

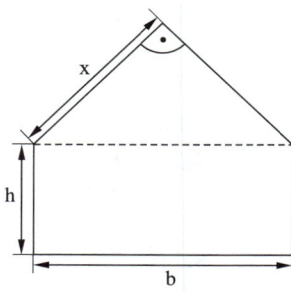

a) Drücken Sie x durch b aus (Satz des Pythagoras!).

b) Stellen Sie die Formel für den Flächeninhalt des Giebels in Abhängigkeit von b und h auf.

c) Formulieren Sie die Nebenbedingung über den Umfang und eliminieren Sie damit h aus der Hauptformel.

d) Ermitteln Sie jene Abmessungen des Giebels, für die er den größtmöglichen Flächeninhalt besitzt.

68. Aus einer fünfeckigen Glasscheibe mit den Eckpunkten A(0|0), B(4|0), C(4|1), D(2,5|2) und E(0|2) soll gemäß Skizze eine rechteckige Glasscheibe mit möglichst großem Flächeninhalt herausgeschnitten werden.

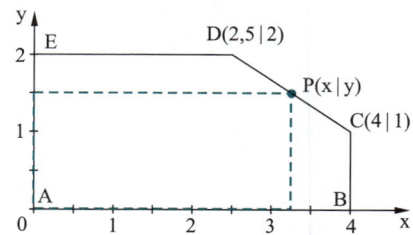

a) Stellen Sie die Geradengleichung für diejenige Gerade auf, welche die Punkte C und D enthält.

b) Bestimmen Sie den Flächeninhalt der zu optimierenden Rechteckscheiben in Abhängigkeit von x.

$$\left[A(x) = \tfrac{1}{3}(-2x^2 + 11x) \right]$$

c) Für welche Abmessungen x und y erhält man den größten Flächeninhalt?

d) Wie groß ist in diesem Fall der Flächeninhalt der Rechteckscheibe und wie viel Prozent des ursprünglichen Flächeninhalts sind das?

e) Nun soll berechnet werden, welche Abmessungen die größtmögliche quadratische Scheibe haben müsste und wie viel Prozent ihr Flächeninhalt gegenüber der maximalen Rechteckscheibe beträgt.

69. Ein Theater hat durchschnittlich 300 Theaterbesucher. Als Eintritt werden 15 € pro Besucher verlangt, das Theater nimmt also durchschnittlich E = 300 · 15 € = 4 500 € an einem Theaterabend ein. Die Theaterleitung überlegt, wie die Einnahmen zu steigern sind. Eine Befragung ergibt, dass bei einer Preiserhöhung um 1 € die Besucherzahl um 10 Personen abnimmt, bei 2 € sind es 20 Besucher weniger usw. Umgekehrt erhöht sich die Besucherzahl um je 10 Personen pro 1 € Preisnachlass.

a) Mit x werde die Änderung des Eintrittspreises in € bezeichnet. Ermitteln Sie die Funktion der Einnahmen E(x) in Abhängigkeit der Preisänderung x. [Zum Vergleich: $E(x) = -10x^2 + 150x + 4\,500$]

b) Finden Sie einen passenden Definitionsbereich der Erlösfunktion E(x).

c) Für welche Preisänderung x ergeben sich die maximalen Einnahmen? Wie hoch sind in diesem Fall die Eintrittspreise und die Besucherzahl?

d) Um wie viel Prozent steigen die Einnahmen gegenüber der jetzigen Preisgestaltung an?

70. Ein Transistorenhersteller hat ermittelt, dass seine Fertigungskosten k in quadratischer Form von der produzierten Stückzahl x (in tausend Stück) abhängen:
$k(x) = 0,8x^2 + 20$, wobei $x \in [0; 10]$
Ferner erzielt er einen Erlös beim Verkauf der Transistoren nach folgender Gesetzmäßigkeit: $e(x) = 8,9x$
Die Gewinn-/Verlust-Funktion (Verlust ist negativer Gewinn) ist $g(x) = e(x) - k(x)$.

a) Mit welchen Stückzahlen wird ein Gewinn erwirtschaftet?

b) Bei welcher Stückzahl ist der Gewinn am größten (Gewinnmaximierung)?

c) Zeichnen Sie die Graphen dieser drei Funktionen in ein gemeinsames Koordinatensystem ein.

4 Ganzrationale Funktionen

Die nun ausführlich behandelten linearen und quadratischen Funktionen erweisen sich als ein Spezialfall einer größeren Klasse von Funktionen, nämlich den ganzrationalen Funktionen.

Definition

Ganzrationale Funktion (Polynomfunktion)
Eine Funktion der Form
$$f: x \mapsto a_n x^n + a_{n-1} x^{n-1} + \ldots + a_1 x + a_0$$
mit den **Koeffizienten** $a_n, a_{n-1}, \ldots, a_1, a_0 \in \mathbb{R}$ und $a_n \neq 0$ heißt **ganzrationale Funktion** oder auch **Polynomfunktion**. n ist eine natürliche Zahl und heißt der **Grad** von f, des Weiteren gilt $D_{max} = \mathbb{R}$.

Eine quadratische Funktion ist demnach eine ganzrationale Funktion 2. Grades, und eine lineare Funktion ist eine ganzrationale Funktion 1. Grades.

Beispiele

$f(x) = 3x^2 + 2x - 7$

ist eine ganzrationale Funktion 2. Grades mit den Koeffizienten $a_2 = 3$, $a_1 = 2$ und $a_0 = -7$.

$g(x) = x - 3x^2 + 8x^5$

ist eine ganzrationale Funktion 5. Grades mit den Koeffizienten $a_5 = 8$, $a_4 = 0$, $a_3 = 0$, $a_2 = -3$, $a_1 = 1$ und $a_0 = 0$.

$h(x) = 5x^2 - 2\sqrt{x}$

ist **keine** ganzrationale Funktion, weil $\sqrt{x} = x^{\frac{1}{2}}$ keine ganzzahlige Potenz von x ist.

$k(x) = \frac{2}{3} x^3 - \sqrt{3} x^2 + \frac{x}{2} - \pi$

ist eine ganzrationale Funktion 3. Grades mit $a_3 = \frac{2}{3}$, $a_2 = -\sqrt{3}$, $a_1 = \frac{1}{2}$ und $a_0 = -\pi$.

$\ell(x) = x^3$

ist eine ganzrationale Funktion 3. Grades mit $a_2 = a_1 = a_0 = 0$; eine solche Funktion nennt man auch **Potenzfunktion**.

$m(x) = 1$

ist eine ganzrationale Funktion 0. Grades.

4.1 Polynomdivision

Auch bei ganzrationalen Funktionen höheren Grades ist eine möglichst vollständige Faktorisierung bzw. Zerlegung in Linearfaktoren von Interesse, dabei spielen wieder die Nullstellen des betrachteten Polynoms eine zentrale Rolle.

Regel

> **Zerlegungssatz**
> Ist $p_n(x) = a_n x^n + a_{n-1} x^{n-1} + \ldots + a_1 x + a_0$ eine ganzrationale Funktion (Polynom-funktion) n-ten Grades und x_0 eine Nullstelle von $p_n(x)$, so gibt es ein Polynom $p_{n-1}(x)$ mit der Eigenschaft:
> $p_n(x) = (x - x_0) \cdot p_{n-1}(x)$
> Der Term $(x - x_0)$ heißt **Linearfaktor** von $p_n(x)$.
> Das **abdividierte Polynom** $p_{n-1}(x)$ ist dabei vom **Grad n − 1**.

Das rechnerische Verfahren, mit dem man das abdividierte Polynom $p_{n-1}(x)$ bestimmt, nennt man **Polynomdivision**. Wie viele Linearfaktoren von einem Polynom „abgespalten" werden können, hängt von der Anzahl der reellen Nullstellen ab.

Regel

> **Zerlegung von Polynomen in Linearfaktoren**
> • Besitzt ein Polynom $p_n(x)$ **genau k reelle Nullstellen** x_1, x_2, …, x_k, so lässt es sich folgendermaßen faktorisieren:
> $p_n(x) = (x - x_1)(x - x_2) \cdot \ldots \cdot (x - x_k) \cdot p_{n-k}(x)$
> Dabei ist das **abdividierte Polynom** $p_{n-k}(x)$ nur noch vom **Grad n − k**.
> • Hat ein Polynom $p_n(x) = a_n x^n + a_{n-1} x^{n-1} + \ldots + a_1 x + a_0$ vom Grad n **genau n reelle Nullstellen** x_1, x_2, …, x_n, so ist das zuletzt abdividierte Polynom der **Koeffizient a_n**. Die vollständige Zerlegung in Linearfaktoren lautet dann:
> $p_n(x) = a_n(x - x_1)(x - x_2) \cdot \ldots \cdot (x - x_n)$

Eine ganzrationale Funktion n-ten Grades hat also **höchstens n reelle Nullstellen**, weil sich ein Polynom n-ten Grades höchstens n-mal faktorisieren lässt. Bei den linearen und quadratischen Funktionen wurde die Bestimmung der Nullstellen bereits ausführlich behandelt, das führte zum Lösen von linearen bzw. quadratischen Gleichungen. Entsprechend muss zum Bestimmen der Nullstellen einer ganzrationalen Funktion n-ten Grades eine ganzrationale Gleichung n-ten Grades gelöst werden.

Regel

Nullstellenbestimmung von ganzrationalen Funktionen höheren Grades ($n > 2$)

Die Bestimmung der Nullstellen einer ganzrationalen Funktion n-ten Grades führt auf die **ganzrationale Gleichung** n-ten Grades:

$$a_n x^n + a_{n-1} x^{n-1} + \ldots + a_1 x + a_0 = 0$$

Deren Lösungen können wie folgt bestimmt werden:

1. Zuerst prüfen, ob **Ausklammern von x** möglich ist.

2. Ist das nicht der Fall, dann **ganzzahlige Nullstelle x_0** durch Probieren ermitteln (Teilerregel $x_0 \,|\, a_0$ beachten). Man probiert in der Regel die Werte ± 1, ± 2 und ± 3. In den meisten Fällen sollte das ausreichen, um eine Nullstelle zu finden.

3. **Polynomdivision** durchführen.

4. Die Schritte 2 und 3 auf das **abdividierte Polynom** anwenden usw.

5. Ist das abdividierte Polynom nur noch vom Grad 2, so können dessen Nullstellen mit dem Satz von Vieta oder der Lösungsformel bestimmt werden.

Beispiel

Gegeben ist folgende ganzrationale Funktion 4. Grades:
$$f: x \mapsto x^4 - 2x^3 - 23x^2 - 12x + 36$$
Bestimmen Sie sämtliche Nullstellen und zerlegen Sie f so weit wie möglich in Linearfaktoren.

Lösung:

Die Methode „x ausklammern" funktioniert nicht, da die Zahl 36 x-frei ist. Bestimmung der Nullstellen und Durchführung der **Polynomdivision**:

- Als erstes muss eine ganzzahlige Nullstelle x_0 von f gesucht werden. Diese findet man oft durch „Probieren mit kleinen ganzen Zahlen" unter Beachtung der Teilerregel, d. h., x_0 muss in diesem Fall ein Teiler von 36 sein. Man fängt mit $x_0 = 1$ an und hat Glück:

    $f(1) = 1 - 2 - 23 - 12 + 36 = 0$. Demnach ist f(x) durch $(x - 1)$ teilbar.

    Ansatz: $(x^4 - 2x^3 - 23x^2 - 12x + 36) : (x - 1)$

- Es muss zunächst der Faktor gefunden werden, der mit dem x von $(x - 1)$ multipliziert x^4 ergibt. Das ist offensichtlich x^3:

    $(x^4 - 2x^3 - 23x^2 - 12x + 36) : (x - 1) = x^3$

- Nun wird x^3 mit $(x - 1)$ multipliziert. Das Ergebnis $x^4 - x^3$ wird an der angegebenen Stelle genau unter x^4 angeschrieben:

    $(x^4 - 2x^3 - 23x^2 - 12x + 36) : (x - 1) = x^3$
    $\underline{x^4 - x^3}$

- Im nächsten Schritt muss $x^4 - x^3$ vom darüber stehenden Term $x^4 - 2x^3$ subtrahiert werden. Das geschieht am einfachsten, indem man beim unteren Term alle Vorzeichen umdreht und ihn dann zum oberen Term hinzuaddiert. Dabei fällt x^4 weg (symbolisch /) und $-x^3$ ist das Ergebnis der Subtraktion:

$$(\mathbf{x^4 - 2x^3} - 23x^2 - 12x + 36) : (x - 1) = x^3$$
$$\underline{\mathbf{-x^4 + x^3}}$$
$$/ \quad \mathbf{-x^3}$$

- Der Term $\mathbf{-23x^2}$, der im Polynom nach $\mathbf{x^4 - 2x^3}$ steht, wird nach unten geholt und an der angegebenen Stelle angeschrieben:

$$(x^4 - 2x^3 \mathbf{- 23x^2} - 12x + 36) : (x - 1) = x^3$$
$$\underline{-x^4 + x^3}$$
$$/ \quad -x^3 \mathbf{- 23x^2}$$

- Jetzt beginnt das Verfahren von vorne: An der Stelle $\mathbf{\pm\,?}$ muss ein Faktor eingesetzt werden, der mit x multipliziert $\mathbf{-x^3}$ ergibt:

$$(x^4 - 2x^3 - 23x^2 - 12x + 36) : (x - 1) = x^3 \mathbf{\pm\,?}$$
$$\underline{-x^4 + x^3}$$
$$/ \quad -x^3 - 23x^2$$

Das ist natürlich $\mathbf{-x^2}$. Dies wird wiederum mit $\mathbf{(x-1)}$ multipliziert und das Ergebnis angeschrieben:

$$(x^4 - 2x^3 - 23x^2 - 12x + 36) : (x - 1) = x^3 \mathbf{- x^2}$$
$$\underline{-x^4 + x^3}$$
$$/ \quad -x^3 - 23x^2$$
$$\underline{\mathbf{-x^3 + x^2}}$$

- Es folgt die schon bekannte Subtraktion: Vorzeichen umdrehen und anschließend die gleichartigen Potenzen addieren.

$$(x^4 - 2x^3 - 23x^2 - 12x + 36) : (x - 1) = x^3 - x^2$$
$$\underline{-x^4 + x^3}$$
$$/ \quad -x^3 - 23x^2$$
$$\underline{x^3 - x^2}$$
$$/ \quad \mathbf{- 24x^2}$$

- Und wieder beginnt das Ganze von vorne: $\mathbf{-12x}$ nach unten bringen.

$$(x^4 - 2x^3 - 23x^2 \mathbf{- 12x} + 36) : (x - 1) = x^3 - x^2$$
$$\underline{-x^4 + x^3}$$
$$/ \quad -x^3 - 23x^2$$
$$\underline{x^3 - x^2}$$
$$\mathbf{- 24x^2 - 12x}$$

- Der passende Faktor heißt jetzt **–24x**. Mit **(x – 1)** multipliziert ergibt das **–24x² + 24x**. Die Subtraktion wird durch das Minus vor der Klammer des Subtrahenden angedeutet:

$$(x^4 - 2x^3 - 23x^2 - 12x + 36) : (x - 1) = x^3 - x^2 - \mathbf{24x}$$
$$\underline{-x^4 + x^3}$$
$$/ -x^3 - 23x^2$$
$$\underline{x^3 - x^2}$$
$$\mathbf{-24x^2 - 12x}$$
$$\underline{\mathbf{-(-24x^2 + 24x)}}$$
$$/ \mathbf{-36x}$$

- Die Polynomdivision geht auf; es bleibt kein Rest. Das muss immer so sein, wenn durch „(x – Nullstelle)" dividiert wird.

$$(x^4 - 2x^3 - 23x^2 - 12x \mathbf{+ 36}) : (x - 1) = x^3 - x^2 - 24x \mathbf{- 36}$$
$$\underline{-x^4 + x^3}$$
$$/ -x^3 - 23x^2$$
$$\underline{x^3 - x^2}$$
$$-24x^2 - 12x$$
$$\underline{-(-24x^2 + 24x)}$$
$$\mathbf{-36x + 36}$$
$$\underline{\mathbf{-(-36x + 36)}}$$
$$/ /$$

Das abdividierte Polynom $\mathbf{x^3 - x^2 - 24x - 36}$ ist vom Grade her um eins kleiner als das ursprüngliche.

- **Ergebnis:** $x^4 - 2x^3 - 23x^2 - 12x + 36 = (x^3 - x^2 - 24x - 36) \cdot (x - 1)$

Ein Linearfaktor, nämlich $(x - 1)$, ist gefunden. Nun wird untersucht, ob das abdividierte Polynom $x^3 - x^2 - 24x - 36$ **weitere Nullstellen** besitzt. Eine ganzzahlige Nullstelle muss ein Teiler von 36 sein. Probiert man $x_1 = 1$, so ergibt sich mit -60 ein Wert, der sehr weit von null entfernt liegt. Nächster Versuch mit $x_1 = -1$; das Ergebnis ist -14, was bereits näher bei null liegt. Für $\mathbf{x_1 = -2}$ ergibt sich schließlich null:

$$(-2)^3 - (-2)^2 - 24 \cdot (-2) - 36 = -8 - 4 + 48 - 36 = 0$$

Polynomdivision:

$$(x^3 - x^2 - 24x - 36) : \mathbf{(x + 2)} = x^2 - 3x - 18$$
$$\underline{-(x^3 + 2x^2)}$$
$$/ -3x^2 - 24x$$
$$\underline{-(-3x^2 - 6x)}$$
$$/ -18x - 36$$
$$\underline{-(-18x - 36)}$$
$$/ /$$

Mit dem Ergebnis dieser Polynomdivision ergibt sich für f bereits die Darstellung $f(x) = (x-1)(x+2)(x^2-3x-18)$.

Das abdividierte Polynom $x^2-3x-18$ ist nur noch vom Grad 2. Nun greifen alle Lösungsmethoden für quadratische Gleichungen, wie z. B. **Vieta** oder **Lösungsformel**. Mit Vieta findet man die Zerlegung:

$x^2-3x-18 = (x+3)(x-6)$

Alternativ ergeben sich für die Gleichung $x^2-3x-18 = 0$ mit der Lösungsformel die Lösungen –3 und 6.

In beiden Fällen lässt sich die **vollständige Faktorisierung** von f angeben:

$f(x) = (x-1)(x+2)(x+3)(x-6)$

ufgaben

71. Führen Sie folgende Polynomdivisionen durch:

a) $(-12x^3 + 7x^2 + 15x - 4) : (x+1) =$

b) $\left(3x^4 - \frac{5}{2}x^3 + \frac{13}{2}x^2 - 5x + 1\right) : \left(x - \frac{1}{2}\right) =$

c) $(x^3 + 8) : (x+2) =$

d) $(x^3 - 2ax^2 + x - 2a) : (x - 2a) =$

Hinweis: Sie können Ihre Ergebnisse kontrollieren, indem Sie die entsprechenden Multiplikationen ausführen.

72. Die Funktion $f : x \mapsto \frac{1}{4}x^4 - \frac{1}{4}x^3 - \frac{31}{16}x^2 + x + \frac{15}{16}$ hat die Nullstellen $x_1 = -\frac{5}{2}$, $x_2 = -\frac{1}{2}$, $x_3 = 1$ und $x_4 = 3$.

a) Überprüfen Sie das rechnerisch.

b) Geben Sie die Funktion in vollständig faktorisierter Form an.

73. Ermitteln Sie die Nullstellen der angegebenen Funktionen und stellen Sie die Funktionen in faktorisierter Form dar:

a) $f(x) = x^3 - 3x^2 - 2x + 6$ 　　　　b) $f(x) = x^4 + 2x^3 - 5,75x^2 - 6,75x + 4,5$

c) $f(x) = (x+1)(x^3 - 3x^2 - 2x + 6)$ 　　d) $f(x) = x^3 + 2x^2 - 35x$

e) $f(x) = x^3 - 1$ 　　　　　　　　f) $f(x) = 4x^3 + 2x^2 - 26x + 12$

4.2 Ganzrationale Funktionen 3. und 4. Grades

Nachdem die ganzrationalen Funktionen 1. Grades (= lineare Funktionen) und die ganzrationalen Funktionen 2. Grades (= quadratische Funktionen) in den vorherigen Abschnitten sehr ausführlich behandelt worden sind, sollen hier nun die ganzrationalen Funktionen 3. und 4. Grades und deren Graphen näher untersucht werden. Ähnlich wie bei den Parabeln hat das Vorzeichen des Koeffizienten vor der höchsten Potenz von x entscheidenden Einfluss auf den Verlauf des zugehörigen Graphen. Um Indizes zu vermeiden, schreibt man:

$f(x) = ax^3 + bx^2 + cx + d$ für die Funktionen 3. Grades und

$g(x) = ax^4 + bx^3 + cx^2 + dx + e$ für die Funktionen 4. Grades.

Je nachdem, welches Vorzeichen der **Leitkoeffizient a** (also die Zahl vor der höchsten Potenz von x) hat, zeigen die Graphen unterschiedliches Verhalten:

Funktion 3. Grades mit a > 0
Der Graph verläuft von „links unten nach rechts oben".

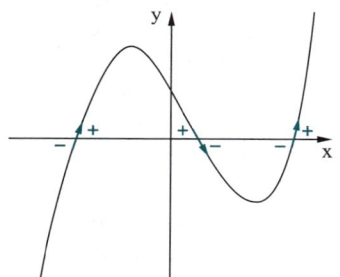

Funktion 3. Grades mit a < 0
Der Graph verläuft von „links oben nach rechts unten".

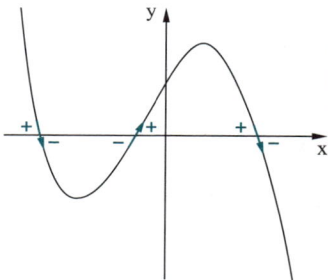

Man beachte die Richtung der Vorzeichenwechsel (VZW) an den Nullstellen.

Funktion 4. Grades mit a > 0
Der Graph verläuft von „links oben nach rechts oben".

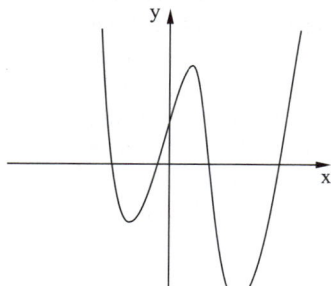

Funktion 4. Grades mit a < 0
Der Graph verläuft von „links unten nach rechts unten".

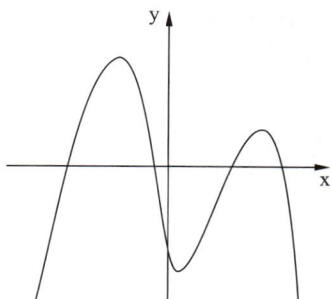

Das Berechnen der Koordinaten der Extrempunkte (vergleichbar dem Scheitel der Parabel) gelingt erst mit Kenntnis der sogenannten **Differenzialrechnung**.
Bei den Graphen der Funktionen 3. und 4. Grades treten auch Formen auf, bei denen keine Extrempunkte (3. Grades) oder nur ein Extrempunkt vorkommen.

Graph einer Funktion 3. Grades ($a>0$) Graph einer Funktion 4. Grades ($a>0$)
ohne Extrempunkte   mit nur **einem Extrempunkt**

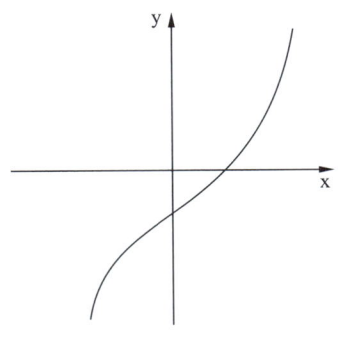   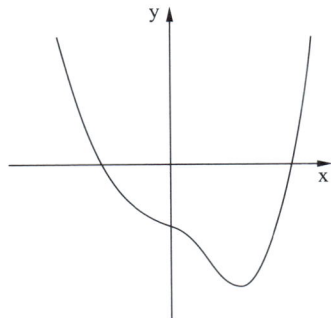

Bei bestimmten ganzrationalen Funktionen 4. Grades kann die Nullstellenberechnung auf das Lösen einer quadratischen Gleichung zurückgeführt werden.

Regel

> **Biquadratische Gleichungen, Substitutionsmethode**
> Eine ganzrationale Gleichung 4. Grades der Form
> $$ax^4 + bx^2 + c = 0$$
> heißt **biquadratische Gleichung**. Diese löst man, indem man x^2 beispielsweise durch $z = x^2$ **substituiert** (ersetzt). Für die sich daraus ergebende quadratische Gleichung $az^2 + bz + c = 0$ bestimmt man $z_{1/2}$ mit den bekannten Methoden und versucht anschließend, die Gleichungen $x^2 = z_1$ und $x^2 = z_2$ nach x aufzulösen
> **(Rücksubstitution)**.

Die Substitutionsmethode ist, wenn anwendbar, stets der Polynomdivision vorzuziehen, da man nicht auf das Raten einer oder gar mehrerer Nullstellen angewiesen ist.

Beispiele

1. Bestimmen Sie die Nullstellen der Funktion f: $x \mapsto -\frac{1}{4}x^4 + \frac{3}{2}x^2 - 2$.
   Lösung:
   Die Funktion f ist vom Grad 4. Um ihre Nullstellen zu berechnen, muss die Gleichung
   $$-\frac{1}{4}x^4 + \frac{3}{2}x^2 - 2 = 0$$

gelöst werden. Da nur die Potenzen x^4 und x^2 vorkommen, kann man x^2 durch einen anderen Buchstaben ersetzen **(= Substitution)**. Man setzt $z = x^2$. Wegen $x^4 = (x^2)^2$ gilt außerdem $z^2 = x^4$. Nimmt man diese Substitution in obiger Gleichung vor, so ergibt sich folgende quadratische Gleichung mit der Unbekannten z:

$$-\frac{1}{4}z^2 + \frac{3}{2}z - 2 = 0$$

Diese wird mit den bekannten Methoden für quadratische Gleichungen gelöst; man erhält hier zwei Lösungen für z, nämlich: $z_1 = 2$; $z_2 = 4$ Gesucht waren die Lösungen für die Unbekannte x. Diese erhält man durch **Rücksubstitution**:

$$x^2 = 2 \Rightarrow x_{1/2} = \pm\sqrt{2} \text{ und}$$
$$x^2 = 4 \Rightarrow x_{3/4} = \pm 2$$

Die Funktion 4. Grades hat also die vier reellen Nullstellen -2, $-\sqrt{2}$, $\sqrt{2}$ und 2. Sie kann damit vollständig in Linearfaktoren zerlegt werden:

$$f(x) = -\frac{1}{4}(x+2)(x+\sqrt{2})(x-\sqrt{2})(x-2)$$

2. Bestimmen Sie alle Nullstellen der Funktion $f: x \mapsto x^4 - 2x^2 - 15$.

   Lösung:
   Die Funktion $f: x \mapsto x^4 - 2x^2 - 15$ hat nur zwei reelle Nullstellen, wie die nachfolgende Rechnung zeigt:
   $$x^4 - 2x^2 - 15 = 0$$
   Substitution: $z = x^2$
   $$z^2 - 2z - 15 = 0$$
   Zerlegung nach **Vieta:**
   $$(z-5)(z+3) = 0$$
   $\Rightarrow$ Lösungen für z: $z_1 = 5$; $z_2 = -3$
   Rücksubstitution:
   $$x^2 = 5 \Rightarrow x_{1/2} = \pm\sqrt{5}$$
   $$x^2 = -3 \Rightarrow \text{Keine weiteren reellen Lösungen!}$$
   f hat also nur die zwei reellen Nullstellen $x_{1/2} = \pm\sqrt{5}$.

Aufgabe **74.** Bestimmen Sie die Nullstellen der nachfolgend angegebenen Funktionen:

a) $f(x) = \frac{1}{4}x^4 - \frac{5}{4}x^2 + 1$ b) $f(x) = x^4 + 2x^2 + 1$

c) $f(x) = x^4 - 2x^2 + 1$ d) $f(x) = x^4 - 2x^2$

e) $f(x) = x^6 - 4x^3 + 4$
   Hinweis: Substituieren Sie x^3.

4.3 Mehrfache Nullstellen

Geht man zur Nullstellenbestimmung von ganzrationalen Funktionen wie oben beschrieben vor, so kann es passieren, dass eine gefundene Nullstelle mehrmals vorkommt. Diese ist dann nicht nur Nullstelle des ursprünglichen, sondern auch des abdividierten Polynoms.

Definition

> **Vielfachheit einer Nullstelle**
> Ist x_0 eine Nullstelle des Polynoms n-ten Grades
> $$p_n(x) = a_n x^n + a_{n-1} x^{n-1} + \ldots + a_1 x + a_0$$
> und lässt sich zudem der Linearfaktor $(x - x_0)$ genau k-mal $(k \leq n)$ abspalten,
> sodass sich die Zerlegung
> $$p_n(x) = (x - x_0)^k \cdot p_{n-k}(x)$$
> ergibt, dann ist x_0 eine **k-fache Nullstelle / Nullstelle der Vielfachheit k**.

Allgemein zeigen die Graphen ganzrationaler Funktionen in der Umgebung ihrer Nullstellen in Abhängigkeit von der Vielfachheit dieser Nullstellen den unten dargestellten Verlauf. Wie man erkennt, überquert der Graph bei den Nullstellen mit ungeradzahliger Vielfachheit jeweils die x-Achse; man sagt dazu, es findet ein **Vorzeichenwechsel (VZW)** statt. Das liegt daran, weil der Faktor $(x - x_0)^k$ bei ungeradem k an der Stelle x_0 sein Vorzeichen verändert. Bei geradzahliger Vielfachheit einer Nullstelle findet kein VZW bei den Funktionswerten statt.

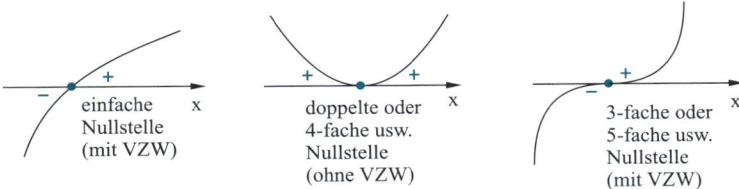

Umgekehrt kann man aufgrund des Graphen und der daraus abzulesenden Nullstellen den Funktionsterm der zugehörigen Funktion bis auf einen konstanten Faktor angeben.

Beispiele

1. Die Potenzfunktion $x \mapsto x^3$ besitzt an der Stelle 0 eine dreifache Nullstelle.

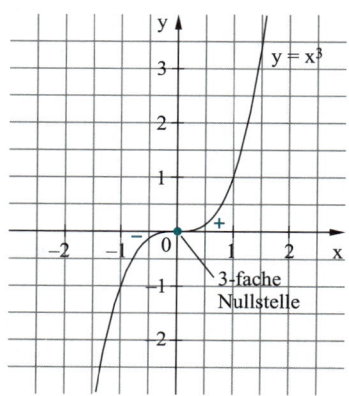

Die Potenzfunktionen $x \mapsto x^2$ und $x \mapsto x^4$ besitzen an der Stelle 0 eine doppelte bzw. eine vierfache Nullstelle.

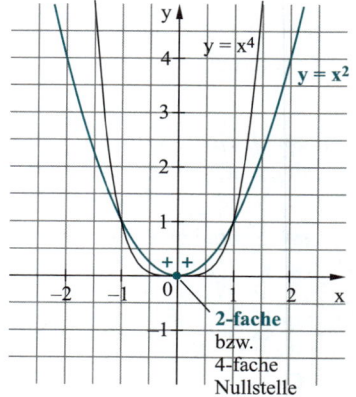

2. Der Graph der Funktion 3. Grades
$f(x) = a(x+2)^2(x-1)$
hat an der Stelle -2 eine doppelte und bei 1 eine einfache Nullstelle.

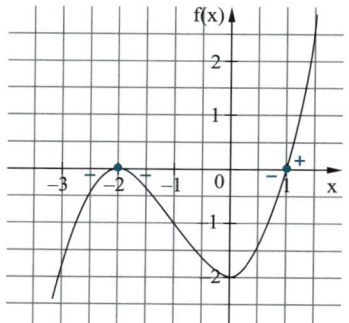

Der Graph der Funktion 4. Grades
$g(x) = b(x+1)(x-2)^3$
hat an der Stelle 2 eine dreifache und bei -1 eine einfache Nullstelle.

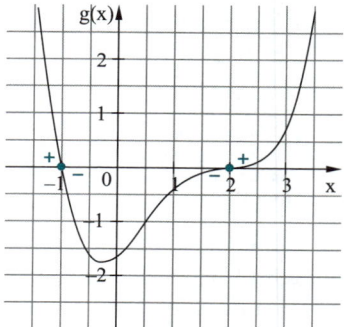

Dabei sind a und b konstante Faktoren, die auf die Lage und Vielfachheit der Nullstellen keinen Einfluss haben.

3. Die ganzrationale Funktion $f : x \mapsto \frac{1}{2}x(x+2)^3(x-1)^2$ hat drei Nullstellen, und zwar bei 0, bei -2 und bei 1. Die Vielfachheiten dieser Nullstellen werden nun untersucht:

- $x_1 = 0$ ist aufgrund des Faktors x eine einfache Nullstelle (hat die Vielfachheit 1). x kann man sich folgendermaßen geschrieben denken: $x = (x-0) = (x-0)^1$; die **0** und die hoch **1** schreibt man nicht an.

- $x_{2/3/4}=-2$ ist aufgrund des Faktors $(x+2)^3$ eine dreifache Nullstelle (hat die Vielfachheit 3), diesen muss man sich als $(x+2)^3=(x-(-2))^3$ geschrieben denken.
- $x_{5/6}=1$ ist eine doppelte Nullstelle.

Es erweist sich als hilfreich, die Nullstellen zu nummerieren, wobei mehrfache Nullstellen auch mehrfach gezählt werden.

4. Gegeben ist die Funktion $f(x)=2x^3+x^2-4x-3$.
   Bestimmen Sie die Lage und die Vielfachheit der Nullstellen und geben Sie f in faktorisierter Darstellung an.

   Lösung:
   $f(x)=0$
   $2x^3+x^2-4x-3=0$
   Es handelt sich um eine ganzrationale Gleichung 3. Grades. x kann nicht ausgeklammert werden. Somit bleibt nur die Methode „Raten und Polynomdivision". Man findet: $x_1=-1$. Die Polynomdivision ergibt:
   $(2x^3+x^2-4x-3):(x+1)=2x^2-x-3$

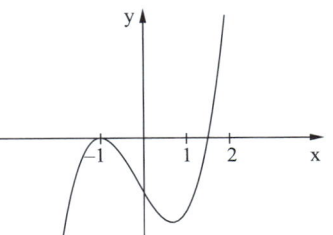

   $2x^2-x-3=0$ liefert mit der
   Lösungsformel $x_2=-1$; $x_3=1{,}5$.
   Die Nullstellen von f lauten:
   $x_{1/2}=-1$; $x_3=1{,}5$
   $x_{1/2}$ ist eine doppelte und x_3 eine einfache Nullstelle.
   f hat die faktorisierte Darstellung
   $f(x)=2(x+1)^2(x-1{,}5)$.

Aufgaben 75. Im Folgenden sind die Graphen ganzrationaler Funktionen 3. oder 4. Grades gegeben.
Finden Sie mithilfe der Nullstellen mögliche Funktionsterme für die zugehörigen Funktionen.

a)

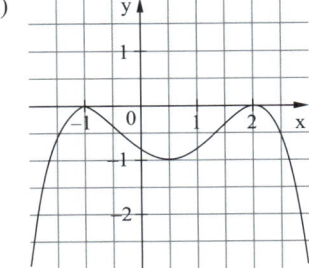

b)

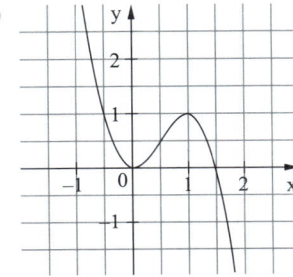

c)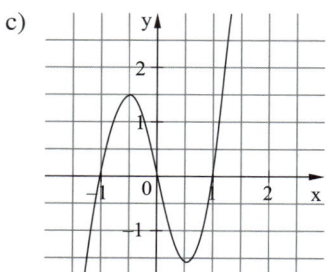

d)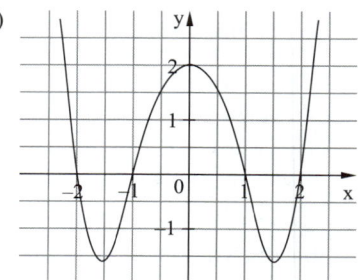

76. Bestimmen Sie für die folgenden Funktionen jeweils die Lage und Vielfachheit der Nullstellen und geben Sie die faktorisierte Form an.

a) $f(x) = x^4 - 4x^3 + 5x^2 - 4x + 4$

b) $f(x) = \frac{1}{4}x^4 - 2x^3 + 6x^2 - 8x + 4$

c) $f(x) = \frac{1}{8}(x^3 - 3x^2 - 3x + 9)$

d) $f(x) = \frac{1}{3}(2x+5)^2(3-2x)$

e) $f(x) = x^5 + 3x^4 + x^3 - 5x^2 - 6x - 2$

77. Skizzieren Sie die Graphen der nachfolgend angegebenen Funktionen.

a) $f(x) = (x+3)(x-1)^2$

b) $f(x) = -\frac{1}{4}x(x-2)^3$

c) $f(x) = x^2(x^2+1)$

d) $f(x) = (x-1)^3$

4.4 Schnittpunkte zweier Graphen

Die Vorgehensweise, wie die Schnittpunkte der Graphen zweier quadratischer Funktionen berechnet werden, wurde im letzten Kapitel (siehe Seite 52) bereits ausführlich beschrieben. Diese Vorgehensweise gilt für beliebige Funktionen, also auch für ganzrationale höheren Grades. Lediglich die zu lösenden Gleichungen werden anspruchsvoller. Dafür werden jetzt auch die hier vorgestellten Lösungsmethoden der Polynomdivision und der Substitution benötigt.

Beispiel

Gegeben sind $f_1: x \mapsto x^3 - x^2 + 4x + 2$ und $f_2: x \mapsto 2x^3 - 4x^2 + 3x + 5$. Berechnen Sie die Koordinaten der Schnittpunkte ihrer Graphen.

Lösung:

Ansatz zur Bestimmung der Schnittstellen:

$$\mathbf{f_1(x) = f_2(x)}$$

$x^3 - x^2 + 4x + 2 = 2x^3 - 4x^2 + 3x + 5$

$-x^3 + 3x^2 + x - 3 = 0 \qquad | \cdot (-1)$

$x^3 - 3x^2 - x + 3 = 0$

Probierlösung: $\mathbf{x_1 = 1}$

$$(x^3 - 3x^2 - x + 3) : (x - 1) = x^2 - 2x - 3$$
$$\underline{-(x^3 - x^2)}$$
$$/ -2x^2 - x$$
$$\underline{-(-2x^2 + 2x)}$$
$$/ -3x + 3$$
$$\underline{-(-3x + 3)}$$
$$//$$

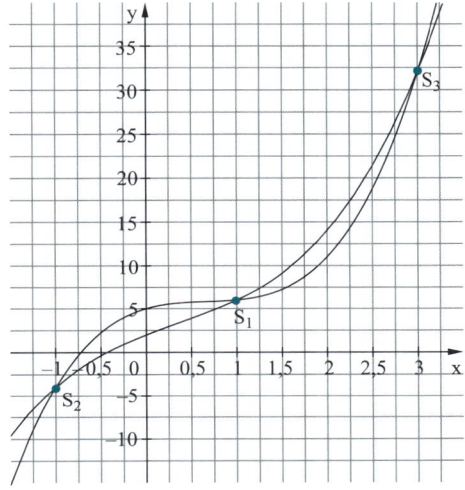

$x^2 - 2x - 3 = 0$
Vieta:
$(x - 3)(x + 1) = 0$
$\Rightarrow$ **$x_2 = -1$; $x_3 = 3$**
Damit sind sämtliche Schnitt-
stellen berechnet.

Berechnung der y-Koordinaten:
$y_1 = f_1(1) = 6 \qquad \Rightarrow$ **$S_1(1 \mid 6)$**
$y_2 = f_1(-1) = -4 \Rightarrow$ **$S_2(-1 \mid -4)$**
$y_3 = f_1(3) = 32 \qquad \Rightarrow$ **$S_3(3 \mid 32)$**

Man hätte die Schnittstellen
auch in $f_2(x)$ einsetzen können.

Aufgabe **78.** Berechnen Sie jeweils die Koordinaten der Schnittpunkte der Graphen von f
und g:

a) $f(x) = x^3 + x^2 + 5x + 10$; $g(x) = -x^3 + 3x^2 - 5x + 20$

b) $f(x) = \frac{1}{4}x^4 - 3x^2 - 2$; $g(x) = -2$

c) $f(x) = x^3 - x^2$; $g(x) = x(x - 1)$

d) $f(x) = \frac{1}{4}(x - 2)^2(x^2 + 1)$; $g(x) = -x^2 + 2{,}5x - 1$

4.5 Symmetrie

Die Graphen mancher Funktionen zeigen Symmetrieeigenschaften in Bezug auf
das Koordinatensystem. Beispielsweise verläuft die Normalparabel $y = x^2$ symmetrisch zur y-Achse, man bezeichnet sie deshalb als achsensymmetrisch zur y-Achse. Wie erkennt man die Symmetrie von Funktionen?

Definition

Achsensymmetrie zur y-Achse
Der Graph einer Funktion f ist genau
dann symmetrisch zur y-Achse, wenn
für alle $x \in D_f$ gilt:
$f(-x) = f(x)$
Solche Funktionen heißen **gerade**.

Punktsymmetrie zum Ursprung
Der Graph einer Funktion f ist genau
dann punktsymmetrisch zum Ursprung,
wenn für alle $x \in D_f$ gilt:
$f(-x) = -f(x)$
Solche Funktionen heißen **ungerade**.

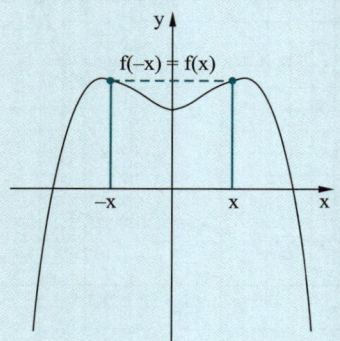

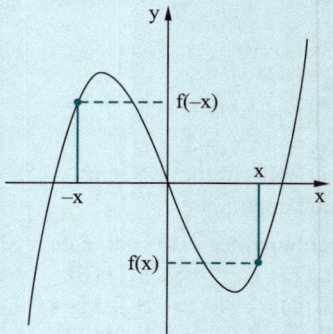

Eine ganzrationale Funktion ist genau
dann gerade, wenn nur geradzahlige
Potenzen von x auftreten.

Eine ganzrationale Funktion ist genau
dann ungerade, wenn nur ungeradzahlige Potenzen von x (und daher auch kein
x-freier Summand) auftreten.

Durch die Kenntnis von Symmetrien kann man viel Rechenarbeit beim Ermitteln
von Funktionswerten (wie beispielsweise beim Erstellen von Wertetabellen) ein-
sparen. Hat eine gerade oder ungerade Funktion etwa bei $x_1 = 3$ eine Nullstelle, so
muss auch bei $x_2 = -3$ eine Nullstelle vorliegen. Des Weiteren verlaufen ungerade
Funktionen stets durch den Ursprung, denn aus $f(0) = -f(0)$ folgt $f(0) = 0$. Demzufolge kann eine ungerade ganzrationale Funktion keinen x-freien Summanden a_0
aufweisen.

Beispiele

1. Die Funktion $f(x) = 3x^4 - 5x^2 + 2$ enthält nur geradzahlige Potenzen von x.
   Es gilt:
   $f(-x) = 3(-x)^4 - 5(-x)^2 + 2 = 3x^4 - 5x^2 + 2 = f(x)$ für alle $x \in \mathbb{R}$
   $\Rightarrow$ G_f ist symmetrisch zur y-Achse.

   Bemerkung: Wegen der geradzahligen Exponenten ergibt sich mit $n \in \mathbb{N}$
   jeweils $(-x)^{2n} = x^{2n}$, d. h., das negative Vorzeichen wird durch das Poten-
   zieren positiv.

2. $g(x) = 3x^3 - 2x$ enthält nur ungeradzahlige Potenzen von x.
   Es gilt:
   $g(-x) = 3(-x)^3 - 2(-x) = -3x^3 + 2x = -(3x^3 - 2x) = -g(x)$ für alle $x \in \mathbb{R}$
   $\Rightarrow$ G_g ist symmetrisch zum Ursprung.

   Bemerkung: Wegen der ungeradzahligen Exponenten bleiben die Minuszeichen bei $-x$ erhalten.

3. Im Gegensatz zu den beiden oben angegebenen Beispielen weist der
   Graph der Funktion $h(x) = -3x^5 - 4x^3 + x^2 - 2x$ keine der oben definierten
   Symmetrien auf:
   $h(-x) = -3(-x)^5 - 4(-x)^3 + (-x)^2 - 2(-x) = 3x^5 + 4x^3 + x^2 + 2x \neq \begin{cases} h(x) \\ -h(x) \end{cases}$
   $\Rightarrow$ G_h hat keine der genannten Symmetrieeigenschaften.

Aufgabe   79. Geben Sie an, ob nachfolgende Funktionen eine der genannten Symmetrieeigenschaften besitzen, und zeichnen Sie ggf. ihren Graphen.
   Nutzen Sie beim Erstellen der Wertetabelle die Kenntnis der Symmetrie aus.

   a) $f(x) = \frac{1}{4}x^4 - 3x^2 - 2$ b) $f(x) = x^3 - x^2$

   c) $f(x) = x(x^2 - 1)$ d) $f(x) = x^3 - x + 1$

4.6   Ganzrationale Funktionen mit Parameter

Wie schon bei den linearen und quadratischen Funktionen, so können natürlich
auch bei ganzrationalen Funktionen höheren Grades Parameter auftreten. Man
erhält dann ebenfalls Funktionenscharen.

Beispiele   1. Für $a \in \mathbb{R}$ wird die Funktionenschar
   $f_a:\ x \mapsto \frac{1}{4}\left(x^3 + 2(a-1)x^2 + (1-4a)x + 2a\right)$ betrachtet.

   a) Weisen Sie nach, dass $x_0 = 1$ eine Nullstelle der Funktionenschar ist.

   b) Berechnen Sie alle weiteren Nullstellen und zerlegen Sie die Funktionenschar so weit wie möglich in Linearfaktoren.

   c) Bestimmen Sie die Vielfachheit der Nullstellen in Abhängigkeit vom Scharparameter a.

   d) Zeichnen Sie die Graphen der Schar für $a \in \{-2; -0,5; 1; 2\}$ in ein Koordinatensystem.

   e) Welche Kurve der Schar enthält den Punkt $P(-3|4)$?

Lösung:

a) $f_a(1) = \frac{1}{4}(1 + 2(a-1) + (1-4a) + 2a) = \frac{1}{4}(1 + 2a - 2 + 1 - 4a + 2a)$

$\qquad = \frac{1}{4} \cdot 0 = 0$

b) Aus Teilaufgabe a ist bekannt, dass $x_0 = 1$ eine Nullstelle von f_a ist. Deshalb wird die Polynomdivision durch $(x-1)$ vorgenommen. Da $\frac{1}{4}$ ein konstanter Faktor ist, genügt es, die Polynomdivision mit dem Term in der Klammer durchzuführen:

$$\begin{array}{l} \left(x^3 + 2(a-1)x^2 + (1-4a)x + 2a\right) : (x-1) = x^2 + (2a-1)x - 2a \\ \underline{-(x^3 - \qquad\quad x^2)} \\ \qquad / \quad (2a-1)x^2 + (1-4a)x \\ \qquad \underline{-[(2a-1)x^2 - (2a-1)x]} \\ \qquad\qquad / \qquad\qquad\quad -2ax + 2a \\ \qquad\qquad\qquad \underline{-(-2ax + 2a)} \\ \qquad\qquad\qquad\qquad / \quad / \end{array}$$

Wenn die Subtraktionen zu unübersichtlich werden, macht man einfach eine Nebenrechnung. Bei der ersten Subtraktion ist $2(a-1)x^2 + x^2$ zu berechnen, das ist $2ax^2 - 2x^2 + x^2$, also $2ax^2 - x^2$, und demzufolge $(2a-1)x^2$. In der zweiten Subtraktion sieht es zunächst noch schwieriger aus: $(1-4a)x + (2a-1)x$ ist auszurechnen. Man rechnet in einer Nebenrechnung leicht nach, dass das $-2ax$ ergibt.

Nun geht es darum, die Gleichung $x^2 + (2a-1)x - 2a = 0$ zu lösen. Die Diskriminante ergibt:

$D = (2a-1)^2 - 4(-2a) = 4a^2 - 4a + 1 + 8a = 4a^2 + 4a + 1 = (2a+1)^2$

Die Lösungsformel führt auf:

$$x_{2/3} = \frac{-(2a-1) \pm \sqrt{(2a+1)^2}}{2} = \frac{-2a + 1 \pm (2a+1)}{2} = \begin{cases} 1 \\ -2a \end{cases}$$

Aufgrund der Nullstellen $x_{1/2} = 1$ und $x_3 = -2a$ ergibt sich die Faktorisierung:

$f_a : x \mapsto \frac{1}{4}(x-1)^2(x+2a)$

c) Eine feste doppelte Nullstelle, die alle Graphen der Schar gemeinsam haben, liegt bei 1 und eine von a abhängige Nullstelle bei $-2a$. Wenn allerdings $a = -\frac{1}{2}$ ist, dann liegt die „bewegliche" Nullstelle auch bei 1, sodass sich dort dann eine dreifache Nullstelle ergibt. Man hat also folgende Fallunterscheidung:

Fall 1: $a \neq -\frac{1}{2} \Rightarrow$ eine doppelte Nullstelle $x_{1/2} = 1$ und eine einfache Nullstelle $x_3 = -2a$

Fall 2: $a = -\frac{1}{2} \Rightarrow$ eine dreifache Nullstelle $x_{1/2/3} = 1$

d) Beachten Sie, dass die Wertetabelle mit dem faktorisierten Funktionsterm viel einfacher zu erstellen ist, als mit dem ursprünglich gegebenen.

x	−4	−3	−2	−1	0	1	2	3	4
$f_{-2}(x)$	−50	−28	−13,5	−5	−1	0	−0,5	−1	0
$f_{-\frac{1}{2}}(x)$	−31,25	−16	−6,75	−2	−0,25	0	0,25	2	6,75
$f_1(x)$	−12,5	−4	0	1	0,5	0	1	5	13,5
$f_2(x)$	0	4	4,5	3	1	0	1,5	7	18

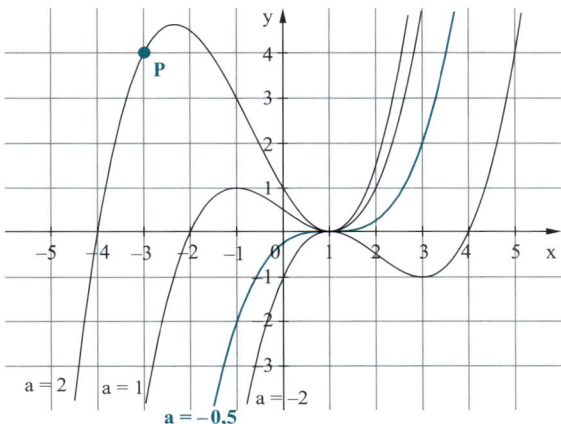

e) Damit $P(-3\,|\,4)$ ein Punkt auf dem Graphen einer Funktion von f_a sein kann, müssen die Koordinaten des Punktes die nachfolgende Gleichung erfüllen:

$$f_a(-3) = 4$$
$$\tfrac{1}{4}(-3-1)^2(-3+2a) = 4$$
$$4(2a-3) = 4 \quad |:4$$
$$2a-3 = 1$$
$$a = 2$$

Der Punkt $P(-3\,|\,4)$ liegt auf dem Graphen der Funktion f_2.
Vergleichen Sie dazu auch obiges Diagramm.

2. Gegeben sind die Funktionen f_k und g_k mit $k \in \mathbb{R}$ und $k > 0$ durch
   $$f_k(x) = \tfrac{1}{2}(x^3 - 2kx^2 + k^2x) \quad \text{und} \quad g_k(x) = kx.$$

   a) Geben Sie $f_k(x)$ in faktorisierter Form an und entnehmen Sie daraus Lage sowie Vielfachheit der Nullstellen von f_k.

   b) Beschreiben Sie die Graphen G_{g_k} mit eigenen Worten.

   c) Für welchen Wert von k haben die Graphen von f_k und g_k nur zwei gemeinsame Punkte? Bestimmen Sie die Koordinaten der Schnittpunkte. Stellen Sie die Situation auch in einem geeigneten Diagramm dar.

Lösung:

a) In diesem Fall wird zur Faktorisierung bzw. zur Nullstellenbestimmung keine Polynomdivision benötigt, das Ausklammern von x ist hier die günstigste Methode:

$$f_k(x) = \tfrac{1}{2}(x^3 - 2kx^2 + k^2x) = \tfrac{1}{2}x(x^2 - 2kx + k^2) = \tfrac{1}{2}x(x-k)^2$$

$\Rightarrow$ einfache Nullstelle bei $x_1 = 0$, doppelte Nullstelle bei $x_{2/3} = k$

b) Die Graphen G_{g_k} sind Ursprungsgeraden mit der Steigung k.

c) Ansatz auf Schneiden:

$$f_k(x) = g_k(x)$$
$$\tfrac{1}{2}(x^3 - 2kx^2 + k^2x) = kx \qquad |\cdot 2$$
$$x^3 - 2kx^2 + k^2x = 2kx \qquad |-2kx$$
$$x^3 - 2kx^2 + (k^2 - 2k)x = 0$$

Ausklammern von x:

$$x(x^2 - 2kx + k^2 - 2k) = 0$$

$\Rightarrow x_1 = 0$, das ist die erste (feste) Schnittstelle.

$$x^2 - 2kx + k^2 - 2k = 0$$
$$D = (-2k)^2 - 4(k^2 - 2k) = 8k$$
$$x_{2/3} = \frac{2k \pm \sqrt{8k}}{2} = \frac{2k \pm 2\sqrt{2k}}{2} = k \pm \sqrt{2k}$$

Damit ergeben sich insgesamt drei Schnittstellen. Die Schnittstelle $x_3 = k - \sqrt{2k}$ fällt jedoch mit der festen Schnittstelle $x_1 = 0$ zusammen, wenn:

$$k - \sqrt{2k} = 0$$
$$k = \sqrt{2k} \qquad |\, 2$$
$$k^2 = 2k$$
$$k^2 - 2k = 0$$
$$k(k-2) = 0$$

Wegen $k > 0$ entfällt die Lösung $k = 0$. Daraus folgt, dass für $k = 2$ nur zwei gemeinsame Punkte der beiden Graphen vorhanden sind. Die Schnittstellen sind in diesem Fall $x_1 = 0$ und

$$x_2 = 2 + \sqrt{2 \cdot 2} = 4.$$

Die Koordinaten der Schnittpunkte ergeben sich zu:

$$y_1 = g_2(0) = 0 \quad \Rightarrow \quad S_1(0|0)$$
$$y_2 = g_2(4) = 8 \quad \Rightarrow \quad S_2(4|8)$$

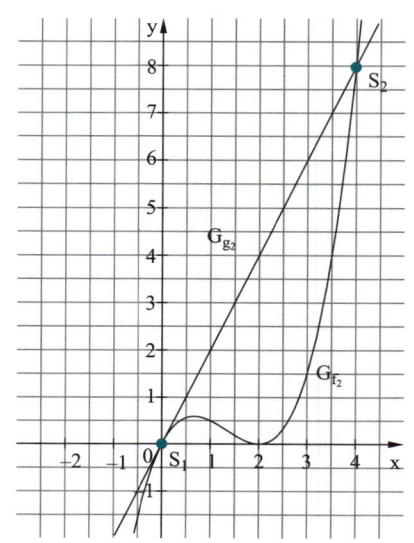

Aufgaben

80. Im Folgenden sind die Lagen und Vielfachheiten der Nullstellen ganzrationaler Funktionen sowie deren Grad angegeben.
Stellen Sie jeweils mögliche Funktionsterme auf und skizzieren Sie je zwei Varianten möglicher Graphen.

a) 3. Grades: $x_1 = -2$; $x_2 = 0$; $x_3 = 2$

b) 3. Grades: $x_{1/2} = -1$; $x_3 = 1$

c) 3. Grades: $x_1 = -2$; $x_2 = 2$; $x_3 = k$, wobei $k \geq 2$

d) 4. Grades: $x_1 = -2$; $x_{2/3} = 0$; $x_4 = 2$

81. Ermitteln Sie bei den nachfolgend gegebenen Funktionen jeweils die Lage und Vielfachheiten der Nullstellen und stellen Sie die Funktionsterme in faktorisierter Form dar.

a) $f_a : x \mapsto \frac{1}{80}(8x^3 - ax^4)$, mit $a \in \mathbb{R}$ und $a > 0$

b) $f_k(x) = \frac{k}{9}x^3 - \frac{2k}{3}x^2 + kx$, $k \in \mathbb{R} \setminus \{0\}$

c) $f(x) = \frac{1}{8}(1-x)^3 + 1$

d) $g(x) = x^4 - x^2 + \frac{1}{4}$

82. Gegeben sind die Funktionen $f_t : x \mapsto (x-t)^2(x^2 + 4x + 4)$ mit $t \in \mathbb{R}$.

a) Faktorisieren Sie den Funktionsterm so weit wie möglich.

b) Geben Sie mit Fallunterscheidung Anzahl und Vielfachheit der Nullstellen in Abhängigkeit von t an.

c) Bestimmen Sie sämtliche Schnittpunkte der Graphen von f_t mit den Koordinatenachsen.

d) Bestimmen Sie t so, dass der zugehörige Graph von f_t den Punkt $P(-1 \mid 1)$ enthält.

e) Zeichnen Sie den Graphen von f_0 im Intervall $[-2,5; 1]$.

83. Die Funktionen f_k und g_k mit $k \in \mathbb{R}$, $k > 0$ sind in $\mathbb{R}$ gegeben durch
$f_k(x) = \frac{1}{k}x(kx - 1)^2$ und $g_k(x) = 3kx^2 - 4x + \frac{1}{k}$.

a) Geben Sie die Lage und Vielfachheit der Nullstellen von f_k an.

b) Bestimmen Sie die Nullstellen von g_k in Abhängigkeit von k und geben Sie das Intervall an, in dem gilt: $g_k(x) \leq 0$

c) Die beiden Funktionen haben eine gemeinsame Nullstelle.
Geben Sie die Koordinaten des zugehörigen Schnittpunktes an und bestimmen Sie k so, dass die Abszisse des Schnittpunktes bei 3 liegt.

d) Zeichnen Sie die Graphen von f_k und g_k für $k = \frac{1}{3}$ im Bereich $-1 \leq x \leq 4$.
Hinweis: Für beide Achsen gilt 1 LE = 2 cm.

84. Mit $t \in \mathbb{R} \setminus \{0\}$ ist die Funktionenschar f_t in $\mathbb{R}$ gegeben durch
$f_t(x) = t \cdot [x^3 + (t-4)x^2 + 4(1-t)x + 4t]$.

a) Zeigen Sie, dass f_t eine Nullstelle bei 2 hat.

b) Stellen Sie f_t in vollständig faktorisierter Form dar.

c) Bestimmen Sie die Anzahl und die Vielfachheit der Nullstellen von f_t in Abhängigkeit von t.

d) Berechnen Sie t so, dass $P(1|2)$ auf G_{f_t} liegt.

e) Zeichnen Sie für $t=1$ den zugehörigen Graphen.

85. Für $a \in \mathbb{R}$ und $a > 0$ werden in $\mathbb{R}$ die folgenden Funktionen betrachtet:
$f_a : x \mapsto \frac{1}{3}(-4x^3 - 6ax^2 + 2a^3)$

a) Weisen Sie rechnerisch nach, dass sämtliche Graphen bei $x = -a$ einen gemeinsamen Punkt mit der x-Achse haben.

b) Berechnen Sie alle weiteren Nullstellen der Funktionen f_a und geben Sie ihre Vielfachheiten an.

c) Stellen Sie den Funktionsterm von f_a in vollständig faktorisierter Form dar.

d) Bestimmen Sie a so, dass der Graph von f_a durch den Punkt $P\left(-1 \mid \frac{4}{3}\right)$ geht.

86. Für welche $k \in \mathbb{R}$ besitzt die ganzrationale Funktion
$f_k(x) = \frac{1}{5}(x^4 - kx^3 - 4kx^2)$ genau eine (doppelte) Nullstelle?

87. Gegeben sind die Funktionen $f_a(x) = x^3 - ax^2$ und $g_a(x) = \frac{1}{a}x(x-a)$ mit $a \in \mathbb{R} \setminus \{0\}$.

a) Berechnen Sie die Schnittpunkte der beiden Graphen allgemein.

b) Für welche Werte von a gibt es nur zwei gemeinsame Punkte?

c) Berechnen Sie für $a=1$ die Schnittpunkte und zeichnen Sie für diesen Fall die zugehörigen Graphen in ein Koordinatensystem ein.
Hinweis: Auf der Abszisse 1 LE = 2 cm, auf der Ordinate 1 LE = 4 cm wählen.

4.7   Verhalten für x → ± ∞

Das mathematische Symbol ∞ steht für unendlich.
Für jede Zahl x ∈ ℝ gilt, dass sie kleiner als unendlich ist, sodass in symbolischer Schreibweise

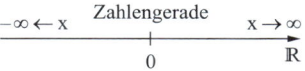

stets x < ∞ gilt. Auf der Zahlengeraden (z. B. der x-Achse) bewegt man sich in
Richtung „unendlich", wenn man immer weiter nach rechts geht. Die Frage ist
nun, wohin die Funktionswerte f(x) laufen, wenn man sich mit den x-Werten
Richtung ∞ bzw. −∞ bewegt.

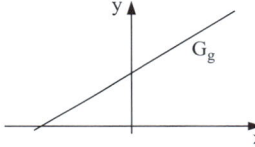

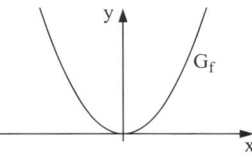

Es gilt: Für x → ∞ geht g(x) → ∞ und
für x → −∞ geht g(x) → −∞.
Einfacher in Limes-Schreibweise:

$$\lim_{x \to \infty} g(x) = +\infty$$

$$\lim_{x \to -\infty} g(x) = -\infty$$

Es gilt: Für x → ∞ geht f(x) → ∞ und
für x → −∞ geht f(x) → ∞.
Einfacher in Limes-Schreibweise:

$$\lim_{x \to \infty} f(x) = +\infty$$

$$\left.\lim_{x \to -\infty} f(x) = +\infty \right\} \lim_{x \to \pm\infty} f(x) = +\infty$$

Wie verhalten sich die Funktionswerte einer allgemeinen ganzrationalen Funktion
für x → ∞ bzw. x → −∞ (zusammengefasst x → ±∞)? Es kommt, wie bei der Öff-
nungsrichtung einer Parabel, nur auf den Leitkoeffizienten (Koeffizient vor der
höchsten Potenz von x) und die zugehörige Potenz x^n an.

Regel

Wichtige Grenzwerte für x → ± ∞

- Bei den Potenzfunktionen gilt für n ∈ ℕ*:

$$\lim_{x \to \infty} \mathbf{x^n} = \infty \quad \text{und} \quad \lim_{x \to -\infty} \mathbf{x^n} = \begin{cases} +\infty & \text{falls n geradzahlig} \\ -\infty & \text{falls n ungeradzahlig} \end{cases}$$

- Der Grenzwert für x → ±∞ einer ganzrationalen Funktion vom Grad n wird
  wegen

$$a_n x^n + a_{n-1} x^{n-1} + \ldots + a_1 x + a_0 = \mathbf{a_n x^n} \left(\mathbf{1} + \frac{a_{n-1}}{a_n} \cdot \frac{1}{x} + \frac{a_{n-2}}{a_n} \cdot \frac{1}{x^2} + \ldots + \frac{a_0}{a_n} \cdot \frac{1}{x^n} \right)$$

  alleine von der höchsten Potenz x^n und ihrem Koeffizienten a_n bestimmt:

$$\lim_{x \to \pm\infty} (a_n x^n + a_{n-1} x^{n-1} + \ldots + a_1 x + a_0) = \lim_{x \to \pm\infty} \mathbf{a_n x^n}$$

  (Die untergeordneten Potenzen x, x^2, …, x^{n-1} spielen also für das „Verhalten
  von f bei ∞" keine Rolle.)

Beispiele

1. Bestimmen Sie die Grenzwerte $\lim\limits_{x \to -\infty} x^3$ und $\lim\limits_{x \to -\infty} x^4$.

   Lösung:
   Nach Punkt 1 (siehe Merkkasten) folgt mit $n=3$ (ungerade) bzw. $n=4$ (gerade):
   $$\lim\limits_{x \to -\infty} x^3 = -\infty \quad \text{und} \quad \lim\limits_{x \to -\infty} x^4 = +\infty$$

2. Bestimmen Sie das Verhalten von $f(x)=2x^3+4x^2-x+12$ für $x \to \pm\infty$.

   Lösung:
   Nach Punkt 2 (siehe Merkkasten) folgt mit $n=3$, $a_3=2$:
   $$\lim\limits_{x \to \infty} f(x) = \lim\limits_{x \to \infty} 2x^3 = +\infty \quad \text{und} \quad \lim\limits_{x \to -\infty} f(x) = \lim\limits_{x \to -\infty} 2x^3 = -\infty$$

Aufgaben

88. Bestimmen Sie die folgenden Grenzwerte.

a) $\lim\limits_{x \to \pm\infty} \left(-\frac{1}{4}x^3 - 5x^2 + x\right)$ b) $\lim\limits_{x \to -\infty} -5$

c) $\lim\limits_{x \to \pm\infty} (2x^4 - 4x^3 + 3x^2 - 10)$

89. Geben Sie jeweils die (uneigentlichen) Grenzwerte an, indem Sie überlegen, wie der Graph der Funktionen verläuft.

a) $\lim\limits_{x \to \infty} (2x - 1)$ b) $\lim\limits_{x \to -\infty} (2x - 1)$

c) $\lim\limits_{|x| \to \infty} \left(\frac{1}{4}x^2 - 5x + 1\right)$ d) $\lim\limits_{x \to -\infty} -x^3$

e) $\lim\limits_{x \to \infty} -x^3$ f) $\lim\limits_{x \to \pm\infty} x^4$

90. Die Anziehungskraft zwischen zwei Massen (Gravitationskraft), die wir auf der Erde als Erdanziehungskraft spüren, nimmt mit zunehmender Entfernung gemäß der Funktion $x \mapsto \frac{1}{x^2}$ ab. Wirkt also auf einen Körper, z. B. einen Satelliten, auf der Erdoberfläche die Schwerkraft F_0, so hat diese Kraft nur noch den Wert $F(r) = \frac{F_0}{r^2}$, wenn r den Abstand zum Erdmittelpunkt in Erdradien angibt.

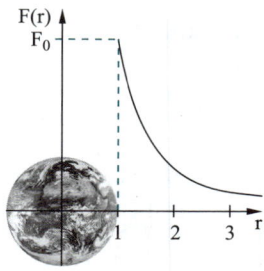

a) Berechnen Sie, in welchen Abständen von der Erdoberfläche die Erdanziehungskraft nur noch 50 %, 10 % und 1 % ihres ursprünglichen Wertes hat.

   Hinweis: Der Abstand r ist als Vielfaches des Erdradius r_E angegeben. Es gilt $r_E = 6\,370$ km.

b) Welchen Wert hat $\lim\limits_{r \to \infty} F(r)$? Welche Bedeutung hat dieser Grenzwert?

Differenzialrechnung

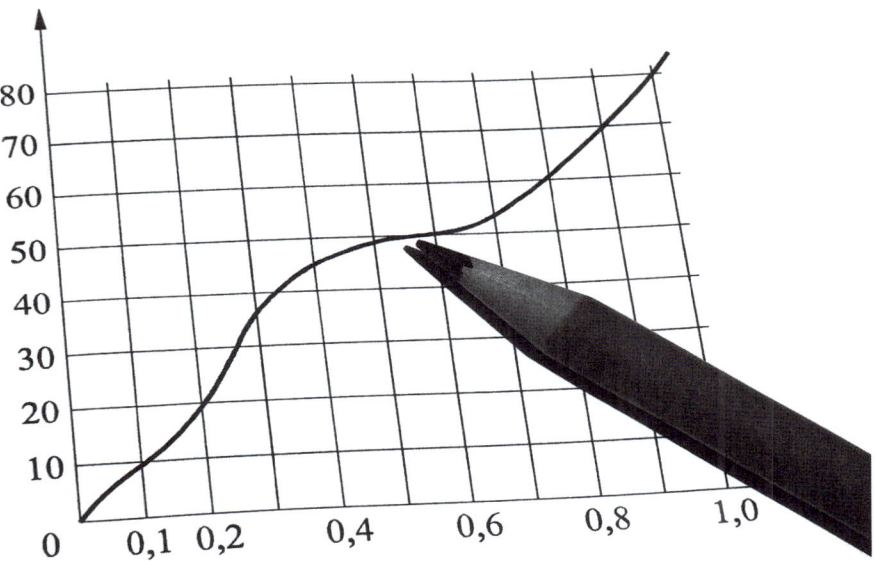

Die Differenzialrechnung ist aus dem Bedürfnis heraus entwickelt worden, Veränderungen mathematisch zu erfassen. So ist etwa bei Aktienkursen, bei den Arbeitslosenzahlen oder bei der Geschwindigkeit nicht nur der momentane Wert von Interesse, sondern (fast noch mehr) die Veränderung der Aktienkurse gegenüber dem Vortag, die Änderung der Arbeitslosenzahl gegenüber dem Vormonat bzw. die Veränderung der Geschwindigkeit gegenüber der vorherigen Sekunde. Die Kenntnis dieser Veränderungen lässt Prognosen zu, wie sich diese Werte entwickeln werden – sie erlauben einen Blick in die Zukunft.

5 Ableitung einer Funktion

5.1 Sekante und Differenzenquotient

Die „Veränderung" einer Größe beschreibt man in der Mathematik mithilfe der **Steigung**. Diese wurde bei den Geraden (Graphen der linearen Funktionen) mithilfe des Steigungsdreiecks eingeführt. Um den Begriff der Steigung auf gekrümmte Graphen zu übertragen, legt man zunächst durch zwei Punkte P und Q eines Graphen eine Gerade, die **Sekante** (= „Schneidende") genannt wird, und berechnet deren Steigung mithilfe des **Differenzenquotienten**.

Regel

Steigung der Sekante

$$m_{PQ} = \frac{\Delta y}{\Delta x} = \frac{f(x_2) - f(x_1)}{x_2 - x_1}$$

m_{PQ} ist die **mittlere Steigung** des Graphen der Funktion f im Intervall $[x_1; x_2]$.

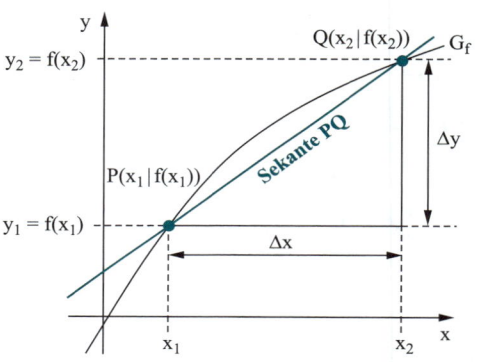

Beispiel

Betrachtet wird die Funktion $f(x) = x^2$. Bestimmen Sie die Steigung der Sekante durch die Graphenpunkte $P(1 | 1)$ und $Q(2 | 4)$.

Lösung:

Die Steigung der Sekante durch P und Q beträgt:

$$m_{PQ} = \frac{\Delta y}{\Delta x} = \frac{f(2) - f(1)}{2 - 1} = \frac{4 - 1}{2 - 1} = 3$$

Das ist die mittlere Steigung der Parabel im Intervall $[1; 2]$.

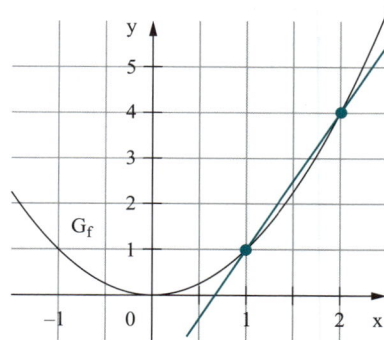

Aufgaben

91. Berechnen Sie bei den folgenden Funktionen jeweils die Steigung der Sekante durch die Graphenpunkte P und Q. Zeichnen Sie dann den Graphen und die Sekante.

a) $f(x) = x^2$; $P(0\,|\,?)$ und $Q(2\,|\,?)$

b) $f(x) = -2x + 1$; $P(-1\,|\,?)$ und $Q(1\,|\,?)$

c) $f(x) = \frac{1}{x}$; $P\left(\frac{1}{2}\,\middle|\,?\right)$ und $Q(1\,|\,?)$

d) $f(x) = x^2 - 4x$; $P(1\,|\,?)$ und $Q(3\,|\,?)$

92. Berechnen Sie bei dem Graphen der Funktion $p(x) = -x^2 + 5x - 3$ jeweils die Steigungen der Sekanten durch den stets gleichbleibenden Punkt $P(1\,|\,1)$ und den nachfolgend angegebenen Punkten Q:

$Q_1(4\,|\,?)$, $Q_2(3\,|\,?)$, $Q_3(2\,|\,?)$, $Q_4(1{,}5\,|\,?)$, $Q_5(1{,}2\,|\,?)$, $Q_6(1{,}1\,|\,?)$ und $Q_7(1{,}01\,|\,?)$

Stellen Sie die Ergebnisse tabellarisch dar und zeichnen Sie Graph und Sekanten soweit wie möglich in ein Diagramm ein. Was vermuten Sie?

5.2 Tangente und Differenzialquotient

Man definiert die Steigung einer Kurve in einem Punkt $P(x_0\,|\,f(x_0))$ dadurch, dass man von der Steigung der Sekante durch die Graphenpunkte $P(x_0\,|\,f(x_0))$ und $Q(x\,|\,f(x))$ mit $x \neq x_0$ ausgeht und dann den Punkt Q auf dem Graphen von f zum Punkt P schiebt. Die Sekante wird dadurch zu einer **Tangente** (= „Berührende"), die den Graphen von f im Punkt P berührt.

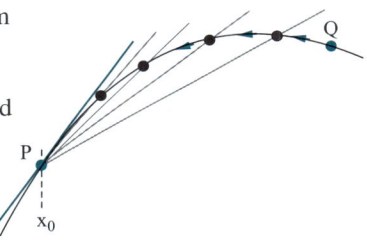

Aus dem Differenzenquotienten für die Berechnung der Steigung der Sekante wird durch den Grenzübergang $x \to x_0$ der sogenannte **Differenzialquotient**. Für diesen Grenzübergang $x \to x_0$ verwendet man die Limes-Schreibweise, abgekürzt mit „lim", gesprochen „Limes". Das lateinische Wort für Grenze beschreibt die Annäherung $x \to x_0$ in der Form $\lim\limits_{x \to x_0}$. Unmittelbar dahinter steht dann der Funktionsterm, dessen Grenzwert bestimmt werden soll.

Definition

> **Ableitung**
>
> Die Funktion f besitzt an der Stelle $x_0 \in D_f$ die Ableitung $f'(x_0)$, sprich: „f Strich von x_0", wenn sich der **Differenzialquotient**
>
> $$f'(x_0) := \lim\limits_{x \to x_0} \frac{f(x) - f(x_0)}{x - x_0} \text{ oder (was dasselbe ist) } f'(x_0) := \lim\limits_{h \to 0} \frac{f(x_0 + h) - f(x_0)}{h}$$
>
> bilden lässt. Existiert der Grenzwert $f'(x_0)$, so stellt er die Steigung der Tangente an den Graphen im Punkt P dar. Daher bezeichnet man $f'(x_0)$ auch als die **Steigung des Graphen** von f im Punkt $P(x_0\,|\,f(x_0))$ bzw. an der Stelle x_0.

Die im Kasten links stehende Formel für die Ableitung von f an der Stelle x_0 ergibt sich aus dem Differenzenquotienten

$$m_{PQ} = \frac{\Delta y}{\Delta x}$$

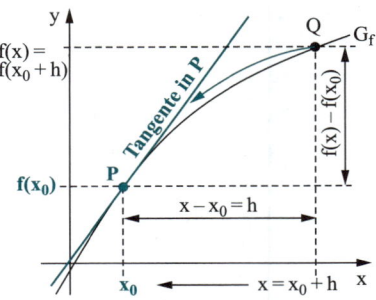

der Sekante durch die Punkte $P(x_0 \,|\, f(x_0))$ und $Q(x \,|\, f(x))$ und anschließender Grenzwertbildung $x \to x_0$ (siehe Abbildung). Die im Kasten rechts stehende Formel für $f'(x_0)$, welche die Variable $h \neq 0$ enthält, ergibt sich dann, wenn man die Koordinaten des Punktes Q mit $(x_0+h \,|\, f(x_0+h))$ bezeichnet. Von dieser Ausgangslage wird der Punkt Q anschließend durch die Grenzwertbildung $h \to 0$ auf dem Graphen von f zum Punkt P verschoben, sodass man die Steigung der Tangente im Punkt P erhält.

Hinweis: Statt $f'(x_0)$ für die Bezeichnung der Ableitung an der Stelle x_0 findet man gelegentlich auch das Symbol $\frac{df(x_0)}{dx}$, bei dem die Herkunft vom Differenzenquotienten $\frac{\Delta y}{\Delta x}$ deutlich wird.

Beispiel

Gegeben ist die Funktion $f(x) = x^2$, bestimmen Sie $f'(1)$.

Lösung:

$$f'(1) = \lim_{x \to 1} \frac{f(x) - f(1)}{x - 1}$$

$$= \lim_{x \to 1} \frac{x^2 - 1}{x - 1} \qquad \text{Anwenden der dritten binomischen Formel}$$

$$= \lim_{x \to 1} \frac{(x-1)(x+1)}{x-1} \qquad \text{Kürzen von } (x-1)$$

$$= \lim_{x \to 1} (x+1) = 1 + 1 = 2$$

Alternative Lösung mit der h-Formel:

$$f'(1) = \lim_{h \to 0} \frac{f(1+h) - f(1)}{h}$$

$$= \lim_{h \to 0} \frac{(1+h)^2 - 1}{h} \qquad \text{Ausmultiplizieren}$$

$$= \lim_{h \to 0} \frac{1 + 2h + h^2 - 1}{h}$$

$$= \lim_{h \to 0} \frac{h^2 + 2h}{h}$$

$$= \lim_{h \to 0} \frac{h(h+2)}{h} \qquad \text{Ausklammern und Kürzen von } h$$

$$= \lim_{h \to 0} (h+2) = 0 + 2 = 2$$

Demnach hat der Graph der Funktion $f(x) = x^2$ an der Stelle 1 die Steigung 2, d. h., es gilt $f'(1) = 2$. Im Diagramm ist die zugehörige Tangente eingezeichnet. Die Steigung überprüft man mit einem Steigungsdreieck.

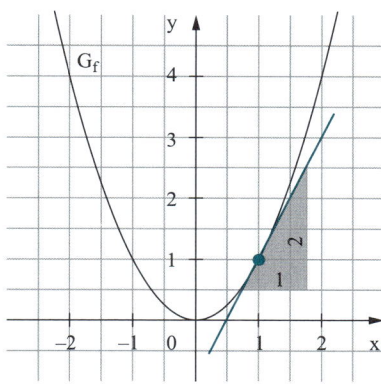

Aufgaben

93. Gegeben ist die Funktion $f(x) = x^2 - 2x - 3$.
Bestimmen Sie die Ableitungen $f'(-1)$, $f'(1)$ und $f'(4)$.

94. Gegeben sind Funktionen $f(x) = x^3$ und $g(x) = x^3 - 2$.
Ermitteln Sie die Steigungen der Graphen an der Stelle $x_0 = 1$.

95. Bestimmen Sie bei der linearen Funktion $g(x) = mx + t$ die Steigung an der allgemeinen Stelle $x_0 \in \mathbb{R}$. Interpretieren Sie das Ergebnis.

96. Ermitteln Sie die Steigung der Normalparabel $p(x) = x^2$ an der Stelle $x_0 \in \mathbb{R}$ in Abhängigkeit von der Stelle x_0.

97. **Von der mittleren Geschwindigkeit zur Momentangeschwindigkeit**
Bewegt sich ein Körper nach der Zeit-Weg-Funktion $t \mapsto s(t)$, dann ist seine **Durchschnittsgeschwindigkeit** im Zeitintervall $[t_0; t_0 + \Delta t]$, in dem die Strecke Δs zurückgelegt wird, definiert als

$$\overline{v} = \frac{\Delta s}{\Delta t} = \frac{s(t_0 + \Delta t) - s(t_0)}{\Delta t}$$

und seine **Momentangeschwindigkeit** zum Zeitpunkt t_0 als

$$v(t_0) = \lim_{\Delta t \to 0} \frac{\Delta s}{\Delta t} = \lim_{\Delta t \to 0} \frac{s(t_0 + \Delta t) - s(t_0)}{\Delta t}.$$

Das Zeit-Weg-Gesetz für den freien Fall lautet:

$$s(t) = \frac{1}{2} g t^2$$

Dabei sind t: Fallzeit in Sekunden (unabhängige Funktionsvariable), s(t): durchfallene Strecke in Meter, $g \approx 10 \frac{m}{s^2}$: Fallbeschleunigung auf der Erde.

a) Ein Körper fällt bis zum Aufschlag genau vier Sekunden. Bestimmen Sie die Durchschnittsgeschwindigkeit während der gesamten Fallzeit und die Aufschlaggeschwindigkeit des Körpers. Geben Sie zudem an, wo im Zeit-Weg-Diagramm man diese beiden Geschwindigkeiten findet.

b) Ein Bungee-Jumper ist an einem 100 m langen Seil befestigt. Solange ihn das Seil nicht abbremst, fällt er näherungsweise nach dem Zeit-Weg-Gesetz des freien Falles. Berechnen Sie seine Höchstgeschwindigkeit.

5.3 Differenzierbarkeit

Es ist noch nicht geklärt, ob sich der beim Differenzialquotienten auftretende Grenzwert immer bilden lässt, oder anders formuliert, ob die Ableitung $f'(x_0)$ an jeder Stelle $x_0 \in D_f$ existiert. Es stellt sich also die Frage, ob der Graph einer Funktion f in jedem Kurvenpunkt eine Steigung besitzt, und was es bedeutet, wenn dem nicht so ist.

Definition

Differenzierbarkeit
Eine Funktion f heißt an der Stelle $x_0 \in D_f$ **differenzierbar**, wenn der Differenzialquotient bzw. die Ableitung von f an der Stelle x_0 existiert, d. h., wenn der Grenzwert

$$f'(x_0) = \lim_{h \to 0} \frac{f(x_0 + h) - f(x_0)}{h}$$

existiert.

Damit der Grenzwert

$$\lim_{h \to 0} \frac{f(x_0 + h) - f(x_0)}{h}$$

existiert, muss für jede Annäherung $h \to 0$ stets die **gleiche Zahl** herauskommen, insbesondere auch dann, wenn h negativ ist. Letzteres bedeutet, dass der Punkt Q von links an den Punkt P angenähert wird.

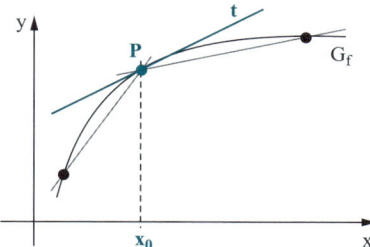

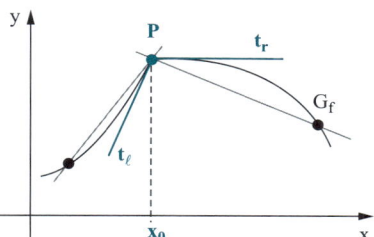

f ist an der Stelle x_0 **differenzierbar**. Bei rechtsseitiger und bei linksseitiger Annäherung ergibt sich die gleiche eindeutig bestimmte Steigung $f'(x_0)$.
Es gibt eine eindeutig definierte Tangente t in P.
Der Graph von f verläuft **glatt** (ohne Knick) durch den Punkt P.

f ist an der Stelle x_0 **nicht differenzierbar**. Bei rechtsseitiger und bei linksseitiger Annäherung ergeben sich unterschiedliche Steigungen. Man erhält eine rechtsseitige Tangente t_r und eine linksseitige Tangente t_ℓ. Es existiert kein $f'(x_0)$.
Der Graph von f **knickt** im Punkt P ab (plötzliche Richtungsänderung).

Die Differenzierbarkeit ist eine wichtige Eigenschaft einer Funktion. Ganz grob kann man sich merken: Die Graphen differenzierbarer Funktionen haben **keinen Sprung** und **keinen Knick** sowie auch keine vertikalen Tangenten.

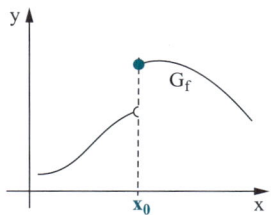

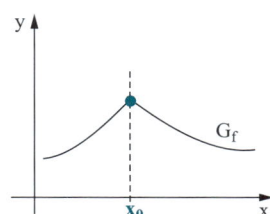

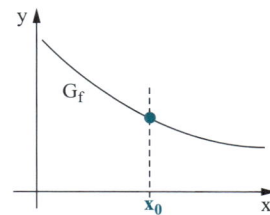

Die Funktion f hat an der Stelle x_0 einen Sprung und ist nicht differenzierbar.

Die Funktion f hat an der Stelle x_0 einen Knick und ist nicht differenzierbar.

Die Funktion f ist an der Stelle x_0 differenzierbar.

Beispiel

Beurteilen Sie, ob die Funktion $f(x) = |x|$ im Ursprung differenzierbar ist.

Lösung:
Die Funktion

$$f(x) = |x| = \begin{cases} x & \text{für } x \geq 0 \\ -x & \text{für } x < 0 \end{cases}$$

ist im Ursprung nicht differenzierbar, ihr Graph hat dort einen Knick.

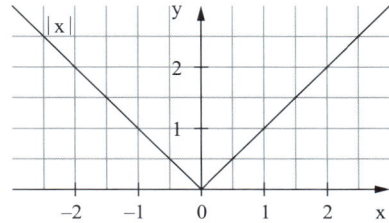

Rechnerischer Nachweis:

$$f'(0+) := \lim_{h \to 0+} \frac{f(0+h)-f(0)}{h} \qquad \text{rechtsseitiger Differenzialquotient}$$

$$= \lim_{h \to 0+} \frac{h-0}{h} = \lim_{h \to 0+} 1 = 1$$

$$f'(0-) := \lim_{h \to 0-} \frac{f(0+h)-f(0)}{h} \qquad \text{linksseitiger Differenzialquotient}$$

$$= \lim_{h \to 0-} \frac{-h-0}{h} = \lim_{h \to 0-} -1 = -1$$

Demnach gilt: $f'(0+) \neq f'(0-)$
Daraus folgt, dass f an der Stelle $x_0 = 0$ **nicht differenzierbar** ist.

Aufgabe **98.** Zeichnen Sie die Graphen der folgenden Funktionen und beurteilen Sie, ob die Funktionen an den Nahtstellen differenzierbar sind.

a) $f(x) = x|x|$

b) $f(x) = \begin{cases} x^2 & \text{für } x \leq 1 \\ x & \text{für } x > 1 \end{cases}$

c) $f(x) = \begin{cases} x^2 & \text{für } x \leq 1 \\ 2x-1 & \text{für } x > 1 \end{cases}$

5.4 Tangenten- und Normalengleichung

Ist eine Funktion f an einer Stelle x_0 differenzierbar, so besitzt der Graph von f im zugehörigen Punkt $P(x_0|f(x_0))$ eine eindeutig bestimmte **Tangente**. Die (wiederum eindeutig bestimmte) zur Tangente senkrecht stehende Gerade durch den Punkt $P(x_0|f(x_0))$ heißt **Normale**.

Regel

Tangenten- und Normalengleichung
Der Graph einer in x_0 differenzierbaren Funktion f besitzt an der Stelle x_0 die **Tangente** mit der Funktionsgleichung

t: $y = f'(x_0)(x-x_0) + f(x_0)$

und die **Normale**

n: $y = -\dfrac{1}{f'(x_0)}(x-x_0) + f(x_0)$.

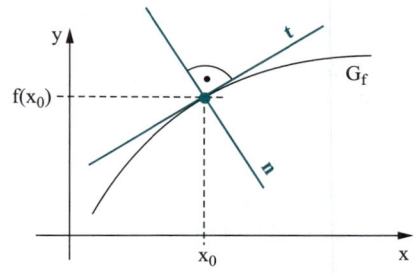

Die Steigung $-\dfrac{1}{f'(x_0)}$ für die Normale ergibt sich aus der Tatsache, dass für die Steigungen m_1 und m_2 von zueinander senkrecht stehenden Geraden stets gilt: $m_1 \cdot m_2 = -1$

Beispiel

Bestimmen Sie für die Funktion $f(x) = x^2$ die Funktionsgleichungen der Tangente und Normale an der Stelle $x_0 = 1$.

Lösung:

$x_0 = 1; \quad f(1) = 1^2 = 1;$

$f'(1) = \lim\limits_{h \to 0} \dfrac{f(1+h) - f(1)}{h}$

| | Man benötigt x_0, $f(x_0)$ und $f'(x_0)$, um die gesuchten Funktionsgleichungen mithilfe der oben stehenden Formeln angeben zu können. |

$\quad = \lim\limits_{h \to 0} \dfrac{(1+h)^2 - 1}{h}$ Ausmultiplizieren

$\quad = \lim\limits_{h \to 0} \dfrac{1 + 2h + h^2 - 1}{h}$

$\quad = \lim\limits_{h \to 0} \dfrac{h^2 + 2h}{h}$

$\quad = \lim\limits_{h \to 0} \dfrac{\cancel{h}(h+2)}{\cancel{h}}$ h ausklammern und kürzen

$\quad = \lim\limits_{h \to 0} (h + 2) = 0 + 2 = 2$

t: $y = \mathbf{2}(x - \mathbf{1}) + \mathbf{1} = 2x - 1$ Tangentengleichung aufstellen und zusammenfassen

n: $y = -\dfrac{\mathbf{1}}{\mathbf{2}}(x - \mathbf{1}) + \mathbf{1} = -\dfrac{1}{2}x + \dfrac{3}{2}$ Normalengleichung aufstellen und zusammenfassen

Aufgaben

99. Bestimmen Sie für die Normalparabel $f(x) = x^2$ jeweils die Funktionsgleichungen der Tangente und Normale in den Punkten $P_1(0|0)$ und $P_2(-1{,}5|2{,}25)$.

100. Die Funktion $f(x) = \dfrac{1}{x}$ hat an der Stelle 1 die Ableitung $f'(1) = -1$. Stellen Sie an dieser Stelle die Funktionsgleichungen für die Tangente und die Normale auf. Zeichnen Sie anschließend den Graphen von f im I. Quadranten sowie die Tangente und Normale.

101. Bahngleis

Das abgebildete Bahngleis verläuft nach der Funktion $f(x) = \dfrac{1}{4}x^2$. Im Punkt $P(2|?)$ soll ein tangential verlaufendes, geradliniges Stichgleis angeschlossen werden.
Berechnen Sie die Funktionsgleichung.

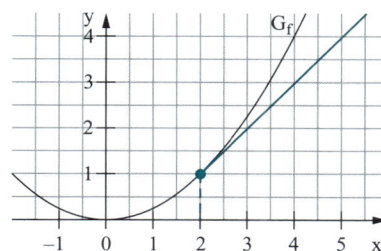

102. Weisen Sie nach, dass bei der Funktion $f(x) = x^2$ eine an der Stelle $x_0 = b$ errichtete Tangente stets die x-Achse bei $\frac{b}{2}$ schneidet. Ermitteln Sie außerdem noch, wo die Nullstelle der zugehörigen Normalen liegt.

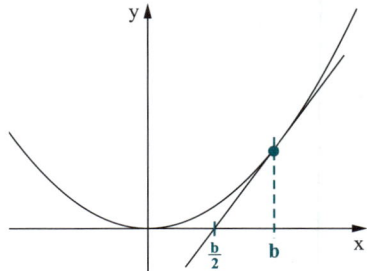

103. Luftdruck

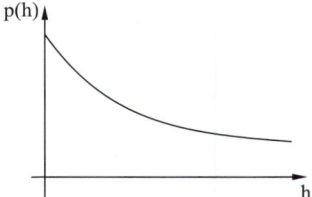

Der Luftdruck auf der Erde nimmt mit zunehmender Höhe ab. Zu jeder Höhe h über der Erdoberfläche kann man einen bestimmten Druck p(h) messen, sodass man eine Funktion $h \mapsto p(h)$ erhält. Der prinzipielle Verlauf ihres Graphen ist im abgebildeten Diagramm zu sehen.

a) Was bedeuten in diesem Zusammenhang die Ausdrücke

$$p(h_0 + \Delta h) - p(h_0), \quad \frac{p(h_0 + \Delta h) - p(h_0)}{\Delta h} \quad \text{und} \quad p'(h_0)?$$

b) Übernehmen Sie eine Skizze des Graphen von $h \mapsto p(h)$ und kennzeichnen Sie die in der Teilaufgabe a angegebenen Ausdrücke an einer beliebigen Stelle h_0 des Graphen.

c) Welche Aussage können Sie über das Vorzeichen von $p'(h_0)$ an einer Stelle h_0 machen und welche Bedeutung hat das?

5.5 Ableitungsfunktion

Im Folgenden wird nicht mehr nur die Ableitung $f'(x_0)$ an einer bestimmten Stelle x_0 betrachtet, sondern an allen Stellen x, an denen die Funktion f differenzierbar ist. Damit erhält man eine zu der Funktion f gehörende Funktion f', die sogenannte **Ableitung von f**.

Definition

Die Ableitung einer Funktion
Ist eine Funktion f in $D_{f'} \subset D_f$ differenzierbar, so wird durch die Zuordnung
$x \mapsto f'(x)$ für alle $x \in D_{f'}$ eine neue Funktion f' definiert, die Ableitungsfunktion
oder kurz **Ableitung von f** genannt wird.
Es gilt:

$$f'(x) := \lim_{h \to 0} \frac{f(x+h) - f(x)}{h} \text{ für alle } x \in D_{f'}$$

An den Stellen, an denen f nicht differenzierbar ist, hat f' Definitionslücken.

Das Berechnen des Funktionsterms f'(x) nennt man **Ableiten** oder auch **Differen-
zieren**. Die Funktionswerte der Ableitungsfunktion f'(x) sind für alle Stellen
$x \in D_{f'}$ gerade die Steigungen des zugehörigen Graphen von f an eben diesen
Stellen x. Insbesondere besitzt der Graph von f an den Nullstellen von f' waagrechte Tangenten.

Beispiel

Veranschaulichen Sie den Zusammenhang zwischen einer Funktion f und
ihrer Ableitungsfunktion f' am Beispiel der Funktion $f(x) = x^2$.

Lösung:
Zunächst wird f' ermittelt, d. h., man leitet
$f(x) = x^2$ ab:

$$f'(x) = \lim_{h \to 0} \frac{f(x+h) - f(x)}{h} = \lim_{h \to 0} \frac{(x+h)^2 - x^2}{h}$$

$$= \lim_{h \to 0} \frac{x^2 + 2hx + h^2 - x^2}{h} = \lim_{h \to 0} \frac{h^2 + 2hx}{h}$$

$$= \lim_{h \to 0} \frac{h(h + 2x)}{h} = \lim_{h \to 0} (h + 2x)$$

$$= 0 + 2x = 2x$$

Da die Funktion $f(x) = x^2$ in ihrem größtmöglichen Definitionsbereich $D_f = \mathbb{R}$ differenzierbar ist, hat auch die Ableitungsfunktion den Definitionsbereich $D_{f'} = \mathbb{R}$.

Es gilt:
$f(x) = x^2$ und $f'(x) = 2x$ für alle $x \in \mathbb{R}$

Die Funktionswerte f'(x) der Ableitungsfunktion sind die Steigungen des Graphen
von f an den jeweiligen Stellen $x \in \mathbb{R}$.

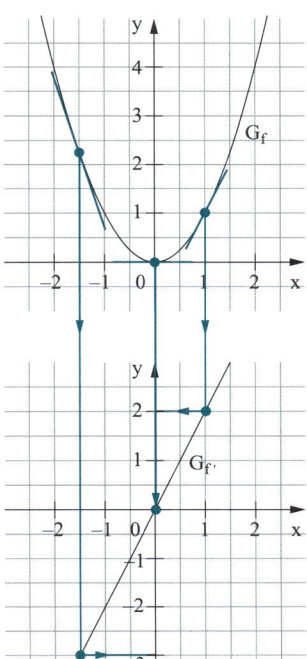

Aufgabe   **104.** In der Abbildung sollten in der ersten Zeile die Graphen der Funktionen f und darunter die Graphen der zugehörigen Ableitungsfunktionen f' dargestellt werden. Leider ist in der zweiten Zeile ein Fehler passiert, die Ableitungen wurden vertauscht. Stellen Sie die richtige Zuordnung wieder her.

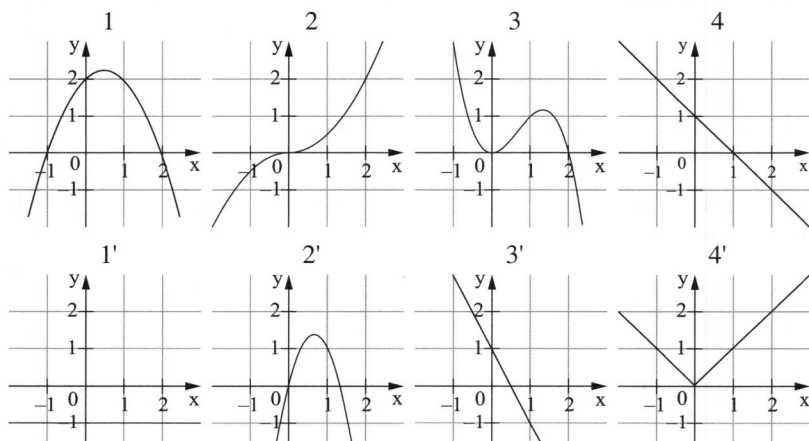

5.6 Ableitung elementarer Funktionen

Es genügt, sich einige wenige Ableitungsfunktionen einzuprägen:

Regel

> **Ableitung der konstanten Funktion**
> $f(x) = c \implies f'(x) = 0$ mit c = konst.
> Eine Konstante abgeleitet ergibt 0 oder kurz: **c' = 0**
>
> **Ableitung der Potenzfunktion**
> $f(x) = x^n \implies f'(x) = n \cdot x^{n-1}$ mit $n \in \mathbb{N}^* = \{1; 2; 3; \dots\}$
> oder kurz: $(\mathbf{x^n})' = \mathbf{n \cdot x^{n-1}}$
> Man erhält also die Ableitungsfunktion einer Potenzfunktion, indem man ihren Exponenten als Vorfaktor schreibt und im Exponenten 1 subtrahiert.

Beispiel   Leiten Sie die folgenden Funktionen ab: $x^6, x^{100}, x^{2n}, x^{k+2}$

Lösung:

$(x^6)' = 6x^5$

$(x^{100})' = 100x^{99}$

$(x^{2n})' = 2nx^{2n-1}$

$(x^{k+2})' = (k+2)x^{k+1}$

ufgaben **105.** Bestimmen Sie jeweils die Ableitungsfunktionen der folgenden Funktionen:

    a) $f(x) = -1$

    b) $f(x) = k - 2$, wobei k eine Konstante ist

    c) $p(x) = x^7$

    d) $p(x) = x^{2a+1}$, wobei $a \in \mathbb{N}$

    e) $g(t) = t^2$

    f) $h(x) = a^2$

106. Bestimmen Sie die Gleichungen der Tangenten an den Graphen der folgenden Funktionen an den angegebenen Stellen.

    a) $f(x) = x^2$; $x_0 = -\frac{1}{2}$ b) $g(x) = x^3$; $x_0 = 2$

107. a) An welcher Stelle hat der Graph der Normalparabel $f(x) = x^2$ eine Tangente mit der Steigung 1,5?

    b) An welcher Stelle hat der Graph der Funktion $f(x) = x^3$ die Steigung 1?

5.7 Ableitungsregeln

Es genügen zwei Ableitungsregeln und die Kenntnis der Ableitungen der elementaren Funktionen $x \mapsto c$ und $x \mapsto x^n$, um sämtliche ganzrationalen Funktionen ableiten zu können, ohne auf den Differenzialquotienten zurückgreifen zu müssen.

Regel

> **Die Summenregel**
> Sind die Funktionen f und g in einem gemeinsamen Definitionsbereich definiert und dort auch differenzierbar, dann ist auch die Summenfunktion $f + g$ differenzierbar und es gilt:
> $(f + g)' = f' + g'$
> Beachten Sie: **Additive** Konstanten fallen beim Ableiten einfach weg.

Das bedeutet, man muss beim Ableiten einer Summe die Summanden einzeln ableiten und anschließend aufaddieren (das „+" bleibt erhalten).

Beispiele

    1. Berechnen Sie die Ableitung der Funktion $f(x) = x^2 + x$.

        Lösung:

$f'(x) = (x^2 + x)'$	Die Funktion $f(x) = x^2 + x$ setzt sich aus den elementa-
$= (x^2)' + x'$	ren Funktionen $x \mapsto x^2$ und $x \mapsto x$ additiv zusammen.
$= 2x + 1$	Da diese beiden Funktionen in $\mathbb{R}$ differenzierbar sind,
	ist auch die Summenfunktion f in $\mathbb{R}$ differenzierbar.

2. Es sei $g(x) = x^3 - 2$. Bestimmen Sie $g'(x)$.

   Lösung:

   $$g'(x) = (x^3 + (-2))'$$
   $$= (x^3)' + (-2)'$$
   $$= 3x^2 + 0$$
   $$= 3x^2$$

   Die Funktion $g(x) = x^3 - 2$ setzt sich aus den elementaren Funktionen $x \mapsto x^3$ und $x \mapsto -2$ additiv zusammen: $g(x) = x^3 - 2 = x^3 + (-2)$. Die Ableitung der konstanten Funktion $x \mapsto -2$ ist null.

Regel

> **Die Faktorregel**
> Die Funktion f sei differenzierbar und $k \in \mathbb{R}$ eine beliebige Konstante. Dann ist auch die Funktion $k \cdot f$ differenzierbar und es gilt:
> $$(k \cdot f)' = k \cdot f'$$
> **Multiplikative** Konstanten bleiben beim Ableiten unverändert erhalten.

Zu beachten ist, dass die Faktorregel nur für konstante Faktoren gilt. Sie ist nicht mehr anwendbar, wenn der Faktor selbst eine Funktion von x ist.

Ist eine Funktion als Produkt von Funktionen dargestellt, muss vor dem Ableiten immer erst ausmultipliziert werden (außer es handelt sich um konstante Faktoren).

Beispiele

1. Bestimmen Sie die Ableitungsfunktion von $f(x) = 3x^2$.

   Lösung:

   $$f'(x) = (3x^2)'$$
   $$= 3(x^2)'$$
   $$= 3 \cdot 2x$$
   $$= 6x$$

   $f(x) = 3x^2$ setzt sich aus der Funktion $x \mapsto x^2$ und der Konstanten 3 multiplikativ zusammen. Da die Funktion $x \mapsto x^2$ in $\mathbb{R}$ differenzierbar ist, ist es auch die Funktion f.

2. Bestimmen Sie die Ableitungsfunktion von $h(x) = x^2 x^3$.

   Lösung:

   $$h'(x) = (x^2 x^3)' = (x^5)' = 5x^4$$

   Achtung:

   $$(x^2 x^3)' \neq (x^2)' \cdot (x^3)'$$
   $$= 2x \cdot 3x^2 = 6x^3$$

   $h(x)$ darf nicht mit der Faktorregel abgeleitet werden, da x^2 keine Konstante ist und selbst von x abhängt. $h(x)$ darf auch nicht abgeleitet werden, indem man in Anlehnung an die Summenregel die beiden Faktoren einzeln ableitet und die Multiplikation dazwischen beibehält. In solchen Fällen muss grundsätzlich erst ausmultipliziert und dann abgeleitet werden.

Natürlich können Summen- und Faktorregel auch miteinander kombiniert angewandt werden. Daraus ergibt sich, dass alle ganzrationalen Funktionen in $\mathbb{R}$ differenzierbar sind. Ihre Ableitungsfunktionen lassen sich mit den eingeführten Regeln bestimmen.

Beispiele

1. Bestimmen Sie die Ableitungsfunktion von $f(x) = 4x^3 - \frac{1}{2}x^2 + 9x - 1$.

   Lösung:
   $f'(x) = 12x^2 - x + 9$ Die Koeffizienten bei der Ableitungsfunktion wurden sofort zu einer Zahl zusammengefasst.

2. Bestimmen Sie die Ableitungsfunktion von $h(x) = x(x-1)^2$.

   Lösung:
   $h(x) = x(x-1)^2 = x(x^2 - 2x + 1)$ Achtung: Hier muss vor dem Ableiten ausmultipliziert werden.
   $\quad\; = x^3 - 2x^2 + x$
   $h'(x) = (x^3 - 2x^2 + x)'$ Erst der ausmultiplizierte Funktionsterm wird abgeleitet.
   $\quad\;\; = 3x^2 - 4x + 1$

3. An welchen Stellen hat der Graph von $f(x) = \frac{1}{3}x^3 + \frac{5}{2}x^2 + 6x + 6$ waagrechte Tangenten?

   Lösung:
   $f'(x) = x^2 + 5x + 6$
   $f'(x) = 0$
   $x^2 + 5x + 6 = 0$ mit Vieta:
   $(x+3)(x+2) = 0 \;\Rightarrow\; x_1 = -3;\; x_2 = -2$

   An den Stellen $x_1 = -3$ und $x_2 = -2$ hat der Graph von f waagrechte Tangenten.

   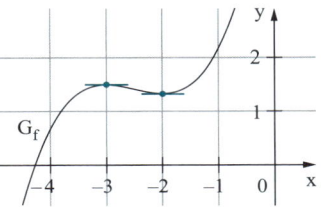

4. An welchen Stellen hat der Graph der Funktion $f(x) = x(x-1)^2$ Tangenten, die parallel zu der Geraden mit der Gleichung g: $y = 2x - 0{,}5$ verlaufen?

   Lösung:
   $f(x) = x(x-1)^2$
   $\quad\; = x(x^2 - 2x + 1)$
   $\quad\; = x^3 - 2x^2 + x$
   $f'(x) = 3x^2 - 4x + 1$

   Da die Gerade g die Steigung $m = 2$ besitzt, müssen zu g parallele Tangenten ebenfalls die Steigung 2 haben:
   $f'(x) = 2$
   $3x^2 - 4x + 1 = 2$
   $3x^2 - 4x - 1 = 0$

   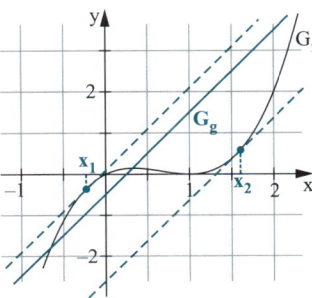

   $x_{1/2} = \dfrac{4 \pm \sqrt{4^2 - 4 \cdot 3 \cdot (-1)}}{2 \cdot 3} = \dfrac{4 \pm \sqrt{28}}{6} = \dfrac{4 \pm 2\sqrt{7}}{6} = \dfrac{2 \pm \sqrt{7}}{3} \approx \begin{cases} 1{,}55 \\ -0{,}22 \end{cases}$

108. Bestimmen Sie jeweils die Ableitungsfunktionen:

a) $f(x) = x^3 + x$

b) $f(x) = x^3 + x^2 + x + 5$

c) $f_t(x) = x + t$

d) $f(x) = x^3 + x - \frac{1}{3}$

e) $f_a(x) = x^2 + a^2$

109. Bestimmen Sie die Ableitungsfunktionen der folgenden Funktionen:

a) $f(x) = -2x$

b) $f(x) = \frac{1}{3}x^2$

c) $f(x) = \sqrt{3}x^4$

d) $f(x) = \frac{x^2}{4}$

e) $f_t(x) = tx$

f) $g_a(x) = a^3 x^2$

110. Bestimmen Sie die Ableitungsfunktionen der folgenden Funktionen:

a) $f(x) = \frac{1}{4}x^4 - 5x^3 + 9x^2 - \sqrt{3}x + 2$

b) $f_k(x) = \frac{1}{2}(x^3 + k^2 x^2 + k^3)$

c) $f(x) = x^2(x - 2)$

d) $f(x) = (x - 1)^2$

e) $f_t(x) = \frac{3}{10}tx(x^2 - 2tx + t^2)$

f) $A_z(u) = zu^2 - zu + u - z^2$

g) $B_u(z) = zu^2 - zu + u - z^2$

111. Berechnen Sie die Ableitung an den angegebenen Stellen und geben Sie die Tangentengleichungen an:

a) $f(x) = 2x - x^3$; $x_0 = -1$

b) $f(x) = \frac{1}{8}(x^4 - 2x^2)$; $x_0 = 1$

c) $f(x) = (x + 1)(x - 2)$; $x_0 = 2$

112. Gegeben ist die Funktion f durch die folgende Funktionsgleichung
$f(x) = -\frac{1}{2}(x + 2)(x - 1)$.

a) Berechnen Sie f'(–2), f'(–0,5) und f'(1).

b) Ermitteln Sie die Gleichungen der Tangenten in den Punkten $P_1(-2\,|\,?)$, $P_2(-0{,}5\,|\,?)$ und $P_3(1\,|\,?)$ des Graphen von f.

c) Zeichnen Sie den Graphen mitsamt den Tangenten in ein Koordinatensystem ein.

113. Ermitteln Sie diejenigen Stellen, an denen der Graph der jeweiligen Funktion die angegebene Eigenschaft hat:

a) $f(x) = \frac{1}{3}x^3 + \frac{1}{2}x^2 - 2x + 3$; waagrechte Tangenten.

b) $f(x) = 2(x - 1)^2$; die Steigung 1.

c) $f(x) = \frac{1}{3}x(x^2 - 2x + 3)$; eine Tangente parallel zu der Geraden
g: $y = -\frac{1}{2}x + 2$.

114. Scheitel einer Parabel

Der Graph einer quadratischen Funktion
$f(x) = ax^2 + bx + c$ hat stets nur einen einzigen Punkt mit waagrechter Tangente,
nämlich den Scheitelpunkt.
Bestimmen Sie diesen allgemein mithilfe
der Ableitung.

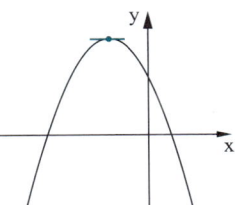

115. Tangente

Wie lautet die Gleichung der
Tangente durch den Punkt
$P(0|-2)$ an den Graphen der
Funktion $f(x) = x^3$?
Bestimmen Sie außerdem die
Koordinaten des Berührpunktes $B(x_0|y_0)$.

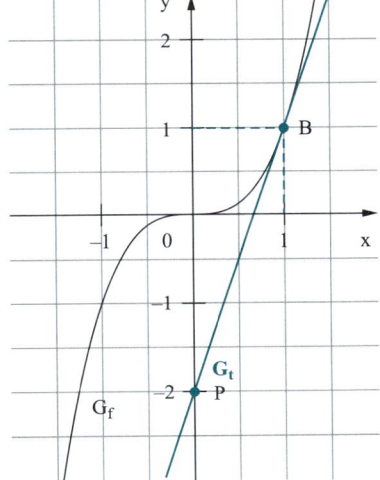

116. Schneiden und Berühren

a) Betrachtet werden die Funktionen $f(x) = x^2 + x - 0{,}5$ und $g(x) = -x^2$. Weisen Sie rechnerisch nach, dass sich ihre Graphen senkrecht schneiden.
Hinweis: Zwei Geraden schneiden sich senkrecht, wenn für ihre Steigungen gilt: $m_1 \cdot m_2 = -1$

b) Untersuchen Sie die Graphen der Funktionen $f(x) = x^2 + x - 1$ und $g(x) = x^3$ auf Schneiden. Weisen Sie rechnerisch nach, dass sich die Graphen an einer der beiden Schnittstellen berühren.
Hinweis: Die Graphen zweier Funktionen f und g, die sich an der Stelle x_0 schneiden, berühren sich dort, wenn ihre Steigungen im Schnittpunkt gleich sind, d. h., wenn außer $f(x_0) = g(x_0)$ auch noch gilt: $f'(x_0) = g'(x_0)$.

117. Funktionenschar

Gegeben sind die Funktionenschar $f_t : x \mapsto \frac{1}{4}x^4 - t^2 x^2$, wobei $t \in \mathbb{R}$, und die Funktion $g : x \mapsto x^2$.

a) Berechnen Sie die Koordinaten der Schnittpunkte der Graphen von f_t und g in Abhängigkeit von t. Wie viele Schnittpunkte haben die Graphen von f_t und g für ein bestimmtes t?

b) Zeigen Sie rechnerisch, dass sich die Graphen von f_t und g im Ursprung berühren.

c) Weisen Sie rechnerisch nach, dass sich die Graphen in den Schnittpunkten außerhalb des Ursprungs für kein t berühren bzw. senkrecht schneiden.

d) Bestimmen Sie t so, dass der Graph von f_t an der Stelle $x_0 = 1$ eine waagrechte Tangente besitzt.

e) Zeichnen Sie die Graphen von f_t und g für $t = \frac{1}{2}\sqrt{2}$ in ein gemeinsames Koordinatensystem ein. Auf der x-Achse gilt: 1 LE = 2 cm.

118. Automobilzulieferer

Ein Automobilzulieferer produziert Bauteile für Autos. Seine Kapazitätsgrenze liegt bei $x_{max} = 9$ ME (ME = Mengeneinheit). Die Herstellung der Bauteile verursacht Kosten in Abhängigkeit von der produzierten Menge, die durch folgende Kostenfunktion beschrieben werden:

$k(x) = x^3 - 6x^2 + 13x + 72$; $D_k = [0; 9]$

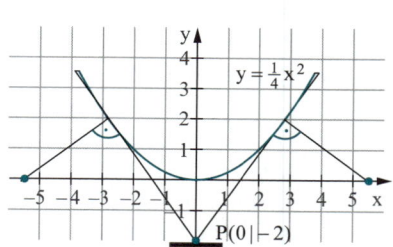

a) Für eine Mengeneinheit Bauteile erzielt das Unternehmen einen Erlös von 41 GE (GE = Geldeinheit). Bestimmen Sie die Erlösfunktion e(x) und die Gewinnfunktion $g(x) := e(x) - k(x)$.

b) Bestimmen Sie die sogenannte Grenzgewinnfunktion g'(x) und zeichnen Sie diese zusammen mit der Gewinnfunktion g(x) in ein gemeinsames Koordinatensystem. Was fällt auf?

119. Weltraumteleskop

Für ein Weltraumteleskop soll eine Halterung entworfen werden. Der Parabolspiegel, beschrieben durch die Funktion p: $y = \frac{1}{4}x^2$, wird in eine kegelförmige Ummantelung eingesetzt. Der Schnitt durch das Teleskop und die Ummantelung sind in der rechten Abbildung dargestellt.

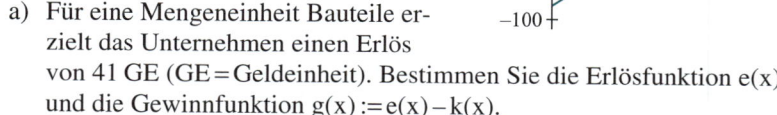

Demnach sollen vom Punkt P(0|−2) ausgehend die Tangente an die Parabel gelegt werden. Im Berührpunkt schließlich wird die Normale errichtet, um diese Konstruktion abzustützen. Ermitteln Sie die Koordinaten der Berührpunkte der Tangenten an die Parabel und die Koordinaten des Schnittpunkts der Normalen mit der x-Achse rechnerisch.

5.8 Höhere Ableitungen

Durch Ableiten erhält man aus einer in D_f definierten Funktion f die Ableitungsfunktion f' in einem ggf. kleineren Definitionsbereich $D_{f'}$. Nun ist f' selbst wiederum eine Funktion, von der man die Ableitungsfunktion berechnen kann. Man erhält dann die zweite Ableitungsfunktion oder die zweite Ableitung, die mit f" (sprich: „f zwei Strich") bezeichnet wird. Die Funktionswerte f"(x) sind die Steigungen des Graphen der Funktion f'.

Definition

Höhere Ableitungen
Ist f eine in D_f definierte und in $D_{f'} \subset D_f$ differenzierbare Funktion und f' die
Ableitung von f, dann ist
f" := (f')' die zweite Ableitung von f
f''' := (f")' die dritte Ableitung von f usw.
Allgemein bezeichnet man mit $f^{(n)}$ die n-te Ableitung von f.

Beispiele

1. Bestimmen Sie die ersten drei Ableitungen von $f(x) = x^2$.

   Lösung:
   $f'(x) = 2x; \quad f''(x) = 2; \quad f'''(x) = 0$

2. Berechnen Sie die ersten zwei Ableitungen der Funktion

   $f(x) = \frac{1}{3}x^3 - \frac{1}{2}x^2 - 2x + 2$

   und zeichnen Sie die Graphen der drei Funktionen in ein gemeinsames Koordinatensystem ein.

   Lösung:
   $f'(x) = x^2 - x - 2$
   $f''(x) = 2x - 1$

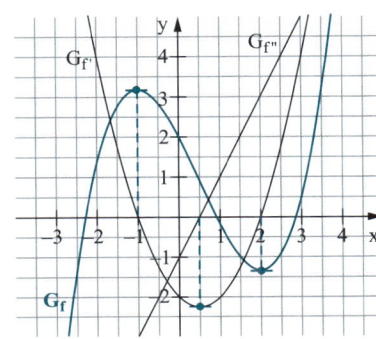

3. **Freier Fall**

Bewegt sich ein Körper nach der Zeit-Weg-Funktion $t \mapsto s(t)$, so ist seine
- Zeit-Geschwindigkeits-Funktion: $v(t) = s'(t)$
- Zeit-Beschleunigungs-Funktion: $a(t) = v'(t) = s''(t)$

Beim freien Fall gilt für die in der Zeit t durchfallenen Strecke $s(t) = \frac{1}{2}gt^2$, wobei die Fallbeschleunigung $g = 9{,}81\frac{m}{s^2}$ als konstant vorausgesetzt wird.

a) Skizzieren Sie die drei Funktionen $s(t)$, $v(t)$ und $a(t)$.

b) Zeigen Sie, dass beim freien Fall die Aufschlaggeschwindigkeit stets genau doppelt so groß ist wie die Durchschnittsgeschwindigkeit.

Lösung:

a) $v(t) = s'(t) = \frac{1}{2}g \cdot 2t = gt$

$a(t) = v'(t) = g$

Die drei Funktionen $s(t)$, $v(t)$ und $a(t)$ sind in der Abbildung nebeneinander dargestellt, wobei als Zeiteinheit Sekunde und als Längeneinheit Meter gewählt ist. Die Fallbeschleunigung wurde mit $g \approx 10\frac{m}{s^2}$ angenähert. Damit lauten diese drei Funktionen (ohne Einheiten):

$s(t) = 5t^2$ 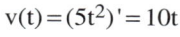 $v(t) = (5t^2)' = 10t$ $a(t) = (10t)' = 10$

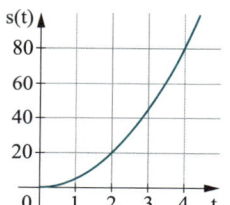 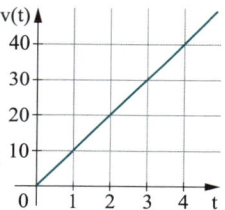 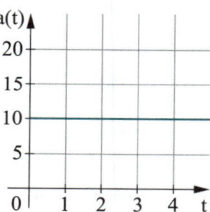

b) Der Zeitpunkt des Aufschlags werde mit t_0 bezeichnet. Zum Zeitpunkt $t = 0$ wird der Körper losgelassen. Dann gilt:

$\overline{v} = \frac{\Delta s}{\Delta t} = \frac{s(t_0) - s(0)}{t_0 - 0}$ Durchschnittsgeschwindigkeit

$= \frac{s(t_0)}{t_0} = \frac{\frac{1}{2}gt_0^2}{t_0} = \frac{1}{2}gt_0$

$v(t_0) = s'(t_0) = gt_0$ Aufschlaggeschwindigkeit

Aufgaben **120.** Ermitteln Sie jeweils die ersten drei Ableitungsfunktionen.

a) $f(x) = \frac{1}{5}(x^4 + 4x^3)$ b) $f(x) = x(x-1)^2$

c) $f_t(x) = \frac{1}{4}x^4 - t^2x^2$ d) $f_a(x) = ax^3 + \frac{2-3a}{4}x + 1$

e) $f_k(x) = \frac{1}{8}(x+1)^2(x^2 - k)$ f) $g_k(x) = \frac{1}{3}kx^3 - x^2 - (k+1)x$

121. Senkrechter Wurf

Beim senkrechten Wurf wird ein Gegenstand von der Erdoberfläche aus mit der Anfangsgeschwindigkeit v_0 senkrecht nach oben geworfen. Bei Vernachlässigung des Luftwiderstandes setzt sich die Geschwindigkeit des Gegenstandes zu jedem Zeitpunkt aus der nach oben wirkenden gleichförmigen Geschwindigkeit v_0 und der nach unten wirkenden, zunehmenden Geschwindigkeit des freien Falles zusammen. Für das Zeit-Weg-Gesetz des senkrechten Wurfes gilt daher:

$$h(t) = v_0 t - \frac{1}{2} g t^2 \text{ und } 0 \le t \le t_A$$

Dabei bezeichnen t die Flugzeit in Sekunden, t_A den Aufschlagzeitpunkt, h(t) die Höhe in Meter und $g = 9{,}81 \frac{m}{s^2}$ die Fallbeschleunigung auf der Erde.

a) Ermitteln Sie das Zeit-Geschwindigkeits-Gesetz v(t) und das Zeit-Beschleunigungs-Gesetz a(t) des senkrechten Wurfes.

b) Setzen Sie nun $v_0 = 20 \frac{m}{s}$ sowie $g = 10 \frac{m}{s^2}$ und stellen Sie die drei Gesetze h(t), v(t) und a(t) in drei Diagrammen dar.

c) An welcher Stelle ist die Momentangeschwindigkeit des Körpers null? Warum ist die Beschleunigung negativ?

5.9 Ableitung abschnittsweise definierter Funktionen

An den Nahtstellen von abschnittsweise definierten Funktionen kann der Übergang ohne Sprung und Knick erfolgen, dann sind sie an der Nahtstelle differenzierbar.

Regel

> **Differenzierbarkeit an der Nahtstelle**
> Eine abschnittsweise definierte Funktion f setze sich aus zwei Funktionen f_1 und f_2 zusammen, beispielsweise nach dem Schema
> $$f(x) = \begin{cases} f_1(x) & \text{für } x \le x_0, \\ f_2(x) & \text{für } x > x_0, \end{cases}$$
> wobei die Nahtstelle $x_0 \in D_f$ ist.
> f ist an der Nahtstelle genau dann differenzierbar, wenn der Graph G_f dort weder einen Sprung noch einen Knick aufweist.

Man muss also zur Untersuchung der Differenzierbarkeit einer abschnittsweise definierten Funktion den Graphen dieser Funktion dahingehend betrachten, ob Sprünge oder Knicke vorliegen.

Beispiele

1. Untersuchen Sie die Funktion

$$g_1(x) = \begin{cases} x^2 & \text{für } x \le 1 \\ x & \text{für } x > 1 \end{cases}$$

an der Nahtstelle auf Differenzierbarkeit.

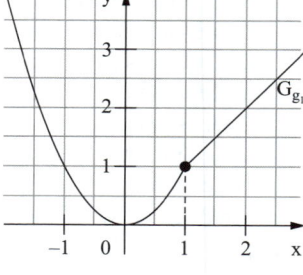

Lösung:
Der Graph von g_1 hat an der Nahtstelle $x_0 = 1$ einen Knick. g_1 ist daher an der Nahtstelle nicht differenzierbar (sprunghafte Richtungsänderung des Graphen).

2. Untersuchen Sie die Funktion

$$g_2(x) = \begin{cases} x^2 & \text{für } x \le 1 \\ 2x - 1 & \text{für } x > 1 \end{cases}$$

an der Nahtstelle auf Differenzierbarkeit.

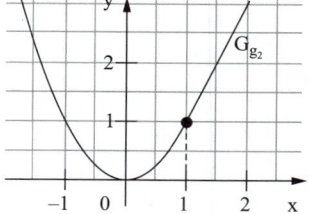

Lösung:
Der Graph von g_2 verläuft ohne plötzliche Richtungsänderung durch die Nahtstelle $x_0 = 1$. g_2 ist daher an der Nahtstelle differenzierbar.

Aufgaben

122. Zeichnen Sie die Graphen der folgenden Funktionen und begründen Sie, ob die Funktionen an den Nahtstellen differenzierbar sind.

a) $f(x) = \begin{cases} -x^2 - x + 2 & \text{für } x \le 2 \\ \frac{3}{4}x(x-2) & \text{für } x > 2 \end{cases}$ b) $f(x) = \begin{cases} x^2 & \text{für } x < 0 \\ x^3 & \text{für } x \ge 0 \end{cases}$

c) $f(x) = x|x|$ d) $f(x) = \frac{1}{2}(x + |x|)$

123. Gegeben ist:

$$g(x) = \begin{cases} -\frac{1}{4}x^3 + x & \text{für } x \in \mathbb{R} \setminus [-2;0] \\ x^2 + 2x & \text{für } -2 \le x \le 0 \end{cases}$$

Zeichnen Sie den Graphen von g im Intervall [–3; 3] (Werteballe!). Entscheiden Sie, ob an den Nahtstellen (es gibt zwei) Differenzierbarkeit vorliegt.

6 Kurvendiskussion

Um besonders markante Punkte eines Graphen zu ermitteln, sind die Ableitungs-funktionen ein unverzichtbares Hilfsmittel. Welche Eigenschaften des Graphen sich aus seinen Ableitungen gewinnen lassen, wird in diesem Abschnitt vorgestellt.

6.1 Monotonieverhalten

Das Monotonieverhalten einer Funktion gibt an, wie sich die Funktion bzw. deren Graph verhält, wenn man in Richtung zunehmender x (also in Leserichtung von links nach rechts) voranschreitet.

Definition

Monotonie

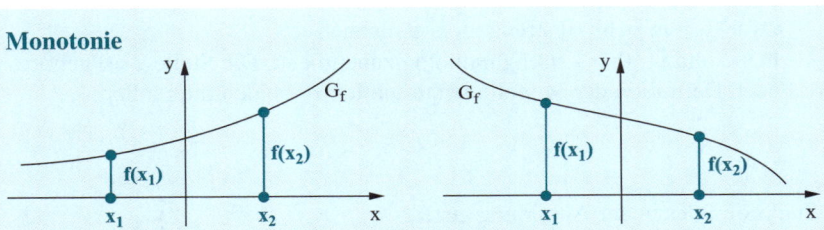

Eine Funktion f mit Definitionsbereich D heißt **streng monoton zunehmend,** wenn für alle $x_1, x_2 \in D$ mit $x_1 < x_2$ stets folgt $f(x_1) < f(x_2)$.

Eine Funktion f mit Definitionsbereich D heißt **streng monoton abnehmend,** wenn für alle $x_1, x_2 \in D$ mit $x_1 < x_2$ stets folgt $f(x_1) > f(x_2)$.

Eine Funktion heißt **monoton zunehmend** bzw. **abnehmend,** wenn auch Plateaus auftreten können, bei denen der Graph waagrecht verläuft. Zwischen den Funktionswerten $f(x_1)$ und $f(x_2)$ in der Definition steht dann ein $\geq$ bzw. $\leq$ statt des $>$ bzw. $<$.

Beispiele

1. Beschreiben und begründen Sie das Monotonieverhalten der linearen Funktion g: $y = mx + t$ in Abhängigkeit von m.

   Lösung:

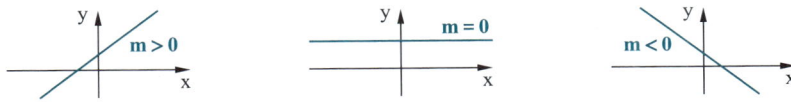

Die linearen Funktionen g: $y = mx + t$ sind streng monoton zunehmend, wenn die Steigung $m > 0$, und streng monoton abnehmend, wenn $m < 0$ ist. Für $m = 0$ (konstante Funktion) liegt keine strenge Monotonie vor.

2. Beschreiben Sie das Monotonieverhalten von $x \mapsto x^3$.

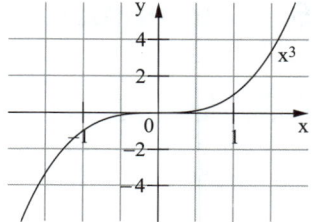

   Lösung:
   Die Funktion $x \mapsto x^3$ ist streng
   monoton zunehmend.

3. Beschreiben Sie das Monotonieverhalten von p:
   $x \mapsto x^2$.

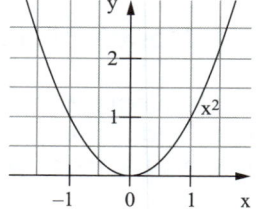

   Lösung:
   Die Funktion p: $x \mapsto x^2$ ist in $D = \mathbb{R}$ weder insgesamt streng monoton zunehmend noch
   streng monoton abnehmend. Man findet jedoch
   Intervalle, in denen Monotonie auftritt, und
   zwar ist p in $]-\infty; 0]$ streng monoton abneh-
   mend und in $[0; \infty[$ streng monoton zunehmend. Die Stelle $x = 0$ gehört
   nach Definition der Monotonie tatsächlich zu beiden Intervallen.

Die Funktion f des in der Abbildung gezeig-
ten Funktionsgraphen weist das folgende
Monotonieverhalten auf: In

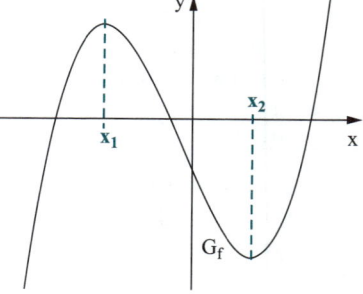

- $]-\infty; x_1]$ ist f streng monoton zunehmend.
- $[x_1; x_2]$ ist f streng monoton abnehmend.
- $[x_2; \infty[$ ist f streng monoton zunehmend.

Damit ist das vollständige Monotonieverhalten von f angegeben. Die Intervalle, in denen
einheitliches Monotonieverhalten vorliegt,
nennt man **Monotonieintervalle**.

Die Frage, wie man das Monotonieverhalten einer Funktion rechnerisch ermitteln
kann, lässt sich mithilfe der ersten Ableitungsfunktion beantworten.

Regel

> **Monotoniekriterium**
> Eine Funktion f sei im abgeschlossen Intervall $[x_1; x_2] \subset D_f$ differenzierbar. Dann
> gilt:
> - Wenn $\mathbf{f'(x) > 0}$ für alle $x \in \,]x_1; x_2[$, dann ist f **streng monoton zunehmend**
>   in $[x_1; x_2]$.
> - Wenn $\mathbf{f'(x) < 0}$ für alle $x \in \,]x_1; x_2[$, dann ist f **streng monoton abnehmend**
>   in $[x_1; x_2]$.

Man muss also das Vorzeichen von f' untersuchen, um das Monotonieverhalten von f zu ermitteln.

Beispiele

1. Untersuchen Sie mithilfe des Monotoniekriteriums die Funktion $p(x) = x^2$ auf Monotonie.

   Lösung:

$p'(x) = 2x$	Zunächst wird die Ableitungsfunktion gebildet.
$p'(x) > 0$	Ansatz auf Steigen
$\quad 2x > 0 \quad \mid : 2$	
$\quad\quad x > 0$	In $[0; \infty[$ ist p streng monoton zunehmend.
$p'(x) < 0$	Ansatz auf Fallen
$\quad 2x < 0 \quad \mid : 2$	
$\quad\quad x < 0$	In $]-\infty; 0]$ ist p streng monoton abnehmend.

2. Bestimmen Sie das Monotonieverhalten der folgenden Funktion:

   $f(x) = \frac{1}{3}x^3 - 2x^2 + 3x + 1$

   Lösung:

   $f'(x) = x^2 - 4x + 3$

   Um das Monotonieverhalten von f zu ermitteln, muss untersucht werden, wo $f'(x) > 0$ bzw. < 0 ist.

   $x^2 - 4x + 3 = 0$

   Zunächst wird die zugehörige quadratische Gleichung gelöst.

   $(x - 1)(x - 3) = 0$

   Mit dem Satz von Vieta erhält man die Lösungen.

   $\Rightarrow x_1 = 1; x_2 = 3$

   Das Monotonieverhalten lautet damit:

   Für

   - $x \in]-\infty; 1]$ ist $f'(x) > 0$.
     $\Rightarrow$ f streng monoton zunehmend.
   - $x \in [1; 3]$ ist $f'(x) < 0$.
     $\Rightarrow$ f streng monoton abnehmend.
   - $x \in [3; \infty[$ ist $f'(x) > 0$.
     $\Rightarrow$ f streng monoton zunehmend.

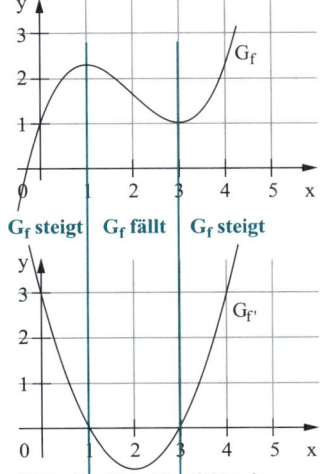

Die Überlegung, die der folgenden Methode der Monotonieuntersuchung zugrunde liegt, berücksichtigt, dass eine Ableitungsfunktion f' ohne Sprünge nur an ihren Nullstellen und ihren Definitionslücken das Vorzeichen wechseln kann.

Regel

> **Monotonieuntersuchung**
> Um das Monotonieverhalten einer bis auf einige Stellen differenzierbaren Funktion f zu untersuchen, ermittelt man zunächst sämtliche Nullstellen und (falls vorhanden) Definitionslücken von f', die man in aufsteigender Reihenfolge anordnet:
> $x_1 < x_2 < x_3 < \ldots$
> Diese Stellen sind die Ränder der **Monotonieintervalle**.
> Nun genügt es, in jedem dieser Intervalle das Vorzeichen von f' zu bestimmen, indem man einen Testwert x_0 aus dem jeweiligen Intervall in f' einsetzt. Das jeweilige Vorzeichen von $f'(x_0)$ legt dann im kompletten Intervall das zugehörige Monotonieverhalten von f fest.

Am einfachsten erklärt sich diese Methode anhand von Beispielen.

Beispiele

1. Untersuchen Sie das Monotonieverhalten der Funktion
   $f(x) = \frac{1}{3}x^3 - 2x^2 + 3x + 1.$

   Lösung:

   $f'(x) = x^2 - 4x + 3$ Definitionslücken von f': keine
   $\qquad = (x-1)(x-3)$

   $f'(x) = 0 \Leftrightarrow x_1 = 1; \ x_2 = 3$ Es ergeben sich drei Monotonieintervalle: $]-\infty; 1]$, $[1; 3]$ und $[3; \infty[$. Weil f' keine Sprünge, hat f' in jedem dieser Intervalle ein einheitliches Vorzeichen.

   $0 \in \ ]-\infty; 1]$ und $f'(0) = 3 > 0$ Es genügt, mithilfe eines Testwertes aus dem jeweiligen Intervallinneren das Vorzeichen von f' festzustellen.
   $2 \in [1; 3]$ und $f'(2) = -1 < 0$
   $4 \in \ ]3; \infty[$ und $f'(4) = 3 > 0$

   Am besten stellt man die Zusammenhänge in einer Tabelle dar (vgl. Abbildung zum vorherigen Beispiel):

x		1		3	
f'(x)	+	0	–	0	+
f(x)	↗		↘		↗

   Die erste Zeile in der Tabelle stelle man sich als die x-Achse von $-\infty$ bis ∞ vor. Auf ihr werden der Reihe nach die „Intervallunterbrecher" notiert. Eine Zeile darunter trägt man das jeweilige Vorzeichen von f' ein, das mithilfe eines Testwertes gewonnen wird. Eine weitere Zeile darunter gibt man dann das Monotonieverhalten von f im jeweiligen Intervall an.

2. Betrachtet wird die Funktion f: $x \mapsto \frac{1}{3}(x^3 - 9x)$. Führen Sie eine Monotonieuntersuchung durch.

Lösung:

$f'(x) = \frac{1}{3}(3x^2 - 9) = x^2 - 3$

$f'(x) = 0 \Leftrightarrow x^2 = 3$

Die Intervallunterbrecher sind die beiden Nullstellen von f':

$x_1 = -\sqrt{3}; \; x_2 = \sqrt{3}$

Der Graph von $f'(x) = x^2 - 3$ ist eine nach oben geöffnete Parabel mit den Nullstellen x_1 und x_2. Daraus ergibt sich das Vorzeichen von f'.

x		$-\sqrt{3}$		$\sqrt{3}$	
f'(x)	+	0	–	0	+
f(x)	↗		↘		↗

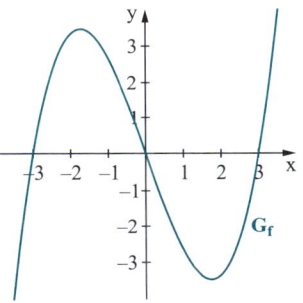

In
- $]-\infty; -\sqrt{3}]$ ist f streng monoton zunehmend.
- $[-\sqrt{3}; \sqrt{3}]$ ist f streng monoton abnehmend.
- $[\sqrt{3}; \infty[$ ist f streng monoton zunehmend.

Aufgaben **124.** a) Skizzieren Sie den Graphen einer Funktion f mit folgendem Monotonieverhalten: In
- $]-\infty; -2]$ ist f streng monoton abnehmend.
- $[-2; 1]$ ist f streng monoton zunehmend.
- $[1; 3]$ ist f streng monoton abnehmend.
- $[3; \infty[$ ist f streng monoton zunehmend.

b) Nachfolgend sind die Graphen zweier Funktionen abgebildet. Geben Sie jeweils das Steigungsverhalten der Graphen an.

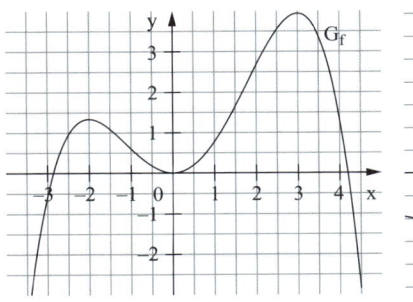

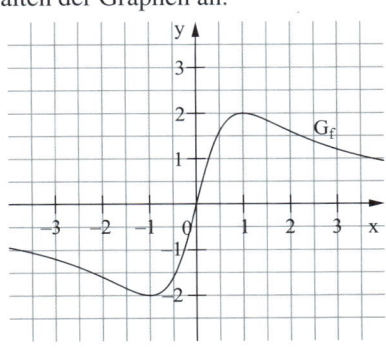

c) In den nachfolgenden Abbildungen sind die Graphen zweier **Ableitungs-funktionen** dargestellt. Geben Sie das Monotonieverhalten der zugehörigen Funktionen an.

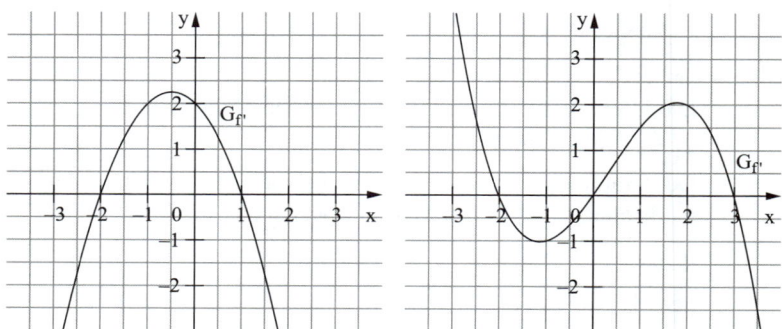

d) Es sind folgende erste Ableitungsfunktionen gegeben:

$f_1'(x) = 2$; $f_2'(x) = -x$; $g'(x) = (x-1)^2$; $h'(x) = x^2 + 1$

Was können Sie über die zugehörigen Funktionen aussagen?

125. Ermitteln Sie jeweils das Monotonieverhalten der nachfolgend angegebenen Funktionen.

a) $f(x) = -(x-1)^2$

b) $f(x) = x(x-1)^2$

c) $f(x) = \frac{1}{9}x^3 - \frac{2}{3}x^2 + x$

d) $f(x) = -\frac{1}{4}x^4 + \frac{1}{3}x^3 + 3x^2$

e) $f(x) = x\,|x|$

126. Untersuchen Sie das Monotonieverhalten der Funktionenscharen in Abhängigkeit vom jeweiligen Parameter.

a) $p_a(x) = a(x^2 + 1)$; $a \in \mathbb{R} \setminus \{0\}$

b) $f_k(x) = \frac{1}{k}x(kx - 1)^2$; $k \in \mathbb{R} \wedge k > 0$

6.2 Krümmungsverhalten

Betrachtet man gedanklich den Graphen einer Funktion und durchfährt ihn in Richtung zunehmender x, so bedeutet Linkskrümmung, dass man eine „Links-kurve" durchfährt, und Rechtskrümmung, dass man eine „Rechtskurve" durch-läuft. Die mathematisch exakte Definition erfolgt über das Monotonieverhalten der Steigungen.

Definition

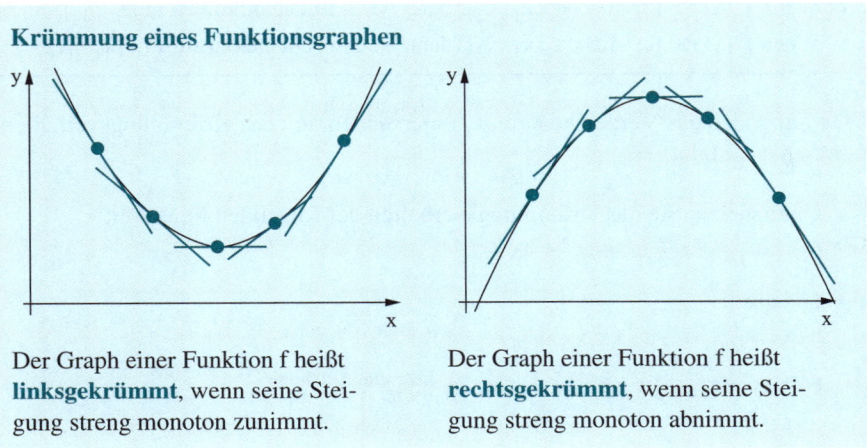

Krümmung eines Funktionsgraphen

Der Graph einer Funktion f heißt **linksgekrümmt**, wenn seine Stei-gung streng monoton zunimmt.

Der Graph einer Funktion f heißt **rechtsgekrümmt**, wenn seine Stei-gung streng monoton abnimmt.

Beispiele

1. Beschreiben Sie das Krümmungsverhalten der Normalparabel $p(x) = x^2$.

   Lösung:
   Die Steigung der Normalparabel kommt durch ihre erste Ableitungsfunk-tion $p'(x) = 2x$ zum Ausdruck. Da $p'(x)$ streng monoton zunehmend ist, ist die Normalparabel linksgekrümmt.

2. Beschreiben Sie das Krümmungsverhalten des Graphen der Funktion $x \mapsto x^3$.

   Lösung:
   Der Graph der Funktion $x \mapsto x^3$ hat kein einheitliches Krümmungsverhal-ten. In $]-\infty; 0]$ ist er rechtsgekrümmt (seine Ableitungsfunktion $x \mapsto 3x^2$ ist dort streng monoton abnehmend) und in $[0; \infty[$ ist er linksgekrümmt (seine Ableitungsfunktion ist dort streng monoton zunehmend).

Die Intervalle, in denen einheitliches Krümmungsverhalten vorliegt, nennt man **Krümmungsintervalle**. Um das Krümmungsverhalten des Graphen einer Funk-tion rechnerisch zu bestimmen, muss man das Monotonieverhalten der ersten

Ableitungsfunktion ermitteln. Das Monotoniekriterium wird auf f' angewandt: Dort, wo f"(x) > 0 gilt, ist f' streng monoton zunehmend und damit der Graph von f linksgekrümmt. Entsprechend ist bei Rechtskrümmung f"(x) < 0.

Regel

Krümmungskriterium

Eine Funktion f sei im abgeschlossenen Intervall $[x_1; x_2] \subset D_f$ mindestens zweimal differenzierbar. Dann gilt:

- Wenn f"(x) > 0 für alle $x \in]x_1; x_2[$, dann ist G_f **linksgekrümmt** in $[x_1; x_2]$.
- Wenn f"(x) < 0 für alle $x \in]x_1; x_2[$, dann ist G_f **rechtsgekrümmt** in $[x_1; x_2]$.

Man muss also das Vorzeichen von f" untersuchen, um das Krümmungsverhalten von f zu ermitteln.

Beispiel

Untersuchen Sie das Krümmungsverhalten der folgenden Funktion:

$$f(x) = \frac{1}{16}x^4 - \frac{3}{4}x^3 + 3x^2 - 4x + 2$$

Lösung:

$f'(x) = \frac{1}{4}x^3 - \frac{9}{4}x^2 + 6x - 4$ Erste Ableitung

$f''(x) = \frac{3}{4}x^2 - \frac{9}{2}x + 6$ Zweite Ableitung

$f''(x) = 0$ Es werden die Nullstellen von f" berechnet.

$\frac{3}{4}x^2 - \frac{9}{2}x + 6 = 0 \quad \Big| \cdot \frac{4}{3}$

$x^2 - 6x + 8 = 0$

$(x-2)(x-4) = 0$ Faktorisieren mit Vieta

$\Leftrightarrow \quad x_1 = 2; \ x_2 = 4$

Veranschaulichung mithilfe einer Skizze: Die zweite Ableitungsfunktion hat als Graph eine nach oben geöffnete Parabel mit Nullstellen $x_1 = 2$ und $x_2 = 4$, hieraus ergeben sich die Vorzeichen von f".

Definitionslücken von f" gibt es nicht, sodass man folgende Krümmungstabelle hat:

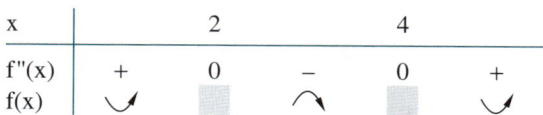

x		2		4	
f"(x)	+	0	−	0	+
f(x)	‿		⌢		‿

G_f ist in $]-\infty; 2]$ linksgekrümmt, in $[2; 4]$ rechtsgekrümmt und in $[4; \infty[$ linksgekrümmt.

Der Zusammenhang zwischen dem Krümmungsverhalten von G_f und dem Vorzeichen von f'' ist in der Abbildung noch einmal verdeutlicht. Die Vorgehensweise zur Bestimmung des Krümmungsverhaltens verläuft also vollkommen analog zur Untersuchung des Monotonieverhaltens.

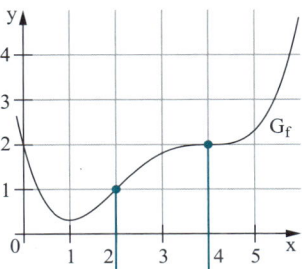

G_f links-gekrümmt G_f rechts-gekrümmt G_f links-gekrümmt

Das Vorzeichen der 2. Ableitungs-funktion f''(x) bestimmt die Krüm-mung des Graphen von f.

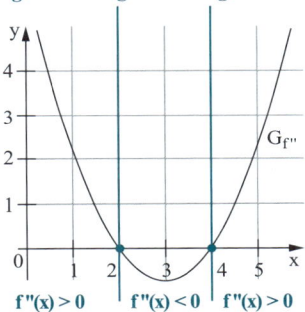

f''(x) > 0   f''(x) < 0   f''(x) > 0

Aufgaben   **127.** a) Im Diagramm sind drei Graphen dargestellt.
Wie verändert sich jeweils die Steigung dieser Graphen und was folgt daraus für ihre Krüm-mung?

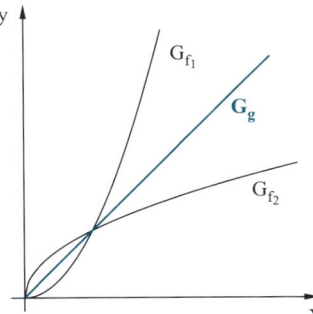

b) In den nachfolgenden beiden Abbildungen (auf der nächsten Seite) sind jeweils die Graphen der **zweiten Ableitung** eingezeichnet. Geben Sie das Krümmungsverhalten der zugehörigen Graphen an.

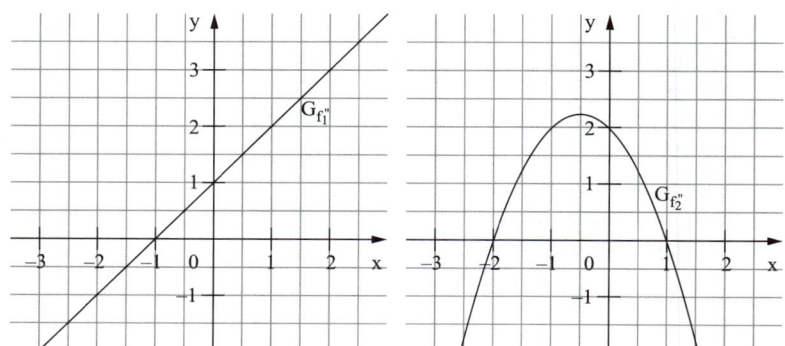

c) Es sind folgende zweite Ableitungsfunktionen gegeben. Geben Sie das Krümmungsverhalten der zugehörigen Funktionsgraphen an.

$f_1''(x) = -1$; $f_2''(x) = -x + 1$; $g''(x) = (x-1)^2$; $h''(x) = -x^2 + 1$

128. Ermitteln Sie jeweils das Krümmungsverhalten der Graphen der nachfolgend angegebenen Funktionen.

a) $f(x) = x(x+2)^2$

b) $f(x) = \frac{1}{9}x^3 - \frac{2}{3}x^2 + x$

c) $f(x) = -\frac{1}{4}x^4 + \frac{1}{3}x^3 + 3x^2$

d) $f(x) = \frac{1}{8}(x^4 + 4x^3 - 16x^2 - 16)$

129. Ermitteln Sie das Krümmungsverhalten bei den nachfolgend angegebenen Funktionenscharen.

a) $f_a(x) = a(x+a)(x-2)^2$ \qquad mit $a \in \mathbb{R} \setminus \{0\}$

b) $f_k(x) = \frac{1}{8}(x+2)^2(x^2 - k)$ \quad mit $k \in \mathbb{R}$

6.3 Extremwerte

Von besonderem Interesse sind häufig diejenigen Punkte eines Graphen, an denen die Funktionswerte am größten oder am kleinsten sind. Als Oberbegriff spricht man von Extremwerten oder Extrema, die zugehörigen Graphenpunkte heißen Extrem- oder Extremalpunkte.

Definition

Lokale Extrema

Eine Funktion f hat an der Stelle $x_0 \in D_f$ ein

- **lokales** (oder **relatives**) **Maximum**, wenn in einer
  Umgebung von x_0 gilt: $f(x_0) \geq f(x)$. Die Stelle x_0
  heißt dann **lokale Maximumstelle** und den zugehörigen Punkt des Graphen nennt man **lokalen**
  Hochpunkt mit den Koordinaten $H(x_0 | f(x_0))$.

- **lokales** (oder **relatives**) **Minimum**, wenn in einer
  Umgebung von x_0 gilt: $f(x_0) \leq f(x)$. Die Stelle x_0
  heißt dann **lokale Minimumstelle** und den zugehörigen Punkt des Graphen nennt man **lokalen**
  Tiefpunkt mit den Koordinaten $T(x_0 | f(x_0))$.

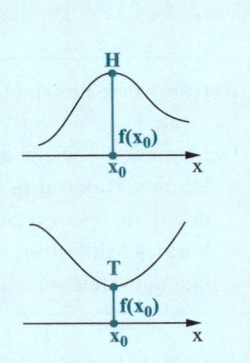

Wenn man also ein „Zoomfenster" auf einen **lokalen** Extremalpunkt richtet, so ist
in dieser (unmittelbaren) Umgebung kein größerer (beim Maximum) bzw. kein
kleinerer (beim Minimum) Funktionswert vorhanden.

Beispiele

1. Bestimmen Sie die lokalen Extre-
   ma der Funktion f: $x \mapsto |x^2 - 4|$.

   Lösung:
   Der Graph der Funktion f hat ein
   lokales Maximum an der Stelle
   $x_1 = 0$ mit dem Extremwert
   $f(0) = 4$. An den Stellen $x_2 = -2$
   und $x_3 = 2$ liegen lokale Minima
   vor mit $f(\pm 2) = 0$.

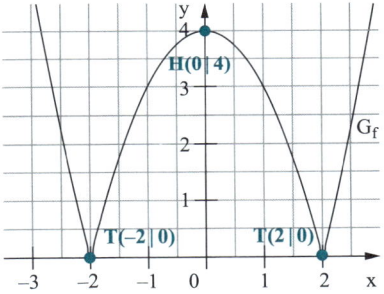

2. Bestimmen Sie die lokalen Extrema des nebenstehenden Graphen.

   Lösung:
   Der Graph besitzt vier lokale Extrempunkte, zwei Hochpunkte und
   zwei Tiefpunkte. Genauer gilt:
   x_1 und x_3 sind (lokale) Minimum-
   stellen, $f(x_1)$ und $f(x_3)$ sind die beiden lokalen Minima. Entsprechend
   sind x_2 und x_4 (lokale) Maximum-
   stellen sowie $f(x_2)$ und $f(x_4)$ die
   lokalen Maxima.

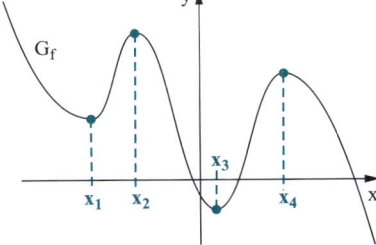

Wie lassen sich nun die Extremwerte rechnerisch ermitteln? Man bestimmt zunächst die Extremstellen, also die x-Werte, bei denen die Extremwerte auftreten.

Regel

> **Extremwerte aus dem Monotonieverhalten**
> Ist f eine Funktion mit dem Definitionsbereich D und ist weiter $x_0 \in$ D, dann gilt:
> Die Funktion f besitzt an der Stelle x_0 ein
> - **lokales Maximum**, wenn f unmittelbar links von x_0 streng monoton zunimmt und unmittelbar rechts von x_0 streng monoton abnimmt.
> - **lokales Minimum**, wenn f unmittelbar links von x_0 streng monoton abnimmt und unmittelbar rechts von x_0 streng monoton zunimmt.

Bei einer differenzierbaren Funktion kann sich das Monotonieverhalten nur an den Nullstellen und an den Definitionslücken der Ableitungsfunktion f' ändern, weil nur dort ein Vorzeichenwechsel von f' und damit ein Monotoniewechsel von f möglich ist. Hat die erste Ableitung von f bei x_0 eine Nullstelle, gilt also $f'(x_0) = 0$, so hat der Graph an dieser Stelle x_0 eine waagrechte Tangente. Wenn f' an dieser Nullstelle einen Vorzeichenwechsel besitzt, so ist x_0 eine Extremstelle. Genauer gilt: f hat an der Stelle x_0 ein

- **lokales Maximum**, wenn $f'(x_0) = 0$ und das Vorzeichen von f' an der Stelle x_0 von + nach – wechselt, also G_f von steigend in fallend übergeht.

- **lokales Minimum**, wenn $f'(x_0) = 0$ und das Vorzeichen von f' an der Stelle x_0 von – nach + wechselt, also G_f von fallend in steigend übergeht.

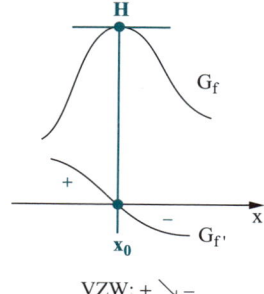

VZW: + ↘ –

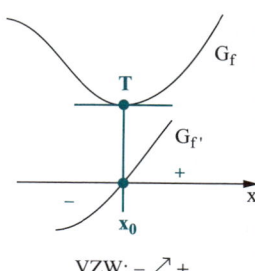

VZW: – ↗ +

Folglich kann das Vorliegen von lokalen Maxima und Minima direkt aus dem Monotonieverhalten einer Funktion abgelesen werden. Daraus folgt die Regel:

Regel

> **Hinreichende Bedingung für das Vorliegen eines Extremwertes**
> Die Funktion f hat an der Stelle x_0 ein
> - **lokales Maximum**, wenn $f'(x_0) = 0$ und $f''(x_0) < 0$.
> - **lokales Minimum**, wenn $f'(x_0) = 0$ und $f''(x_0) > 0$.

Mit dieser Aussage lassen sich bei differenzierbaren Funktionen die Extremstellen nach dem folgenden Schema bestimmen:

Regel

Art und Lage von Extrema
1. Die erste und zweite Ableitungsfunktion f' und f" bestimmen.
2. Die Nullstellen der ersten Ableitungsfunktion berechnen: $f'(x) = 0$.
3. Jede der Nullstellen von f' in f" einsetzen und je nach Vorzeichen auf die Art des Extremwertes schließen.
4. Die Koordinaten der Extrempunkte angeben.

Beispiele

1. Bestimmen Sie Art und Lage der Extrempunkte der folgenden Funktion:
$f(x) = \frac{1}{3}x^3 - 2x^2 + 3x + 1$

Lösung:

Schritt 1: Erste und zweite Ableitung berechnen

$f'(x) = x^2 - 4x + 3$
$f''(x) = 2x - 4$

Schritt 2: Nullstellen von f'

$f'(x) = 0$
$x^2 - 4x + 3 = 0$
$\Leftrightarrow (x-1)(x-3) = 0$
$\Rightarrow x_1 = 1; x_2 = 3$

Schritt 3: Einsetzen der Nullstellen von f' in f"

$f''(1) = 2 \cdot 1 - 4 = -2 < 0$
$\Rightarrow$ lokales Maximum
$f''(3) = 2 \cdot 3 - 4 = 2 > 0$
$\Rightarrow$ lokales Minimum

Schritt 4: Einsetzen der Extremstellen in die Ausgangsfunktion

$f(1) = \frac{1}{3} \cdot 1^3 - 2 \cdot 1^2 + 3 \cdot 1 + 1 = \frac{7}{3}$

$\Rightarrow$ lokaler Hochpunkt $H\left(1 \mid \frac{7}{3}\right)$

$f(3) = \frac{1}{3} \cdot 3^3 - 2 \cdot 3^2 + 3 \cdot 3 + 1 = 1$

$\Rightarrow$ lokaler Tiefpunkt $T(3 \mid 1)$

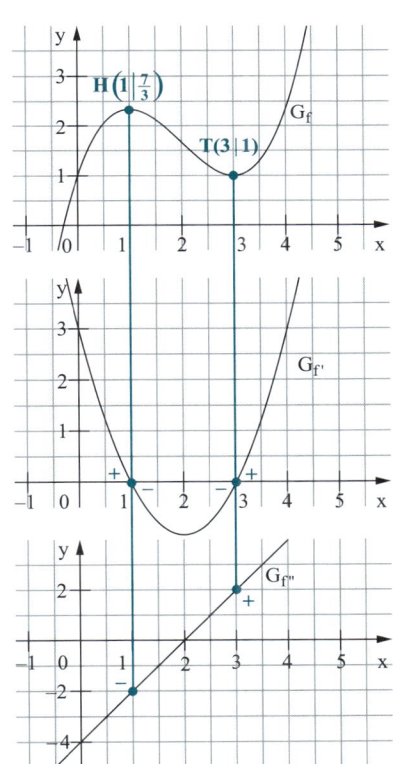

2. Bestimmen Sie die Art und Lage der Extrempunkte der Funktion
$f(x) = \frac{1}{5}(x^4 - 4x^3)$.

Lösung:

Schritt 1:

$f'(x) = \frac{1}{5}(4x^3 - 12x^2)$ Erste Ableitung

$\qquad = \frac{4}{5}(x^3 - 3x^2)$

$f''(x) = \frac{4}{5}(3x^2 - 6x)$ Zweite Ableitung

$\qquad = \frac{12}{5}(x^2 - 2x)$

Schritt 2:

$f'(x) = 0$ Nullstellen von f' bestimmen.

$\Leftrightarrow \frac{4}{5}(x^3 - 3x^2) = 0 \;\left|\; \cdot\frac{5}{4}\right.$

$\Leftrightarrow x^2(x - 3) = 0$

$\Rightarrow x_{1/2} = 0; \; x_3 = 3$

Schritt 3:

$f''(0) = 0$ Nullstellen von f' in f'' einsetzen. Für diesen Fall, dass die zweite Ableitung ebenfalls null ist, macht die Regel über das Vorliegen eines Extremwertes keine Aussage. Da $x_{1/2} = 0$ jedoch eine doppelte Nullstelle von f' ist, hat f' an dieser Stelle keinen Vorzeichenwechsel, folglich hat f auch keinen Monotoniewechsel. Demnach liegt bei 0 in diesem Fall kein Extremwert vor.

$f''(3) = \frac{36}{5} > 0$

$\Rightarrow$ lokales Minimum

Schritt 4:

$f(3) = -\frac{27}{5} = -5,4$ Extremstellen in f(x) einsetzen

$\Rightarrow$ lokaler Tiefpunkt **T(3 | −5,4)**

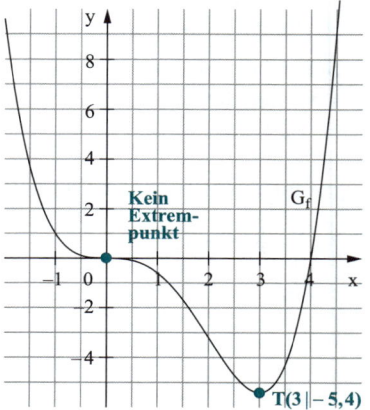

Nachdem jetzt klar ist, wie man die lokalen Extremwerte einer mindestens zwei-mal differenzierbaren Funktion findet, geht es im Folgenden darum, die globalen (oder absoluten) Extrema zu ermitteln.

Definition

> **Globaler Extremwert, Randextremwert**
> - Hat eine Funktion f an einer Stelle $x_0 \in D_f$ den größten/kleinsten Funktions-wert überhaupt, so nennt man diesen Funktionswert **globales** (oder **absolutes**) **Maximum/Minimum**.
> - Tritt ein Extremwert am Rand des Definitionsbereichs auf, so spricht man von einem **Randextremum**.

Beispielsweise haben Parabeln jeweils in ihrem Scheitel einen globalen Extrem-punkt, und zwar einen globalen Tiefpunkt bei nach oben geöffneter Parabel und einen globalen Hochpunkt bei nach unten geöffneter Parabel. Entsprechend ist es

bei den Graphen ganzrationaler Funktio-nen vierten Grades: Sie haben mindestens einen globalen Extrempunkt, ggf. auch zwei. Im Diagramm sind eine Parabel und eine ganzrationale Funktion vierten Grades eingezeichnet, die jeweiligen glo-balen Extrempunkte sind markiert. Man erkennt, dass es nirgends noch kleinere (rechter Graph) bzw. noch größere (linker Graph) Funktionswerte als an diesen Stel-len gibt.

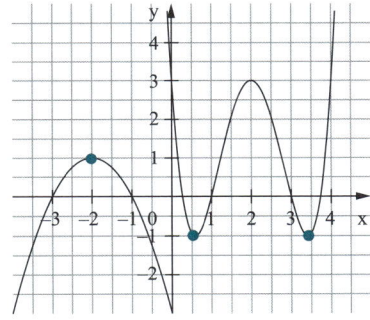

Regel

> **Bestimmung globaler Extrema**
> Um die globalen Extrema einer Funktion zu bestimmen (falls sie existieren), geht man folgendermaßen vor:
> 1. Mit den bekannten und oben beschriebenen Methoden werden zunächst sämt-liche **lokalen Extrema** im Inneren des Definitionsintervalls bestimmt. Nur die Nullstellen der Ableitungsfunktion, die im Definitionsbereich liegen, sind zu beachten.
> 2. Anschließend erfolgt die Untersuchung des **Definitionsrandes**, indem man die Funktionswerte an den Intervallrändern berechnet (ggf. die Grenzwerte).
> 3. Schließlich vergleicht man die Funktionswerte der lokalen Extrema mit den Funktionswerten an den Rändern. Beim größten Funktionswert liegt das **globale Maximum**, beim kleinsten Funktionswert das **globale Minimum**.

Beispiel

Bestimmen Sie die globalen Extrema der Funktion $f(x)=-x^2+4x-1$ für die Definitionsbereiche

a) $D_1=D_{max}=\mathbb{R}$ und

b) $D_2=[1;\,3{,}5]$.

Lösung:

a) **Schritt 1:**

$f'(x)=-2x+4$

$f'(x)=0 \Leftrightarrow x_1=2$

$f(2)=3$

Nullstellen der Ableitungsfunktion bestimmen und in f einsetzen. An der Stelle 2 liegt ein lokales Maximum $f(2)=3$ vor.

Schritt 2:

$f(x)\to -\infty$ für $x\to \pm\infty$

Untersuchung des Definitionsrandes

Schritt 3: Das lokale Maximum an der Stelle 2 ist auch das globale Maximum. Die Untersuchung des Definitionsrandes ergibt, dass f kein globales Minimum besitzt.

b) **Schritt 1:** An der Stelle $2\in[1;\,3{,}5]$ liegt ein lokales Maximum $f(2)=3$ vor.

Schritt 2: Am linken Rand ist $x_1=1$, dort ist $f(1)=2$, es liegt ein lokales Minimum vor. Am rechten Rand, bei $x_2=3{,}5$, erhält man mit $f(3{,}5)=0{,}75$ ebenfalls ein lokales Minimum.

Schritt 3: Das lokale Maximum an der Stelle 2 ist auch das globale Maximum. Das globale Minimum von f auf dem Definitionsbereich D_2 ist $f(3{,}5)=0{,}75$. Bei $x_1=1$ liegt wegen $f(1)>f(3{,}5)$ lediglich ein lokales Minimum vor.

Aufgaben

130. Bestimmen Sie rechnerisch die Art und Lage der Extrempunkte der Graphen der folgenden Funktionen:

a) $f(x)=x^2+2x$

b) $f(x)=x(x-2)^2$

c) $f(x)=2x^3+3x^2-12x+1$

d) $f(x)=x^4-4x^3$

e) $f(x)=\frac{1}{4}x^4-\frac{1}{3}x^3-x^2$

f) $f(x)=3x^4-\frac{34}{3}x^3+5x^2+1$

131. Berechnen Sie für die Graphen der angegebenen Funktionenscharen die Hoch- und Tiefpunkte in Abhängigkeit des Scharparameters.

a) $f_a(x)=x^2-2a^2x;\ a\in\mathbb{R}$

b) $f_t(x)=x^2(x-3t);\ t\in\mathbb{R}$

c) $f_k(x)=-\frac{1}{k^2}x^3+\frac{2}{k}x^2;\ k\in\mathbb{R}\setminus\{0\}$

132. Im Folgenden sind vier Graphen abgebildet. Geben Sie jeweils, sofern vorhanden, die Art und Lage der globalen Extrempunkte an.

a)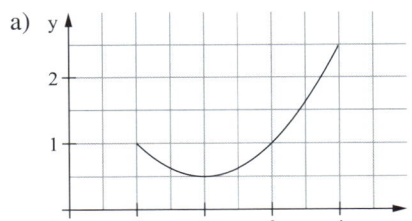

b)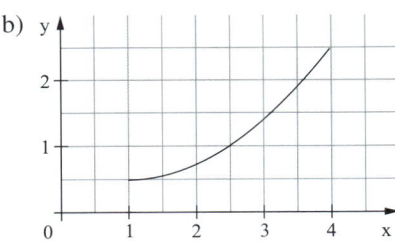

c)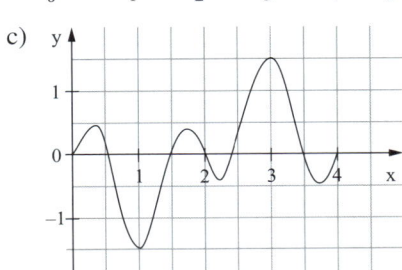

d)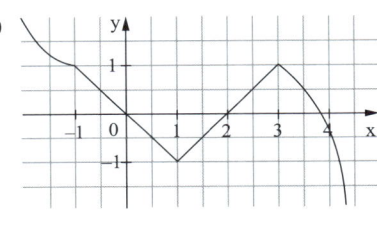

133. Untersuchen Sie die nachfolgend gegebenen Funktionen auf globale Extrema und ermitteln Sie ggf. die Koordinaten der zugehörigen globalen Extrempunkte.

a) $p_1(x) = \frac{1}{2}(x^2 - 4x + 5); \ D_1 = [1; 4]$

b) $p_2(x) = \frac{1}{18}(4x^2 - 8x + 13); \ D_2 = [1; 4]$

c) $f(x) = x^3 - 3x; \ D_f = [-0,5; 3]$

d) $g(x) = \frac{1}{5}(-x^4 + 8x^2 + 9); \ D_g = [-1; 3]$

134. Seil

Eine Schlucht wird von einem auf zwei Masten aufliegenden Seil überspannt. Im in der Abbildung eingezeichneten Koordinatensystem lässt sich der Verlauf des Seils mit der Funktionsgleichung

$f(x) = \frac{1}{1875}x^2 - \frac{11}{75}x + 8$

in einem geeigneten Definitionsbereich beschreiben. (Alle Längen in Meter.)

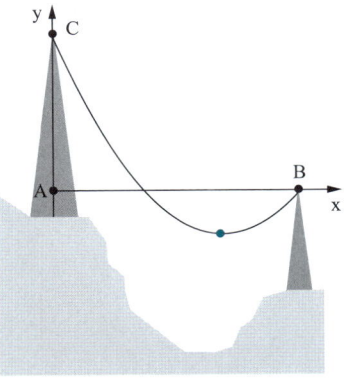

a) Bestimmen Sie die Koordinaten der Punkte B und C.

b) Geben Sie den Definitionsbereich von f in Bezug auf diese Aufgabenstellung an.

c) Ermitteln Sie die Koordinaten des absolut höchsten und absolut tiefsten Seilpunktes.

d) Wie viele Höhenmeter sind es vom tiefsten Punkt des Seils bis zum höchsten?

135. Herstellung eines Produktes

Die Herstellung eines Produktes verursacht Kosten in Abhängigkeit von der produzierten Menge, die durch folgende Kostenfunktion beschrieben wird:

$$k(x) = x^3 - 6x^2 + 13x + 72; \ D_k = [0; 9]$$

Für eine Mengeneinheit erzielt das Unternehmen einen Erlös von 41 GE (GE = Geldeinheit). Damit lautet die Erlösfunktion $e(x) = 41x; \ D_e = [0; 9]$.

Die Gewinnfunktion lautet:

$$g(x) = e(x) - k(x)$$
$$= -x^3 + 6x^2 + 28x - 72,$$

mit $x \in [0; 9]$.

Der Gewinn ist damit der senkrechte Abstand zwischen den beiden Funktionsgraphen (vgl. nebenstehende Abbildung). Das Gewinnmaximum entspricht demzufolge dem größten Abstand.

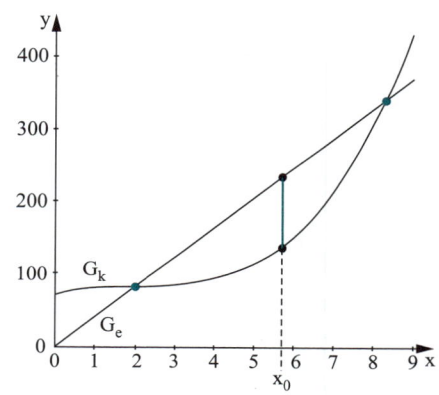

a) Berechnen Sie die Gewinnzone, d. h. dasjenige Intervall, in dem der Erlös höher ist als die Kosten.

b) Ermitteln Sie, für welche Stückzahl x_0 sich der höchste Gewinn ergibt.

c) Bestimmen Sie das Gewinnmaximum.

6.4 Wendepunkte und Wendetangenten, Sattelpunkte

Neben den Extrem- sind die Wendepunkte markante Punkte bei Funktionsgraphen.

Wendepunkt, Wendetangente, Sattel- oder Terrassenpunkt
- Der Graph einer Funktion f hat an der Stelle $x_0 \in D_f$ einen **Wendepunkt**, wenn f an der Stelle x_0 differenzierbar ist und der Graph dort einen Krümmungs-wechsel aufweist, d. h., wenn der Graph an der Stelle x_0 von Links- in Rechts-krümmung übergeht oder umgekehrt. Die Stelle x_0 heißt dann **Wendestelle** und der Wendepunkt hat die Koordinaten $W(x_0 | f(x_0))$.
- Die im Wendepunkt errichtete Tangente heißt **Wendetangente**. Wegen des Krümmungswechsels wird die Wendetangente vom Graphen im Wendepunkt durchsetzt.
- Besitzt ein Wendepunkt eine waagrechte Tangente, so wird er auch **Sattel-** oder **Terrassenpunkt** genannt.

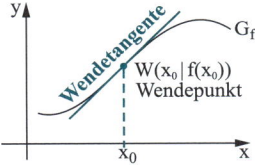 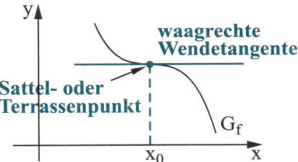

Wenn das Krümmungsverhalten eines Graphen ermittelt wurde, so können daraus die Wendepunkte bestimmt werden. Sie lassen sich aber auch ohne vorausgehen-de Bestimmung des Krümmungsverhaltens ermitteln, indem man die Monotonie-änderungen von f' betrachtet. Da eine Monotonieänderung das Vorliegen eines Extremwertes nach sich zieht, hat der Graph von f dort einen Wendepunkt, wo der Graph der Ableitungsfunktion f' einen Extrempunkt besitzt. Demnach lässt sich das Bestimmen von Wendepunkten einer Funktion f auf das Ermitteln der lokalen Extrempunkte der zugehörigen Ableitungsfunktion f' zurückführen.

Kriterium für das Vorliegen eines Wende- oder Sattelpunktes
Der Graph der Funktion f hat an der Stelle x_0 einen
- **Wendepunkt**, wenn $f''(x_0) = 0$ und $f'''(x_0) \neq 0$.
- **Sattel-** oder **Terrassenpunkt**, wenn $f'(x_0) = 0$ und $f''(x_0) = 0$ und $f'''(x_0) \neq 0$.

Damit der Graph einer Funktion f an der Stelle x_0 einen Wendepunkt besitzt, muss f'' an der Stelle x_0 eine Nullstelle mit Vorzeichenwechsel besitzt. Dies stellt im oben genannten Kriterium die Forderung $f'''(x_0) \neq 0$ sicher, weil damit eine Stei-gung von f'' an der Nullstelle x_0 vorhanden ist, sodass die x-Achse auch tatsäch-lich überquert wird.

1. Was lässt sich über die Wendepunkte einer ganzrationalen Funktion zweiten Grades (Parabelfunktion) aussagen?

Lösung:
Die Parabelfunktionen $p(x) = ax^2 + bx + c$, mit $a \neq 0$, haben wegen $p''(x) = 2a \neq 0$ keine Wendepunkte.

2. Untersuchen Sie die ganzrationale Funktion dritten Grades
$$f(x) = \tfrac{1}{3}x^3 - 2x^2 + 3x + 1$$

auf Wendepunkte und geben Sie die Wendetangenten an.

Lösung:

$f'(x) = x^2 - 4x + 3$

$f''(x) = 2x - 4$

$f'''(x) = 2$

Die Nullstellen von f'' werden berechnet:

$f''(x) = 0$

$2x - 4 = 0$, also $x_1 = 2$

Die Nullstelle von f'' wird in f''' eingesetzt:

$f'''(2) = 2 \neq 0$

$\Rightarrow$ Wendepunkt an der Stelle 2

Die y-Koordinate des Wendepunktes ergibt sich wie üblich durch Einsetzen des berechneten x-Wertes, der Wendestelle 2, in die Ausgangsfunktion:

$f(2) = \tfrac{1}{3} \cdot 2^3 - 2 \cdot 2^2 + 3 \cdot 2 + 1 = \tfrac{5}{3}$

$\Rightarrow$ $W\left(2 \mid \tfrac{5}{3}\right)$

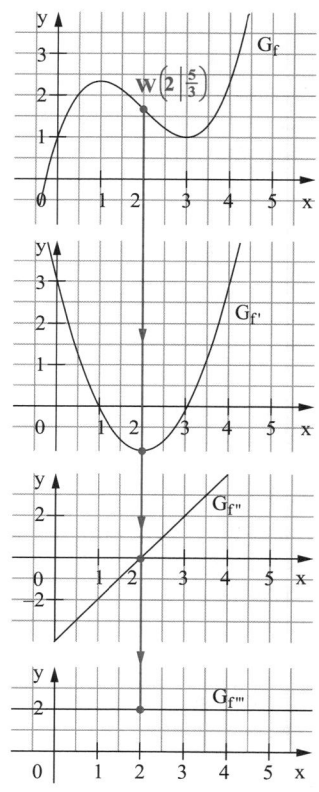

Das Ermitteln der Geradengleichung für die Wendetangente geschieht auf die gleiche Weise wie bei einer „normalen" Tangente, nur eben im Wendepunkt.

$t: y = f'(x_0)(x - x_0) + f(x_0)$ Allgemeine Formel für die Tangente

Es gilt: $x_0 = 2$ und $f(2) = \tfrac{5}{3}$

$f'(2) = 2^2 - 4 \cdot 2 + 3 = -1$ Es bleibt noch $f'(2)$ zu berechnen.

$t: y = -1(x - 2) + \tfrac{5}{3} = -x + \tfrac{11}{3}$ Einsetzen in die Tangentengleichung ergibt die Gleichung der Wendetangente.

ufgaben   **136.** a) An welchen Stellen haben die abgebildeten Graphen Wendepunkte?
Befinden sich darunter auch Sattelpunkte?

(1) 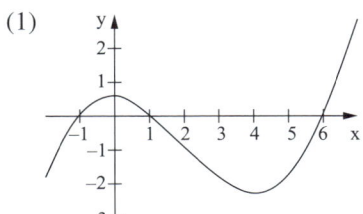 (2)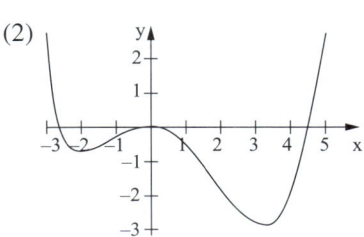

b) Unten sind die Graphen von zweiten Ableitungsfunktionen eingezeichnet.
Was können Sie über Wendepunkte der zugehörigen Graphen aussagen?

(1) 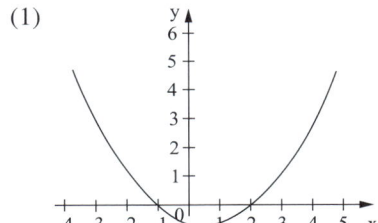 (2)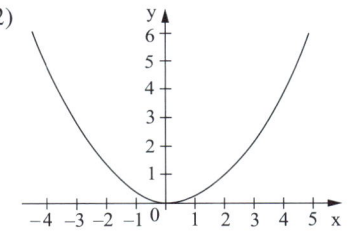

137. a) Skizzieren Sie den Graphen einer ganzrationalen Funktion dritten Grades,
die in $W(2\,|\,1)$ einen Wendepunkt hat und deren Wendetangente lautet:
$t:\ y=-\frac{1}{2}(x-2)+1$

b) Skizzieren Sie einen Graphen, der in $(-1\,|\,1)$ einen Sattelpunkt besitzt.

138. Berechnen Sie die Koordinaten der Wendepunkte für folgende Funktionen:

a) $f(x)=\frac{1}{6}x^3-x^2+1$

Ermitteln Sie hier zusätzlich die Gleichung der Wendetangente.

b) $f(x)=\frac{1}{5}(x^4-4x^3)$

c) $f(x)=\frac{1}{24}x^4-\frac{1}{3}x^3+x^2$

d) $f_t(x)=\frac{3}{8}x^4-t^2x^2$ mit $t\in\mathbb{R}\wedge t>0$

139. Gegeben ist die Funktionenschar $f_a(x)=\frac{1}{12}(x^4-2ax^3+30x^2)$ mit $a\in\mathbb{R}$.

a) Bestimmen Sie, für welche a der Graph von f_a zwei bzw. keine Wendepunkte besitzt.

b) Gibt es a, sodass der Graph von f_a genau einen Wendepunkt hat?

c) Geben Sie die Lage der Wendestellen in Abhängigkeit von a an.

d) Berechnen Sie die Koordinaten der Wendepunkte für $a = 5$.

e) Zeichnen Sie zwei Graphen der Funktion für $a = 4$ und $a = 5$ in ein Koordinatensystem ein, wobei $x \in [-2; 5]$ ist.

140. Skihang

Das Profil eines Skihanges kann durch folgende Funktion beschrieben werden:

$$f(x) = \frac{3}{625\,000} x^3 - \frac{9}{2\,500} x^2 + 300,$$

mit $0 \le x \le 500$.

(alle Längenangaben in Meter)

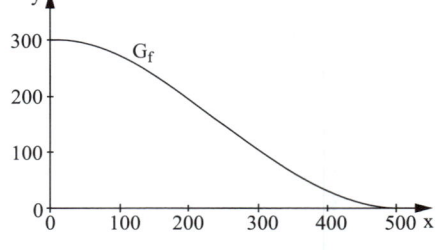

a) Berechnen Sie, an welcher Stelle der Hang am steilsten ist.

b) Bestimmen Sie dort die Steigung und den Neigungswinkel des Hanges.

c) Welche Art von Kurvenpunkt liegt an dieser Stelle vor?

6.5 Zusammenfassende Übersicht über Extrem- und Wendepunkte

In der nachfolgenden Übersicht sind die entwickelten Kriterien für das Vorliegen markanter Punkte zusammengestellt.

Art der Punkte		Kriterien
Hochpunkte	$H(x_0 \mid f(x_0))$	$f'(x_0) = 0$ mit VZW* von + nach – oder $f'(x_0) = 0$ und $f''(x_0) < 0$
Tiefpunkte	$T(x_0 \mid f(x_0))$	$f'(x_0) = 0$ mit VZW von – nach + oder $f'(x_0) = 0$ und $f''(x_0) > 0$
Wendepunkte	$W(x_0 \mid f(x_0))$	$f''(x_0) = 0$ mit VZW oder $f''(x_0) = 0$ und $f'''(x_0) \neq 0$
Sattelpunkte	$S(x_0 \mid f(x_0))$	$f'(x_0) = 0$ und $f''(x_0) = 0$ mit VZW oder $f'(x_0) = 0$ und $f''(x_0) = 0$ und $f'''(x_0) \neq 0$

* VZW bedeutet Nullstelle mit Vorzeichenwechsel

Im nächsten Beispiel werden diese Kriterien verwendet, um die Extrem- und Wendepunkte des Graphen zu bestimmen. Beachten Sie die prinzipielle Vorgehensweise in diesem Beispiel, die bei Funktionsuntersuchungen immer wieder auftritt und die Sie sich in Form der folgenden Regel einprägen sollten:

Regel

Bestimmung der Extrem- und Wendepunkte
Um Art und Lage der Extrem- und Wendepunkte des Graphen einer Funktion zu bestimmen, geht man folgendermaßen vor:
1. Die ersten drei Ableitungsfunktionen berechnen.
2. Die erste Ableitung null setzen und ihre Nullstellen berechnen.
3. Die Nullstellen der ersten Ableitung in die zweite Ableitung einsetzen und aus den Vorzeichen auf die Art des Extrempunktes schließen.
4. Die zweite Ableitung null setzen und ihre Nullstellen berechnen.
5. Die Nullstellen der zweiten Ableitung in die dritte Ableitung einsetzen und den Nachweis für Wendepunkte erbringen.

Beispiel

Gesucht sind die Art und Lage der Extrem- und Wendepunkte des Graphen der Funktion $f(x) = -\frac{1}{6}x^4 + \frac{2}{3}x^3 - \frac{8}{3}x + \frac{5}{3}$.

Lösung:
Schritt 1:

$f'(x) = -\frac{2}{3}x^3 + 2x^2 - \frac{8}{3}$ Die ersten drei Ableitungsfunktionen berechnen.

$f''(x) = -2x^2 + 4x$

$f'''(x) = -4x + 4$

Schritt 2:

$f'(x) = 0$ Die erste Ableitung null setzen und ihre Nullstellen berechnen.

$-\frac{2}{3}x^3 + 2x^2 - \frac{8}{3} = 0 \ \left| \cdot \left(-\frac{3}{2}\right)\right.$

$x^3 - 3x^2 + 4 = 0$ Diese Gleichung kann durch Raten und anschließender Polynomdivision gelöst werden.

$(x^3 - 3x^2 + 4):(x+1) = x^2 - 4x + 4$ Polynomdivision
$\underline{-(x^3 + x^2)}$
$/ -4x^2 + 4$
$\underline{-(-4x^2 - 4x)}$
$4x + 4$
$\underline{-(4x + 4)}$
$/ \quad /$

$x^2 - 4x + 4 = 0$ Lösen des abgespalteten Polynoms

$(x-2)^2 = 0 \implies x_{2/3} = 2$

$x_1 = -1$ (einfache Nullstelle)   Damit hat man drei Nullstellen der ersten Ableitungsfunktion gefunden.

$x_{2/3} = 2$ (doppelte Nullstelle ohne VZW)

Schritt 3:

$f''(-1) = -6 < 0$

$\Rightarrow$ Hochpunkt

$f(-1) = \frac{7}{2} \;\Rightarrow\; \mathbf{H\left(-1 \,\middle|\, \frac{7}{2}\right)}$

Die Nullstellen von f' werden in f'' eingesetzt.

Es wird gleich die y-Koordinate berechnet: Daraus ergibt sich die Art (= Hochpunkt) und Lage (= Koordinaten) des ersten Extrempunktes.

$f''(2) = 0$

Ebenso wird mit der anderen Nullstelle verfahren. Hier kann man nicht auf die Art des Punktes schließen, weil die zweite Ableitung ebenfalls null ergibt. Man überprüft deshalb, ob die dritte Ableitung ungleich null ist.

$f'''(2) = -4 \neq 0$

Es ergibt sich $f'(2) = 0$, $f''(2) = 0$ und $f'''(2) \neq 0$. Deshalb liegt an dieser Stelle ein Sattelpunkt vor und kein Extrempunkt.

$f(2) = -1 \;\Rightarrow\; \mathbf{S(2 \,|\, {-1})}$

Es werden noch die Koordinaten berechnet.

Schritt 4:

Ansatz: $f''(x) = 0$

Die zweite Ableitung null setzen und ihre Nullstellen berechnen.

$-2x^2 + 4x = 0 \quad | : (-2)$
$x^2 - 2x = 0$
$x(x - 2) = 0$
$x_1 = 0; \; x_2 = 2$

Diese Gleichung ist zu lösen.

An der Stelle 2 liegt der bereits oben berechnete Sattelpunkt vor. Bleibt noch, die Stelle $x_1 = 0$ zu prüfen.

Schritt 5:

$f'''(0) = 4 \neq 0 \;\Rightarrow\; \mathbf{W\left(0 \,\middle|\, \frac{5}{3}\right)}$

Nullstellen der zweiten Ableitung in die dritte Ableitung einsetzen. Demnach liegt an der Stelle 0 ein Wendepunkt.

Die ermittelten Punkte sind im nebenstehenden Graphen eingezeichnet.

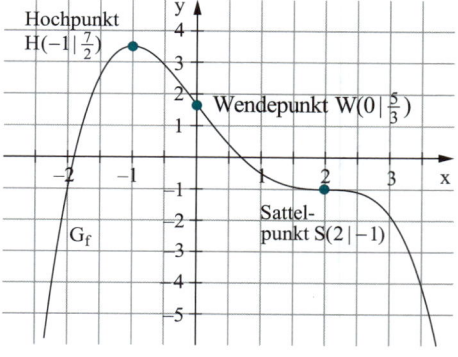

141. Untersuchen Sie bei den im Folgenden angegebenen Funktionen, ob ihre Graphen Extrem- und Wendepunkte besitzen, und berechnen Sie ggf. deren Koordinaten.

a) $f(x) = -\frac{1}{2}(x^3 - 3x^2)$

  Bestimmen Sie hier zusätzlich die Gleichung der Wendetangente.

b) $f(x) = x^3 - 3x^2 + 3x + 15$

c) $f(x) = 2(x+1)(x-2)^2$

d) $f(x) = \frac{1}{6}x^2(x+3)$

e) $g(x) = \frac{1}{3}(x^4 - 4x^3 - 2x^2 + 12x + 9)$

f) $g(x) = x^4 - 8x$

  Bestimmen Sie hier zusätzlich die Gleichung der Tangente an der Stelle 0.

g) $g(x) = \frac{1}{8}(x+2)^2(x^2-4)$

h) $g(x) = -\frac{1}{4}x^4 - 3x^2 + 1$

142. Im Folgenden sind Funktionenscharen gegeben. Untersuchen Sie diese auf Extrem- und Wendepunkte in Abhängigkeit vom Scharparameter. Beachten Sie jeweils den Bereich für den Parameter und führen Sie ggf. Fallunterscheidungen durch.

a) $f_k(x) = \frac{k}{9}x^3 - \frac{2k}{3}x^2 + kx$ mit $k \in \mathbb{R} \wedge k > 0$

b) $f_a(x) = \frac{1}{4}(x-3)(x+a)^2$ mit $a \in \mathbb{R}$

c) $g_t(x) = x^4 - t^2 x^2$ mit $t \in \mathbb{R} \wedge t > 0$

d) $g_t(x) = \frac{1}{4t}x^4 - x^2 + t$ mit $t \in \mathbb{R} \setminus \{0\}$

143. Gegeben sei die Menge der Funktionen $f_k: x \mapsto \frac{kx^3}{3} - x^2 - x$ mit $k \in \mathbb{R} \setminus \{0\}$. Ihre Graphen werden mit G_k bezeichnet.

a) Was können Sie über die Symmetrie der Graphen aussagen? Begründen Sie Ihre Antwort!

b) Untersuchen Sie, für welche k die Funktionen f_k

  (1) eine Nullstelle,

  (2) zwei Nullstellen und

  (3) drei verschiedene Nullstellen

  besitzen.

c) Bestimmen Sie, für welche k der Graph G_k zwei waagrechte Tangenten besitzt.

d) Für welches k liegt der Wendepunkt bei $x_W = 1$?

e) Nun sei $k = 3$.

   (1) Bestimmen Sie die Nullstellen von f_3.

   (2) Berechnen Sie Art und Lage der Extrema von f_3.

   (3) Ermitteln Sie den Wendepunkt und die zugehörige Wendetangente von G_3.

   (4) Zeichnen Sie G_3 im Bereich $-1{,}5 \le x \le 2$.

144. Gegeben sind in $\mathbb{R}$ die Funktionen $f_a : \; x \mapsto f_a(x)$, wobei
$f_a(x) = \frac{a}{9}x^3 - \frac{2a}{3}x^2 + ax$ mit $a \in \mathbb{R} \wedge a > 0$.

Ihre Graphen werden mit G_a bezeichnet.

a) Untersuchen Sie die Graphen G_a auf:

   (1) Nullstellen. Welche Folgerung können Sie daraus im Hinblick auf Extremalpunkte ziehen?

   (2) Art und Lage von Extremalpunkten.

   (3) Bestimmen Sie das Krümmungsverhalten der Graphen und geben Sie die Koordinaten der Wendepunkte an.

b) Die Geraden t_a sind die Tangenten der Graphen G_a im Ursprung. Weisen Sie nach, dass die Geraden t_a die Graphen G_a in einem weiteren Punkt schneiden, und berechnen Sie die Koordinaten des weiteren Schnittpunkts.

c) Zeichnen Sie den Graphen G_2, d. h. den Graphen von f_a für $a = 2$, im Bereich $[-1; 6]$. Tragen Sie auch die Tangente mit ein, die der Graph im Ursprung besitzt.

d) In welchem weiteren Punkt des Graphen G_2 gibt es eine weitere Tangente, die parallel zu der Geraden mit der Gleichung $t_2 : y = 2x$ ist? Bestimmen Sie die Abszisse des Punktes und markieren Sie ihn im Diagramm.

145. In $\mathbb{R}$ ist die Funktionenschar f_k durch
$f_k(x) = \frac{1}{8}(x+2)^2(x^2 - k)$ mit $k \in \mathbb{R} \wedge k \ge 0$

gegeben.

a) Untersuchen Sie f_k auf Anzahl, Lage und Vielfachheit der Nullstellen.

   Hinweis: Beachten Sie die Sonderfälle $k = 0$ und $k = 4$.

b) Bestimmen Sie k so, dass f_k an der Stelle $x_0 = -2$ eine dreifache Nullstelle besitzt.

Im Folgenden wird k = 4 gesetzt.

c) Zeigen Sie, dass sich der Funktionsterm $f_4(x) = \frac{1}{8}x^4 + \frac{1}{2}x^3 - 2x - 2$ ergibt und geben Sie die Schnittpunkte des Graphen mit den Koordinatenachsen an.

d) Bestimmen Sie die maximalen Monotonieintervalle der Funktion f_4 und schließen Sie daraus auf die Art und Lage sämtlicher Extrempunkte.

e) Ermitteln Sie das Krümmungsverhalten des Graphen der Funktion f_4 und geben Sie seine Wendepunkte an.

f) Zeichnen Sie den Graphen von f_4 im Intervall $[-3,5; 2,5]$. Bestimmen Sie zu diesem Zweck $f_4(-3,5)$ und $f_4(2,5)$ und rechnen Sie ansonsten mit $\Delta x = 1$.

146. Von einer Funktion g sind folgende Eigenschaften bekannt:

- $g'(x) > 0 \wedge g''(x) < 0$ für alle $x \in [-1; 1[$;
- $g(1) = g'(1) = g''(1) = 0$;
- $g'(x) > 0 \wedge g''(x) > 0$ für alle $x \in]1; 3]$.

Skizzieren Sie einen möglichen Verlauf des Graphen von g in $[-1; 3]$.

Lineare Algebra

Die Geometrie war lange Zeit eine konstruierende, mit Lineal und Zirkel arbeitende Disziplin. Die Verbindung von Algebra und Geometrie gelang erst mit der Einführung von Koordinatensystemen, die heute – etwa in der Analysis – als selbstverständlich erscheinen. Dadurch werden Zahlen (Koordinaten) und geometrische Objekte (beispielsweise Vektoren) miteinander in Beziehung gesetzt. Wie man mit diesen Vektoren rechnen kann, ist zentrales Thema der Linearen Algebra.

7 Koordinaten und Vektoren

Eine Ebene oder den umgebenden Raum stellt man sich mathematisch als eine Ansammlung von lauter Punkten vor. Die Lage jedes einzelnen Punktes ist dann in Bezug auf ein Koordinatensystem durch die Angabe seiner Koordinaten eindeutig festgelegt.

7.1 Punkte und ihre Ortsvektoren im Koordinatensystem

Die Lage des Punktes A in der Ebene wird in Bezug auf das vorgegebene Koordinatensystem eindeutig festgelegt durch die Angabe des Zahlen**paares** $(a_1 \mid a_2)$.
Schreibweise für den Punkt:
$A(a_1 \mid a_2)$

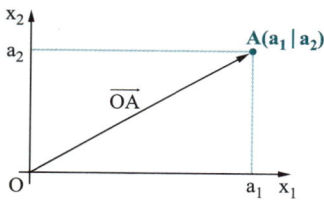

Den Pfeil vom Ursprung O zum Punkt A bezeichnet man als den **Ortsvektor** des Punktes A.
Schreibweise: $\overrightarrow{OA} = \begin{pmatrix} a_1 \\ a_2 \end{pmatrix}$

Jeder Punkt in der Ebene ist damit durch die Angabe eines Zahlenpaares $(a_1 \mid a_2)$ zweier reeller Zahlen eindeutig beschrieben. Man bezeichnet deshalb die Menge aller Punkte einer **Ebene** mit $\mathbb{R}^2$.

Die Lage des Punktes B im Raum wird in Bezug auf das vorgegebene Koordinatensystem eindeutig festgelegt durch die Angabe des Zahlen**tripels** $(b_1 \mid b_2 \mid b_3)$.
Schreibweise für den Punkt:
$B(b_1 \mid b_2 \mid b_3)$

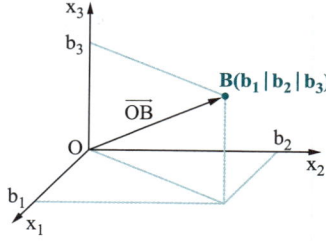

Den Pfeil vom Ursprung O zum Punkt B bezeichnet man als den **Ortsvektor** des Punktes B.
Schreibweise: $\overrightarrow{OB} = \begin{pmatrix} b_1 \\ b_2 \\ b_3 \end{pmatrix}$

Jeder Punkt im Raum ist damit durch die Angabe eines Zahlentripels $(b_1 \mid b_2 \mid b_3)$ dreier reeller Zahlen eindeutig beschrieben. Man bezeichnet deshalb die Menge aller Punkte des **Raumes** mit $\mathbb{R}^3$.

In Verallgemeinerung der Punkte im $\mathbb{R}^2$ und im $\mathbb{R}^3$ interpretiert man mathematisch sogenannte **n-Tupel** $(c_1 | c_2 | \ldots | c_n)$ als Punkte im (ab $n > 3$ nicht mehr vorstellbaren) $\mathbb{R}^n$. Obwohl es dafür keine unmittelbare geometrische Anschauung mehr gibt, existieren anderweitig viele praktische Anwendungen für n-Tupel.

In der Schulmathematik beschränkt man sich weitgehend auf den Raum $\mathbb{R}^3$. Die drei Koordinatenachsen werden mit x_1, x_2, x_3 oder auch mit x, y, z bezeichnet. Will man Punkte oder Vektoren im $\mathbb{R}^2$ beschreiben, so haben diese im Vergleich zum $\mathbb{R}^3$ lediglich eine Koordinate weniger.

Es gibt verschiedene perspektivische Verfahren, um dreidimensionale Objekte zu zeichnen, also in einer Ebene darzustellen. Meist wird dabei die räumliche Tiefe verkürzt dargestellt. In Verbindung mit dreidimensionalen Koordinatensystemen ist folgende Vorgehensweise bewährt und wird hier bei sogenannten **Schrägbildern** verwendet:
Die x_1-Achse, d. h. die Achse für die räumliche Tiefe, wird unter einem Winkel von 45° schräg nach links vorne gezeichnet. Sie ragt damit aus der Zeichenebene hinaus und geht durch die Gitterpunkte eines hinterlegten Rasters (siehe Abbildung im nachfolgenden Beispiel). Wählt man auf den nicht perspektivischen Achsen (x_2- und x_3-Achse) für 1 Längeneinheit 2 Kästchen und auf der räumlichen x_1-Achse 1 Kästchen (allerdings diagonal), so erhält man die benötigte perspektivische Verkürzung mit dem Verkürzungsfaktor $\frac{1}{2}\sqrt{2} \approx 0,707$, was sich mithilfe des Satzes des Pythagoras nachrechnen lässt. Diese Methode hat den Vorteil, dass Punkte mit ganzzahligen Koordinaten immer auf Gitterpunkten des hinterlegten Rasters liegen.

Beispiel

Ein Würfel mit einer Kantenlänge von 2 LE (LE = Längeneinheit) wird so in einem kartesischen (= rechtwinkligen) Koordinatensystem platziert, dass der hintere untere linke Eckpunkt die Koordinaten A(1|1|0) besitzt und die Würfelkanten parallel zu den Koordinatenachsen verlaufen. Geben Sie die Koordinaten der restlichen sieben Eckpunkte des Würfels an und zeichnen Sie den Würfel in das Koordinatensystem ein.

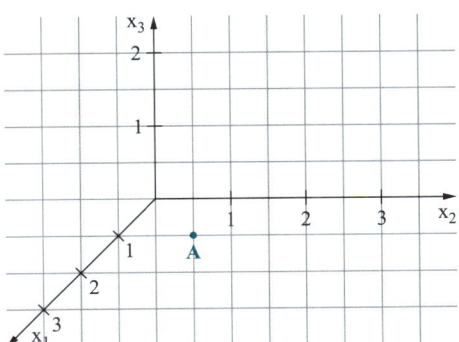

Punkt A(1|1|0) im Schrägbild eines dreidimensionalen Koordinatensystems

Lösung:

A(1|1|0);
B(3|1|0);
C(3|3|0);
D(1|3|0);
E(1|1|2);
F(3|1|2);
G(3|3|2);
H(1|3|2)

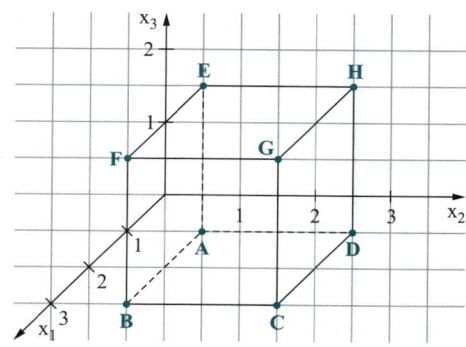

Aufgaben

147. Eine gerade, vierseitige Pyramide mit quadratischer Grundfläche hat die Höhe 5 LE, ihre Spitze ist im Ursprung. Die achsenparallelen Grundseiten sind 3 LE lang.
Geben Sie die Koordinaten sämtlicher Eckpunkte der Pyramide und die Koordinaten des Höhenfußpunktes an. Zeichnen Sie die Pyramide in ein kartesisches Koordinatensystem ein.

148. a) Die zwei Ursprungsgeraden g und h im $\mathbb{R}^3$ verlaufen winkelhalbierend (diagonal) in der x_1x_2-Grundebene des Koordinatensystems.
Welche Bedingungen müssen für die Koordinaten der Punkte dieser beiden Geraden gelten? Überlegen Sie sich das anhand einer Skizze.

b) Die abgebildete Ebene enthält die x_3-Achse und halbiert den Winkel zwischen den beiden Achsen der x_1x_2-Koordinatenebene.
Welche Bedingungen müssen die Koordinaten der Ebenenpunkte erfüllen?

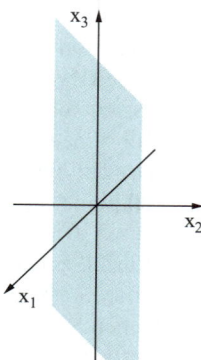

7.2 Vektorbegriff

Geometrisch wird im Punktraum des $\mathbb{R}^2$ oder $\mathbb{R}^3$ durch zwei
Punkte A und A* genau ein Pfeil $\overrightarrow{AA*}$ mit dem **Angriffs-**
punkt A (auch Fußpunkt oder kurz Fuß genannt) und dem
Zielpunkt A* (auch Spitze genannt) eindeutig festgelegt.

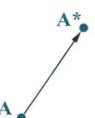

Dieser Pfeil kann auch als die Verschiebung des Urpunktes A in den Bild- oder
Zielpunkt A* interpretiert werden. Sollen sämtliche Punkte eines Punktraumes
dieser Verschiebung (= Parallelverschiebung oder Translation) unterworfen werden, so ist in jedem Punkt ein solcher Verschiebungspfeil anzubringen.

Definition

Vektor
Die Menge

$$\vec{v} = \{\overrightarrow{AA*};\ \overrightarrow{BB*};\ \overrightarrow{CC*};\ \overrightarrow{DD*};\ \ldots\}$$

aller gleichsinnigen, parallelen und
gleich langen Pfeile (siehe Abbildung)
einer Translation stellt einen **Vektor** $\vec{v}$
dar.

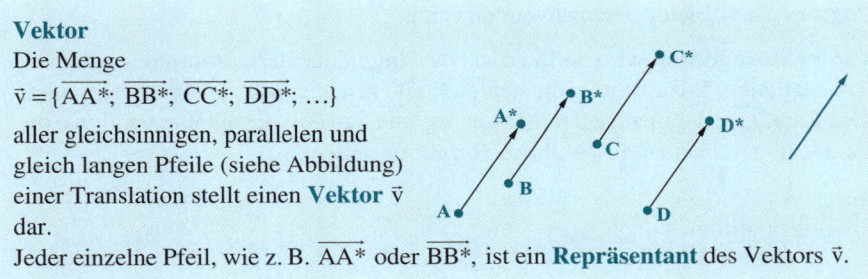

Jeder einzelne Pfeil, wie z. B. $\overrightarrow{AA*}$ oder $\overrightarrow{BB*}$, ist ein **Repräsentant** des Vektors $\vec{v}$.

Bei gleichsinnigen (oder gleichorientierten) Pfeilen zeigen die Pfeilspitzen in die
gleiche Richtung. Was parallel und gleich lang bedeutet, ist klar. Praktisch stellt
man sich einen Vektor als einen Pfeil vor, der beliebig frei im Raum verschiebbar
ist.

Ein **Ortsvektor** ist demzufolge derjenige Repräsentant des Vektors, der im Ursprung beginnt.

Zwei Vektoren $\vec{a}$ und $\vec{b}$ heißen **gleich**, in Zeichen $\vec{a} = \vec{b}$, wenn sie dieselbe Menge
von Pfeilen darstellen, d. h., wenn je zwei Repräsentanten gleichsinnig, parallel
und gleich lang sind.

Aufgabe

149. Im Folgenden sind jeweils zwei Repräsentanten von zwei Vektoren abgebil-
det.
Entscheiden Sie, welche Pfeile gleichsinnig, parallel oder gleich lang sind.
Welche beiden Repräsentanten gehören zu gleichen Vektoren?

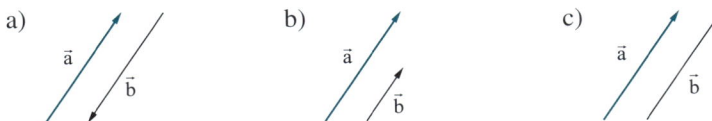

d) 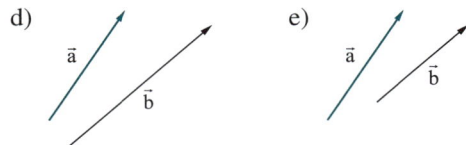 e)

7.3 Rechnen mit Vektoren

Vektoren sind geometrische Objekte, mit denen jedoch ganz ähnlich wie in der Algebra der Zahlen gerechnet werden kann.

Die **Vektoraddition** wird definiert als die Hintereinanderausführung zweier Translationen. Dazu werden die beiden Pfeile zeichnerisch „aneinandergehängt". Das Ergebnis ist diejenige Translation, welche dasselbe Resultat erzeugt wie die beiden hintereinander ausgeführten Einzeltranslationen.

Definition

Vektoraddition

$$\vec{a} + \vec{b} = \begin{pmatrix} a_1 \\ a_2 \\ a_3 \end{pmatrix} + \begin{pmatrix} b_1 \\ b_2 \\ b_3 \end{pmatrix} = \begin{pmatrix} a_1 + b_1 \\ a_2 + b_2 \\ a_3 + b_3 \end{pmatrix}$$

Rechnerisch werden die Vektoren nach obiger Formel ganz einfach dadurch addiert, dass man ihre Koordinaten addiert.

Bei der **zeichnerischen** Addition werden die beiden Pfeile von $\vec{a}$ und $\vec{b}$ als zwei Translationen betrachtet, die nacheinander ausgeführt werden.

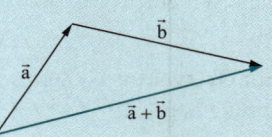

Der Summenvektor $\vec{a} + \vec{b}$ ist also die Diagonale des von $\vec{a}$ und $\vec{b}$ erzeugten Parallelogramms.

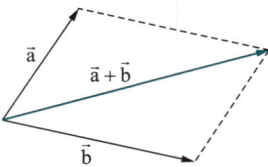

Beispiele

1. Gegeben sind die Vektoren $\vec{a} = \begin{pmatrix} 2 \\ -4 \\ 1 \end{pmatrix}$ und $\vec{b} = \begin{pmatrix} 3 \\ 3 \\ -2 \end{pmatrix}$.

   Bestimmen Sie den Summenvektor $\vec{a} + \vec{b}$.

Lösung:

Die rechnerische Addition ist ganz einfach:

$$\vec{a} + \vec{b} = \begin{pmatrix} 2 \\ -4 \\ 1 \end{pmatrix} + \begin{pmatrix} 3 \\ 3 \\ -2 \end{pmatrix} = \begin{pmatrix} 2+3 \\ -4+3 \\ 1+(-2) \end{pmatrix} = \begin{pmatrix} \mathbf{5} \\ \mathbf{-1} \\ \mathbf{-1} \end{pmatrix}$$

Natürlich wird man die Addition zukünftig nicht mehr so ausführlich schreiben, da sich die Koordinaten in der Regel direkt im Kopf addieren lassen.

2. Die beiden rechts abgebildeten Vektoren sollen zeichnerisch addiert werden.

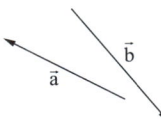

Lösung:

Man verschiebt zeichnerisch einen Pfeil (hier $\vec{b}$) mit seinem Angriffspunkt in die Spitze des anderen Pfeils (hier $\vec{a}$). Der Summenvektor $\vec{a} + \vec{b}$ ist dann vom Angriffspunkt des ersten Pfeils bis zur Spitze des letzten Pfeils zu erstrecken.

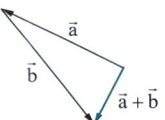

Bei der zeichnerischen Vektoraddition von mehr als zwei Vektoren hängt man diese in beliebiger Reihenfolge aneinander. Man bezeichnet diese aneinandergehängten Vektoren auch als **Vektorkette**. Der Summenvektor der Vektorkette erstreckt sich dann vom Fuß des ersten Vektors bis zur Spitze des letzten Vektors.

Beispiel

Gesucht ist der Summenvektor der rechts abgebildeten Vektoren $\vec{a}$, $\vec{b}$ und $\vec{c}$, also der Vektor $\vec{a} + \vec{b} + \vec{c}$.

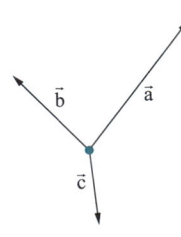

Lösung:

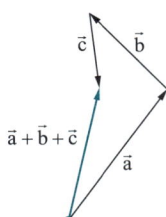

Addiert man zwei parallele und gleich lange, aber entgegengesetzt orientierte Vektoren, so heben sie sich (als Translationen aufgefasst) in ihrer Wirkung auf. Der Summenvektor ist der sogenannte **Nullvektor**:

$$\vec{0} = \begin{pmatrix} 0 \\ 0 \\ 0 \end{pmatrix}$$

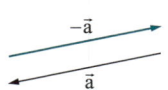

Zu jedem Vektor $\vec{a}$ gibt es einen **Gegenvektor** $-\vec{a}$, der die Wirkung von $\vec{a}$ (als Translation aufgefasst) wieder aufhebt. Es gilt also:

Zu $\vec{a} = \begin{pmatrix} a_1 \\ a_2 \\ a_3 \end{pmatrix}$ ist der Gegenvektor: $-\vec{a} = -\begin{pmatrix} a_1 \\ a_2 \\ a_3 \end{pmatrix} = \begin{pmatrix} -a_1 \\ -a_2 \\ -a_3 \end{pmatrix}$

Bei der Addition von Vektor und Gegenvektor gilt stets:
$\vec{a} + (-\vec{a}) = \vec{0}$

Man führt die **Subtraktion** eines Vektors auf die Addition des Gegenvektors zurück. Ein Vektor wird subtrahiert, indem sein Gegenvektor addiert wird:

$$\vec{a} - \vec{b} = \vec{a} + (-\vec{b}) = \begin{pmatrix} a_1 \\ a_2 \\ a_3 \end{pmatrix} - \begin{pmatrix} b_1 \\ b_2 \\ b_3 \end{pmatrix} = \begin{pmatrix} a_1 - b_1 \\ a_2 - b_2 \\ a_3 - b_3 \end{pmatrix}$$

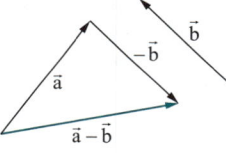

In den beiden Abbildungen sind zwei unterschiedliche Repräsentanten desselben Vektors $\vec{a} - \vec{b}$ dargestellt. Im oberen Bild wird die Subtraktion nach Definition durch Addition des Gegenvektors veranschaulicht. In der unteren Darstellung erkennt man, dass sich der Differenzvektor $\vec{a} - \vec{b}$ in Form von **„Spitze minus Fuß"** darstellen lässt.

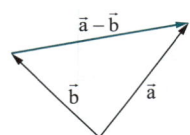

Regel

┌───┐
Die Rechengesetze der Vektoraddition
Für beliebige Vektoren $\vec{a}$, $\vec{b}$ und $\vec{c}$ gilt:
(A1) $\vec{a} + \vec{b} = \vec{b} + \vec{a}$ Kommutativgesetz
(A2) $(\vec{a} + \vec{b}) + \vec{c} = \vec{a} + (\vec{b} + \vec{c})$ Assoziativgesetz
(A3) $\vec{a} + \vec{0} = \vec{a}$ neutrales Element: Nullvektor
(A4) $\vec{a} + (-\vec{a}) = \vec{0}$ inverses Element: Gegenvektor
└───┘

Da die gleichen Rechengesetze auch für die Addition von Zahlen gelten, ist der Umgang mit Vektoren algebraisch genauso handzuhaben wie das Rechnen mit „gewöhnlichen" (reellen) Zahlen.

Aufgaben

150. Weisen Sie zeichnerisch und rechnerisch die Gültigkeit des Kommutativgesetzes der Vektoraddition nach.

151. Nebenstehend sind drei Vektoren im $\mathbb{R}^2$ abgebildet. Addieren Sie diese Vektoren zeichnerisch und auch rechnerisch. Vergleichen Sie die Ergebnisse. Die Koordinaten entnehmen Sie der Abbildung.

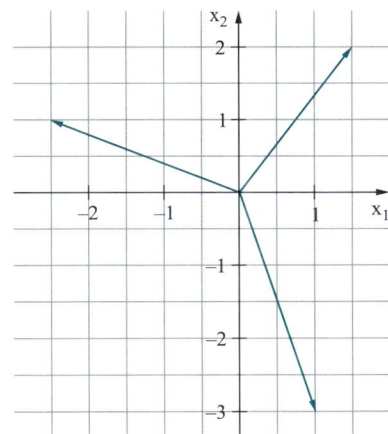

152. An einem Strommast (Draufsicht) greifen, durch entsprechende Leitungen hervorgerufen, vier Kräfte an. Die Kraftvektoren sind durch ihren Betrag (Stärke der Kraft in kN) und den Winkel gegenüber der Horizontale gegeben (= Polarkoordinaten):

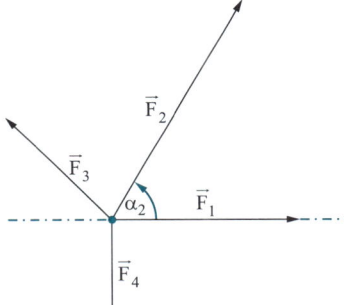

$\vec{F}_1 = (5\ \text{kN};\ 0°);\qquad \vec{F}_2 = (7\ \text{kN};\ 60°);$

$\vec{F}_3 = (4\ \text{kN};\ 135°);\ \ \vec{F}_4 = (3\ \text{kN};\ 270°)$

(siehe Kräfteplan)

Bestimmen Sie zeichnerisch den resultierenden Kraftvektor $\vec{F}_R = \vec{F}_1 + \vec{F}_2 + \vec{F}_3 + \vec{F}_4$, der die gleiche Kraftwirkung ausübt wie die vier Einzelvektoren. Wählen Sie als Maßstab 1 kN = 1 cm und führen Sie die Vektoraddition zeichnerisch durch. Geben Sie $\vec{F}_R$ ebenfalls in Polarkoordinaten an.

7.4 Skalarmultiplikation

Im Folgenden werden gerichtete Größen (= Vektoren) und Zahlen (= Skalare) unterschieden. Damit das auch in der Schreibweise zum Ausdruck kommt, werden hier Skalare meist mit griechischen Buchstaben wie λ (Lambda), μ (Mü) usw. bezeichnet.

Definition

Skalarmultiplikation (S-Multiplikation)
Für einen beliebigen Skalar $\lambda \in \mathbb{R}$ und einen Vektor $\vec{a} = \begin{pmatrix} a_1 \\ a_2 \\ a_3 \end{pmatrix}$ wird die Multiplikation eines Skalars und eines Vektors definiert durch:

$$\lambda \cdot \vec{a} = \lambda \cdot \begin{pmatrix} a_1 \\ a_2 \\ a_3 \end{pmatrix} = \begin{pmatrix} \lambda \cdot a_1 \\ \lambda \cdot a_2 \\ \lambda \cdot a_3 \end{pmatrix}$$

$\vec{a}$ und $\lambda\vec{a}$ sind stets parallel zueinander. Sie sind gleichsinnig, wenn $\lambda > 0$ ist, und gegensinnig, wenn $\lambda < 0$ ist.

In der zeichnerischen Darstellung ist zu erkennen, dass $3\vec{a}$ dasselbe ist wie $\vec{a} + \vec{a} + \vec{a}$.

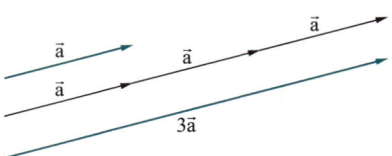

Der Intuition entsprechend gilt:

$1 \cdot \vec{a} = \vec{a}$ und $0 \cdot \vec{a} = \vec{0}$

Beispiele

1. Die Abbildungen zeigen die Auswirkungen der S-Multiplikation des Vektors $\vec{a}$ mit verschiedenen Skalaren.

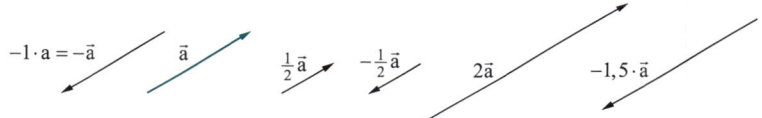

2. Rechnerisch ist die S-Multiplikation einfach die Zahlenmultiplikation des Skalars mit den Koordinaten des Vektors:

$$3 \cdot \begin{pmatrix} -2 \\ 1 \\ 5 \end{pmatrix} = \begin{pmatrix} 3 \cdot (-2) \\ 3 \cdot 1 \\ 3 \cdot 5 \end{pmatrix} = \begin{pmatrix} -6 \\ 3 \\ 15 \end{pmatrix}; \quad -\frac{2}{3} \cdot \begin{pmatrix} 3 \\ \frac{1}{2} \\ \frac{3}{2} \end{pmatrix} = \begin{pmatrix} -2 \\ -\frac{1}{3} \\ -1 \end{pmatrix}$$

Regel

Die Rechengesetze der S-Multiplikation
Für beliebige Vektoren $\vec{a}$, $\vec{b}$ und $\vec{c}$ sowie beliebige Skalare λ, $\mu \in \mathbb{R}$ gilt:

(S1)	$\lambda(\vec{a} + \vec{b}) = \lambda\vec{a} + \lambda\vec{b}$	1. Distributivgesetz
(S2)	$(\lambda + \mu)\vec{a} = \lambda\vec{a} + \mu\vec{a}$	2. Distributivgesetz
(S3)	$\lambda(\mu\vec{a}) = (\lambda\mu)\vec{a}$	Assoziativgesetz
(S4)	$1 \cdot \vec{a} = \vec{a}$	neutrales Element

Unter Beachtung der Rechengesetze für die Vektoraddition (A1) bis (A4) und für die S-Multiplikation (S1) bis (S4) kann man wie in der „normalen" Algebra in Ausdrücken mit Vektoren äquivalente Umformungen vornehmen und beispielsweise Vektorgleichungen nach bestimmten Vektoren auflösen. Im Unterschied zum Rechnen mit Zahlen gilt jedoch: Es gibt **keine Division** durch einen Vektor!

Beispiele

1. Gegeben sind die Vektorgleichung

$$2\vec{a} - 3\vec{b} + \tfrac{1}{2}\vec{x} = 2\vec{x} + \vec{a} - \tfrac{1}{4}\vec{b}$$

und die Vektoren

$$\vec{a} = \begin{pmatrix} -3 \\ 6 \\ 3 \end{pmatrix} \text{ und } \vec{b} = \begin{pmatrix} 6 \\ -\tfrac{3}{11} \\ -3 \end{pmatrix}.$$

Lösen Sie diese Vektorgleichung nach dem Vektor $\vec{x}$ auf und bestimmen Sie die Koordinaten von $\vec{x}$.

Lösung:

$$2\vec{a} - 3\vec{b} + \tfrac{1}{2}\vec{x} = 2\vec{x} + \vec{a} - \tfrac{1}{4}\vec{b} \qquad \text{auf beiden Seiten } -2\vec{x} \text{ addieren}$$

$$2\vec{a} - 3\vec{b} + \tfrac{1}{2}\vec{x} - 2\vec{x} = \vec{a} - \tfrac{1}{4}\vec{b} \qquad \text{zusammenfassen}$$

$$2\vec{a} - 3\vec{b} - \tfrac{3}{2}\vec{x} = \vec{a} - \tfrac{1}{4}\vec{b} \qquad \text{auf beiden Seiten } -2\vec{a} \text{ und } 3\vec{b} \text{ addieren}$$

$$-\tfrac{3}{2}\vec{x} = \vec{a} - \tfrac{1}{4}\vec{b} - 2\vec{a} + 3\vec{b} \qquad \text{zusammenfassen}$$

$$-\tfrac{3}{2}\vec{x} = -\vec{a} + \tfrac{11}{4}\vec{b} \qquad \text{mit } -\tfrac{2}{3} \text{ durchmultiplizieren}$$

$$\vec{x} = -\tfrac{2}{3}\left(-\vec{a} + \tfrac{11}{4}\vec{b}\right) \qquad \text{Klammer ausmultiplizieren}$$

$$\vec{x} = \tfrac{2}{3}\vec{a} - \tfrac{11}{6}\vec{b}$$

Nun wird noch eingesetzt:

$$\vec{x} = \tfrac{2}{3} \cdot \begin{pmatrix} -3 \\ 6 \\ 3 \end{pmatrix} - \tfrac{11}{6} \cdot \begin{pmatrix} 6 \\ -\tfrac{3}{11} \\ -3 \end{pmatrix} = \begin{pmatrix} -2 \\ 4 \\ 2 \end{pmatrix} - \begin{pmatrix} 11 \\ -\tfrac{1}{2} \\ -\tfrac{11}{2} \end{pmatrix} = \begin{pmatrix} -13 \\ \tfrac{9}{2} \\ \tfrac{15}{2} \end{pmatrix}$$

2. Ausdrücke wie $\vec{x} = 2\vec{a} + 3$ sind nicht sinnvoll, da Vektoren (hier: $2\vec{a}$) und Skalare (hier: 3) nicht addiert werden können. Es ist nur eine Addition zwischen Vektoren und eine Multiplikation zwischen Skalar und Vektor erklärt worden. Insofern können auch nur Vektoren mit Vektoren über „+" und „–" miteinander verknüpft werden und Skalare mit Vektoren über „·".

Die oben angegebenen Rechengesetze für die Vektoraddition und die Skalarmultiplikation haben weit über die Geometrie hinaus Bedeutung erlangt. Man bezeichnet deshalb jede Menge von mathematischen Objekten, welche die angegebenen Rechengesetze für Vektoren erfüllt, als Vektorraum.

Definition

> **Vektorraum**
> Man nennt eine Menge V einen reellen **Vektorraum**,
>
> - wenn zwischen den Elementen von V eine Verknüpfung „+" definiert ist, welche die Rechengesetze (A1) bis (A4) der Vektoraddition erfüllt, und
>
> - wenn eine Skalarmultiplikation zwischen Skalaren aus ℝ und den Elementen aus V existiert, welche die Rechengesetze (S1) bis (S4) der Skalarmultiplikation erfüllt.

Die Definition des Vektorraumes hat in der höheren Mathematik eine große Bedeutung. Es zeigt sich nämlich, dass viele andere mathematische Objekte, wie beispielsweise Funktionen, auch diesen Rechengesetzen genügen. Damit lassen sich alle Erkenntnisse über Vektoren auch auf diese Objekte übertragen, was zu ganz neuen Einsichten und Anwendungen führt.

Beispiel

Die bisher betrachteten Vektoren sind Elemente der Vektorräume $V = \mathbb{R}^2$ bzw. $V = \mathbb{R}^3$. Auch ℝ selbst ist ein Vektorraum.

Aufgaben

153. Berechnen Sie aus den beiden gegebenen Vektoren $\vec{a} = \begin{pmatrix} -2 \\ -4 \\ 1 \end{pmatrix}$ und $\vec{b} = \begin{pmatrix} 3 \\ 4 \\ 3 \end{pmatrix}$ jeweils die wie folgt definierten Vektoren:

a) $\vec{v}_1 = \frac{1}{2}\vec{a}$

b) $\vec{v}_2 = \vec{a} - \vec{b}$

c) $\vec{v}_3 = 2\vec{a} + 3\vec{b}$

d) $\vec{v}_4 = -3\left(2\vec{a} - \frac{1}{3}\vec{b}\right) + 4\vec{a}$

154. Ermitteln Sie jeweils den Vektor $\vec{x}$:

a) $\vec{x} + 2\vec{a} - \vec{b} = \vec{c} - 2\vec{x} + \vec{b}$

b) $\frac{1}{2}\vec{x} - 4\vec{a} = 2\left(\vec{b} - \frac{1}{2}\vec{a}\right) - \frac{1}{4}(2\vec{x} + 3\vec{b})$

c) $\vec{x} + \begin{pmatrix} -3 \\ 2 \\ -3 \end{pmatrix} = \begin{pmatrix} -2 \\ 4 \\ 2 \end{pmatrix}$

d) $-2 \cdot \begin{pmatrix} 1 \\ -2 \\ 4 \end{pmatrix} + \frac{1}{3}\vec{x} = \frac{1}{2} \cdot \begin{pmatrix} -2 \\ 4 \\ 2 \end{pmatrix} + 2\vec{x}$

155. Welche der folgenden Ausdrücke sind nicht definiert? Begründen Sie Ihre Antwort.

a) $2\vec{a} + \frac{1}{2}\vec{b}$

b) $2\vec{a} + \frac{1}{2}$

c) $\vec{x} = \frac{2}{3}\vec{a} - \frac{\vec{b}}{2}$

d) $3 = \frac{1}{2}\vec{a} - \vec{b}$

e) $\vec{v} = \frac{\vec{a}}{\vec{b}}$

8   Lineare Abhängigkeit und Unabhängigkeit

In diesem Kapitel wird untersucht, wie sich Vektoren mithilfe anderer Vektoren darstellen lassen und welche besonderen Lagen Vektoren zueinander haben können.

8.1   Linearkombinationen

Wenn sich ein Vektor $\vec{v}$ durch andere vorgegebene Vektoren darstellen lässt, so sagt man, dass $\vec{v}$ eine Linearkombination dieser Vektoren ist. Genauer gilt:

Definition

Linearkombination
Ein Vektor $\vec{v}$ heißt Linearkombination der
Vektoren $\vec{a}_1, \vec{a}_2, ..., \vec{a}_n$, wenn es Skalare
$\lambda_1, \lambda_2, ..., \lambda_n \in \mathbb{R}$ gibt, sodass gilt:
$$\vec{v} = \lambda_1\vec{a}_1 + \lambda_2\vec{a}_2 + ... + \lambda_n\vec{a}_n$$

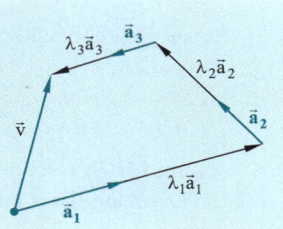

Der abgebildete Vektor $\vec{c}$ ist eine Linearkombination der
Vektoren $\vec{a}$ und $\vec{b}$, denn es gilt: $\vec{c} = \vec{a} + \vec{b}$. Stattdessen sagt
man auch, dass der Vektor $\vec{c}$ von den Vektoren $\vec{a}$ und $\vec{b}$
erzeugt wird. Die Skalare vor den erzeugenden Vektoren
sind für den Vektor $\vec{c}$ beide gleich 1.

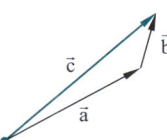

Beispiele

1. Der nebenstehend abgebildete Vektor $\vec{v}$
    ist eine Linearkombination der Vekto-
    ren $\vec{a}$ und $\vec{b}$, denn es gilt: $\vec{v} = 2\vec{a} + 4\vec{b}$.
    Die Skalare sind:
    $\lambda_1 = 2$ und $\lambda_2 = 4$

2. Welche Koordinaten hat der Vektor $\vec{w}$, der aus den Vektoren
    $$\vec{a}_1 = \begin{pmatrix} 2 \\ -1 \\ 0 \end{pmatrix}; \ \vec{a}_2 = \begin{pmatrix} 3 \\ 2 \\ -2 \end{pmatrix}; \ \vec{a}_3 = \begin{pmatrix} 1 \\ 0 \\ 2 \end{pmatrix}$$
    mit den Skalaren $\lambda_1 = -1$, $\lambda_2 = 3$ und $\lambda_3 = -4$ erzeugt wird?

Lösung:
Es gilt:
$$\vec{w} = (-1) \cdot \vec{a}_1 + 3 \cdot \vec{a}_2 + (-4) \cdot \vec{a}_3$$

$$= -\begin{pmatrix} 2 \\ -1 \\ 0 \end{pmatrix} + 3 \cdot \begin{pmatrix} 3 \\ 2 \\ -2 \end{pmatrix} - 4 \cdot \begin{pmatrix} 1 \\ 0 \\ 2 \end{pmatrix} = \begin{pmatrix} -2 \\ 1 \\ 0 \end{pmatrix} + \begin{pmatrix} 9 \\ 6 \\ -6 \end{pmatrix} + \begin{pmatrix} -4 \\ 0 \\ -8 \end{pmatrix} = \begin{pmatrix} \mathbf{3} \\ \mathbf{7} \\ \mathbf{-14} \end{pmatrix}$$

3. Lässt sich der Vektor $\vec{u} = \begin{pmatrix} -4 \\ -8 \\ 11 \end{pmatrix}$ mit den Vektoren $\vec{a}_1 = \begin{pmatrix} 2 \\ -1 \\ 0 \end{pmatrix}$; $\vec{a}_2 = \begin{pmatrix} 3 \\ 2 \\ -2 \end{pmatrix}$;

$\vec{a}_3 = \begin{pmatrix} 1 \\ 0 \\ 5 \end{pmatrix}$ erzeugen?

Und falls ja, welche Werte haben dann die Skalare λ_1, λ_2 und λ_3?

Lösung:
Der Ansatz $\vec{u} = \lambda_1 \vec{a}_1 + \lambda_2 \vec{a}_2 + \lambda_3 \vec{a}_3$ führt auf die Vektorgleichung

$$\begin{pmatrix} -4 \\ -8 \\ 11 \end{pmatrix} = \lambda_1 \cdot \begin{pmatrix} 2 \\ -1 \\ 0 \end{pmatrix} + \lambda_2 \cdot \begin{pmatrix} 3 \\ 2 \\ -2 \end{pmatrix} + \lambda_3 \cdot \begin{pmatrix} 1 \\ 0 \\ 5 \end{pmatrix},$$

was gleichbedeutend ist mit dem linearen Gleichungssystem:

(1) $\quad 2\lambda_1 + 3\lambda_2 + \lambda_3 = -4,$
(2) $\quad -\lambda_1 + 2\lambda_2 \qquad = -8$
(3) $\qquad\qquad -2\lambda_2 + 5\lambda_3 = 11$

Zum Lösen solcher Gleichungssysteme stehen mehrere Methoden zur Verfügung. Hier wird mit dem Einsetzverfahren gelöst:

aus (2): $\lambda_1 = 2\lambda_2 + 8$

in (1): $2(2\lambda_2 + 8) + 3\lambda_2 + \lambda_3 = -4 \Leftrightarrow 7\lambda_2 + \lambda_3 = -20 \Leftrightarrow \lambda_3 = -7\lambda_2 - 20$

in (3): $-2\lambda_2 + 5(-7\lambda_2 - 20) = 11 \Leftrightarrow -37\lambda_2 = 111 \Leftrightarrow \lambda_2 = \mathbf{-3}$

in (2): $\lambda_1 = 2 \cdot (-3) + 8 = \mathbf{2}$ und

in (3): $-2 \cdot (-3) + 5\lambda_3 = 11 \Leftrightarrow \lambda_3 = \mathbf{1}$

Da das Gleichungssystem eine Lösung besitzt, lässt sich der Vektor $\vec{u}$ aus den Vektoren $\vec{a}_1, \vec{a}_2$ und $\vec{a}_3$ erzeugen, und zwar folgendermaßen:
$\vec{u} = 2\vec{a}_1 - 3\vec{a}_2 + 1\vec{a}_3$

Eine sehr hilfreiche Methode, einen unbekannten Vektor durch bekannte Vektoren auszudrücken, ist die **Methode der geschlossenen Vektorkette**. Dazu sucht man sich in einem Vektorgebilde einen geschlossenen Umlauf und addiert längs des Umlaufes alle Vektoren auf, die den gleichen Sinn wie die Umlaufrichtung haben. Vektoren in dieser Kette, die zur Umlaufrichtung gegensinnig sind, werden mit einem Minuszeichen hinzuaddiert. Die Summe aller Vektoren längs eines geschlossenen Umlaufes ist dann der Nullvektor $\vec{0}$.

Beispiele

1. Das Dreieck ABC ist durch die beiden Vektoren $\vec{a} = \overrightarrow{AB}$ und $\vec{b} = \overrightarrow{AC}$ festgelegt. Drücken Sie den Vektor $\vec{v}$, dessen Spitze auf die Mitte der Seite $\overline{AB}$ zeigt, durch die Vektoren $\vec{a}$ und $\vec{b}$ aus.

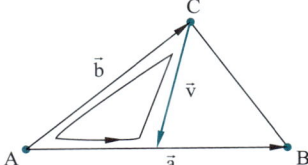

Lösung:
Entlang des eingezeichneten Umlaufs wird eine geschlossene Vektorkette angesetzt. Wichtig ist, dass auch der unbekannte Vektor miteinbezogen ist (Start- und Zielpunkt ist A):
$$\tfrac{1}{2}\vec{a} - \vec{v} - \vec{b} = \vec{0}$$

Die so erhaltene Vektorgleichung wird nach dem gesuchten Vektor aufgelöst:
$$-\vec{v} = -\tfrac{1}{2}\vec{a} + \vec{b} \qquad | \cdot (-1)$$
$$\vec{v} = \tfrac{1}{2}\vec{a} - \vec{b}$$

Damit ist der Vektor $\vec{v}$ als Linearkombination der Vektoren $\vec{a}$ und $\vec{b}$ dargestellt.

2. Diese Methode lässt sich auch in räumlichen Figuren anwenden. Das nebenstehende Gebilde nennt man einen **Spat**. Gegenüberliegende Seiten sind parallel und gleichlang. Er wird von den drei Vektoren $\vec{a}$, $\vec{b}$ und $\vec{c}$ festgelegt.

Geben Sie den Vektor $\overrightarrow{HM}$ als Linearkombination der Vektoren $\vec{a}$, $\vec{b}$ und $\vec{c}$ an, wobei der Punkt M die Strecke $\overline{FB}$ im Verhältnis 2 : 1 teilt.

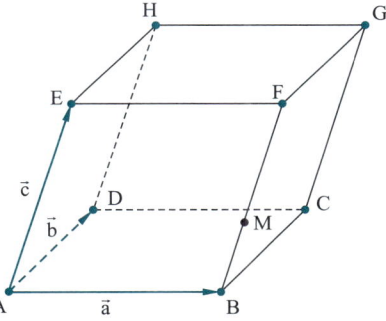

Lösung:
Man legt einen geschlossenen Umlauf mit Umlaufsinn fest: AEHMBA
Damit ergibt sich die geschlossene Vektorkette:
$$\vec{c} + \overrightarrow{EH} + \overrightarrow{HM} - \tfrac{1}{3}\overrightarrow{BF} - \vec{a} = \vec{0}$$

Wegen der Eigenschaften des Spates gilt:
$$\overrightarrow{EH} = \vec{b} \quad \text{und} \quad \overrightarrow{BF} = \vec{c}$$

Das wird eingesetzt,
$$\vec{c} + \vec{b} + \overrightarrow{HM} - \tfrac{1}{3}\vec{c} - \vec{a} = \vec{0},$$

und die entstehende Gleichung nach dem gesuchten Vektor aufgelöst:
$$\overrightarrow{HM} = \vec{a} - \vec{b} - \tfrac{2}{3}\vec{c}$$

Als Anwendung der Methode der geschlossenen Vektorkette ergibt sich eine Formel für den **Verbindungsvektor
zweier Punkte**. Wird der Koordinatenursprung wie üblich
mit O (für englisch **o**rigin) bezeichnet und wählt man den
Umlauf OABO, so gilt:

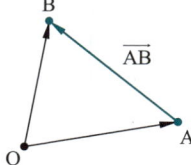

$\overrightarrow{OA} + \overrightarrow{AB} - \overrightarrow{OB} = \vec{0}$

Daraus erhält man die folgende Regel.

Regel

> **Verbindungsvektor zweier Punkte**
>
> $\overrightarrow{AB} = \overrightarrow{OB} - \overrightarrow{OA}$

Man merkt sich diese Formel als „**Spitze minus Fuß**".

Beispiel

Gegeben sind die Punkte A(2|−1|1) und B(3|0|−2).
Bestimmen Sie die Koordinaten der Verbindungsvektoren $\overrightarrow{AB}$ und $\overrightarrow{BA}$.

Lösung:

$\overrightarrow{AB} = \overrightarrow{OB} - \overrightarrow{OA} = \begin{pmatrix} 3 \\ 0 \\ -2 \end{pmatrix} - \begin{pmatrix} 2 \\ -1 \\ 1 \end{pmatrix} = \begin{pmatrix} 1 \\ 1 \\ -3 \end{pmatrix}$ „Spitze minus Fuß"

$\overrightarrow{BA} = \overrightarrow{OA} - \overrightarrow{OB} = \begin{pmatrix} 2 \\ -1 \\ 1 \end{pmatrix} - \begin{pmatrix} 3 \\ 0 \\ -2 \end{pmatrix} = \begin{pmatrix} -1 \\ -1 \\ 3 \end{pmatrix}$ $\overrightarrow{BA}$ ist natürlich der Gegenvektor von $\overrightarrow{AB}$.

Auf ähnliche Weise kann eine Formel für den **Mittelpunkt
einer Strecke** hergeleitet werden. Der Umlauf OAMO liefert:

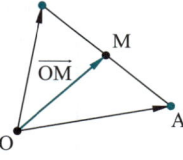

$\overrightarrow{OA} + \frac{1}{2}\overrightarrow{AB} - \overrightarrow{OM} = \vec{0}$

Wegen $\overrightarrow{AB} = \overrightarrow{OB} - \overrightarrow{OA}$ ergibt sich $\overrightarrow{OM} = \overrightarrow{OA} + \frac{1}{2}(\overrightarrow{OB} - \overrightarrow{OA})$
und zusammengefasst:

$\overrightarrow{OM} = \frac{1}{2}\overrightarrow{OA} + \frac{1}{2}\overrightarrow{OB}$

Ausklammern führt zu folgender Regel.

Regel

> **Mittelpunkt einer Strecke**
>
> $\overrightarrow{OM} = \frac{1}{2}(\overrightarrow{OA} + \overrightarrow{OB})$

Auch diese Formel ist leicht zu merken: Die Mitte zweier Punkte berechnet sich
wie der Mittelwert m zweier Zahlen a und b: $m = \frac{1}{2}(a + b)$

Beispiel

Gegeben sind wieder die Punkte A(2|−1|1) und B(3|0|−2).
Bestimmen Sie die Koordinaten des Mittelpunktes M der Strecke $\overline{AB}$.

Lösung:

$$\overrightarrow{OM} = \tfrac{1}{2}(\overrightarrow{OA} + \overrightarrow{OB}) = \tfrac{1}{2}\left(\begin{pmatrix} 2 \\ -1 \\ 1 \end{pmatrix} + \begin{pmatrix} 3 \\ 0 \\ -2 \end{pmatrix} \right) = \tfrac{1}{2} \begin{pmatrix} 5 \\ -1 \\ -1 \end{pmatrix} = \begin{pmatrix} 2{,}5 \\ -0{,}5 \\ -0{,}5 \end{pmatrix}$$

Damit hat M die Koordinaten **M(2,5|−0,5|−0,5)**.

Aufgaben

156. Stellen Sie den Vektor $\vec{x} = \begin{pmatrix} 2 \\ -1 \\ 7 \end{pmatrix}$ als Linearkombination der Vektoren

a) $\begin{pmatrix} 1 \\ 1 \\ 0 \end{pmatrix}; \begin{pmatrix} 1 \\ -1 \\ 0 \end{pmatrix}$ und $\begin{pmatrix} 1 \\ 0 \\ 2 \end{pmatrix}$ sowie

b) $\begin{pmatrix} 1 \\ 0 \\ 0 \end{pmatrix}; \begin{pmatrix} 0 \\ 1 \\ 0 \end{pmatrix}$ und $\begin{pmatrix} 0 \\ 0 \\ 1 \end{pmatrix}$

dar.

c) Zeigen Sie schließlich, dass sich der Vektor $\vec{x}$ jedoch nicht als Linearkombination der Vektoren $\begin{pmatrix} 1 \\ 1 \\ 0 \end{pmatrix}; \begin{pmatrix} 2 \\ 1 \\ 2 \end{pmatrix}$ und $\begin{pmatrix} 1 \\ 0 \\ 2 \end{pmatrix}$ darstellen lässt.

157. Begründen Sie, warum sich mit den zwei Vektoren $\begin{pmatrix} 1 \\ 0 \\ 0 \end{pmatrix}$ und $\begin{pmatrix} 1 \\ 1 \\ 0 \end{pmatrix}$ nicht jeder

Vektor des $\mathbb{R}^3$ erzeugen lässt, und geben Sie an, welche Vektoren sich nicht erzeugen lassen. Wie könnte ein dritter Vektor lauten, sodass sich mit den beiden anderen zusammen jeder Vektor aus dem $\mathbb{R}^3$ erzeugen lässt?

158. Gegeben sind im $\mathbb{R}^2$ die Punkte A(2|1) und B(1|3).
a) Bestimmen Sie die Koordinaten des Verbindungsvektors $\overrightarrow{AB}$.
b) Berechnen Sie die Koordinaten des Mittelpunktes der Strecke $\overline{AB}$.
c) Überzeugen Sie sich von der Richtigkeit der Rechenergebnisse, indem Sie eine genaue Zeichnung anfertigen.

159. Durch die Vektoren $\vec{a} = \overrightarrow{AB}$ und $\vec{b} = \overrightarrow{AC}$ ist das Dreieck ABC festgelegt. Die Strecke $\overline{AB}$ wird um 50 % über B hinaus verlängert und endet im Punkt P. M ist die Mitte der Strecke $\overline{AC}$.
Stellen Sie den Vektor $\overrightarrow{PM}$ als Linearkombination von $\vec{a}$ und $\vec{b}$ dar.
Hinweis: Fertigen Sie eine Skizze der Figur an.

160. Gegeben sind ein Punkt P und ein Punkt S.
Gesucht ist der Ortsvektor des Spiegelpunktes P', den man erhält, wenn man P an S spiegelt. Stellen Sie $\overrightarrow{OP'}$ als Linearkombination von $\overrightarrow{OP}$ und $\overrightarrow{OS}$ dar.

161. Gegeben sind die Punkte A(1|–2|1), B(4|–1|6), $C_k(7|–2|k)$ für $k \in \mathbb{R}$ und D(4|–3|3).

a) Bestimmen Sie k so, dass ABC_kD die Eckpunkte eines Parallelogramms darstellen (Punktreihenfolge beachten).

[Ergebnis: k = 8]

Es werden folgende Vektoren definiert: $\vec{a} = \overrightarrow{AB}$ und $\vec{b} = \overrightarrow{AD}$.

b) Stellen Sie die beiden Diagonalen des Parallelogramms ABC_8D als Linearkombinationen der Vektoren $\vec{a}$ und $\vec{b}$ dar.

c) Die Diagonalen eines Parallelogramms schneiden sich in ihrer jeweiligen Mitte. Ihr Schnittpunkt wird mit M bezeichnet. Berechnen Sie die Koordinaten von M.

162. Durch A(2|1|1) sowie $\vec{a} = \overrightarrow{AB} = \begin{pmatrix} 3 \\ 1 \\ -2 \end{pmatrix}$; $\vec{b} = \overrightarrow{AD} = \begin{pmatrix} -2 \\ 2 \\ -1 \end{pmatrix}$ und $\vec{c} = \overrightarrow{AE} = \begin{pmatrix} 2 \\ 2 \\ 5 \end{pmatrix}$ ist der Spat ABCDEFGH festgelegt. Berechnen Sie die Koordinaten der restlichen sieben Eckpunkte und die Koordinaten des Schnittpunktes der Raumdiagonalen (wobei verwendet werden darf, dass sie sich in der Mitte schneiden).

8.2 Lineare Abhängigkeit von Vektoren

Als einer der wichtigsten Begriffe der Linearen Algebra hat sich die lineare Abhängigkeit bzw. Unabhängigkeit von Vektoren herausgestellt.

Definition

Lineare Abhängigkeit/Unabhängigkeit
Die Vektoren $\vec{a}_1, \vec{a}_2, ..., \vec{a}_n$ heißen **linear abhängig**, wenn sich mit ihnen der Nullvektor nichttrivial erzeugen lässt, d. h., wenn es Skalare $\lambda_1, \lambda_2, ..., \lambda_n \in \mathbb{R}$ gibt, sodass gilt:
$\lambda_1 \vec{a}_1 + \lambda_2 \vec{a}_2 + ... + \lambda_n \vec{a}_n = \vec{0}$,
ohne dass zugleich alle $\lambda_i = 0$ sind.
Besteht die Linearkombination des Nullvektors nur für den Fall, dass alle $\lambda_i = 0$ sind (trivialer Fall), so heißen die Vektoren **linear unabhängig**.

Die triviale Linearkombination des Nullvektors aus den Vektoren $\vec{a}_1, \vec{a}_2, \ldots, \vec{a}_n$ besteht natürlich immer, weil die Gleichung $\lambda_1 \vec{a}_1 + \lambda_2 \vec{a}_2 + \ldots + \lambda_n \vec{a}_n = \vec{0}$ selbstverständlich erfüllt ist, wenn gilt:
$$\lambda_1 = \lambda_2 = \ldots = \lambda_n = 0$$

Die Frage ist, ob es auch eine sogenannte *nichttriviale* Lösung gibt, bei der eben nicht sämtliche $\lambda_i = 0$ sind.

In nebenstehender Abbildung sind drei linear abhängige Vektoren eingezeichnet. Sie lassen sich mit entsprechenden λ_i, die nicht alle null sind, zu einer geschlossenen Vektorkette formen, was bedeutet, dass sich mit ihnen der Nullvektor nichttrivial linear kombinieren lässt.

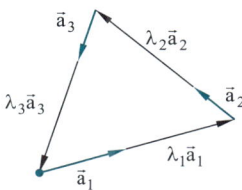

Beispiel

Zeigen Sie: Sind die Vektoren $\vec{a}_1, \vec{a}_2, \ldots, \vec{a}_n$ linear abhängig, so folgt daraus, dass sich mindestens einer von ihnen als Linearkombination der restlichen Vektoren darstellen lässt.

Lösung:
Bei linear abhängigen Vektoren lässt sich aus ihnen der Nullvektor linear kombinieren (siehe Definitionsgleichung), wobei mindestens ein $\lambda_i \neq 0$ sein muss (sonst sind sie nicht linear abhängig). Angenommen, dass $\lambda_1 \neq 0$ ist, dann lässt sich die Gleichung
$$\lambda_1 \vec{a}_1 + \lambda_2 \vec{a}_2 + \ldots + \lambda_n \vec{a}_n = \vec{0}$$
nach $\vec{a}_1$ auflösen. Man erhält:
$$\vec{a}_1 = -\frac{\lambda_2}{\lambda_1} \vec{a}_2 - \ldots - \frac{\lambda_n}{\lambda_1} \vec{a}_n$$

Also ist $\vec{a}_1$ eine Linearkombination der Vektoren $\vec{a}_2, \ldots, \vec{a}_n$. Das geht mit linear unabhängigen Vektoren nicht.

Sind nur zwei Vektoren $\vec{a}, \vec{b} \neq \vec{0}$ auf lineare Abhängigkeit bzw. lineare Unabhängigkeit zu untersuchen, so lässt sich aus der oben angegebenen Definitionsgleichung folgende Vereinfachung herleiten.

Regel

> **Kollineare Vektoren**
> Zwei Vektoren $\vec{a}, \vec{b} \neq \vec{0}$ sind genau dann linear abhängig, wenn es einen Skalar $\lambda \in \mathbb{R}$ gibt, sodass gilt: $\vec{a} = \lambda \cdot \vec{b}$
> Dies ist geometrisch gleichbedeutend damit, dass die beiden Vektoren parallel sind. Man verwendet dafür den Fachbegriff **kollinear**.

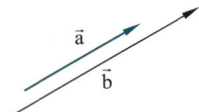

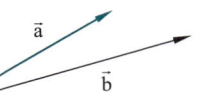

Linear abhängige bzw. kollineare
Vektoren: $\vec{a} = \lambda \cdot \vec{b}$

Linear unabhängige bzw. *nicht* kollineare Vektoren: $\vec{a} \neq \lambda \cdot \vec{b}$

Beispiel

Gegeben sind die Vektoren $\vec{a} = \begin{pmatrix} 2 \\ 1 \\ -2 \end{pmatrix}$; $\vec{b} = \begin{pmatrix} -3 \\ -1,5 \\ 3 \end{pmatrix}$ und $\vec{c} = \begin{pmatrix} 1 \\ 0,5 \\ 1 \end{pmatrix}$.

Untersuchen Sie jeweils, ob die Vektoren $\vec{a}$ und $\vec{b}$ sowie $\vec{b}$ und $\vec{c}$ kollinear
sind (was hier gleichbedeutend mit linear abhängig ist).

Lösung:
Ansatz: $\vec{a} = \lambda\vec{b}$, also $\begin{pmatrix} 2 \\ 1 \\ -2 \end{pmatrix} = \lambda \begin{pmatrix} -3 \\ -1,5 \\ 3 \end{pmatrix}$. Das sind 3 Gleichungen mit einer Unbe-

kannten. Alle 3 Gleichungen müssen mit demselben Wert von λ erfüllt sein,
damit $\vec{a}$ und $\vec{b}$ kollinear sind. Aus der 1. Gleichung ergibt sich:

$2 = -3 \cdot \lambda \iff \lambda = -\frac{2}{3}$

Die 2. Gleichung liefert $1 = -1,5 \cdot \lambda \iff \lambda = -\frac{2}{3}$ und die 3. lautet:

$-2 = 3 \cdot \lambda \iff \lambda = -\frac{2}{3}$

Es ergibt sich also tatsächlich dreimal derselbe Wert, was bedeutet, dass
$\vec{a} = -\frac{2}{3} \cdot \vec{b}$ ist, folglich sind die beiden Vektoren parallel, also kollinear bzw.
linear abhängig.
Die Vektoren $\vec{b}$ und $\vec{c}$ sind hingegen linear unabhängig. Man sieht das leicht,
da für den Ansatz $\vec{b} = \lambda\vec{c}$ in der 1. Gleichung $\lambda = \mathbf{-3}$ ist, in der 3. aber $\lambda = \mathbf{3}$.
Wenn man zwei unterschiedliche Werte für λ gefunden hat, ist eine weitere
Untersuchung nicht mehr erforderlich. Die Vektoren sind nicht kollinear, also
nicht parallel, und damit linear unabhängig.

Als weiterer wichtiger Fall werden drei Vektoren $\vec{a}, \vec{b}, \vec{c} \in \mathbb{R}^3$ betrachtet. Wenn
diese linear abhängig sind, dann lässt sich einer von ihnen durch die anderen zwei
ausdrücken (als Linearkombination darstellen). Das bedeutet, dass drei linear abhängige Vektoren in einer Ebene liegen; man sagt dazu, dass sie **komplanar** sind.

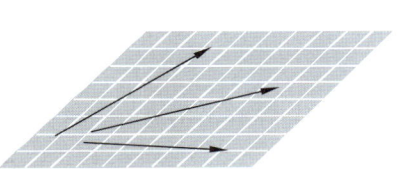 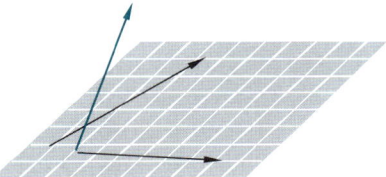

drei linear abhängige,
komplanare Vektoren

drei linear unabhängige Vektoren

Aus der Definitionsgleichung ergibt sich zur rechnerischen Untersuchung auf lineare Abhängigkeit bzw. Unabhängigkeit stets ein lineares Gleichungssystem, das zu lösen ist. Im Falle von drei Vektoren aus dem $\mathbb{R}^3$ kann man sich die Untersuchung mithilfe des Determinantenverfahrens vereinfachen.

Regel

> **Determinantenverfahren**
>
> Drei Vektoren $\vec{a} = \begin{pmatrix} a_1 \\ a_2 \\ a_3 \end{pmatrix}$; $\vec{b} = \begin{pmatrix} b_1 \\ b_2 \\ b_3 \end{pmatrix}$; $\vec{c} = \begin{pmatrix} c_1 \\ c_2 \\ c_3 \end{pmatrix} \in \mathbb{R}^3$ sind genau dann linear abhängig,
>
> wenn ihre Determinante $\det(\vec{a}, \vec{b}, \vec{c}) = \begin{vmatrix} a_1 & b_1 & c_1 \\ a_2 & b_2 & c_2 \\ a_3 & b_3 & c_3 \end{vmatrix}$ den Wert null hat, andernfalls
>
> sind sie linear unabhängig:
>
> - $\det(\vec{a}, \vec{b}, \vec{c}) = 0 \Leftrightarrow \vec{a}, \vec{b}, \vec{c}$ sind linear abhängig.
> - $\det(\vec{a}, \vec{b}, \vec{c}) \neq 0 \Leftrightarrow \vec{a}, \vec{b}, \vec{c}$ sind linear unabhängig.

Dreireihige Determinanten können mithilfe der Regel von Sarrus berechnet werden.

Regel

> **Berechnung dreireihiger Determinanten: Regel von Sarrus**
>
> Die dreireihige Determinante $\begin{vmatrix} a_1 & b_1 & c_1 \\ a_2 & b_2 & c_2 \\ a_3 & b_3 & c_3 \end{vmatrix}$ berechnet man, indem man zunächst die
>
> erste und zweite Spalte hinter der Determinante wiederholt. Dann ergeben sich **3 Hauptdiagonalen** (jeweils von links oben nach rechts unten) und **3 Nebendiagonalen** (jeweils von links unten nach rechts oben). Die Produkte der Zahlen auf der jeweiligen Hauptdiagonale sind zu addieren, die auf der Nebendiagonale zu subtrahieren:
>
> $$\begin{vmatrix} a_1 & b_1 & c_1 \\ a_2 & b_2 & c_2 \\ a_3 & b_3 & c_3 \end{vmatrix} \begin{matrix} a_1 & b_1 \\ a_2 & b_2 \\ a_3 & b_3 \end{matrix} = \mathbf{a_1 b_2 c_3} + \mathbf{b_1 c_2 a_3} + \mathbf{c_1 a_2 b_3} - a_3 b_2 c_1 - b_3 c_2 a_1 - c_3 a_2 b_1$$

Das sieht komplizierter aus, als es ist!

Beispiele

1. Es wird der Wert der angegebenen Determinante berechnet:

$$\begin{vmatrix} 2 & 3 & -2 \\ 1 & 2 & 0 \\ -1 & -4 & 5 \end{vmatrix} \begin{matrix} 2 & 3 \\ 1 & 2 \\ -1 & -4 \end{matrix}$$

$$= 2 \cdot 2 \cdot 5 + 3 \cdot 0 \cdot (-1) + (-2) \cdot 1 \cdot (-4) - (-1) \cdot 2 \cdot (-2) - (-4) \cdot 0 \cdot 2 - 5 \cdot 1 \cdot 3$$

$$= 20 + 0 + 8 - 4 - 0 - 15 = \mathbf{9}$$

Damit ist zugleich nachgewiesen, dass die drei Vektoren

$$\vec{a} = \begin{pmatrix} 2 \\ 1 \\ -1 \end{pmatrix}; \quad \vec{b} = \begin{pmatrix} 3 \\ 2 \\ -4 \end{pmatrix}; \quad \vec{c} = \begin{pmatrix} -2 \\ 0 \\ 5 \end{pmatrix}$$

linear unabhängig sind, also nicht in einer Ebene liegen. Ihre Determinante ist nämlich **9** und damit nicht null! (Die drei Vektoren sind die drei Spalten der oben angegebenen Determinante.)

2. Untersuchen Sie die Vektoren $\vec{v}_1 = \begin{pmatrix} 1 \\ 3 \\ 2 \end{pmatrix}$; $\vec{v}_2 = \begin{pmatrix} 3 \\ 2 \\ -1 \end{pmatrix}$; $\vec{v}_3 = \begin{pmatrix} -4 \\ 1 \\ 5 \end{pmatrix}$ auf lineare Abhängigkeit.

Lösung:

$$\det(\vec{v}_1, \vec{v}_2, \vec{v}_3) = \begin{vmatrix} 1 & 3 & -4 \\ 3 & 2 & 1 \\ 2 & -1 & 5 \end{vmatrix} \begin{matrix} 1 & 3 \\ 3 & 2 \\ 2 & -1 \end{matrix} = 10 + 6 + 12 + 16 + 1 - 45 = \mathbf{0}$$

Daraus folgt, dass die drei Vektoren $\vec{v}_1$; $\vec{v}_2$ und $\vec{v}_3$ linear abhängig, also komplanar sind.

Das Determinantenverfahren, wie es hier verwendet wird, funktioniert nur bei drei Vektoren aus dem $\mathbb{R}^3$. Das ist aber der am häufigsten vorkommende Fall in der Schulmathematik.

Aufgaben

163. a) In der nebenstehenden Figur, in der entsprechend aussehende Strecken parallel sind, sollen möglichst viele zueinander kollineare Vektoren entdeckt werden.

Beispielsweise sind $\overrightarrow{AE}$; $\overrightarrow{EF}$ usw. kollinear. Entdecken Sie weitere (möglichst viele).

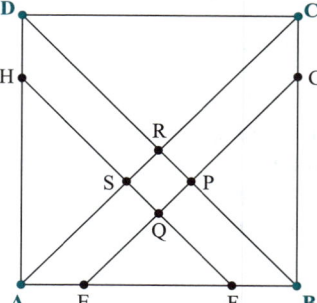

b) Im abgebildeten Spat sind neben den erzeugenden Vektoren $\vec{a}$, $\vec{b}$, $\vec{c}$ drei weitere, grün eingefärbte Vektoren eingetragen.

Welcher der grün eingezeichneten Vektoren ist ggf. zusammen mit den Vektoren $\vec{a}$, $\vec{b}$ linear abhängig? Verfahren Sie entsprechend mit $\vec{b}$, $\vec{c}$ und $\vec{a}$, $\vec{c}$.

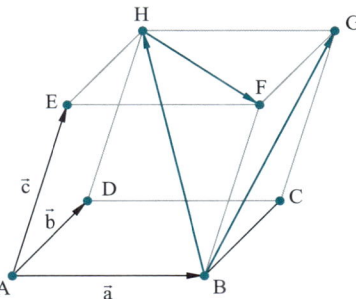

164. Untersuchen Sie folgende Vektoren jeweils rechnerisch auf Kollinearität.

a) $\vec{a} = \begin{pmatrix} -\frac{1}{2} \\ 1 \\ 3 \end{pmatrix}$; $\vec{b} = \begin{pmatrix} 2 \\ -4 \\ -12 \end{pmatrix}$

b) $\vec{a} = \begin{pmatrix} 2 \\ -4 \\ -2 \end{pmatrix}$; $\vec{b} = \begin{pmatrix} 0 \\ 2 \\ -1 \end{pmatrix}$

c) $\vec{a} = \begin{pmatrix} -\sqrt{4} \\ 2 \\ -\sqrt{6} \end{pmatrix}$; $\vec{b} = \begin{pmatrix} \sqrt{2} \\ -2 \\ \sqrt{3} \end{pmatrix}$

d) $\vec{a} = \begin{pmatrix} 1{,}2 \\ -0{,}6 \\ 2{,}7 \end{pmatrix}$; $\vec{b} = \begin{pmatrix} 1{,}32 \\ -0{,}66 \\ 2{,}97 \end{pmatrix}$; $\vec{c} = \begin{pmatrix} -1{,}8 \\ 0{,}9 \\ -4{,}05 \end{pmatrix}$

165. Untersuchen Sie die folgenden Vektoren jeweils rechnerisch auf lineare Abhängigkeit bzw. Unabhängigkeit.

a) $\vec{a} = \begin{pmatrix} 1 \\ 0 \\ 0 \end{pmatrix}$; $\vec{b} = \begin{pmatrix} 0 \\ 1 \\ 0 \end{pmatrix}$; $\vec{c} = \begin{pmatrix} 0 \\ 0 \\ 1 \end{pmatrix}$

b) $\vec{a} = \begin{pmatrix} 1 \\ 0 \\ -1 \end{pmatrix}$; $\vec{b} = \begin{pmatrix} 2 \\ 0 \\ 1 \end{pmatrix}$; $\vec{c} = \begin{pmatrix} -3 \\ 0 \\ 5 \end{pmatrix}$

c) $\vec{a} = \begin{pmatrix} -\frac{1}{2} \\ 1 \\ 3 \end{pmatrix}$; $\vec{b} = \begin{pmatrix} 2 \\ -4 \\ -12 \end{pmatrix}$; $\vec{c} = \begin{pmatrix} 1 \\ -2 \\ -6 \end{pmatrix}$

d) $\vec{a} = \begin{pmatrix} 1 \\ 0 \\ 0 \end{pmatrix}$; $\vec{b} = \begin{pmatrix} 1 \\ 1 \\ 0 \end{pmatrix}$; $\vec{c} = \begin{pmatrix} 1 \\ 1 \\ 1 \end{pmatrix}$

166. Bestimmen Sie die angegebenen Parameter jeweils so, dass die Vektoren kollinear sind.

a) $\vec{a} = \begin{pmatrix} k \\ 1 \\ 3 \end{pmatrix}$; $\vec{b} = \begin{pmatrix} 2 \\ 3 \\ 9 \end{pmatrix}$

b) $\vec{a} = \begin{pmatrix} 0 \\ 2 \\ -1 \end{pmatrix}$; $\vec{b} = \begin{pmatrix} m \\ -4 \\ -2 \end{pmatrix}$

c) $\vec{a} = \begin{pmatrix} t_1 \\ 2 \\ -1 \end{pmatrix}$; $\vec{b} = \begin{pmatrix} -3 \\ t_2 \\ 2 \end{pmatrix}$

d) $\vec{a} = \begin{pmatrix} 2 \\ 2 \\ 1 \end{pmatrix}$; $\vec{b} = \begin{pmatrix} s+1 \\ 2s \\ 1 \end{pmatrix}$

167. Für welche Werte der Parameter sind die Vektoren linear abhängig?

a) $\vec{a} = \begin{pmatrix} k \\ 1 \\ 3 \end{pmatrix}$; $\vec{b} = \begin{pmatrix} 2 \\ 3 \\ 9 \end{pmatrix}$; $\vec{c} = \begin{pmatrix} 0 \\ 2 \\ -1 \end{pmatrix}$

b) $\vec{a} = \begin{pmatrix} m \\ 2 \\ -1 \end{pmatrix}$; $\vec{b} = \begin{pmatrix} 1 \\ -4 \\ -2 \end{pmatrix}$; $\vec{c} = \begin{pmatrix} m \\ -4 \\ -2m \end{pmatrix}$

8.3 Lineare Gleichungssysteme und Gauß'scher Algorithmus

Eine allgemeine und immer anwendbare Methode, die die lineare Abhängigkeit bzw. Unabhängigkeit von Vektoren auf die Lösbarkeit bzw. Unlösbarkeit von **linearen Gleichungssystemen** zurückführt, basiert auf dem **Gauß'schen Algorithmus**. Deshalb wird auf diese beiden Begriffe näher eingegangen.

Hat man eine Gleichung, bei der die Unbekannte x nur in der 1. Potenz (d. h. linear) vorkommt, so spricht man von einer linearen Gleichung, z. B. $3x + 2 = 0$. Treten mehrere Unbekannte auf, meist mit x_1, x_2, … bezeichnet, dann hat man auch meist mehrere Gleichungen. Das Ganze wird dann als lineares Gleichungssystem (LGS) bezeichnet. Beispielsweise ist

(1) $2x_1 + 3x_2 = 4$
(2) $4x_1 - x_2 = 1$

ein sogenanntes 2×2-LGS (sprich: „zwei Kreuz zwei"): ein lineares Gleichungssystem mit 2 Gleichungen (erste Zahl) und 2 Unbekannten (zweite Zahl). Die „(1)" und „(2)" dienen lediglich der Nummerierung der Gleichungen.

Beispiel

Ein Baumarkt hat verschiedene Batteriepackungen im Angebot. Darin enthalten sind je zwei Batterieformate I und II. Eine Packung enthält drei Batterien des Formats I und zwei Batterien des Formats II zum Gesamtpreis von 4,80 €. Eine andere Packung beinhaltet sechs Batterien des Formats I und acht des Formats II, sie kostet 14,40 €.
Ermitteln Sie die (theoretischen) Einzelpreise der Batterien.

Lösung:
Der Einzelpreis für eine Batterie des Formats I wird mit x, der für eine Batterie des Formats II mit y bezeichnet. Für jede der Packungen wird eine eigene Gleichung aufgestellt:

(1) $3x + 2y = 4,80$
(2) $6x + 8y = 14,40$

Es handelt sich um ein lineares 2×2-Gleichungssystem. Ein Zahlenpaar für x und y, das sowohl Gleichung (1) als auch Gleichung (2) in eine wahre Aussage überführt, heißt Lösung des linearen Gleichungssystems.
Setzt man $x = 0,80$ und $y = 1,2$ in das oben stehende LGS ein, so ist (1) und auch (2) erfüllt. Das Zahlenpaar $(0,8; 1,2)$ ist also eine Lösung dieses LGS. In Bezug auf die Aufgabenstellung bedeutet das, dass eine Batterie des Formats I 0,80 € und eine des Formats II 1,20 € kostet.

Nach dieser Vorbereitung mit einem 2×2-LGS werden die Begriffe auf lineare $m\times n$-Gleichungssysteme verallgemeinert. Je nach Komplexität der Problemstellung können in der „mathematischen Praxis" auch große Gleichungssysteme mit vielen Unbekannten auftreten, die Anzahl der Gleichungen (m) muss aber nicht unbedingt mit der Anzahl der Unbekannten (n) übereinstimmen. Im Allgemeinen betrachtet man also lineare Gleichungssysteme mit m Gleichungen und n Unbekannten, wobei m und n beliebige natürliche Zahlen ungleich null sind.

Definition

Lineare $m\times n$-Gleichungssysteme
Seien m und n natürliche Zahlen ungleich null. Ein lineares $m\times n$-Gleichungssystem besteht aus m linearen Gleichungen der Form
(1) $\quad a_{11}x_1 + a_{12}x_2 + \ldots + a_{1n}x_n = b_1$
(2) $\quad a_{21}x_1 + a_{22}x_2 + \ldots + a_{2n}x_n = b_2$
$\quad\vdots\qquad\vdots\qquad\vdots\qquad\qquad\vdots\qquad\vdots$
(m) $\quad a_{m1}x_1 + a_{m2}x_2 + \ldots + a_{mn}x_n = b_m$
mit den **Unbekannten** $x_j \in \mathbb{R}$, den **Koeffizienten** $a_{ij} \in \mathbb{R}$ und beliebigen Zahlen $b_i \in \mathbb{R}$ (i = 1, …, m; j = 1, …, n). Dabei heißen die Vektoren

$$\vec{x} = \begin{pmatrix} x_1 \\ x_2 \\ \vdots \\ x_n \end{pmatrix} \quad \text{sowie} \quad \vec{b} = \begin{pmatrix} b_1 \\ b_2 \\ \vdots \\ b_m \end{pmatrix}$$

auch **Vektor der Unbekannten $\vec{x}$** sowie **Vektor der rechten Seite $\vec{b}$** und die rechteckigen Schemata

$$A = \begin{pmatrix} a_{11} & a_{12} & \cdots & a_{1n} \\ a_{21} & a_{22} & \cdots & a_{2n} \\ \vdots & \vdots & & \vdots \\ a_{m1} & a_{m2} & \cdots & a_{mn} \end{pmatrix} \quad \text{sowie} \quad A_e = (A; \vec{b}) = \left(\begin{array}{cccc|c} a_{11} & a_{12} & \cdots & a_{1n} & b_1 \\ a_{21} & a_{22} & \cdots & a_{2n} & b_2 \\ \vdots & \vdots & & \vdots & \vdots \\ a_{m1} & a_{m2} & \cdots & a_{mn} & b_m \end{array} \right)$$

auch **Koeffizientenmatrix A** sowie **erweiterte Koeffizientenmatrix A_e** (der senkrechte Strich deutet das „="-Zeichen an). Das Gleichungssystem heißt **überbestimmt**, falls m > n (mehr Gleichungen als Unbekannte), und **unterbestimmt**, falls m < n (weniger Gleichungen als Unbekannte). Das Gleichungssystem ist **homogen**, wenn $b_1 = b_2 = \ldots = b_m = 0$ gilt; es besitzt dann zumindest die **triviale Lösung** (0; 0; …; 0).

Die Koeffizienten eines linearen $m\times n$-Gleichungssystems sind mit Doppelindizes versehen, mit deren Hilfe die Koeffizientenmatrix A festgelegt wird (der Koeffizient a_{ij} steht in der i-ten Zeile und in der j-ten Spalte).

Beispiel

Klassifizieren Sie das nebenstehende LGS und bestimmen Sie den Vektor der rechten Seite, die Koeffizientenmatrix sowie die erweiterte Koeffizientenmatrix.

(1) $\quad x_1 + x_2 + x_3 = 9$
(2) $\quad x_1 - x_2 + 2x_3 = 5$
(3) $\quad x_1 + 3x_2 - 3x_3 = 7$
(4) $\quad 2x_1 - 4x_2 - x_3 = -2$

Lösung:

Das System enthält **m = 4** Gleichungen und **n = 3** Unbekannte, es ist somit **überbestimmt**. Der Vektor der rechten Seite ist

$$\vec{b} = \begin{pmatrix} 9 \\ 5 \\ 7 \\ -2 \end{pmatrix}$$

und die Koeffizientenmatrix bzw. die erweiterte Koeffizientenmatrix lauten:

$$A = \begin{pmatrix} 1 & 1 & 1 \\ 1 & -1 & 2 \\ 1 & 3 & -3 \\ 2 & -4 & -1 \end{pmatrix} \quad \text{bzw.} \quad A_e = \left(\begin{array}{ccc|c} 1 & 1 & 1 & 9 \\ 1 & -1 & 2 & 5 \\ 1 & 3 & -3 & 7 \\ 2 & -4 & -1 & -2 \end{array} \right)$$

Das Lösen von solchen linearen Gleichungssystemen erfolgt systematisch mit dem nach C. F. Gauß (1777 – 1855) benannten Algorithmus. Ziel des Gauß'schen Algorithmus ist es, ein beliebiges lineares m × n-Gleichungssystem durch äquivalente Umformungen auf **Stufenform** zu bringen, denn diese Art von Gleichungssystemen lässt sich dann besonders einfach lösen. Der Vorteil liegt ganz klar darin, dass man sehr systematisch zu einem Ergebnis kommt.

Definition

Lineares Gleichungssystem in Stufen- oder Dreiecksform

Ein lineares Gleichungssystem ist in **Stufen- oder Dreiecksform**, wenn es die nebenstehende Gestalt hat.

(1) $a_{11}x_1 + a_{12}x_2 + a_{13}x_3 + \ldots + a_{1n}x_n = b_1$

(2) $\qquad a_{22}x_2 + a_{23}x_3 + \ldots + a_{2n}x_n = b_2$

(3) $\qquad\qquad a_{33}x_3 + \ldots + a_{3n}x_n = b_3$

$\vdots$

(m) $\qquad\qquad\qquad\qquad \ldots = b_m$

In der erweiterten Koeffizientenmatrix stehen also unter der „Hauptdiagonale" nur **Nullen**. Man sagt dann auch, die Koeffizientenmatrix hat Stufen- oder Dreiecksform.

$$\begin{pmatrix} a_{11} & a_{12} & a_{13} & \cdots & a_{1n} & b_1 \\ \mathbf{0} & a_{22} & a_{23} & \cdots & a_{2n} & b_2 \\ \vdots & \mathbf{0} & a_{33} & \cdots & a_{3n} & b_3 \\ \vdots & & \mathbf{0} & & \vdots & \vdots \\ \vdots & \vdots & \vdots & & & \vdots \\ \mathbf{0} & \mathbf{0} & \mathbf{0} & \cdots & & b_m \end{pmatrix}$$

Beispiel

Versuchen Sie, das folgende Gleichungssystem auf möglichst einfache Art und Weise zu lösen, und geben Sie die (erweiterte) Koeffizientenmatrix an.

(1) $x_1 + x_2 + x_3 = -6$

(2) $\qquad x_2 + 2x_3 = -4$

(3) $\qquad\qquad -2x_3 = -2$

Lösung:

Das Gleichungssystem befindet sich bereits in Stufenform und kann „von unten nach oben" aufgelöst werden.

- Aus (3) kann x_3 direkt ermittelt werden: $\mathbf{x_3 = 1}$
- Einsetzen des Ergebnisses in (2): $x_2 + 2 \cdot \mathbf{1} = -4 \implies \mathbf{x_2 = -6}$
- Einsetzen in (1) liefert: $x_1 + (\mathbf{-6}) + \mathbf{1} = -6 \implies \mathbf{x_1 = -1}$

Lösungsmenge: $\mathbf{L = \{(-1; -6; 1)\}}$

Die Koeffizientenmatrix A und die erweiterte Koeffizientenmatrix A_e dieses Systems lauten:

$$A = \begin{pmatrix} 1 & 1 & 1 \\ 0 & 1 & 2 \\ 0 & 0 & -2 \end{pmatrix}; \quad A_e = \left(\begin{array}{ccc|c} 1 & 1 & 1 & -6 \\ 0 & 1 & 2 & -4 \\ 0 & 0 & -2 & -2 \end{array} \right)$$

Die Matrizen befinden sich in Stufenform (Dreiecksform).

Um ein allgemeines lineares Gleichungssystem auf Stufenform (Dreiecksform) zu bringen, geht man wie folgt vor.

Regel

> **Gauß'scher Algorithmus**
>
> **Schritt 1:** Das lineare Gleichungssystem wird in das sogenannte **Gauß-Schema** umgeschrieben, d. h., man übernimmt nur die erweiterte Koeffizientenmatrix des Gleichungssystems (die Unbekannten $x_1, \ldots, x_n$ werden dabei nicht mitgeführt).
>
> $$\begin{array}{l} (1) \\ (2) \\ (3) \\ \vdots \\ (m) \end{array} \left(\begin{array}{cccc|c} a_{11} & a_{12} & \cdots & a_{1n} & b_1 \\ a_{21} & a_{22} & \cdots & a_{2n} & b_2 \\ a_{31} & a_{32} & \cdots & a_{3n} & b_3 \\ \vdots & \vdots & \vdots & \vdots & \vdots \\ a_{m1} & a_{m2} & \cdots & a_{mn} & b_m \end{array} \right)$$
>
> **Schritt 2:** Durch **elementare Zeilenumformungen** bringt man die erweiterte Koeffizientenmatrix schrittweise auf **Stufenform**. Diese elementaren Zeilenumformungen umfassen drei jeweils die gesamte Zeile betreffende Operationen:
>
> $$\begin{array}{l} (1) \\ (2) \\ (3) \\ \vdots \\ (m) \end{array} \left(\begin{array}{cccc|c} a_{11} & a_{12} & \cdots & a_{1n} & b_1 \\ 0 & a_{22}^* & \cdots & a_{2n}^* & b_2^* \\ \vdots & 0 & & a_{3n}^* & b_3^* \\ \vdots & \vdots & \vdots & \vdots & \vdots \\ 0 & 0 & \cdots & & b_m^* \end{array} \right)$$
>
> - **Vertauschen** von zwei Zeilen
> - **Multiplikation** einer Zeile mit einer Zahl $k \in \mathbb{R} \setminus \{0\}$
> - **Addition** des k-Fachen einer Zeile zu einer anderen Zeile, wobei $k \in \mathbb{R}$
>
> **Schritt 3:** Das auf Stufenform gebrachte System wird dann schrittweise von unten nach oben gelöst, man sagt dazu auch **Rücksubstitution**.

1. Lösen Sie das lineare 3×3-Gleichungssystem

$$(1) \quad x_1 + x_2 + x_3 = 9$$
$$(2) \quad x_1 - x_2 + 2x_3 = 5$$
$$(3) \quad x_1 + 3x_2 - 3x_3 = 7$$

mithilfe des Gauß'schen Algorithmus.

Lösung:

Das Gleichungssystem wird in das **Gauß-Schema** (linke Seite) übertragen und mit elementaren Zeilenumformungen auf Stufenform gebracht.

(1)	1	1	1	9	
(2)	**1**	−1	2	5	$\lvert -1 \cdot (1) + (2)$
(3)	1	3	−3	7	

Im 1. Schritt werden unter dem Element $a_{11} = 1$ lauter Nullen erzeugt. Zunächst wird $a_{21} = 1$ zu null gemacht. Dazu wird die 1. Zeile mit −1 multipliziert und anschließend zur 2. Zeile addiert. Die vier Elemente in der „neuen" 2. Zeile berechnen sich der Reihe nach:
$-1 + 1 = \mathbf{0}; \ -1 + (-1) = -2;$
$-1 + 2 = 1$ und $-9 + 5 = -4$

(1)	1	1	1	9	
(2)	**0**	−2	1	−4	
(3)	1	3	−3	7	$\lvert -1 \cdot (1) + (3)$

Damit ist in der 2. Zeile die erste Null erzeugt worden. Genauso wird jetzt mit dem ersten Element in der 3. Zeile verfahren. Die erste Zeile wird wieder mit −1 multipliziert und zur 3. Zeile hinzuaddiert.

(1)	1	1	1	9	
(2)	**0**	−2	1	−4	
(3)	**0**	2	−4	−2	$\lvert (2) + (3)$

Damit ist die erste Spalte fertig: Unter dem Element a_{11} stehen nur noch **Nullen**. Jetzt muss das Gleiche unter $a_{22} = -2$ hergestellt werden. Weil die Zahlen (−2 und 2) passen, muss nicht weiter multipliziert werden.

(1)	1	1	1	9	
(2)	**0**	−2	1	−4	
(3)	**0**	**0**	−3	−6	

Zeile 2 und Zeile 3 addiert, ergibt die Stufenform des Gleichungssystems. Daraus wird jetzt, von unten beginnend, schrittweise die Lösung ermittelt.

Von unten nach oben in die Stufenform eingesetzt, ergibt sich (ab hier werden die Unbekannten wieder mitgeschrieben):

- Aus (3): $-3x_3 = -6$ $\quad \Rightarrow \quad \mathbf{x_3 = 2}$
- In (2): $-2x_2 + 1 \cdot 2 = -4$ $\quad \Rightarrow \quad \mathbf{x_2 = 3}$
- In (1): $x_1 + 1 \cdot \mathbf{3} + 1 \cdot \mathbf{2} = 9$ $\quad \Rightarrow \quad \mathbf{x_1 = 4}$

Demnach lautet die Lösungsmenge: $\mathbf{L = \{(4; \ 3; \ 2)\}}$

2. Bestimmen Sie die Lösungsmenge des überbestimmten 4×3-Systems:

$$(1) \quad x_2 + x_3 = 9$$
$$(2) \quad x_1 - x_2 + 2x_3 = 5$$
$$(3) \quad x_1 - 3x_3 = 7$$
$$(4) \quad 2x_1 - 4x_2 = 2$$

Lösung:

Das Gleichungssystem wird ins Gauß-Schema übertragen und in Stufen-form umgewandelt:

(1)	0	1	1	9
(2)	1	−1	2	5
(3)	1	0	−3	7
(4)	2	−4	0	2

Weil a_{11} gleich null ist, kann nicht mit diesem Element begonnen werden. Um diesem Mangel abzuhelfen, werden 1. und 2. Zeile vertauscht.

(1)	1	−1	2	5	
(2)	0	1	1	9	
(3)	1	0	−3	7	$\left\lvert -1\cdot(1)+(3)\right.$
(4)	2	−4	0	2	$\left\lvert -2\cdot(1)+(4)\right.$

Das Element a_{21} ist nun bereits null. Die darunterliegenden Zahlen werden mittels elementarer Zeilenumformun-gen ebenfalls zu null gemacht.

(1)	1	−1	2	5	
(2)	0	1	1	9	
(3)	0	1	−5	2	$\left\lvert -1\cdot(2)+(3)\right.$
(4)	0	−2	−4	−8	$\left\lvert 2\cdot(2)+(4)\right.$

Jetzt werden die unter a_{22} stehenden Zahlen zu null gemacht.

(1)	1	−1	2	5	
(2)	0	1	1	9	
(3)	0	0	−6	−7	
(4)	0	0	−2	10	$\left\lvert -\frac{1}{3}\cdot(3)+(4)\right.$

Um die Stufenform herzustellen, wird nun unter dem Element a_{33} die Zahl Null erzeugt.

(1)	1	−1	2	5	
(2)	0	1	1	9	
(3)	0	0	−6	−7	
(4)	0	0	0	$\frac{37}{3}$	

An der letzten Zeile erkennt man, dass dieses System keine Lösung besitzt. Die letzte Zeile besagt nämlich: $0\cdot x_3=\frac{37}{3}$ Es gibt keine Zahl für x_3, die das in eine wahre Aussage überführen könnte.

Dieses überbestimmte System hat die Lösungsmenge $L=\emptyset$. Es hätte nur dann eine Lösung gehabt, wenn sich anstelle der Zahl $\frac{37}{3}$ ebenfalls die Zahl Null ergeben hätte.

Ein weiterer Vorteil des Gauß'schen Algorithmus ist, dass man eine Aussage über die Lösbarkeit eines beliebigen linearen Gleichungssystems machen kann. Dazu wird der Begriff des **Ranges einer Matrix** benötigt.

Definition

> **Rang einer Matrix**
> Der **Rang** einer m × n-Matrix A ist die Anzahl der Zeilen der Matrix, in denen nicht nur Nullen stehen, nachdem A auf Stufenform gebracht worden ist.
> Man schreibt für diese Zahl **rg(A)** und es gilt $0 \leq \mathrm{rg}(A) \leq m$.

Mit dem Gauß'schen Algorithmus bestimmt man den Rang der Koeffizientenmatrix eines Gleichungssystems und erhält damit vollständigen Aufschluss über die Lösbarkeit.

Regel

> **Lösbarkeit linearer m × n-Gleichungssysteme**
> Für ein beliebiges lineares Gleichungssystem $A \cdot \vec{x} = \vec{b}$ mit m Gleichungen und n Unbekannten gelten folgende Lösbarkeitsaussagen:
>
> 1. $\mathrm{rg}(A_e) > \mathrm{rg}(A) \Rightarrow$ Es gibt **keine Lösung, L = ∅**.
> 2. $\mathrm{rg}(A_e) = \mathrm{rg}(A)$. Man sagt, es besteht **Ranggleichheit**.
> $\Rightarrow$ Das Gleichungssystem ist **lösbar**.
>   Genauer gilt:
>   - $\mathrm{rg}(A_e) = \mathrm{rg}(A) = n \Rightarrow$ Es gibt **genau eine Lösung**.
>   - $\mathrm{rg}(A_e) = \mathrm{rg}(A) < n \Rightarrow$ Es gibt **unendlich viele Lösungen**.
>
> Dabei bezeichnet A die Koeffizientenmatrix und $A_e = (A; \vec{b})$ die erweiterte Koeffizientenmatrix des m × n-Gleichungssystems.

Beispiele

1. Bestimmen Sie den Rang der Matrix $A = \begin{pmatrix} 1 & 2 & 3 & -10 & 11 \\ 1 & 5 & 9 & -22 & 20 \\ 1 & -1 & -3 & 2 & 2 \\ 2 & 4 & 6 & -20 & 22 \end{pmatrix}$.

   Lösung:
   Nachdem die Matrix A mit dem Gauß-Algorithmus auf Stufenform gebracht worden ist, besitzt sie die folgende Darstellung:

   $$\begin{pmatrix} 1 & 2 & 3 & -10 & 11 \\ 0 & 3 & 6 & -12 & 9 \\ 0 & 0 & 0 & 0 & 0 \\ 0 & 0 & 0 & 0 & 0 \end{pmatrix}$$

   Man erkennt leicht, dass nur die ersten zwei Zeilen nicht komplett null sind. Deshalb hat diese Matrix den Rang 2, also **rg(A) = 2**.

2. Bestimmen Sie den Rang der Matrix $B = \begin{pmatrix} 2 & 1 & 2 & 2 \\ 1 & -3 & 1 & 1 \\ 0 & 1 & 2 & 3 \end{pmatrix}$.

   Lösung:
   Die Matrix B stellt sich umgewandelt so dar:

   $$\begin{pmatrix} 2 & 1 & 2 & 2 \\ 0 & -\frac{7}{2} & 0 & 0 \\ 0 & 0 & 2 & 3 \end{pmatrix}$$

   Alle drei Zeilen sind nicht komplett null, daher **rg(B) = 3**.

3. Bestimmen Sie die Ränge von $C = \begin{pmatrix} 2 & -1 & 3 \\ 0 & 4 & 2 \\ 0 & 0 & 0 \end{pmatrix}$ und $C_e = \begin{pmatrix} 2 & -1 & 3 & | & 3 \\ 0 & 4 & 2 & | & -1 \\ 0 & 0 & 0 & | & 2 \end{pmatrix}$.

Besitzt das zugehörige lineare Gleichungssystem eine Lösung?

Lösung:
Hier gilt **rg(C) = 2** und **rg(C$_e$) = 3**. Dieses Gleichungssystem hat keine Lösung, da die letzte Gleichung $0 \cdot x_3 = 2$ nicht erfüllbar ist.

ufgaben   **168.** Bestimmen Sie die Lösungen der nachfolgenden Gleichungssysteme mithilfe des Gauß'schen Algorithmus:

a) (1) $2x - y = 4$
   (2) $x + 3y = 1$

b) (1) $x_1 + 3x_2 - 4x_3 = 10$
   (2) $3x_1 + 10x_2 - 6x_3 = 40$
   (3) $4x_1 + 12x_2 - 12x_3 = 48$

c) (1) $2x_1 + 3x_2 + 6x_3 = -18$
   (2) $x_1 + x_2 + x_3 = -6$
   (3) $x_1 + 2x_2 + 3x_3 = -10$

d) (1) $2x = 2 - y - 2z$
   (2) $x + z = 3y + 1$
   (3) $2z = 3 - y$

e) $\begin{pmatrix} 2 & 3 & 0 \\ 1 & 4 & 2 \\ 0 & -2 & 1 \end{pmatrix} \cdot \begin{pmatrix} x_1 \\ x_2 \\ x_3 \end{pmatrix} = \begin{pmatrix} 0 \\ 0 \\ 0 \end{pmatrix}$

169. Ein lineares Gleichungssystem ist durch die zugehörige erweiterte Koeffizientenmatrix gegeben:

$$A_e = \begin{pmatrix} 1 & -1 & 2 & | & 7 \\ 4 & 0 & 3 & | & 9 \\ 2 & -5 & 1 & | & -2 \end{pmatrix}$$

Bestimmen Sie die Lösungsmenge.

170. Bestimmen Sie die Anzahl der Lösungen der Gleichungssysteme

$\begin{pmatrix} 1 & 3 & -5 & | & 2 \\ 0 & 5 & -1 & | & 3 \\ 0 & 0 & 0 & | & -2 \end{pmatrix}$, $\begin{pmatrix} 1 & 3 & -5 & | & 2 \\ 0 & 5 & -1 & | & 3 \\ 0 & 0 & 7 & | & -2 \end{pmatrix}$ und $\begin{pmatrix} 1 & 3 & -5 & | & 2 \\ 0 & 5 & -1 & | & 3 \\ 0 & 0 & 0 & | & 0 \end{pmatrix}$.

171. Untersuchen Sie die Lösbarkeit der folgenden Gleichungssysteme und geben Sie deren Lösungsmengen ggf. mit Fallunterscheidung an:

a) (1) $-2x + 3y + 5z = 1$
   (2) $7x + 3y - 22z = 7$
   (3) $x + 3y - 4z = 3$

b) (1) $4x = 10 - 2y$
   (2) $1 = 3x + 8y$
   (3) $y = 14 - 5x$

c) (1) $3x_1 + 9x_2 + 6x_3 = 12$
   (2) $5x_1 + 17x_2 + 16x_3 = 30$

d) (1) $-2x + 4y + 2z = 12a$
   (2) $2x + 12y + 7z = 12a + 7$
   (3) $x + 10y + 6z = 7a + 8$

8.4 Anwendungen linearer Gleichungssysteme

Viele Problemstellungen in und außerhalb der Mathematik lassen sich mithilfe von linearen Gleichungssystemen beschreiben und lösen.

Beispiel

Lagerbestände

Eine Firma stellt drei verschiedene elektronische Platinen P-1, P-2 und P-3 her. Zu deren Fertigung werden jeweils drei elektronische Bauelemente A, B und C in der unten angegebenen Anzahl benötigt:

Platine	A	B	C
P-1	12	23	30
P-2	18	15	20
P-3	17	33	28

Der Lagerbestand weist 6 400 A-, 8 790 B- und 10 340 C-Bauelemente auf. Bestimmen Sie, wie viele verschiedene Platinen mit diesem Lagerbestand gefertigt werden können.

Lösung:

Die Platinenanzahl von P-1 wird mit x_1, die von P-2 mit x_2 und die P-3 mit x_3 bezeichnet. Aufgrund der Platinen-Bauelemente-Tabelle und der Lagerbestände ergibt sich folgendes Gleichungssystem:

(1) $12x_1 + 18x_2 + 17x_3 = 6\,400$ (A)
(2) $23x_1 + 15x_2 + 33x_3 = 8\,790$ (B)
(3) $30x_1 + 20x_2 + 28x_3 = 10\,340$ (C)

Das 3×3-Gleichungssystem wird mit dem Gauß'schen Algorithmus gelöst:

(1)	12	18	17	6 400	$\left|-\frac{23}{12}\cdot(1)+(2)\right.$
(2)	23	15	33	8 790	
(3)	30	20	28	10 340	

(1)	12	18	17	6 400	
(2)	0	$-\frac{39}{2}$	$\frac{5}{12}$	$-\frac{10\,430}{3}$	
(3)	30	20	28	10 340	$\left|-\frac{30}{12}\cdot(1)+(3)\right.$

(1)	12	18	17	6 400	
(2)	0	$-\frac{39}{2}$	$\frac{5}{12}$	$-\frac{10\,430}{3}$	
(3)	0	-25	$-\frac{29}{2}$	$-5\,660$	$\left|-\frac{2\cdot 25}{39}\cdot(2)+(3)\right.$

(1)	12	18	17	6 400
(2)	0	$-\frac{39}{2}$	$\frac{5}{12}$	$-\frac{10\,430}{3}$
(3)	0	0	$-\frac{1\,759}{117}$	$-\frac{140\,720}{117}$

Aus (3) folgt: $\mathbf{x_3} = \frac{140\,720}{117}\cdot\frac{117}{1\,759} = \mathbf{80}$

Einsetzen in (2): $-\frac{39}{2}\,x_2 = -\frac{10\,430}{3} - \frac{5}{12}\cdot 80 = -3\,510 \;\Rightarrow\; \mathbf{x_2} = \frac{2}{39}\cdot 3\,510 = \mathbf{180}$

Einsetzen in (1): $12x_1 = 6\,400 - 17\cdot 80 - 18\cdot 180 = 1\,800 \;\Rightarrow\; \mathbf{x_1} = \mathbf{150}$

Es können also 150 Platinen vom Typ P-1, 180 vom Typ P-2 und 80 vom Typ P-3 gefertigt werden. Dann sind die Lagerbestände restlos aufgebraucht.

Auch zur Bestimmung der linearen Abhängigkeit bzw. Unabhängigkeit von Koordinatenvektoren lässt sich der Gauß'sche Algorithmus verwenden.

Regel

> **Kriterium für lineare Abhängigkeit bzw. Unabhängigkeit**
> Die n Vektoren $\vec{a}_1, \vec{a}_2, \ldots, \vec{a}_n$ werden in einer Matrix zusammengefasst:
> $A = (\vec{a}_1, \vec{a}_2, \ldots, \vec{a}_n)$
> Dann gilt, dass die Vektoren linear unabhängig sind, wenn der **Rang der Matrix** (rg) gleich n ist, andernfalls sind sie linear abhängig:
> - $rg(\vec{a}_1, \vec{a}_2, \ldots, \vec{a}_n) = n \;\Leftrightarrow\; \vec{a}_1, \vec{a}_2, \ldots, \vec{a}_n$ sind linear unabhängig.
> - $rg(\vec{a}_1, \vec{a}_2, \ldots, \vec{a}_n) < n \;\Leftrightarrow\; \vec{a}_1, \vec{a}_2, \ldots, \vec{a}_n$ sind linear abhängig.

In dem hier betrachteten Zusammenhang sind die Spalten der Matrix die Koordinaten der jeweiligen Vektoren.

Beispiele

1. Die Matrix
$$A = \begin{pmatrix} 4 & -3 & -5 \\ -1 & 7 & 5 \\ 5 & 0 & -4 \end{pmatrix}$$

enthält die drei Vektoren

$$\vec{a}_1 = \begin{pmatrix} 4 \\ -1 \\ 5 \end{pmatrix}; \vec{a}_2 = \begin{pmatrix} -3 \\ 7 \\ 0 \end{pmatrix} \text{ und } \vec{a}_3 = \begin{pmatrix} -5 \\ 5 \\ -4 \end{pmatrix}.$$

A kann mithilfe des Gauß'schen Algorithmus auf Zeilenstufenform gebracht werden:

$$A = \begin{pmatrix} -1 & 7 & 5 \\ 0 & 25 & 15 \\ 0 & 0 & 0 \end{pmatrix}$$

Diese Matrix hat den Rang 2, weil sie nur zwei Zeilen enthält, die nicht komplett null sind. Durch die Umformung mit dem Gauß'schen Algorithmus verändert sich der Rang einer Matrix nicht, sodass gilt: $rg(A) = 2$
Das bedeutet aber, dass die drei Vektoren $\vec{a}_1, \vec{a}_2, \vec{a}_3$ linear abhängig sind, da der Rang kleiner als ihre Anzahl ist: $rg(\vec{a}_1, \vec{a}_2, \vec{a}_3) < 3$

2. Mithilfe des Gauß'schen Algorithmus werden die Vektoren

$$\vec{v}_1 = \begin{pmatrix} 1 \\ 3 \\ 2 \end{pmatrix}; \vec{v}_2 = \begin{pmatrix} 3 \\ 2 \\ -1 \end{pmatrix}; \vec{v}_3 = \begin{pmatrix} -4 \\ 1 \\ 5 \end{pmatrix}$$

auf lineare Abhängigkeit bzw. Unabhängigkeit untersucht. Dazu schreibt man die Vektoren spaltenweise in das Gauß-Schema:

$\vec{v}_1$	$\vec{v}_2$	$\vec{v}_3$	
1	3	−4	Die Vektoren werden spaltenweise tabellarisch angeschrieben.
3	2	1	Nun werden durch elementare Zeilenumformungen die unter dem Element $a_{11} = 1$ stehenden Zahlen auf null gebracht. Um das Element $a_{21} = 3$
2	−1	5	auf null zu bringen, wird die erste Zeile mit **(−3)** multipliziert und dann zur zweiten Zeile hinzuaddiert. Dabei wurden folgende Rechnungen durchgeführt: **(−3)** · 1 + 3 = 0; **(−3)** · 3 + 2 = −7 und **(−3)** · (−4) + 1 = 13.
1	3	−4	Entsprechend wird jetzt Zeile 1 mit **−2** multipliziert und zur 3. Zeile hinzuaddiert.
0	−7	13	
2	−1	5	
1	3	−4	Damit ist der erste Gaußschritt abgeschlossen: Unter dem ersten Hauptdiagonalelement $a_{11} = 1$ sind lauter Nullen erzeugt worden.
0	−7	13	Im letzten Schritt wird unter dem Hauptdiagonalelement $a_{22} = -7$ ebenfalls eine Null erzeugt. In diesem Fall muss nur die Zeile 2 von der Zeile 3 subtrahiert werden. Der Faktor, mit dem Zeile 2 zu multiplizieren ist,
0	−7	13	beträgt hier einfach **−1**.
1	3	−4	Nun ist die Matrix auf Zeilenstufenform gebracht. Sie hat zwei Zeilen, die nicht komplett null sind, deshalb ist ihr Rang gleich 2.
0	−7	13	
0	**0**	0	

Der Rang von $A = (\vec{v}_1, \vec{v}_2, \vec{v}_3)$ ist 2 und damit kleiner als die Anzahl der Vektoren, folglich sind $\vec{v}_1$, $\vec{v}_2$ und $\vec{v}_3$ drei linear abhängige Vektoren. Weil $rg(A) = 2$ ist, sind sie komplanar und nicht kollinear; sie liegen also in einer Ebene.

3. Betrachtet werden die vier Vektoren $\vec{a}, \vec{b}, \vec{c}, \vec{d}_t \in \mathbb{R}^4$ mit

$$\vec{a} = \begin{pmatrix} 0 \\ -2 \\ 1 \\ 0 \end{pmatrix}; \vec{b} = \begin{pmatrix} 4 \\ 2 \\ 0 \\ 1 \end{pmatrix}; \vec{c} = \begin{pmatrix} 2 \\ -1 \\ 2 \\ 1 \end{pmatrix}; \vec{d}_t = \begin{pmatrix} -2 \\ 1 \\ t \\ t+1 \end{pmatrix}, \text{ wobei der Vektor } \vec{d}_t \text{ vom}$$

Parameter $t \in \mathbb{R}$ abhängt. Untersuchen Sie in Abhängigkeit von t diese vier Vektoren auf lineare Abhängigkeit bzw. Unabhängigkeit.

Lösung:

$$A = \begin{pmatrix} 0 & 4 & 2 & -2 \\ -2 & 2 & -1 & 1 \\ 1 & 0 & 2 & t \\ 0 & 1 & 1 & t+1 \end{pmatrix}$$

Da in dieser Matrix das Element $a_{11} = 0$ ist, kann sie so nicht umgeformt werden. Es wird deshalb zunächst Zeile 1 mit Zeile 3 vertauscht.

$$\begin{pmatrix} 1 & 0 & 2 & t \\ -2 & 2 & -1 & 1 \\ 0 & 4 & 2 & -2 \\ 0 & 1 & 1 & t+1 \end{pmatrix}$$

Um Platz zu sparen, schreibt man die Umformungen nebeneinander:

$$\begin{pmatrix} 1 & 0 & 2 & t \\ -2 & 2 & -1 & 1 \\ 0 & 4 & 2 & -2 \\ 0 & 1 & 1 & t+1 \end{pmatrix} \cong \begin{pmatrix} 1 & 0 & 2 & t \\ 0 & 2 & 3 & 2t+1 \\ 0 & 4 & 2 & -2 \\ 0 & 1 & 1 & t+1 \end{pmatrix} \cong \begin{pmatrix} 1 & 0 & 2 & t \\ 0 & 2 & 3 & 2t+1 \\ 0 & 0 & -4 & -4t-4 \\ 0 & 1 & 1 & t+1 \end{pmatrix} \cong \begin{pmatrix} 1 & 0 & 2 & t \\ 0 & 2 & 3 & 2t+1 \\ 0 & 0 & -4 & -4t-4 \\ 0 & 0 & -\frac{1}{2} & \frac{1}{2} \end{pmatrix}$$

$$\cong \begin{pmatrix} 1 & 0 & 2 & t \\ 0 & 2 & 3 & 2t+1 \\ 0 & 0 & 1 & t+1 \\ 0 & 0 & -1 & 1 \end{pmatrix} \cong \begin{pmatrix} 1 & 0 & 2 & t \\ 0 & 2 & 3 & 2t+1 \\ 0 & 0 & 1 & t+1 \\ 0 & 0 & 0 & t+2 \end{pmatrix}$$

Bei der vorletzten Umformung wurde Zeile 3 mit $-\frac{1}{4}$ und Zeile 4 mit 2 durchmultipliziert. Das erleichtert die weitere Rechnung.

Was lässt sich ablesen?

Fall 1: Wenn $t \neq -2$, dann ist der Rang gleich 4 (alle 4 Zeilen sind nicht komplett null). Da die Anzahl der Vektoren auch 4 ist, sind diese linear unabhängig.

Fall 2: Wenn $t = -2$, dann ist der Rang gleich 3 (letzte Zeile ist dann komplett null). Das bedeutet: Die Vektoren $\vec{a}, \vec{b}, \vec{c}, \vec{d}_{-2}$ sind linear abhängig.

Aufgaben

172. Metall-Legierungen

Eine Legierung besteht aus verschiedenen Metallen und gegebenenfalls auch Nichtmetallen, die in einem bestimmten Verhältnis im flüssigen Zustand gemischt werden.

Es soll eine neue Legierung, die aus 42 % Nickel, 21 % Kupfer und 37 % Zinn bestehen soll, hergestellt werden. Und zwar soll diese neue Legierung aus zwei alten Legierungen, die noch in ausreichender Menge vorrätig sind,

und aus reinem Zinn gemischt werden. Die beiden alten Legierungen haben folgende Zusammensetzungen:
Legierung 1: 50 % Nickel, 20 % Kupfer, 30 % Zinn
Legierung 2: 40 % Nickel, 30 % Kupfer, 30 % Zinn
Bestimmen Sie die benötigten Anteile der Legierungen 1 und 2 sowie des reinen Zinns.

173. Ermitteln Sie die folgenden ganzrationalen Funktionen.

a) Der Graph einer ganzrationalen Funktion dritten Grades hat an der Stelle 3 eine Nullstelle, schneidet die y-Achse bei $y = 3$ und enthält die Punkte $A(-2|-3)$ und $B(2|2)$.
Bestimmen Sie den zugehörigen Funktionsterm.

b) Der Graph einer zur y-Achse symmetrischen Funktion vierten Grades verläuft durch die Punkte $P\left(1\left|-\frac{2}{5}\right.\right)$, $Q\left(2\left|\frac{1}{2}\right.\right)$ und $R(3|6)$.
Wie lautet die Funktionsgleichung?

174. Eisenbahnbrücke
Der Trägerbogen $\overset{\frown}{AB}$ einer Eisenbahnbrücke (siehe Figur) soll so konstruiert werden, dass der obere Bogen ein symmetrisches Stück einer Parabel ist. Es gilt $|\overline{AB}| = 48$ m und $h = 6$ m.

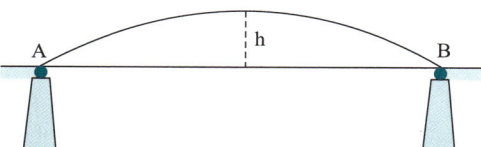

Ermitteln Sie die zugehörigen Funktionsgleichungen, wenn Sie

a) das Koordinatensystem in die Symmetrieachse legen,

b) den Koordinatenursprung in den Punkt A legen.

175. Die im abgebildeten Koordinaten-
system dargestell-
ten Punkte sollen
durch den Graphen
einer ganzrationa-
len Funktion ver-
bunden werden.

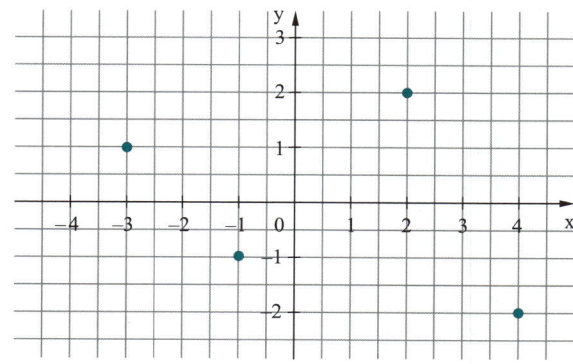

a) Bestimmen Sie den dazu passenden Funktionsterm.

b) Erstellen Sie eine Wertetabelle und zeichnen Sie den Graphen in ein Koordinatensystem ein. Überzeugen Sie sich auf diese Weise, dass er tatsächlich die angegebenen Punkte enthält.

176. Untersuchen Sie mithilfe des Ranges der zugehörigen Matrix, ob die folgenden Vektoren kollinear, komplanar oder linear unabhängig sind.

a) $\vec{a} = \begin{pmatrix} 1 \\ 2 \\ 3 \end{pmatrix}$; $\vec{b} = \begin{pmatrix} 3 \\ 1 \\ 0 \end{pmatrix}$; $\vec{c} = \begin{pmatrix} 7 \\ -1 \\ 6 \end{pmatrix}$

b) $\vec{a} = \begin{pmatrix} -2 \\ 2 \\ 4 \end{pmatrix}$; $\vec{b} = \begin{pmatrix} 1 \\ -1 \\ -2 \end{pmatrix}$; $\vec{c} = \begin{pmatrix} -3 \\ 3 \\ 6 \end{pmatrix}$

c) $\vec{a} = \begin{pmatrix} -2 \\ 0 \\ 3 \end{pmatrix}$; $\vec{b} = \begin{pmatrix} 1 \\ 0 \\ 2 \end{pmatrix}$; $\vec{c} = \begin{pmatrix} 3 \\ 1 \\ 1 \end{pmatrix}$

d) $\vec{a} = \begin{pmatrix} 2 \\ -3 \\ 3 \end{pmatrix}$; $\vec{b} = \begin{pmatrix} 3 \\ 1 \\ 4 \end{pmatrix}$; $\vec{c} = \begin{pmatrix} 1 \\ -7 \\ 2 \end{pmatrix}$

177. Fügen Sie zu $\vec{a} = \begin{pmatrix} 1 \\ 2 \\ -2 \end{pmatrix}$; $\vec{b} = \begin{pmatrix} 2 \\ -1 \\ 3 \end{pmatrix}$ je einen weiteren Vektor $\vec{c}$ hinzu, sodass die drei Vektoren

a) linear abhängig

b) linear unabhängig

sind.

178. Untersuchen Sie auf lineare Abhängigkeit:

$\vec{a} = \begin{pmatrix} 1 \\ 6 \\ 2 \\ 2 \end{pmatrix}$; $\vec{b} = \begin{pmatrix} -2 \\ -4 \\ 0 \\ -1 \end{pmatrix}$; $\vec{c} = \begin{pmatrix} 2 \\ 2 \\ -1 \\ -1 \end{pmatrix}$; $\vec{d} = \begin{pmatrix} 1 \\ 4 \\ 1 \\ 0 \end{pmatrix}$

179. Zeigen Sie mithilfe einerRanguntersuchung, dass

a) die vier Vektoren komplanar sind:

$\vec{a} = \begin{pmatrix} -1 \\ 3 \\ 4 \end{pmatrix}$; $\vec{b} = \begin{pmatrix} 2 \\ 0 \\ -1 \end{pmatrix}$; $\vec{c} = \begin{pmatrix} 1 \\ 3 \\ 3 \end{pmatrix}$; $\vec{d} = \begin{pmatrix} 5 \\ -9 \\ -13 \end{pmatrix}$

b) die vier Vektoren linear abhängig, jedoch nicht komplanar sind:

$\vec{a} = \begin{pmatrix} 1 \\ 2 \\ 3 \end{pmatrix}$; $\vec{b} = \begin{pmatrix} 2 \\ 1 \\ 1 \end{pmatrix}$; $\vec{c} = \begin{pmatrix} -1 \\ 1 \\ 0 \end{pmatrix}$; $\vec{d} = \begin{pmatrix} 2 \\ 3 \\ 5 \end{pmatrix}$

Können vier Vektoren des $\mathbb{R}^3$ linear unabhängig sein?

8.5 Basis eines Vektorraums

Bezeichnet man mit V einen Vektorraum, also eine Menge von Vektoren, dann genügen in der Regel einige wenige Vektoren, um mithilfe von Linearkombinationen jeden Vektor aus V zu erzeugen. Das führt auf einen wichtigen Begriff.

Definition

Basis

Ist V ein Vektorraum und ist $B = \{\vec{b}_1; \vec{b}_2; \ldots; \vec{b}_n\}$ eine Menge gewisser Vektoren aus V, dann heißt B eine **Basis** von V und die Vektoren $\vec{b}_1; \vec{b}_2; \ldots; \vec{b}_n$ heißen **Basisvektoren**, wenn gilt:

a) Jeder Vektor $\vec{v} \in V$ lässt sich als Linearkombination der Vektoren $\vec{b}_1; \vec{b}_2; \ldots; \vec{b}_n$ darstellen und

b) die Vektoren $\vec{b}_1; \vec{b}_2; \ldots; \vec{b}_n$ sind linear unabhängig.

Beispielsweise genügt ein einziger Vektor $\vec{b} \neq \vec{0}$, um jeden zu $\vec{b}$ kollinearen Vektor $\vec{v}$ gemäß $\vec{v} = \lambda \cdot \vec{b}$ mit $\lambda \in \mathbb{R}$ zu erzeugen. Den Vektor $\vec{b}$, aus dem alle Vektoren des Vektorraums $V = \{\vec{v} \mid \vec{v} = \lambda \cdot \vec{b}, \ \lambda \in \mathbb{R}\}$ hervorgehen, nennt man einen **Basisvektor** von V.

Mit zwei Basisvektoren $\vec{b}_1, \vec{b}_2 \in \mathbb{R}^2$ lässt sich jeder Vektor des $\mathbb{R}^2$ erzeugen, wobei gilt:
$$\mathbb{R}^2 = \{\vec{v} \mid \vec{v} = \lambda_1 \cdot \vec{b}_1 + \lambda_2 \cdot \vec{b}_2; \ \lambda_1, \lambda_2 \in \mathbb{R}\}$$
Es ist klar, dass $\vec{b}_1$ und $\vec{b}_2$ linear unabhängig sein müssen, um den $\mathbb{R}^2$ erzeugen zu können.

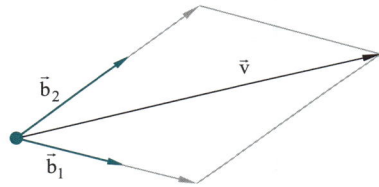

Um den $\mathbb{R}^3$ zu erzeugen, sind 3 Basisvektoren erforderlich. Für 3 beliebige, linear unabhängige Vektoren $\vec{b}_1, \vec{b}_2, \vec{b}_3 \in \mathbb{R}^3$ gilt dann:
$$\mathbb{R}^3 = \{\vec{v} \mid \vec{v} = \lambda_1 \cdot \vec{b}_1 + \lambda_2 \cdot \vec{b}_2 + \lambda_3 \cdot \vec{b}_3;$$
$$\lambda_1, \lambda_2, \lambda_3 \in \mathbb{R}\}$$

Dabei spielt es zunächst keine Rolle, welche Vektoren man als Basisvektoren heranzieht. Sie müssen natürlich linear unabhängig sein, sonst wären es laut Definition keine Basisvektoren!

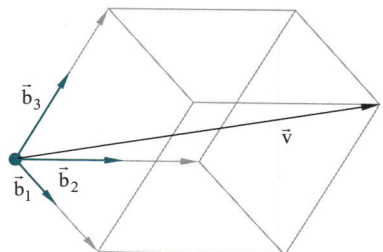

Offensichtlich hat jede Basis des $\mathbb{R}^3$ also genau 3 Basisvektoren. Diese Erkenntnis lässt sich verallgemeinern.

Definition

> **Dimension eines Vektorraums**
>
> Hat ein Vektorraum V eine bestimmte Basis mit n Basisvektoren, so hat jede andere Basis von V ebenfalls n Vektoren.
> Diese von der gewählten Basis unabhängige Anzahl der Basisvektoren (n) bezeichnet man als **Dimension** des Vektorraums.
> Symbolische Schreibweise: **dim(V) = n**

In einem Vektorraum der Dimension n sind mehr als n Vektoren stets linear abhängig. Im $\mathbb{R}^2$ sind 3 Vektoren immer linear abhängig, im $\mathbb{R}^3$ sind 4 Vektoren immer linear abhängig.
Gleichzeitig gibt die Dimension die Mindestzahl an (linear unabhängigen) Vektoren an, die nötig sind, um jeden Vektor des Vektorraums V erzeugen zu können.

Beispiele

1. Der Vektorraum $V = \{\vec{v} \mid \vec{v} = \lambda \cdot \vec{b}, \ \lambda \in \mathbb{R}\}$ hat die Dimension 1.

2. Der Vektorraum $\mathbb{R}^2$ hat die Dimension 2 und $\dim(\mathbb{R}^3) = 3$.

Regel

> **Koordinaten bezüglich einer Basis**
>
> Sei $\vec{v} \in V$ ein beliebiger Vektor und $B = \{\vec{b}_1; \vec{b}_2; \ldots; \vec{b}_n\}$ eine Basis des Vektorraums V. Dann gibt es eindeutig bestimmte Skalare $\lambda_1, \lambda_2, \ldots, \lambda_n \in \mathbb{R}$, sodass gilt:
> $$\vec{v} = \lambda_1 \vec{b}_1 + \lambda_2 \vec{b}_2 + \ldots + \lambda_n \vec{b}_n$$
> Die durch die Basisvektoren eindeutig festgelegten Zahlen $\lambda_1, \lambda_2, \ldots, \lambda_n$ nennt man die **Koordinaten** des Vektors $\vec{v}$ bezüglich der Basis B.

Beispiele

1. Für einen Vektor $\vec{v} \in \mathbb{R}^3$ gelte bezüglich der Basis $B = \{\vec{b}_1; \vec{b}_2; \vec{b}_3\}$ die Darstellung: $\vec{v} = 3 \cdot \vec{b}_1 - 2 \cdot \vec{b}_2 + 2 \cdot \vec{b}_3$
   Dann sind die Zahlen **3**; **–2** und **2** die Koordinaten von $\vec{v}$ bezüglich der Basisvektoren $\vec{b}_1; \vec{b}_2; \vec{b}_3$. Sie bedeuten, dass man **3**-mal $\vec{b}_1$, **–2**-mal $\vec{b}_2$ und **2**-mal $\vec{b}_3$ nehmen und aufaddieren muss, um $\vec{v}$ zu erhalten. Diese Zahlenkombination ist eindeutig! Ihre Reihenfolge ist wichtig. Man kann $\vec{v}$ bezüglich dieser Basis nur mit diesem Zahlentripel (**3**; **–2**; **2**) erhalten.

   Deshalb schreibt man auch $\vec{v} = \begin{pmatrix} 3 \\ -2 \\ 2 \end{pmatrix}$ bezüglich $\vec{b}_1; \vec{b}_2; \vec{b}_3$ und nennt $\begin{pmatrix} 3 \\ -2 \\ 2 \end{pmatrix}$

   den **Koordinatenvektor** von $\vec{v}$ bezüglich der Basis B.

2. Betrachten Sie die folgende Menge des $\mathbb{R}^2$: $B = \left\{ \begin{pmatrix} 1 \\ 0 \end{pmatrix} ; \begin{pmatrix} 1 \\ 1 \end{pmatrix} \right\}$

   a) Warum bilden die Vektoren $\vec{b}_1 = \begin{pmatrix} 1 \\ 0 \end{pmatrix}$ und $\vec{b}_2 = \begin{pmatrix} 1 \\ 1 \end{pmatrix}$ eine Basis des $\mathbb{R}^2$?

   b) Wie lässt sich der Vektor $\vec{v} = \begin{pmatrix} -1 \\ 2 \end{pmatrix} \in \mathbb{R}^2$ durch $\vec{b}_1; \vec{b}_2$ darstellen?

   Lösung:

   a) Es sind 2 Vektoren und sie sind linear unabhängig, weil ihre Matrix den Rang 2 hat.

   b) Da B eine Basis ist, lässt sich jeder beliebige Vektor des $\mathbb{R}^2$ eindeutig durch die beiden Basisvektoren erzeugen. Für die Darstellung muss das lineare Gleichungssystem $\vec{v} = \lambda_1 \cdot \vec{b}_1 + \lambda_2 \cdot \vec{b}_2$ gelöst werden, d. h. in Koordinatenschreibweise:

   $$\begin{pmatrix} -1 \\ 2 \end{pmatrix} = \lambda_1 \cdot \begin{pmatrix} 1 \\ 0 \end{pmatrix} + \lambda_2 \cdot \begin{pmatrix} 1 \\ 1 \end{pmatrix}$$

   Aus der 2. Gleichung folgt:

   $\lambda_2 = \mathbf{2}$

   In Gleichung 1 eingesetzt ergibt sich:

   $\lambda_1 = \mathbf{-3}$

   Der Vektor $\vec{v} = \begin{pmatrix} -1 \\ 2 \end{pmatrix}$ hat bezüglich der Basisvektoren $\vec{b}_1$ und $\vec{b}_2$ die Darstellung:

   $\vec{v} = \begin{pmatrix} -3 \\ 2 \end{pmatrix}$

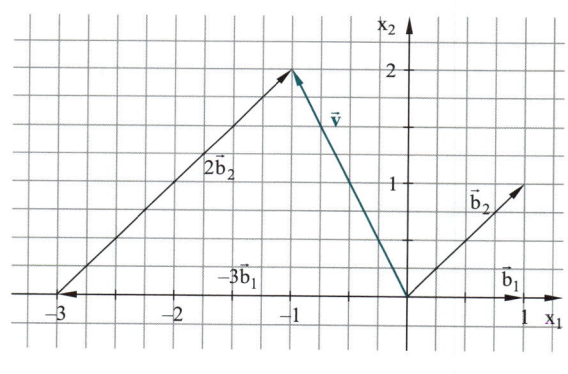

Bezüglich verschiedener Basen hat ein und derselbe Vektor verschiedene Koordinaten.

Beispiel

Zeigen Sie, dass $B_1 = \{\vec{a}_1; \vec{a}_2; \vec{a}_3\}$ mit $\vec{a}_1 = \begin{pmatrix} 1 \\ 0 \\ 0 \end{pmatrix}$, $\vec{a}_2 = \begin{pmatrix} 1 \\ 1 \\ 0 \end{pmatrix}$ und $\vec{a}_3 = \begin{pmatrix} 1 \\ 1 \\ 1 \end{pmatrix}$ sowie

$B_2 = \{\vec{b}_1; \vec{b}_2; \vec{b}_3\}$ mit $\vec{b}_1 = \begin{pmatrix} 1 \\ 1 \\ -2 \end{pmatrix}$, $\vec{b}_2 = \begin{pmatrix} -1 \\ 3 \\ 1 \end{pmatrix}$ und $\vec{b}_3 = \begin{pmatrix} 2 \\ 1 \\ 4 \end{pmatrix}$ jeweils eine Basis des $\mathbb{R}^3$ sind.

Stellen Sie den Vektor $\vec{v} = \begin{pmatrix} 2 \\ -3 \\ 1 \end{pmatrix} \in \mathbb{R}^3$ bezüglich der Basen B_1 und B_2 dar.

Lösung:

Wegen $\mathrm{rg}(\vec{a}_1; \vec{a}_2; \vec{a}_3) = 3$ bzw. $\det(\vec{b}_1; \vec{b}_2; \vec{b}_3) = 31 \neq 0$ liegen jeweils 3 linear unabhängige Vektoren und damit eine Basis des $\mathbb{R}^3$ vor.

Der Ansatz $\vec{v} = \lambda_1 \cdot \vec{a}_1 + \lambda_2 \cdot \vec{a}_2 + \lambda_3 \cdot \vec{a}_3$ führt auf das Gleichungssystem:

(1) $\quad 2 = \lambda_1 + \lambda_2 + \lambda_3$

(2) $\quad -3 = \qquad \lambda_2 + \lambda_3$

(3) $\quad 1 \qquad\qquad\quad \lambda_3$

Die Lösung ergibt sich von unten nach oben:

$\lambda_3 = \mathbf{1}; \lambda_2 = \mathbf{-4}$ und $\lambda_1 = \mathbf{5}$

Damit hat $\vec{v}$ die Koordinaten $\vec{v} = \begin{pmatrix} 5 \\ -4 \\ 1 \end{pmatrix}$ bezüglich der Basisvektoren $\vec{a}_1; \vec{a}_2; \vec{a}_3$.

Es gilt also: $\vec{v} = \mathbf{5} \cdot \vec{a}_1 - \mathbf{4} \cdot \vec{a}_2 + \mathbf{1} \cdot \vec{a}_3$

Da auch B_2, wie oben nachgewiesen, eine Basis des $\mathbb{R}^3$ ist, muss es eindeutig bestimmte $\mu_1, \mu_2, \mu_3 \in \mathbb{R}$ geben, sodass gilt:

$\vec{v} = \mu_1 \cdot \vec{b}_1 + \mu_2 \cdot \vec{b}_2 + \mu_3 \cdot \vec{b}_3$

Die Koordinaten μ_1, μ_2 und μ_3 von $\vec{v}$ werden berechnet, indem das folgende Gleichungssystem gelöst wird:

(1) $\quad 2 = \quad \mu_1 - \quad \mu_2 + 2 \cdot \mu_3$

(2) $\quad -3 = \quad \mu_1 + 3 \cdot \mu_2 + \quad \mu_3$

(3) $\quad 1 = -2 \cdot \mu_1 + \quad \mu_2 + 4 \cdot \mu_3$

Die Lösung findet man beispielsweise mit dem Einsetzverfahren oder dem Gauß'schen Algorithmus zu:

$\mu_1 = -\frac{3}{31}; \mu_2 = -\frac{35}{31}; \mu_3 = \frac{15}{31}$

Der Vektor $\vec{v}$ hat also die Koordinaten $\vec{v} = \begin{pmatrix} -\frac{3}{31} \\ -\frac{35}{31} \\ \frac{15}{31} \end{pmatrix} = \frac{1}{31}\begin{pmatrix} -3 \\ -35 \\ 15 \end{pmatrix}$ bezüglich der Basis B_2.

Es stellt sich natürlich die Frage, nachdem es beliebig viele Basen eines Vektorraums gibt, mit welcher Basis die Rechnungen besonders einfach sind. Diese Basis bezeichnet man als Standard- oder kanonische Basis.

Definition

Standardbasis

Standardbasis des $\mathbb{R}^2$: $\vec{e}_1 = \begin{pmatrix} 1 \\ 0 \end{pmatrix}$, $\vec{e}_2 = \begin{pmatrix} 0 \\ 1 \end{pmatrix}$

Standardbasis des $\mathbb{R}^3$: $\vec{e}_1 = \begin{pmatrix} 1 \\ 0 \\ 0 \end{pmatrix}$, $\vec{e}_2 = \begin{pmatrix} 0 \\ 1 \\ 0 \end{pmatrix}$ und $\vec{e}_3 = \begin{pmatrix} 0 \\ 0 \\ 1 \end{pmatrix}$

Ein zu diesen Basisvektoren gehörendes Koordinatensystem bezeichnet man als **kartesisches Koordinatensystem** (benannt nach René Descartes (1596–1650), dem Begründer der Analytischen Geometrie).

Die kartesischen Koordinatensysteme mit den Standardbasisvektoren des $\mathbb{R}^2$ und $\mathbb{R}^3$ können wie folgt grafisch dargestellt werden.

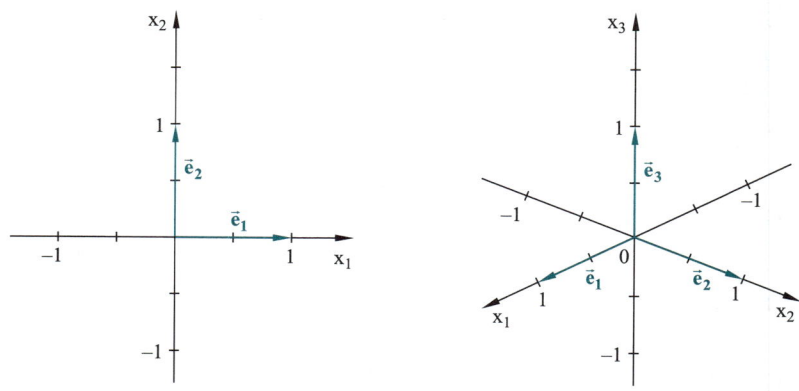

Wenn nicht ausdrücklich eine andere Basis genannt ist, beziehen sich die angegebenen Koordinaten eines Vektors immer auf die Standardbasis.

Beispiel

Die Angabe $\vec{v} = \begin{pmatrix} v_1 \\ v_2 \end{pmatrix}$ für einen Vektor des $\mathbb{R}^2$ ist die Kurzschreibweise von $\vec{v} = v_1 \cdot \vec{e}_1 + v_2 \cdot \vec{e}_2$.

Entsprechend steht $\vec{w} = \begin{pmatrix} w_1 \\ w_2 \\ w_3 \end{pmatrix}$ abkürzend für $\vec{w} = w_1 \cdot \vec{e}_1 + w_2 \cdot \vec{e}_2 + w_3 \cdot \vec{e}_3$.

Aufgaben

180. Untersuchen Sie, welche der folgenden Vektorpaare eine Basis des $\mathbb{R}^2$ darstellen. Zeichnen Sie zudem die Vektoren in ein Koordinatensystem ein.

a) $\vec{a}_1 = \begin{pmatrix} 2 \\ 1 \end{pmatrix}$, $\vec{a}_2 = \begin{pmatrix} 1 \\ 2 \end{pmatrix}$ b) $\vec{b}_1 = \begin{pmatrix} 2 \\ -1 \end{pmatrix}$, $\vec{b}_2 = \begin{pmatrix} -1 \\ 1 \end{pmatrix}$

c) $\vec{c}_1 = \begin{pmatrix} 1 \\ -1 \end{pmatrix}$, $\vec{c}_2 = \begin{pmatrix} -2 \\ 2 \end{pmatrix}$

181. Untersuchen Sie, welche der folgenden Vektortripel eine Basis des $\mathbb{R}^3$ darstellen.

a) $\vec{a}_1 = \begin{pmatrix} 1 \\ -1 \\ 1 \end{pmatrix}$, $\vec{a}_2 = \begin{pmatrix} 1 \\ 0 \\ 1 \end{pmatrix}$, $\vec{a}_3 = \begin{pmatrix} 0 \\ 0 \\ 1 \end{pmatrix}$ b) $\vec{b}_1 = \begin{pmatrix} 2 \\ 1 \\ 0 \end{pmatrix}$, $\vec{b}_2 = \begin{pmatrix} 1 \\ 0 \\ -1 \end{pmatrix}$, $\vec{b}_3 = \begin{pmatrix} 1 \\ 3 \\ 1 \end{pmatrix}$

c) $\vec{c}_1 = \begin{pmatrix} 1 \\ 2 \\ 1 \end{pmatrix}$, $\vec{c}_2 = \begin{pmatrix} 1 \\ 1 \\ 1 \end{pmatrix}$, $\vec{c}_3 = \begin{pmatrix} 1 \\ 0 \\ 1 \end{pmatrix}$

182. a) Ermitteln Sie jeweils die Koordinaten des Vektors $\vec{v} = \begin{pmatrix} 2 \\ -1 \end{pmatrix}$ bezüglich der angegebenen Basisvektoren.
Stellen Sie zudem zeichnerisch dar, wie sich der Vektor $\vec{v}$ aus den Basisvektoren darstellen lässt.

1. Basis: $\vec{a}_1 = \begin{pmatrix} 2 \\ 1 \end{pmatrix}$, $\vec{a}_2 = \begin{pmatrix} 1 \\ 1 \end{pmatrix}$

2. Basis: $\vec{b}_1 = \begin{pmatrix} 2 \\ 1 \end{pmatrix}$, $\vec{b}_2 = \begin{pmatrix} -1 \\ 1 \end{pmatrix}$

3. Basis: $\vec{e}_1 = \begin{pmatrix} 1 \\ 0 \end{pmatrix}$, $\vec{e}_2 = \begin{pmatrix} 0 \\ 1 \end{pmatrix}$

b) Ermitteln Sie jeweils die Koordinaten des Vektors $\vec{w} = \begin{pmatrix} 1 \\ 2 \\ 3 \end{pmatrix}$ bezüglich der angegebenen Basisvektoren.

1. Basis: $\vec{a}_1 = \begin{pmatrix} 1 \\ -1 \\ 1 \end{pmatrix}$, $\vec{a}_2 = \begin{pmatrix} 1 \\ 0 \\ 1 \end{pmatrix}$, $\vec{a}_3 = \begin{pmatrix} 0 \\ 0 \\ 1 \end{pmatrix}$

2. Basis: $\vec{b}_1 = \begin{pmatrix} 2 \\ 1 \\ 0 \end{pmatrix}$, $\vec{b}_2 = \begin{pmatrix} 1 \\ 0 \\ -1 \end{pmatrix}$, $\vec{b}_3 = \begin{pmatrix} 1 \\ 3 \\ 1 \end{pmatrix}$

183. Gegeben sind die Vektoren $\vec{u} = \begin{pmatrix} 1 \\ 0 \\ 1 \end{pmatrix}$; $\vec{v} = \begin{pmatrix} -1 \\ -1 \\ 0 \end{pmatrix}$ und $\vec{w}_t = \begin{pmatrix} 2 \\ t \\ t^2 \end{pmatrix}$ mit $t \in \mathbb{R}$.

a) Berechnen Sie, für welche Werte von t die Vektoren eine Basis des $\mathbb{R}^3$ bilden.

b) Setzen Sie $t = 2$ und bestimmen Sie den Koordinatenvektor von $\vec{x} = \begin{pmatrix} 1 \\ -2 \\ -1 \end{pmatrix}$ bezüglich der Basisvektoren $\vec{u}$; $\vec{v}$; $\vec{w}_2$.

c) Setzen Sie $t = 1$. Zeigen Sie, dass die Vektoren $\vec{u}$; $\vec{v}$ und $\vec{w}_1$ einen Vektorraum der Dimension 2 erzeugen, und stellen Sie $\vec{v}$ als Linearkombination von $\vec{u}$ und $\vec{w}_1$ dar.

184. In einem kartesischen Koordinatensystem des $\mathbb{R}^4$ sind folgende Vektoren gegeben:

$$\vec{a} = \begin{pmatrix} 1 \\ 1 \\ 0 \\ 0 \end{pmatrix}; \ \vec{b} = \begin{pmatrix} 1 \\ -1 \\ 0 \\ 1 \end{pmatrix}; \ \vec{c} = \begin{pmatrix} 1 \\ 1 \\ 1 \\ -1 \end{pmatrix}; \ \vec{d}_k = \begin{pmatrix} 1 \\ -1 \\ 2 \\ k \end{pmatrix} \text{ und } \vec{v} = \begin{pmatrix} 0 \\ -6 \\ 2 \\ 3 \end{pmatrix} \text{ mit } k \in \mathbb{R}$$

a) Ermitteln Sie, für welches k die Vektoren $\vec{a}$, $\vec{b}$, $\vec{c}$ und $\vec{d}_k$ keine Basis des $\mathbb{R}^4$ darstellen.

b) Stellen Sie den Vektor $\vec{d}_{-1}$ als Linearkombination der Vektoren $\vec{a}$, $\vec{b}$ und $\vec{c}$ dar.

c) Ermitteln Sie schließlich den Koordinatenvektor von $\vec{v}$ bezüglich der Basisvektoren $\vec{a}$, $\vec{b}$, $\vec{c}$ und $\vec{d}_1$.

9 Produkte von Vektoren

Mit Vektoren können Produkte gebildet werden, die bestimmte Anwendungsge-
biete abdecken. Während man zwischen gewöhnlichen Zahlen nur eine Produkt-
art kennt, gibt es zwischen Vektoren mehrere sinnvolle Möglichkeiten, Produkte
zu definieren. So werden beim **Skalarprodukt** zwei Vektoren zu einem **Skalar**
verrechnet, wohingegen das **Vektorprodukt** selbst wieder einen **Vektor** ergibt.

9.1 Skalarprodukt

In der Physik hat man es oft mit gerichteten Größen, also mit Vektoren, zu tun.
Bei der Berechnung der physikalischen Arbeit W (= Kraft mal Weg) müssen zwei
vektorielle Größen, nämlich die Kraft $\vec{F}$ und der Weg $\vec{s}$, zu der skalaren Größe der
Arbeit verrechnet werden. Dazu benötigt man die Beträge der vektoriellen Größen
Kraft und Weg, das sind einfach die Längen der entsprechenden Vektoren. Man
bezeichnet diese skalaren Beträge mit Betragsstrichen $|\vec{F}|$ bzw. $|\vec{s}|$, manchmal
auch einfach mit F und s (Weglassen des Vektorpfeils und der Betragsstriche).
Wenn $\vec{F}$ und $\vec{s}$ nicht parallel sind, darf nur die Kraftkomponente $\vec{F}_s$ berücksichtigt
werden, die in Richtung von $\vec{s}$ wirkt:

$$W = |\vec{F}_s| \cdot |\vec{s}| = |\vec{F}| \cdot |\vec{s}| \cdot \cos \sphericalangle(\vec{F}; \vec{s})$$

Dabei ist $\sphericalangle(\vec{F}; \vec{s})$ der Winkel zwischen den
Vektoren $\vec{F}$ und $\vec{s}$.

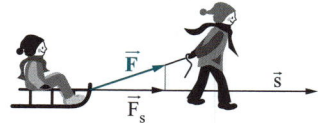

Mit dieser Berechnung der Arbeit werden zwei Vektoren $\vec{F}$ und $\vec{s}$ zu einem Skalar
(einer reellen Zahl) verrechnet. Dieses Produkt bezeichnet man dementsprechend
als **Skalarprodukt** (nicht zu verwechseln mit der in Abschnitt 7.4 eingeführten
Skalarmultiplikation) und schreibt symbolisch dafür $\vec{F} \circ \vec{s}$.

Definition

> **Skalarprodukt**
> Das **Skalarprodukt** zweier Vektoren $\vec{a}$ und $\vec{b}$, die
> den Winkel φ ($0 \le \varphi \le 180°$) einschließen, ist folgen-
> dermaßen definiert:
> $$\vec{a} \circ \vec{b} = |\vec{a}| \cdot |\vec{b}| \cdot \cos(\varphi)$$
> Dabei werden mit $|\vec{a}|$ und $|\vec{b}|$ die Beträge (= Längen)
> der Vektoren $\vec{a}$ und $\vec{b}$ bezeichnet.

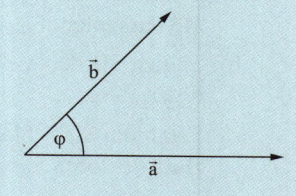

Auf der rechten Seite der obigen Definitionsgleichung des Skalarproduktes stehen nur Skalare, also reelle Zahlen, die mit dem gewöhnlichen „·" verknüpft sind. Damit wird das neue Symbol $\vec{a} \circ \vec{b}$ auf Bekanntes zurückgeführt, wie es in der Mathematik üblich ist. Das Verknüpfungssymbol „∘" der Skalarmultiplikation soll verdeutlichen, dass es sich um eine andere Art von Multiplikation handelt.

Beispiele

1. Von zwei Vektoren $\vec{a}$ und $\vec{b}$ ist bekannt, dass $|\vec{a}| = 5$ sowie $|\vec{b}| = 3$ gilt und der eingeschlossene Winkel 30° beträgt.
   Berechnen Sie das Skalarprodukt $\vec{a} \circ \vec{b}$.

   Lösung:
   $\vec{a} \circ \vec{b} = |\vec{a}| \cdot |\vec{b}| \cdot \cos(30°) = 5 \cdot 3 \cdot \cos(30°) \approx 15 \cdot 0{,}866 = 12{,}99$
   Es gilt also in diesem Fall $\vec{a} \circ \vec{b} \approx 13$. Aus zwei miteinander nach obiger Definition verrechneten Vektoren ist ein Skalar geworden, was den Namen **Skalarprodukt** rechtfertigt.

2. Die Vektoren $\vec{v}$ und $\vec{w}$ stehen senkrecht aufeinander.
   Welchen Wert hat ihr Skalarprodukt?

   Lösung:
   Der Winkel zwischen den Vektoren ist 90°, ferner ist bekanntermaßen $\cos(90°) = 0$ und daraus folgt:
   $\vec{v} \circ \vec{w} = |\vec{v}| \cdot |\vec{w}| \cdot \cos(90°) = |\vec{v}| \cdot |\vec{w}| \cdot 0 = 0$

Das zweite Beispiel liefert eine wichtige erste Erkenntnis über das Skalarprodukt: Zueinander **senkrecht stehende Vektoren** haben stets das **Skalarprodukt null**.

Welchen Wert hat das Skalarprodukt eines Vektors mit sich selbst? Bezeichnet man den betrachteten Vektor mit $\vec{a}$, so ist sein Skalarprodukt mit sich selbst $\vec{a} \circ \vec{a}$. Dafür schreibt man auch $\vec{a}^2$. Eine Verwechslung mit dem gewöhnlichen Quadrat ist nicht zu befürchten, da erkennbar ist, dass es sich bei $\vec{a}$ um einen Vektor handelt, für den man bislang nur das Skalarprodukt hat. Nach Definition gilt:
$\vec{a} \circ \vec{a} = |\vec{a}| \cdot |\vec{a}| \cdot \cos(0°) = |\vec{a}| \cdot |\vec{a}| \cdot 1$
Dabei wird berücksichtigt, dass der Winkel zwischen den Vektoren 0° ist. Ferner gilt $\cos(0°) = 1$. Damit ergibt sich $\vec{a} \circ \vec{a} = |\vec{a}| \cdot |\vec{a}| = |\vec{a}|^2$; es ist also $\vec{a}^2 = |\vec{a}|^2$.

Letzteres ist eine sehr diffizile Darstellung, da links das Skalarprodukt eines Vektors mit sich selbst zu bilden ist, während rechts das gewöhnliche Produkt einer reellen Zahl mit sich selbst zu berechnen ist – also zwei sehr unterschiedliche Rechenvorgänge, die bei flüchtiger Betrachtung fast gleich aussehen und natürlich, wie es das Gleichheitszeichen angibt, den gleichen Skalar liefern. Eine weitere wichtige Erkenntnis ist demnach:
Das **Skalarprodukt** eines Vektors **mit sich selbst** ist das **Quadrat seines Betrages**.

Da $\cos(\varphi)$ nur Werte von -1 bis $+1$ annimmt, gilt für das Skalarprodukt der Wertebereich:

$-|\vec{a}| \cdot |\vec{b}| \le \vec{a} \circ \vec{b} \le |\vec{a}| \cdot |\vec{b}|$

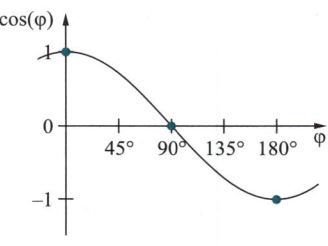

Im Einzelnen lassen sich folgende Werte des Skalarproduktes von zwei Vektoren $\vec{a}, \vec{b} \ne \vec{0}$ in Abhängigkeit vom eingeschlossenen Winkel φ unterscheiden (vergleiche den Verlauf von $\cos(\varphi)$ für $0 \le \varphi \le 180°$):

parallel und gleichsinnig $\varphi = 0°$	spitzer Winkel $0° < \varphi < 90°$	rechter Winkel $\varphi = 90°$	stumpfer Winkel $90° < \varphi < 180°$	parallel und gegensinnig $\varphi = 180°$
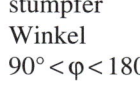			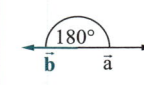	
$\vec{a} \circ \vec{b} =$ $|\vec{a}| \cdot |\vec{b}| > 0$	$\vec{a} \circ \vec{b} > 0$	$\vec{a} \circ \vec{b} = 0$	$\vec{a} \circ \vec{b} < 0$	$\vec{a} \circ \vec{b} =$ $-|\vec{a}| \cdot |\vec{b}| < 0$

Aus der Definition des Skalarproduktes können die folgenden wichtigen Rechengesetze gefolgert werden.

Regel

> **Rechengesetze**
> (1) $\vec{a} \circ \vec{b} = \vec{b} \circ \vec{a}$ Kommutativgesetz
> (2) $\vec{a} \circ (\vec{b} + \vec{c}) = \vec{a} \circ \vec{b} + \vec{a} \circ \vec{c}$ Distributivgesetz
> (3) $(\lambda \cdot \vec{a}) \circ \vec{b} = \lambda \cdot (\vec{a} \circ \vec{b})$ Verträglichkeit mit der Skalarmultiplikation

Nach der bisherigen (koordinatenfreien) Definition des Skalarproduktes $\vec{a} \circ \vec{b} = |\vec{a}| \cdot |\vec{b}| \cdot \cos(\varphi)$ ist die Berechnung nur möglich, wenn man die Beträge der beiden Vektoren und den eingeschlossenen Winkel kennt. Die Berechnung des Skalarproduktes vereinfacht sich erheblich, wenn man die Koordinatendarstellung der beteiligten Vektoren bezüglich eines kartesischen Koordinatensystems hat.
Mit $\vec{e}_1$, $\vec{e}_2$ und $\vec{e}_3$ werden die Standardbasisvektoren des $\mathbb{R}^3$ bezeichnet, die (siehe vorheriges Kapitel) die Länge 1 haben und paarweise senkrecht zueinander stehen.

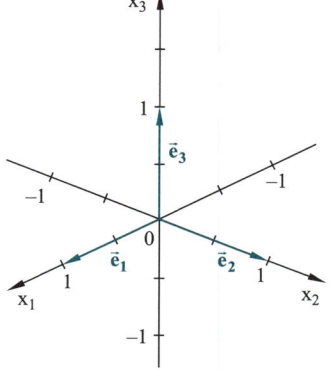

Mit ihnen lassen sich die Vektoren $\vec{a}$ und $\vec{b}$ als Koordinatenvektoren darstellen:

$$\vec{a} = \begin{pmatrix} a_1 \\ a_2 \\ a_3 \end{pmatrix} = a_1 \cdot \vec{e}_1 + a_2 \cdot \vec{e}_2 + a_3 \cdot \vec{e}_3 \quad \text{und} \quad \vec{b} = \begin{pmatrix} b_1 \\ b_2 \\ b_3 \end{pmatrix} = b_1 \cdot \vec{e}_1 + b_2 \cdot \vec{e}_2 + b_3 \cdot \vec{e}_3$$

Das Skalarprodukt führt dann auf folgende Darstellung:

$$\vec{a} \circ \vec{b} = \begin{pmatrix} a_1 \\ a_2 \\ a_3 \end{pmatrix} \circ \begin{pmatrix} b_1 \\ b_2 \\ b_3 \end{pmatrix} = (a_1 \cdot \vec{e}_1 + a_2 \cdot \vec{e}_2 + a_3 \cdot \vec{e}_3) \circ (b_1 \cdot \vec{e}_1 + b_2 \cdot \vec{e}_2 + b_3 \cdot \vec{e}_3)$$

Die beiden Klammern werden mit den für das Skalarprodukt gültigen Rechengesetzen ausmultipliziert, die Skalare (Koordinaten) nach vorne geschrieben und entsprechend den Basisvektoren zusammengefasst:

$$(a_1\vec{e}_1 + a_2\vec{e}_2 + a_3\vec{e}_3) \circ (b_1\vec{e}_1 + b_2\vec{e}_2 + b_3\vec{e}_3)$$
$$= a_1b_1 \cdot \underbrace{\vec{e}_1 \circ \vec{e}_1}_{=1} + a_1b_2 \cdot \underbrace{\vec{e}_1 \circ \vec{e}_2}_{=0} + a_1b_3 \cdot \underbrace{\vec{e}_1 \circ \vec{e}_3}_{=0} + \ldots$$

Im vollständig ausmultiplizierten Zustand ergibt das $3 \cdot 3 = 9$ Summanden. Es geht jetzt nur noch darum, die Skalarprodukte der jeweiligen Standardbasisvektoren zu bestimmen, z. B. $\vec{e}_1 \circ \vec{e}_2$. Letzteres ist null, weil die beiden Standardbasisvektoren senkrecht aufeinander stehen. Das gilt auch für alle weiteren Skalarprodukte mit verschiedenen Basisvektoren. Damit bleiben von den ursprünglich neun aufzusummierenden Produkten von oben nur drei übrig, und zwar diejenigen, welche die gleichen Basisvektoren im Skalarprodukt haben. Diese Skalarprodukte ergeben jeweils 1, weil sie die Länge 1 und den Winkel 0° haben, z. B. gilt:

$$\vec{e}_1 \circ \vec{e}_1 = |\vec{e}_1| \cdot |\vec{e}_1| \cdot \cos(0°) = 1 \cdot 1 \cdot 1 = 1$$

Damit hat man die einfache und leicht zu merkende Formel zur Berechnung des Skalarproduktes im kartesischen Koordinatensystem. Es müssen die (normalen) Produkte der jeweiligen Koordinaten gebildet und anschließend addiert werden:

Regel

Berechnungsformel für das Skalarprodukt

Sind Vektoren in einem kartesischen Koordinatensystem gegeben, so berechnet sich ihr Skalarprodukt wie folgt:

Im $\mathbb{R}^3$:

$$\vec{a} \circ \vec{b} = \begin{pmatrix} a_1 \\ a_2 \\ a_3 \end{pmatrix} \circ \begin{pmatrix} b_1 \\ b_2 \\ b_3 \end{pmatrix} = a_1 \cdot b_1 + a_2 \cdot b_2 + a_3 \cdot b_3$$

Im $\mathbb{R}^2$:

$$\vec{a} \circ \vec{b} = \begin{pmatrix} a_1 \\ a_2 \end{pmatrix} \circ \begin{pmatrix} b_1 \\ b_2 \end{pmatrix} = a_1 \cdot b_1 + a_2 \cdot b_2$$

Beispiele

1. Berechnen Sie die Skalarprodukte:

a) $\begin{pmatrix} 1 \\ -3 \\ 2 \end{pmatrix} \circ \begin{pmatrix} 5 \\ -1 \\ 0{,}5 \end{pmatrix}$

b) $\begin{pmatrix} 1 \\ -2 \end{pmatrix} \circ \begin{pmatrix} -3 \\ 2 \end{pmatrix}$

c) $\begin{pmatrix} x \\ 2x \end{pmatrix} \circ \begin{pmatrix} -x \\ 3 \end{pmatrix}$

d) $\begin{pmatrix} a^2 \\ 2a \\ -b \end{pmatrix} \circ \begin{pmatrix} 4 \\ -a \\ b \end{pmatrix}$

Lösung:

a) $\begin{pmatrix} 1 \\ -3 \\ 2 \end{pmatrix} \circ \begin{pmatrix} 5 \\ -1 \\ 0,5 \end{pmatrix} = 1 \cdot 5 + (-3) \cdot (-1) + 2 \cdot 0,5 = 5 + 3 + 1 = 9$

b) $\begin{pmatrix} 1 \\ -2 \end{pmatrix} \circ \begin{pmatrix} -3 \\ 2 \end{pmatrix} = -3 + (-4) = -7$

c) $\begin{pmatrix} x \\ 2x \end{pmatrix} \circ \begin{pmatrix} -x \\ 3 \end{pmatrix} = -x^2 + 6x$

d) $\begin{pmatrix} a^2 \\ 2a \\ -b \end{pmatrix} \circ \begin{pmatrix} 4 \\ -a \\ b \end{pmatrix} = 4a^2 - 2a^2 - b^2 = 2a^2 - b^2$

2. Welche Aussage können Sie über die Vektoren machen, von denen Sie Folgendes wissen:

a) $\vec{a} \circ \vec{b} = -3$

b) $\vec{a} \circ \vec{a} = 9$

c) $\vec{v} \circ \vec{w} = 0$

Lösung:

a) $\vec{a}$ und $\vec{b}$ schließen einen Winkel von mehr als $90°$ ein.

b) Der Vektor $\vec{a}$ ist 3 Längeneinheiten lang: Wegen $\vec{a} \circ \vec{a} = |\vec{a}|^2$ ist das Quadrat des Betrages des Vektors gleich 9, also seine Länge gleich 3.

c) Die beiden Vektoren $\vec{v}$ und $\vec{w}$ stehen senkrecht zueinander.

Aufgaben   **185.** Berechnen Sie die folgenden Skalarprodukte.

a) $\begin{pmatrix} 1 \\ 2 \\ -3 \end{pmatrix} \circ \begin{pmatrix} 2 \\ 2 \end{pmatrix}$

b) $\begin{pmatrix} 2 \\ 1 \\ -3 \end{pmatrix} \circ \begin{pmatrix} 2 \\ -2 \\ 1 \end{pmatrix}$

c) $\begin{pmatrix} 4 \\ 0 \\ -3 \end{pmatrix} \circ \begin{pmatrix} 0 \\ -5 \\ 0 \end{pmatrix}$

d) $\begin{pmatrix} a \\ b \\ -a \end{pmatrix} \circ \begin{pmatrix} b \\ -a \\ -b \end{pmatrix}$

186. Bestimmen Sie den jeweiligen Parameter so, dass die angegebenen Gleichungen erfüllt sind.

a) $\begin{pmatrix} -2 \\ x \\ 1 \end{pmatrix} \circ \begin{pmatrix} 2x \\ -2 \\ -2 \end{pmatrix} = 4$

b) $\begin{pmatrix} a \\ a \\ a \end{pmatrix} \circ \begin{pmatrix} a \\ a \\ a \end{pmatrix} = 1$

c) $\begin{pmatrix} 1 \\ 2 \\ 3 \end{pmatrix} \circ \begin{pmatrix} 2 \\ 4 \\ z \end{pmatrix} = 0$

d) $\begin{pmatrix} k \\ 1 \\ -2 \end{pmatrix} \circ \begin{pmatrix} k \\ 0 \\ k \end{pmatrix} = -1$

187. Im Folgenden sind einige mathematische Ausdrücke mit Vektoren und
Skalaren gegeben. Entscheiden Sie begründet, welche Ausdrücke einen
Vektor, einen Skalar oder mathematischen Unsinn ergeben.

a) $\vec{a} \circ \vec{b} + \vec{c}$

b) $(\vec{u} \circ \vec{v}) \cdot \vec{w}$

c) $(\lambda \vec{a} + \mu \vec{b}) \circ \vec{c}$

d) $(\lambda \vec{a} \circ \mu \vec{b}) \circ \vec{c}$

9.2 Betrag und Winkel

Weil bei Koordinatenvektoren neben der Definition eine weitere Formel zur Berechnung des Skalarproduktes zur Verfügung steht, können die anderen in der
Definitionsgleichung des Skalarproduktes vorkommenden Bestandteile direkt
damit bestimmt werden.

Das Skalarprodukt eines Vektors mit sich selbst ist sein Betrag zum Quadrat:
$\vec{a} \circ \vec{a} = |\vec{a}|^2$

Das Skalarprodukt von $\vec{a}$ mit sich selbst lautet mit Koordinaten geschrieben:

$$\vec{a} \circ \vec{a} = \begin{pmatrix} a_1 \\ a_2 \\ a_3 \end{pmatrix} \circ \begin{pmatrix} a_1 \\ a_2 \\ a_3 \end{pmatrix} = a_1^2 + a_2^2 + a_3^2$$

Demnach gilt:
$|\vec{a}| = \sqrt{\vec{a} \circ \vec{a}} = \sqrt{\vec{a}^2}$

Regel

Betrag eines Vektors

Im $\mathbb{R}^3$:   Im $\mathbb{R}^2$:

$$|\vec{a}| = \left| \begin{pmatrix} a_1 \\ a_2 \\ a_3 \end{pmatrix} \right| = \sqrt{a_1^2 + a_2^2 + a_3^2} \qquad |\vec{a}| = \left| \begin{pmatrix} a_1 \\ a_2 \end{pmatrix} \right| = \sqrt{a_1^2 + a_2^2}$$

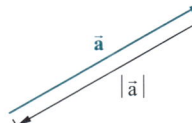

Den Betrag eines Vektors erhält man also, indem man seine Koordinaten qua-
driert, diese Quadrate addiert und daraus schließlich die Wurzel zieht.

Beispiel

Berechnen Sie die Beträge der folgenden Vektoren.

a) $\vec{a} = \begin{pmatrix} 1 \\ 1 \\ 1 \end{pmatrix}$

b) $\vec{b} = \begin{pmatrix} 1 \\ -1 \end{pmatrix}$

c) $\vec{0} = \begin{pmatrix} 0 \\ 0 \\ 0 \end{pmatrix}$

d) $\vec{d} = \begin{pmatrix} -2 \\ 4 \\ z \end{pmatrix}$

Lösung:

a) $|\vec{a}| = \sqrt{1^2 + 1^2 + 1^2} = \sqrt{1+1+1} = \sqrt{3} \approx 1,73$

b) $|\vec{b}| = \sqrt{1^2 + (-1)^2} = \sqrt{1+1} = \sqrt{2} \approx 1,41$

c) $|\vec{0}| = \sqrt{0^2 + 0^2 + 0^2} = 0$

   Der Nullvektor $\vec{0}$ ist der einzige Vektor mit dem Betrag 0.

d) $|\vec{d}| = \sqrt{4 + 16 + z^2} = \sqrt{20 + z^2}$

Ein Vektor heißt **normiert** oder Einheitsvektor, wenn er den Betrag 1 hat, wenn also $|\vec{v}| = 1$ gilt. Jeder beliebige Vektor $\vec{a} \neq \vec{0}$ kann normiert, also auf Länge 1 gebracht werden, indem man ihn mit dem Kehrwert seines Betrages multipliziert.

Regel

Normierung eines Vektors

$$\vec{a}^0 = \frac{1}{|\vec{a}|}\vec{a} = \frac{1}{\sqrt{a_1^2 + a_2^2 + a_3^2}} \cdot \begin{pmatrix} a_1 \\ a_2 \\ a_3 \end{pmatrix}$$

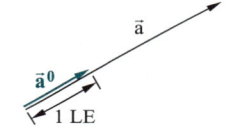

Der Vektor $\vec{a}^0$ hat dieselbe Richtung wie $\vec{a}$ und es gilt $|\vec{a}^0| = 1$. Normierte Vektoren eignen sich gut, um Längen abzutragen. So ist beispielsweise der Vektor $\vec{a} = 3\vec{a}^0$ in Richtung des Vektors $\vec{a}$ orientiert und 3 Längeneinheiten lang.

Beispiel

Bestimmen Sie zu dem Vektor $\vec{v} = \begin{pmatrix} 3 \\ -2 \\ \sqrt{3} \end{pmatrix}$ den normierten Vektor $\vec{v}^0$.

Lösung:
Der Vektor $\vec{v} = \begin{pmatrix} 3 \\ -2 \\ \sqrt{3} \end{pmatrix}$ hat den Betrag:

$$|\vec{v}| = \sqrt{9 + 4 + 3} = 4$$

Damit ist der auf Länge 1 gebrachte (normierte) Vektor $\vec{v}^0$ von $\vec{v}$ gleich:

$$\vec{v}^0 = \frac{1}{4}\vec{v} = \frac{1}{4} \cdot \begin{pmatrix} 3 \\ -2 \\ \sqrt{3} \end{pmatrix} = \begin{pmatrix} \frac{3}{4} \\ -\frac{1}{2} \\ \frac{\sqrt{3}}{4} \end{pmatrix}$$

Benötigt man den **Abstand zweier Punkte** $A(a_1|a_2|a_3)$
und $B(b_1|b_2|b_3)$, so bildet man mittels „Spitze minus
Fuß" den Verbindungsvektor $\overrightarrow{AB} = \overrightarrow{OB} - \overrightarrow{OA}$. Dessen
Länge ist dann der Abstand $d(A; B)$.

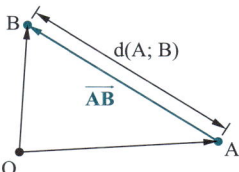

Regel

Abstand zweier Punkte

$$d(A; B) = |\overrightarrow{AB}| = \sqrt{(b_1 - a_1)^2 + (b_2 - a_2)^2 + (b_3 - a_3)^2}$$

Man muss also lediglich die Differenzen der entsprechenden Koordinaten der beiden Punkte bilden, diese quadrieren und dann aufsummieren. Schließlich ist noch
die Wurzel zu ziehen.

Beispiele

1. Im $\mathbb{R}^2$ sind die Punkte $A(5|10)$ und $B(11|2)$ gegeben. Zeichnen Sie diese
   in ein Koordinatensystem ein und berechnen Sie ihren Abstand. Überprüfen Sie Ihr Ergebnis anhand Ihres Diagramms.

   Lösung:

   $$d(A; B) = |\overrightarrow{AB}| = |\overrightarrow{OB} - \overrightarrow{OA}|$$
   $$= \left| \binom{11}{2} - \binom{5}{10} \right| = \left| \binom{6}{-8} \right|$$
   $$= \sqrt{6^2 + (-8)^2} = \mathbf{10}$$

   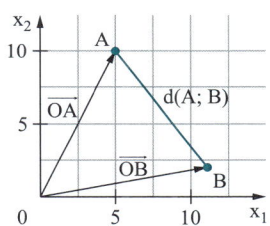

2. Durch den Punkt $A(0|4|-2)$ und die Vektoren
   $\overrightarrow{AB} = \begin{pmatrix} -3 \\ 0 \\ 6 \end{pmatrix}$ und $\overrightarrow{AC} = \begin{pmatrix} 1 \\ -2 \\ 2 \end{pmatrix}$ ist im $\mathbb{R}^3$ das Dreieck

   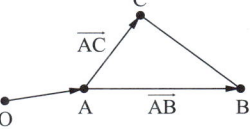

   ABC festgelegt.

   a) Ermitteln Sie die Koordinaten der Punkte B
      und C.

   b) Berechnen Sie die Längen der drei Seiten des Dreiecks.

   c) Untersuchen Sie, ob es sich um ein rechtwinkliges Dreieck handelt.

   Lösung:

   a) Aus der Skizze folgt (geschlossene Vektorkette):

      $$\overrightarrow{OB} = \overrightarrow{OA} + \overrightarrow{AB}$$

      Damit erhält man $\mathbf{B(-3|4|4)}$ und entsprechend auch $\mathbf{C(1|2|0)}$.

b) Die Seitenlängen werden mithilfe der Beträge der entsprechenden Verbindungsvektoren bestimmt:

$$d(A;B) = |\overrightarrow{AB}| = \sqrt{(-3)^2 + 0^2 + 6^2} = \sqrt{45} = 3\sqrt{5} \approx 6,71$$

$$d(A;C) = |\overrightarrow{AC}| = \sqrt{1^2 + (-2)^2 + 2^2} = \sqrt{9} = 3$$

$$d(B;C) = |\overrightarrow{BC}| = \sqrt{(1-(-3))^2 + (2-4)^2 + (0-4)^2} = \sqrt{36} = 6$$

c) Da die drei Seitenlängen den Satz des Pythagoras erfüllen,

$$\sqrt{45}^2 = 3^2 + 6^2,$$

muss es sich um ein rechtwinkliges Dreieck handeln.

Das kann man auch mithilfe des Skalarproduktes überprüfen, das für die entsprechenden Seitenvektoren null ergeben muss:

$$\overrightarrow{AC} \circ \overrightarrow{BC} = \begin{pmatrix} 1 \\ -2 \\ 2 \end{pmatrix} \circ \begin{pmatrix} 4 \\ -2 \\ -4 \end{pmatrix} = 4 + 4 - 8 = 0$$

Also gilt tatsächlich: $\overrightarrow{AC} \perp \overrightarrow{BC}$

3. Welcher Punkt auf der im $\mathbb{R}^2$ liegenden Geraden g: $y = x$ hat den kleinsten Abstand von dem Punkt P(0|1)?

Lösung:

Jeder Punkt A auf g hat die Koordinaten A(x|x), da $y = x$ gilt. A stellt man sich als beweglichen Punkt auf dem Graphen von g vor. Für den Abstand zu P gilt dann:

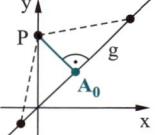

$$d(P;A) = |\overrightarrow{PA}| = \sqrt{(x-0)^2 + (x-1)^2} = \sqrt{2x^2 - 2x + 1}$$

Der Abstand ist dort am geringsten, wo der Radikand $2x^2 - 2x + 1$ sein Minimum hat. Da der Funktionsgraph von $x \mapsto 2x^2 - 2x + 1$ eine nach oben geöffnete Parabel ist, ist das Minimum beim Scheitel zu finden. Dessen x-Koordinate berechnet sich allgemein zu $x_0 = -\frac{b}{2a}$, wenn eine Parabel der Form $x \mapsto ax^2 + bx + c$ gegeben ist:

$$x_0 = -\frac{b}{2a} = -\frac{-2}{2 \cdot 2} = \frac{1}{2}$$

Der Punkt $A_0\left(\frac{1}{2} \mid \frac{1}{2}\right)$ auf g hat den kleinsten Abstand von P. Man kann sich davon überzeugen, dass der Vektor $\overrightarrow{A_0P}$ senkrecht auf der Geraden g steht.

Um den **Winkel zwischen zwei Vektoren** zu ermitteln, löst man die Definitionsgleichung des Skalarproduktes nach $\cos(\varphi)$ auf. Den Winkel φ – üblicherweise im Gradmaß – erhält man dann mit dem Taschenrechner, indem man die Umkehrfunktion von cos anwendet. Das geschieht normalerweise mit einer Tastenkombination Shift cos oder 2nd cos.

Regel

> **Berechnung des Winkels zwischen zwei Vektoren**
> Zwei vom Nullvektor verschiedene Vektoren $\vec{a}$ und $\vec{b}$
> schließen einen Winkel φ mit $0° \leq \varphi \leq 180°$ (das ist der
> kleinere der beiden möglichen Winkel) ein. Der Kosi-
> nus dieses Winkels berechnet sich gemäß:
> $$\cos(\varphi) = \frac{\vec{a} \circ \vec{b}}{|\vec{a}| \cdot |\vec{b}|} \quad \text{mit } 0° \leq \varphi \leq 180°$$

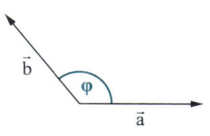

Ausgeschrieben für Vektoren aus dem $\mathbb{R}^3$ führt das auf die kompliziert aussehende
Formel:
$$\cos(\varphi) = \frac{a_1 \cdot b_1 + a_2 \cdot b_2 + a_3 \cdot b_3}{\sqrt{a_1^2 + a_2^2 + a_3^2} \cdot \sqrt{b_1^2 + b_2^2 + b_3^2}}$$
Im $\mathbb{R}^2$ fällt die 3. Koordinate weg.

Beispiele

1. Berechnen Sie die Winkel zwischen folgenden Vektoren:

   a) $\vec{a} = \begin{pmatrix} 8 \\ -4 \\ 5 \end{pmatrix}$ und $\vec{b} = \begin{pmatrix} 2 \\ 12 \\ -3 \end{pmatrix}$

   b) $\vec{x} = \begin{pmatrix} 1 \\ 2 \end{pmatrix}$ und $\vec{y} = \begin{pmatrix} -2 \\ -4 \end{pmatrix}$

   Lösung:

   a) $\cos(\varphi) = \dfrac{\begin{pmatrix} 8 \\ -4 \\ 5 \end{pmatrix} \circ \begin{pmatrix} 2 \\ 12 \\ -3 \end{pmatrix}}{\left|\begin{pmatrix} 8 \\ -4 \\ 5 \end{pmatrix}\right| \cdot \left|\begin{pmatrix} 2 \\ 12 \\ -3 \end{pmatrix}\right|} = \dfrac{8 \cdot 2 + (-4) \cdot 12 + 5 \cdot (-3)}{\sqrt{8^2 + (-4)^2 + 5^2} \cdot \sqrt{2^2 + 12^2 + (-3)^2}} = \dfrac{-47}{\sqrt{105} \cdot \sqrt{157}}$

   $$\approx -0,366 \quad \Rightarrow \quad \boldsymbol{\varphi \approx 111,47°}$$

   Es handelt sich um einen stumpfen Winkel. Das war bereits aufgrund
   des negativen Skalarproduktes (im Zähler) klar.
   Die Rechnung sieht sehr wuchtig aus. Man wird sie in dieser Ausführ-
   lichkeit nicht immer anschreiben und den Zwischenteil überspringen,
   weil man die Zahlen im letzten Bruch meist im Kopf berechnen kann.

   b) Man sieht, dass es sich um zwei kollineare,
   gegensinnige Vektoren handelt, weshalb
   sich der Winkel 180° ergeben muss.

   $$\cos(\varphi) = \frac{\begin{pmatrix} 1 \\ 2 \end{pmatrix} \circ \begin{pmatrix} -2 \\ -4 \end{pmatrix}}{\left|\begin{pmatrix} 1 \\ 2 \end{pmatrix}\right| \cdot \left|\begin{pmatrix} -2 \\ -4 \end{pmatrix}\right|} = \frac{-10}{\sqrt{5} \cdot \sqrt{20}} = \frac{-10}{\sqrt{100}} = -1 \quad \Rightarrow \quad \boldsymbol{\varphi = 180°}$$

2. Mit dem Parameter $k \in \mathbb{R}$ sind die drei Eckpunkte
   $A(0|0|0)$, $B(1|\sqrt{2}|1)$ und $C_k(1|0|k)$ des Dreiecks
   ABC_k gegeben.
   Berechnen Sie den Wert von k so, dass das Dreieck
   bei A einen Winkel von 60° besitzt. Welche Werte
   haben für diesen Fall die beiden anderen Winkel?

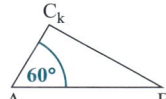

Lösung:
Der Winkel bei A wird von den Vektoren $\overrightarrow{AB} = \begin{pmatrix} 1 \\ \sqrt{2} \\ 1 \end{pmatrix}$ und $\overrightarrow{AC_k} = \begin{pmatrix} 1 \\ 0 \\ k \end{pmatrix}$ gebildet. Es gilt:

$$\overrightarrow{AB} \circ \overrightarrow{AC_k} = 1 + k; \ |\overrightarrow{AB}| = 2 \ \text{und} \ |\overrightarrow{AC_k}| = \sqrt{1 + k^2}$$

Ferner ist $\cos(60°) = \frac{1}{2}$. Setzt man das in die Winkelformel

$$\cos(60°) = \frac{\overrightarrow{AB} \circ \overrightarrow{AC_k}}{|\overrightarrow{AB}| \cdot |\overrightarrow{AC_k}|}$$

ein, so erhält man:

$$\frac{1}{2} = \frac{1+k}{2 \cdot \sqrt{1+k^2}} \qquad \text{über Kreuz ausmultiplizieren}$$

$$\sqrt{1+k^2} = 1+k \qquad \text{beide Seiten quadrieren und ausmultiplizieren}$$

$$1 + k^2 = 1 + 2k + k^2 \ \Rightarrow \ \mathbf{k = 0}$$

Der Punkt $C_0(1\,|\,0\,|\,0)$ bewirkt, dass der Winkel bei A 60° ist.

Der Winkel β bei B wird von den Vektoren

$$\overrightarrow{BA} = -\overrightarrow{AB} = \begin{pmatrix} -1 \\ -\sqrt{2} \\ -1 \end{pmatrix} \ \text{und} \ \overrightarrow{BC_0} = \begin{pmatrix} 0 \\ -\sqrt{2} \\ -1 \end{pmatrix}$$

gebildet. Man errechnet mit der Winkelformel:

$$\cos(\beta) = \frac{3}{2 \cdot \sqrt{3}} \ \Rightarrow \ \mathbf{\beta = 30°}$$

Aufgrund der Winkelsumme im Dreieck muss dann $\mathbf{\gamma = 90°}$ sein. Dass im Punkt C_0 tatsächlich ein rechter Winkel vorliegt, kann man mit dem Skalarprodukt leicht überprüfen:

$$\overrightarrow{C_0A} \circ \overrightarrow{C_0B} = \begin{pmatrix} -1 \\ 0 \\ 0 \end{pmatrix} \circ \begin{pmatrix} 0 \\ \sqrt{2} \\ 1 \end{pmatrix} = 0 \ \Rightarrow \ \overrightarrow{C_0A} \perp \overrightarrow{C_0B}$$

Nach der Definition des Skalarproduktes $\vec{a} \circ \vec{b} = |\vec{a}| \cdot |\vec{b}| \cdot \cos(\varphi)$ ist dieses für zwei vom Nullvektor verschiedene Vektoren $\vec{a}$ und $\vec{b}$ genau dann null, wenn $\cos(\varphi) = 0$. Das ist im Bereich von $0° \leq \varphi \leq 180°$ nur für $\varphi = 90°$, also bei einem rechten Winkel, der Fall. Deshalb gilt:

Regel

Orthogonale Vektoren
Zwei Vektoren $\vec{a}, \vec{b} \neq \vec{0}$ sind genau dann **orthogonal** (stehen senkrecht zueinander, symbolisch $\perp$), wenn ihr Skalarprodukt null ergibt:
$$\vec{a} \circ \vec{b} = 0 \ \Leftrightarrow \ \vec{a} \perp \vec{b}$$

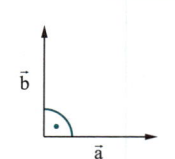

1. Untersuchen Sie, ob die folgenden Vektoren zueinander orthogonal sind:

   a) $\vec{a} = \begin{pmatrix} 2 \\ 1 \end{pmatrix}$; $\vec{b} = \begin{pmatrix} -2 \\ 4 \end{pmatrix}$

   b) $\vec{a} = \begin{pmatrix} 3 \\ -1 \\ 5 \end{pmatrix}$; $\vec{b} = \begin{pmatrix} -2 \\ -1 \\ 1 \end{pmatrix}$

   c) $\vec{e}_1 = \begin{pmatrix} 1 \\ 0 \\ 0 \end{pmatrix}$; $\vec{e}_2 = \begin{pmatrix} 0 \\ 1 \\ 0 \end{pmatrix}$; $\vec{e}_3 = \begin{pmatrix} 0 \\ 0 \\ 1 \end{pmatrix}$; jeweils paarweise

   Lösung:

   a) $\vec{a} \circ \vec{b} = \begin{pmatrix} 2 \\ 1 \end{pmatrix} \circ \begin{pmatrix} -2 \\ 4 \end{pmatrix} = -4 + 4 = 0 \iff \vec{a} \perp \vec{b}$

   Die Vektoren $\vec{a}$ und $\vec{b}$ sind orthogonal zueinander.

   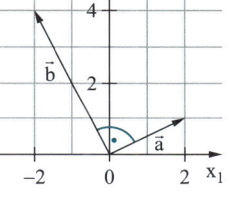

   b) $\vec{a} \circ \vec{b} = \begin{pmatrix} 3 \\ -1 \\ 5 \end{pmatrix} \circ \begin{pmatrix} -2 \\ -1 \\ 1 \end{pmatrix} = -6 + 1 + 5 = 0 \iff \vec{a} \perp \vec{b}$

   Die Vektoren $\vec{a}$ und $\vec{b}$ sind orthogonal zueinander.

   c) $\vec{e}_1 \circ \vec{e}_2 = \begin{pmatrix} 1 \\ 0 \\ 0 \end{pmatrix} \circ \begin{pmatrix} 0 \\ 1 \\ 0 \end{pmatrix} = 0;$

   $\vec{e}_1 \circ \vec{e}_3 = 0; \; \vec{e}_2 \circ \vec{e}_3 = 0$

   Die drei Standardbasisvektoren des $\mathbb{R}^3$ stehen paarweise senkrecht zueinander.

   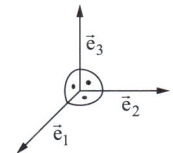

2. Bestimmen Sie $m \in \mathbb{R}$ so, dass die beiden Vektoren $\vec{a} = \begin{pmatrix} 4 \\ -m \\ 2 \end{pmatrix}$; $\vec{b} = \begin{pmatrix} m \\ -1 \\ 5 \end{pmatrix}$ orthogonal sind.

   Lösung:
   Das Skalarprodukt $\vec{a} \circ \vec{b} = 4m + m + 10 = 5m + 10$ muss null sein, also wird es null gesetzt: $5m + 10 = 0$. Daraus folgt: **$m = -2$**

Mitunter muss man zu einem vorgegebenen Vektor möglichst einfach einen orthogonalen Vektor angeben. Man muss also einen Vektor finden, der zusammen mit dem vorgegebenen Vektor das Skalarprodukt null hat. Dabei hat man viele Freiheitsgrade.

Hat der vorgegebene Vektor in einer Koordinate eine 0, so setzt man beim gesuchten Vektor diese Koordinate auf 1 und die anderen Koordinaten auf 0, z. B.:

$$\vec{v} = \begin{pmatrix} 2 \\ \mathbf{0} \\ -5 \end{pmatrix} \implies \vec{x} = \begin{pmatrix} 0 \\ \mathbf{1} \\ 0 \end{pmatrix}$$

Man sieht sofort, dass $\vec{v} \circ \vec{x} = 0$. Das geht auch im $\mathbb{R}^2$.

Sind sämtliche Koordinaten $\neq 0$, so erzeugt man einen senkrecht stehenden Vektor aus dem vorgegebenen Vektor, indem man eine Koordinate null setzt, die beiden restlichen vertauscht und bei einer der beiden vertauschten Zahlen das Vorzeichen wechselt. Klingt kompliziert – ist es aber nicht:

$$\vec{v} = \begin{pmatrix} 2 \\ 3 \\ -5 \end{pmatrix} \Rightarrow \vec{x} = \begin{pmatrix} 5 \\ 0 \\ 2 \end{pmatrix}$$

Überzeugen Sie sich, es ist: $\vec{v} \circ \vec{x} = 0$

Was wurde gemacht? Die mittlere Koordinate von $\vec{v}$ wurde beim Übergang auf $\vec{x}$ willkürlich zu 0 gemacht (jede andere ginge auch). 2 und –5 haben ihre Plätze getauscht und bei –5 wurde das Vorzeichen gewechselt.

Beispiel

Geben Sie einen Vektor $\vec{b}$ an, der zu $\vec{a} = \begin{pmatrix} -1 \\ -2 \\ \sqrt{5} \end{pmatrix}$ orthogonal ist.

Lösung:

$$\vec{b} = \begin{pmatrix} 2 \\ -1 \\ 0 \end{pmatrix}$$

Aufgaben

188. Das Wichtigste zum Skalarprodukt. Ergänzen Sie:

a) **Definition**

$\vec{a} \circ \vec{b} = $ _____ mit $0° \leq \varphi \leq 180°$

$\vec{a} \circ \vec{b} = $ _____ kartesische Koordinaten im $\mathbb{R}^3$

b) **Eigenschaften**

Senkrechtstehen: $\vec{a} \perp \vec{b} \iff \vec{a} \circ \vec{b} = $ _____

Skalarprodukt mit sich selbst: $\vec{a} \circ \vec{a} = \vec{a}^2 = $ _____

Betrag eines Vektors: $|\vec{a}| = \left| \begin{pmatrix} a_1 \\ a_2 \\ a_3 \end{pmatrix} \right| = $ _____

normierter Vektor $\vec{a}^0 = $ _____

Winkel zwischen zwei Vektoren: $\cos(\varphi) = $ _____

189. Welcher der folgenden Ausdrücke ist ein Vektor, ein Skalar bzw. Unsinn?

a) $\dfrac{\vec{a}}{|\vec{a}|}$

b) $\dfrac{|\vec{a}|}{\vec{a}}$

c) $\vec{a} \circ |\vec{b}|$

d) $\dfrac{\vec{a} \circ \vec{b}}{|\vec{a}| \cdot |\vec{b}|}$

e) $\vec{a} \circ \vec{b} = 1$

190. Berechnen Sie die Beträge der angegebenen Vektoren bzw. die Abstände der angegebenen Punkte:

a) $\begin{pmatrix} 2 \\ 1 \end{pmatrix}$

b) $\begin{pmatrix} -2 \\ 1 \\ 1 \end{pmatrix}$

c) $\begin{pmatrix} -\sqrt{2} \\ 1 \\ -1 \end{pmatrix}$

d) $3 \cdot \begin{pmatrix} -\sqrt{2} \\ 1 \\ -1 \end{pmatrix}$

e) $\begin{pmatrix} \sqrt{k} \\ -2k \\ 3 \end{pmatrix}$

f) $O(0|0|0)$ und $A(1|1|0)$

g) $P(1|-2)$ und $Q(3|0)$

h) $A(2|1|-1)$ und $B(-3|8|1)$

191. Im $\mathbb{R}^2$ werde die durch $y = x^2$ gegebene Normalparabel betrachtet. Welche Punkte auf der Parabel haben den kleinsten Abstand zum Punkt $P(0|2)$?

192. Die folgenden Vektoren sollen normiert werden:

a) $\vec{a} = \begin{pmatrix} -1 \\ 2 \end{pmatrix}$

b) $\vec{b} = \begin{pmatrix} -\sqrt{2} \\ 1 \\ -1 \end{pmatrix}$

c) $\vec{c} = \begin{pmatrix} -3 \\ 0 \\ 4 \end{pmatrix}$

d) $\vec{d} = \begin{pmatrix} -1 \\ 3 \\ 4 \end{pmatrix}$

193. Berechnen Sie mit den Vektoren $\vec{a} = \begin{pmatrix} -3 \\ 0 \\ 4 \end{pmatrix}$ und $\vec{b} = \begin{pmatrix} 1 \\ -3 \\ 1 \end{pmatrix}$ die folgenden Ausdrücke:

a) $\vec{a} \circ \vec{b}$

b) $|\vec{a}| \cdot |\vec{b}|$

c) $|\vec{a} - \vec{b}|$

d) $|\vec{a}| - |\vec{b}|$

e) $|\vec{a} + 2\vec{b}|$

f) $\dfrac{\vec{a} \circ \vec{b}}{|\vec{a}| \cdot |\vec{b}|}$

194. Manchmal benötigt man einen Vektor, der in Richtung der **Winkelhalbierenden** von zwei vorgegebenen Vektoren orientiert ist. Dazu normiert man die beiden Vektoren und addiert dann diese Einheitsvektoren.

a) Machen Sie anhand einer Skizze deutlich, dass das so funktioniert.

b) Berechnen Sie einen bezüglich $\vec{a} = \begin{pmatrix} 0 \\ 3 \\ 4 \end{pmatrix}$ und $\vec{b} = \begin{pmatrix} 1 \\ 1 \\ \sqrt{2} \end{pmatrix}$ winkelhalbierenden Vektor.

195. a) Bestimmen Sie den Winkel, der von den beiden Vektoren $\vec{a}_1 = \begin{pmatrix} -1 \\ 2 \end{pmatrix}$ und $\vec{b}_1 = \begin{pmatrix} -2 \\ 4 \end{pmatrix}$ sowie $\vec{a}_2 = \begin{pmatrix} -3 \\ 0 \\ 4 \end{pmatrix}$ und $\vec{b}_2 = \begin{pmatrix} -1 \\ 3 \\ 4 \end{pmatrix}$ eingeschlossen wird.

b) Für welchen Wert von $k \in \mathbb{R}$ schließen die beiden Vektoren $\vec{a} = \begin{pmatrix} k \\ 0 \\ -1 \end{pmatrix}$ und $\vec{b} = \begin{pmatrix} 1 \\ \sqrt{2} \\ -1 \end{pmatrix}$ einen Winkel von $45°$ ein?

c) Das Dreieck ABC ist durch die drei Eckpunkte A(1|0|–1), B(2|1|–3)
und C(4|0|1) festgelegt. Berechnen Sie sämtliche Innenwinkel des
Dreiecks.

d) Das Dreieck ABC von Teilaufgabe c soll um einen Punkt D ergänzt
werden, sodass sich ein Parallelogramm ABDC ergibt.
Bestimmen Sie zunächst die Koordinaten des Punktes D und ermitteln
Sie dann sämtliche Innenwinkel des Parallelogramms. Ermitteln Sie
schließlich, unter welchem Winkel sich die Diagonalen des Parallelogramms schneiden.

e) Berechnen Sie den Winkel, unter dem
sich im Einheitswürfel die Raumdiagonalen schneiden.
Beachten Sie, dass man beim Schnitt von
Geraden bzw. Strecken den kleineren der
beiden Winkel als Schnittwinkel angibt.

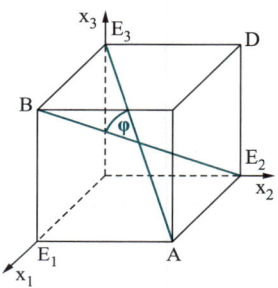

196. Der bekannteste Satz der Mathematik dürfte wohl
der Satz des Pythagoras sein, wonach für die Seiten eines rechtwinkligen Dreiecks die Beziehung
gilt: $c^2 = a^2 + b^2$. Dafür gibt es viele unterschiedliche Beweise, auch einen mithilfe von Vektoren.
Zeigen Sie unter der Voraussetzung $\vec{a} \perp \vec{b}$, dass $|\vec{a} + \vec{b}|^2 = |\vec{a}|^2 + |\vec{b}|^2$ gilt,
indem Sie den Betrag des Summenvektors mithilfe des Skalarproduktes
ausdrücken und dann die Rechengesetze für das Skalarprodukt verwenden.

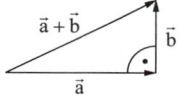

9.3 Vektorprodukt

Es ist wichtig, die folgenden Multiplikationen zu unterscheiden:
Skalarmultiplikation: „Zahl mal Vektor = Vektor"
Skalarprodukt: „Vektor mal Vektor = Zahl"
Vektorprodukt: „Vektor mal Vektor = Vektor"

Dies ist z. B. bei der sogenannten Lorentzkraft der Fall: Sie wirkt auf eine in einem
Magnetfeld bewegte elektrische Ladung und steht sowohl auf der Bewegungs-
richtung als auch auf der Magnetfeldrichtung senkrecht. Diese Situation wird in
der Mathematik nachgebildet.

Definition

Vektorprodukt

Sind $\vec{a}$ und $\vec{b}$ zwei Vektoren aus dem $\mathbb{R}^3$, so heißt der sich daraus ergebende Vektor $\vec{c}$ das **Vektorprodukt** der Vektoren $\vec{a}$ und $\vec{b}$, was man symbolisch folgendermaßen schreibt:

$\vec{c} = \vec{a} \times \vec{b}$

Statt Vektorprodukt sagt man wegen des Verknüpfungssymbols „$\times$" auch **Kreuzprodukt** dazu.

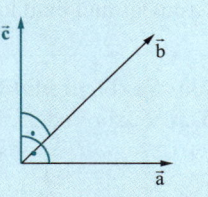

Damit ist – außer einer symbolischen Schreibweise – noch nicht viel gewonnen. Vom Vektor $\vec{c}$ weiß man bislang nur, dass er auf seinen beiden Ausgangsvektoren senkrecht stehen soll, weswegen er die beiden Bedingungen $\vec{c} \circ \vec{a} = 0$ und $\vec{c} \circ \vec{b} = 0$ erfüllen muss. Um $\vec{c}$ eindeutig festzulegen, müssen weitere Eigenschaften vorgegeben werden. Diese sind die Bedingungen (2) und (3):

(1) $\vec{c} \perp \vec{a}$ und $\vec{c} \perp \vec{b}$

(2) Für den Betrag soll gelten, wobei φ der Winkel zwischen $\vec{a}$ und $\vec{b}$ ist:
    $|\vec{c}| = |\vec{a} \times \vec{b}| = |\vec{a}| \cdot |\vec{b}| \cdot \sin(\varphi)$

(3) $\vec{a}$, $\vec{b}$ und $\vec{c}$ bilden in dieser Reihenfolge ein **Rechtssystem**.

Mit (1) ist die Richtung von $\vec{c}$ festgelegt, mit (2) seine Länge und mit (3) die Orientierung der Pfeilspitze, also ob die Spitze „nach oben" oder „nach unten" zeigt.

Letzteres wird mit der „**Rechte-Hand-Regel**" überprüft. Dafür gibt es verschiedene Vorgehensweisen. Eine beliebte ist die folgende:

Man nehme die rechte Hand und zeige mit den vier Fingern zunächst in Richtung von $\vec{a}$. Dann drehe man die Hand so, dass man die vier Finger in Richtung von $\vec{b}$ über den Winkel φ abknicken kann. Dann zeigt der abgespreizte Daumen in Richtung von $\vec{c}$.

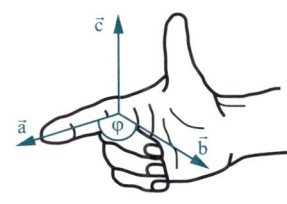

Wer damit nicht zurechtkommt, für den ist vielleicht die **Schrauben- oder Korkenzieherregel** besser geeignet: Dreht man den Korkenzieher in die Richtung von $\vec{a}$ nach $\vec{b}$ (in Richtung von φ), dann schraubt sich der Korkenzieher in Richtung $\vec{c}$ in den Korken hinein.

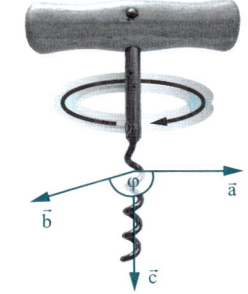

Mit den oben genannten drei Eigenschaften (1), (2) und (3) ist $\vec{c} = \vec{a} \times \vec{b}$ eindeutig festgelegt und man kann zeigen, dass die folgende Formel gilt.

Regel

Das Vektorprodukt im kartesischen Koordinatensystem

Das Vektorprodukt aus den Vektoren $\vec{a}$ und $\vec{b}$ berechnet sich gemäß:

$$\begin{pmatrix} a_1 \\ a_2 \\ a_3 \end{pmatrix} \times \begin{pmatrix} b_1 \\ b_2 \\ b_3 \end{pmatrix} = \begin{pmatrix} a_2 b_3 - a_3 b_2 \\ -(a_1 b_3 - a_3 b_1) \\ a_1 b_2 - a_2 b_1 \end{pmatrix}$$

Dieses Rechenschema kann man sich leicht einprägen, auch wenn es zunächst sehr kompliziert aussieht:

Der Eintrag $a_2 b_3 - a_3 b_2$ in der **ersten Koordinate** des Ergebnisvektors ergibt sich, indem man sich links bei den beiden Ausgangsvektoren die erste Zeile gestrichen denkt und aus dem darunterliegenden Zahlenschema die Determinante (Hauptdiagonale minus Nebendiagonale) berechnet. Das ist genau $a_2 b_3 - a_3 b_2$.

Mit der **zweiten Koordinate** wird ebenso verfahren: Die zweite Zeile in den beiden Ausgangsvektoren gedanklich streichen, übrig bleibt $\begin{smallmatrix} a_1 & b_1 \\ a_3 & b_3 \end{smallmatrix}$. Daraus muss wieder die Determinante berechnet werden.

Bei der mittleren Koordinate kommt hinzu, dass man beim Ergebnis zusätzlich noch das **Vorzeichen wechseln** muss. Das darf man nicht vergessen! Deshalb steht in der Formel in der zweiten Koordinate des Ergebnisvektors ein Minuszeichen. Die **dritte Koordinate** geht genau wie die erste: dritte Zeile gedanklich streichen; Determinante berechnen; fertig!

Beispiel

Berechnen Sie:

a) $\begin{pmatrix} -5 \\ 3 \\ 4 \end{pmatrix} \times \begin{pmatrix} -2 \\ -1 \\ 2 \end{pmatrix}$
\qquad
b) $\begin{pmatrix} 2k \\ 5 \\ 2 \end{pmatrix} \times \begin{pmatrix} -1 \\ -k \\ 3 \end{pmatrix}$

Lösung:

a) $\begin{pmatrix} -5 \\ 3 \\ 4 \end{pmatrix} \times \begin{pmatrix} -2 \\ -1 \\ 2 \end{pmatrix} = \begin{pmatrix} 3 \cdot 2 - 4 \cdot (-1) \\ -(-5 \cdot 2 - 4 \cdot (-2)) \\ -5 \cdot (-1) - 3 \cdot (-2) \end{pmatrix} = \begin{pmatrix} 10 \\ 2 \\ 11 \end{pmatrix}$

Es soll gleich noch die Probe auf Senkrechtstehen gemacht werden:

$$\begin{pmatrix} 10 \\ 2 \\ 11 \end{pmatrix} \circ \begin{pmatrix} -5 \\ 3 \\ 4 \end{pmatrix} = -50 + 6 + 44 = 0; \quad \begin{pmatrix} 10 \\ 2 \\ 11 \end{pmatrix} \circ \begin{pmatrix} -2 \\ -1 \\ 2 \end{pmatrix} = -20 - 2 + 22 = 0$$

Tatsächlich steht der Ergebnisvektor auf beiden Ausgangsvektoren senkrecht! Diese Probe sollte man zur Kontrolle seiner Rechnung immer machen.

b) $\begin{pmatrix} 2k \\ 5 \\ 2 \end{pmatrix} \times \begin{pmatrix} -1 \\ -k \\ 3 \end{pmatrix} = \begin{pmatrix} 5 \cdot 3 - 2 \cdot (-k) \\ -(2k \cdot 3 - 2 \cdot (-1)) \\ 2k \cdot (-k) - 5 \cdot (-1) \end{pmatrix} = \begin{pmatrix} 2k + 15 \\ -6k - 2 \\ -2k^2 + 5 \end{pmatrix}$

Das Vektorprodukt ist nur im $\mathbb{R}^3$ definiert. Im $\mathbb{R}^2$ gibt es kein Vektorprodukt, weil das Senkrechtstehen auf den beiden Ausgangsvektoren nicht möglich ist.

Eine weitere Besonderheit des Vektorproduktes ist die Verletzung des Kommutativgesetzes, was aus der Rechte-Hand-Regel folgt: Ein Vertauschen der beiden Ausgangsvektoren ändert den Richtungssinn des Ergebnisvektors.

Regel

> **Rechengesetze**
> Für $\vec{a}; \vec{b}; \vec{c} \in \mathbb{R}^3$ und $\lambda \in \mathbb{R}$ gelten die folgenden Rechengesetze:
> (1) $\vec{a} \times \vec{b} = -(\vec{b} \times \vec{a})$ Antikommutativgesetz
> (2) $\vec{a} \times (\vec{b} + \vec{c}) = \vec{a} \times \vec{b} + \vec{a} \times \vec{c}$ Distributivgesetz
> (3) $(\lambda \cdot \vec{a}) \times \vec{b} = \lambda \cdot (\vec{a} \times \vec{b})$ Verträglichkeit mit der Skalarmultiplikation
> (4) $\vec{a} \times \vec{a} = \vec{0}$

Wenn $\vec{a}$ und $\vec{b}$ zwei linear unabhängige Vektoren aus dem $\mathbb{R}^3$ sind, dann spannen sie eine Ebene auf. Ein senkrecht auf einer Ebene stehender Vektor wird **Normalenvektor** der Ebene genannt. Deshalb ist der Vektor $\vec{c}$ des Vektorproduktes $\vec{c} = \vec{a} \times \vec{b}$ stets ein Normalenvektor der durch $\vec{a}$ und $\vec{b}$ aufgespannten Ebene.

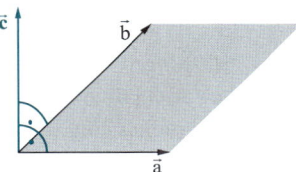

Für den Betrag des Vektorproduktes gilt $|\vec{a} \times \vec{b}| = |\vec{a}| \cdot |\vec{b}| \cdot \sin(\varphi)$, wobei φ der Winkel zwischen den beiden Vektoren ist. Betrachtet man das von $\vec{a}$ und $\vec{b}$ aufgespannte Parallelogramm, so gilt für dessen Flächeninhalt:

$$A_P = |\vec{a}| \cdot h_{\vec{a}}$$

Für diese Höhe $h_{\vec{a}}$ gilt ferner:

$$\sin(\varphi) = \frac{h_{\vec{a}}}{|\vec{b}|}$$

Ersetzt man damit die Höhe in der Flächenformel, so ergibt sich für die Parallelogrammfläche:

$$A_P = |\vec{a}| \cdot |\vec{b}| \cdot \sin(\varphi)$$

Das ist genau der Betrag des Vektors $\vec{a} \times \vec{b}$, also der Betrag des Vektorproduktes derjenigen Vektoren, die das Parallelogramm aufspannen.

Regel

> **Parallelogrammfläche**
> Für den Flächeninhalt A_P des von den Vektoren $\vec{a}$ und $\vec{b}$ erzeugten Parallelogramms gilt:
> $$A_P = |\vec{a} \times \vec{b}|$$

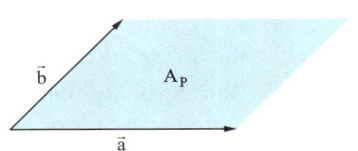

Für den Inhalt der **Dreiecksfläche** folgt:

$$A_\triangle = \tfrac{1}{2} A_P = \tfrac{1}{2} |\vec{a} \times \vec{b}|$$

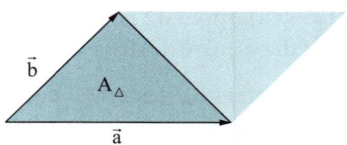

Beispiele

1. Durch die Punkte A(2|−3|1), B(0|−2|4), C(1|1|6) und D(3|0|3) sind die Eckpunkte eines Vierecks gegeben.

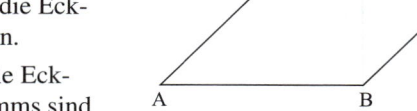

   a) Zeigen Sie, dass ABCD die Eckpunkte eines Parallelogramms sind.

   b) Berechnen Sie den Flächeninhalt des Parallelogramms.

   c) Ermitteln Sie den Flächeninhalt des Dreiecks BCD.

   d) Bestimmen Sie die auf der Seite $\overline{AB}$ stehende Höhe des Parallelogramms.

   Lösung:

   a) Bei einem Parallelogramm sind gegenüberliegende Seiten parallel und gleich lang. Es ist also zu prüfen, ob $\overrightarrow{AB} = \overrightarrow{DC}$ und $\overrightarrow{AD} = \overrightarrow{BC}$ gilt. „Spitze minus Fuß" ergibt jeweils:

   $$\overrightarrow{AB} = \begin{pmatrix} -2 \\ 1 \\ 3 \end{pmatrix} \text{ und } \overrightarrow{DC} = \begin{pmatrix} -2 \\ 1 \\ 3 \end{pmatrix} \text{ sowie } \overrightarrow{AD} = \begin{pmatrix} 1 \\ 3 \\ 2 \end{pmatrix} \text{ und } \overrightarrow{BC} = \begin{pmatrix} 1 \\ 3 \\ 2 \end{pmatrix}$$

   Damit ist der Nachweis erbracht.

   b) Das Parallelogramm wird von den Vektoren $\overrightarrow{AB} = \begin{pmatrix} -2 \\ 1 \\ 3 \end{pmatrix}$ und $\overrightarrow{AD} = \begin{pmatrix} 1 \\ 3 \\ 2 \end{pmatrix}$ aufgespannt:

   $$A_P = |\overrightarrow{AB} \times \overrightarrow{AD}| = \left| \begin{pmatrix} -2 \\ 1 \\ 3 \end{pmatrix} \times \begin{pmatrix} 1 \\ 3 \\ 2 \end{pmatrix} \right| = \left| \begin{pmatrix} -7 \\ 7 \\ -7 \end{pmatrix} \right| = \sqrt{3 \cdot 49} = 7\sqrt{3} \approx \mathbf{12{,}12}$$

   c) $A_\triangle = \tfrac{1}{2} A_P = \tfrac{1}{2} \cdot 7\sqrt{3} \approx \mathbf{6{,}06}$

   d) Aus $A_P = |\overrightarrow{AB}| \cdot h_{\overline{AB}}$ kann die Höhe berechnet werden:

   $$h_{\overline{AB}} = \frac{A_P}{|\overrightarrow{AB}|} = \frac{7\sqrt{3}}{\sqrt{4+1+9}} = \frac{7\sqrt{3}}{\sqrt{14}} = \tfrac{1}{2}\sqrt{42} \approx \mathbf{3{,}24}$$

2. Durch die Punkte A(0|4|−2), B(−3|4|4) und C(1|2|0) ist im $\mathbb{R}^3$ das Dreieck ABC festgelegt.

   a) Zeigen Sie, dass es ein rechtwinkliges Dreieck ist, und berechnen Sie mit dieser Erkenntnis seinen Flächeninhalt.

   b) Berechnen Sie zum Vergleich den Flächeninhalt des Dreiecks ABC mithilfe der Vektorrechnung.

Lösung:

a) Die Seitenvektoren sind:

$$\overrightarrow{AB} = \begin{pmatrix} -3 \\ 0 \\ 6 \end{pmatrix}; \ \overrightarrow{AC} = \begin{pmatrix} 1 \\ -2 \\ 2 \end{pmatrix}; \ \overrightarrow{BC} = \begin{pmatrix} 4 \\ -2 \\ -4 \end{pmatrix}$$

Es gilt $\overrightarrow{AB} \circ \overrightarrow{AC} \neq 0$ und $\overrightarrow{AB} \circ \overrightarrow{BC} \neq 0$, aber:

$$\overrightarrow{AC} \circ \overrightarrow{BC} = \begin{pmatrix} 1 \\ -2 \\ 2 \end{pmatrix} \circ \begin{pmatrix} 4 \\ -2 \\ -4 \end{pmatrix} = 4+4-8 = 0$$

Bei **C** hat das Dreieck einen **rechten Winkel**.

Nimmt man die Seite $\overline{AC}$ als Grundlinie g und $\overline{BC}$ als Höhe h, so kann der Flächeninhalt mittels $A_\triangle = \frac{1}{2} g \cdot h$ berechnet werden:

$$g = |\overrightarrow{AC}| = \sqrt{1+4+4} = 3; \ h = |\overrightarrow{BC}| = \sqrt{16+4+16} = 6$$

$$\Rightarrow \ A_\triangle = \frac{1}{2} \cdot 3 \cdot 6 = \mathbf{9}$$

b) Bei der Berechnung mittels Vektorprodukt muss kein rechtwinkliges Dreieck vorliegen:

$$A_\triangle = \frac{1}{2} |\overrightarrow{AB} \times \overrightarrow{AC}| = \frac{1}{2} \left| \begin{pmatrix} -3 \\ 0 \\ 6 \end{pmatrix} \times \begin{pmatrix} 1 \\ -2 \\ 2 \end{pmatrix} \right| = \frac{1}{2} \left| \begin{pmatrix} 12 \\ 12 \\ 6 \end{pmatrix} \right|$$

$$= \frac{1}{2} \sqrt{144+144+36} = \mathbf{9}$$

Aufgaben

197. Berechnen Sie die Vektorprodukte.

a) $\begin{pmatrix} 4 \\ 0 \\ -3 \end{pmatrix} \times \begin{pmatrix} 0 \\ -5 \\ 0 \end{pmatrix}$

b) $\begin{pmatrix} 1 \\ 0 \\ 0 \end{pmatrix} \times \begin{pmatrix} 0 \\ 1 \\ 0 \end{pmatrix}$

c) $\begin{pmatrix} 2 \\ 3 \\ 5 \end{pmatrix} \times \begin{pmatrix} 2 \\ 3 \\ 5 \end{pmatrix}$

d) $\begin{pmatrix} 2 \\ 1 \\ -3 \end{pmatrix} \times \begin{pmatrix} 2 \\ -2 \\ 1 \end{pmatrix}$

e) $\begin{pmatrix} a \\ b \\ -a \end{pmatrix} \times \begin{pmatrix} b \\ -a \\ -b \end{pmatrix}$

198. Mithilfe der an den entsprechenden Kanten angegebenen Längenmaße in Meter soll für die beiden abgebildeten (farbigen) Schrägdächer jeweils der nach außen zeigende Normalenvektor und der Flächeninhalt der beiden Dächer ermittelt werden.

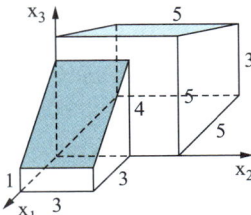

199. Beweisen Sie, dass zu zwei linear unabhängigen Vektoren $\vec{a}; \vec{b} \in \mathbb{R}^3$ und $\lambda \in \mathbb{R}$ jeder Vektor der Gestalt $\vec{n} = \lambda(\vec{a} \times \vec{b})$ senkrecht auf $\vec{a}$ und $\vec{b}$ steht und damit jeder Vektor $\vec{n}$ ein Normalenvektor der von $\vec{a}$ und $\vec{b}$ aufgespannten Ebene ist.

200. Überlegen Sie, welche der folgenden Ausdrücke definiert sind. Dabei gilt $\lambda, \mu \in \mathbb{R}$ und $\vec{a}; \vec{b}; \vec{c} \in \mathbb{R}^3$. Bei den definierten Ausdrücken entscheiden Sie, ob es sich bei den Ergebnissen um Vektoren oder Skalare handelt.

a) $\vec{a} \times \vec{b} - 1$

b) $\vec{a} \times \vec{b} \times \vec{c}$

c) $\begin{pmatrix} a_1 \\ a_2 \end{pmatrix} \times \begin{pmatrix} b_1 \\ b_2 \end{pmatrix}$

d) $(\vec{a} \circ \vec{b}) \times \vec{c}$

e) $(\vec{a} \times \vec{b}) \circ \vec{c}$

f) $\lambda \vec{a} \times \mu \vec{b}$

201. Berechnen Sie vektoriell mithilfe der angegebenen Seitenlängen des abgebildeten Quaders die Seitenlängen, Innenwinkel und den Flächeninhalt des eingezeichneten Dreiecks.

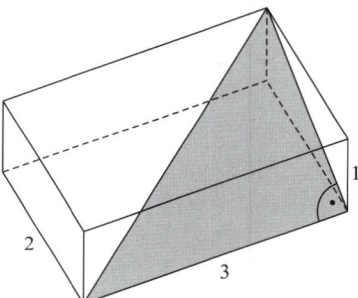

202. Gegeben sind die Punkte $A(1|1|1)$; $B(2|3|3)$; $C(-1|4|-1)$ und $D(-2|2|-3)$.

a) Zeigen Sie, dass ABCD die Eckpunkte eines Parallelogramms sind.

b) Ermitteln Sie den Winkel $\sphericalangle DAB$.

c) Berechnen Sie den Flächeninhalt des Parallelogramms.

d) Bestimmen Sie die Höhe des Parallelogramms auf der Seite $\overline{AB}$.

203. Die Punkte $A(4|1|0)$, $B(-1|4|1)$ und C bilden die Eckpunkte des Dreiecks ABC. Vom Punkt C ist nur bekannt, dass er auf der x_3-Achse liegt.

a) Bestimmen Sie die Koordinaten des Punktes C (auf 2 Nachkommastellen genau) so, dass das Dreieck einen Flächeninhalt von 10 besitzt.

Hinweis: Es gibt zwei mögliche Punkte.

b) Zeichnen Sie für eine der beiden Lösungen das Schrägbild des Dreiecks in ein Koordinatensystem ein.

Lösungen

Nehmen Sie sich zur Bearbeitung der Übungsaufgaben ausreichend Zeit, gehen Sie bei der Lösungsfindung systematisch vor. Dann lässt der Erfolg mit Sicherheit nicht lange auf sich warten.

1. $f(0) = \frac{1}{2} \cdot 0^2 - 3 \cdot 0 + 2 = 2$

$f(-1) = \frac{1}{2} \cdot (-1)^2 - 3 \cdot (-1) + 2$

$\qquad = \frac{1}{2} + 5 = 5,5$

Hier ist es wichtig, dass Klammern gesetzt werden, damit das Minuszeichen korrekt verrechnet wird. Beim Einsetzen von **–1** für x im Term x² entsteht **(–1)²**, was 1 ergibt. Würde man –1² nehmen, so wäre das falsch, weil das „–" nicht mit zu quadrieren wäre; es würde fälschlicherweise –1 herauskommen.

$f(\sqrt{2}) = \frac{1}{2} \cdot (\sqrt{2})^2 - 3 \cdot \sqrt{2} + 2$

$\qquad = \frac{1}{2} \cdot 2 - 3\sqrt{2} + 2 = 3 - 3\sqrt{2}$

$\qquad = 3(1 - \sqrt{2})$

Beachten Sie, dass $(\sqrt{2})^2 = 2$ ist.

Taschenrechner:

$f(\sqrt{2}) = -1,2426\ldots \approx -1,24$

Rechnet man mit dem gerundeten Wert $\sqrt{2} \approx 1,41$, so ergibt sich:

$f(1,41) = \frac{1}{2} \cdot 1,41^2 - 3 \cdot 1,41 + 2 = -1,23595$

$f(3 + \sqrt{5})$

$= \frac{1}{2}(3 + \sqrt{5})^2 - 3 \cdot (3 + \sqrt{5}) + 2$

$= \frac{1}{2}(9 + 6\sqrt{5} + 5) - 9 - 3\sqrt{5} + 2$

$= 7 + 3\sqrt{5} - 7 - 3\sqrt{5} = 0$

Binomische Formel (Plusformel) zum Ausmultiplizieren verwenden:

$(3 + \sqrt{5})^2 = 9 + 6\sqrt{5} + 5$

Taschenrechner:

$f(3 + \sqrt{5}) = 0,0000\ldots \approx 0$

Rechnet man mit dem gerundeten Wert $3 + \sqrt{5} \approx 5,24$, so ergibt sich:

$f(5,24) = \frac{1}{2} \cdot 5,24^2 - 3 \cdot 5,24 + 2 = 0,0088$

2. $g(-2) = \sqrt{-2 + 2} = \sqrt{0} = 0$

$g(0) = \sqrt{0 + 2} = \sqrt{2} \approx 1,41$

$g(4,25) = \sqrt{4,25 + 2} = \sqrt{6,25} = 2,5$

Wegen $g(-3) = \sqrt{-3 + 2} = \sqrt{-1}$ kann $g(-3)$ nicht gebildet werden!

3. $h(2) = \frac{1}{2}$; $h(1) = \frac{1}{1} = 1$; $h(0,5) = \frac{1}{0,5} = 2$; $h(0,1) = 10$

$h(0)$ kann nicht gebildet werden!

4.

x	−1	0	1	2	3	4	5	6
k(x)	−4,56	−1,00	−0,11	−0,56	−1,00	−0,11	3,44	11,00

5. a) Bei der Funktion f gibt es keinerlei Einschränkungen: $D_f = \mathbb{R}$

b) Definitionsbereich von g_1:

$x \notin D_{g_1}$

$\Leftrightarrow x + 3 = 0$

$\qquad x = -3$

$D_{g_1} = \mathbb{R} \setminus \{-3\}$

Der Nenner von g_1 wird gleich null gesetzt, demnach muss die Zahl −3 vom Definitionsbereich ausgeschlossen werden.

Definitionsbereich von g_2:

$x \notin D_{g_2}$

$\Leftrightarrow x^2 + 1 = 0$

$\qquad x^2 = -1$

$D_{g_2} = \mathbb{R}$

Der Nenner von g_2 wird null gesetzt. Die entstehende Gleichung hat keine reelle Lösung, da x^2 niemals −1 wird. Der Nenner wird für keine reelle Zahl null, es ist also nichts auszuschließen.

Definitionsbereich von g_3:

$x \notin D_{g_3}$

$\Leftrightarrow x^2 - 1 = 0$

$\qquad x^2 = 1$

$\qquad x_{1/2} = \pm 1$

$D_{g_3} = \mathbb{R} \setminus \{-1; 1\}$

Der Nenner von g_3 wird null gesetzt, demnach müssen die Zahlen −1 und 1 vom Definitionsbereich ausgeschlossen werden.

c) Bei h_1 und h_2 handelt es sich um Wurzelfunktionen. Der Ansatz zur Bestimmung des Definitionsbereiches besteht darin, den Radikanden (also den Ausdruck unter der Wurzel) ≥ 0 zu setzen.

Definitionsbereich von h_1:

$x \in D_{h_1}$

$\Leftrightarrow x - 2 \geq 0$

$\qquad x \geq 2$

$D_{h_1} = \{x \in \mathbb{R} \mid x \geq 2\} = [2; \infty[$

Definitionsbereich von h_2:

$x \in D_{h_2}$

$\Leftrightarrow -3x + 4 \geq 0$

$\qquad -3x \geq -4 \qquad | : (-3)$

$\qquad x \leq \frac{4}{3}$

$D_{h_2} = \left\{ x \in \mathbb{R} \mid x \leq \frac{4}{3} \right\} = \left] -\infty; \frac{4}{3} \right]$

6. a) Man beachte: $D_f = \mathbb{N} \setminus \{0\}$

x	1	2	3	4	5
f(x)	1	0,5	0,33	0,25	0,2

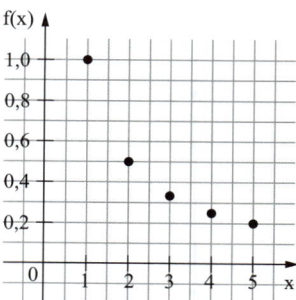

b)

x	−3	−2	−1	1	2	3
g(x)	−0,33	−0,5	−1	1	0,5	0,33

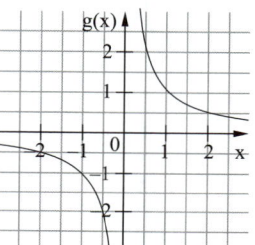

c)

x	−2	−1	−0,5	0	0,5	1	2
h(x)	−8	−1	−0,13	0	0,13	1	8

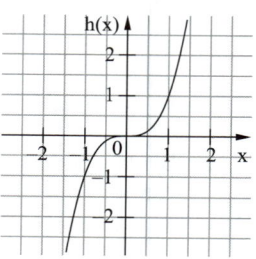

7.

x	−3	−2	−1	0	1	2	3
f(x)	−7	−2	1	2	1	−2	−7

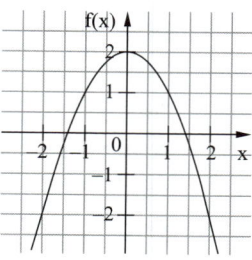

g besitzt an jeder Stelle den Funktionswert 1.

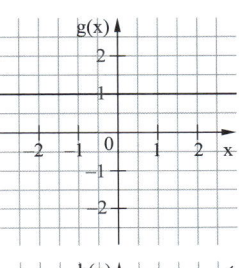

x	−3	−2	−1	0	1	2	3
h(x)	−3	−2	−1	0	1	2	3

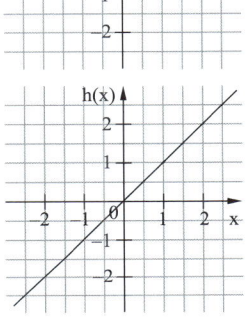

8. Die Wertebereiche können direkt aus den Diagrammen abgelesen werden.

a) $W_f = [0; 3]$

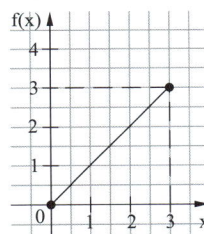

b) $W_g =]-\infty; 0]$

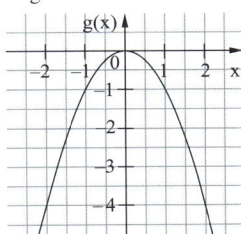

c) $W_h =]0; \infty[$

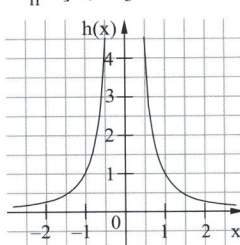

d) $W_\ell = [-1; \infty[$

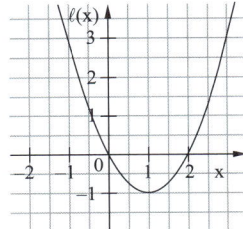

9. a)
$$f(x) = 0$$
$$(x+4)(x-1) = 0$$
$$\Rightarrow x_1 = -4;\ x_2 = 1$$

Die Gleichung liegt bereits in Produktform vor, die Lösungen lassen sich ohne weitere Rechnung ablesen (die 1. Klammer ergibt null, wenn $x = -4$ und die 2. Klammer wird null für $x = 1$).

Die Nullstellen der Funktion f lauten $x_1 = -4$ und $x_2 = 1$.

b) $g_1(x) = 0$ Auflösen nach x^2, anschließend Wurzel ziehen

$$x^2 - 9 = 0$$

und auf $\pm$ achten!

$$x^2 = 9$$

$$x_{1/2} = \pm 3$$

Die Nullstellen der Funktion g_1 lauten $x_1 = 3$ und $x_2 = -3$.

c) $g_2(x) = 0$

$$x^2 + 9 = 0$$

$$x^2 = -9$$

Diese Gleichung besitzt keine reelle Lösung, die Funktion g_2 besitzt daher keine Nullstellen.

d) $h(x) = 0$

$$3 = 0 \quad \text{(falsche Aussage)}$$

Die Funktion h besitzt keine Nullstellen.

10. a) Schnittpunkt mit der y-Achse:

$$f(0) = 3 \quad \Rightarrow \quad S_y(0 \mid 3)$$

Schnittpunkte mit der x-Achse:

$$f(x) = 0$$

$$-2x + 3 = 0$$

$$-2x = -3$$

$$x = \frac{3}{2}$$

$$\Rightarrow \quad S_x\left(\frac{3}{2} \mid 0\right)$$

b) Schnittpunkt mit der y-Achse:

$$g(0) = -\frac{1}{2}\left(0 - \frac{\sqrt{3}}{2}\right) + \frac{2}{3} = \frac{\sqrt{3}}{4} + \frac{2}{3} = \frac{3\sqrt{3} + 8}{12} \approx 1{,}10 \quad \Rightarrow \quad S_y(0 \mid 1{,}10)$$

Schnittpunkte mit der x-Achse:

$$g(x) = 0$$

$$-\frac{1}{2}\left(x - \frac{\sqrt{3}}{2}\right) + \frac{2}{3} = 0$$

$$-\frac{1}{2}\left(x - \frac{\sqrt{3}}{2}\right) = -\frac{2}{3} \qquad | \cdot (-2)$$

$$x - \frac{\sqrt{3}}{2} = \frac{4}{3}$$

$$x = \frac{\sqrt{3}}{2} + \frac{4}{3} = \frac{3\sqrt{3} + 8}{6} \approx 2{,}20$$

Die Nullstelle liegt bei $x_0 = 2{,}20$, der Schnittpunkt mit der x-Achse hat dann die (ungefähren) Koordinaten $S_x(2{,}20 \mid 0)$.

c) Schnittpunkt mit der y-Achse:
$h_1(0) = 1 \Rightarrow S_y(0 | 1)$
Schnittpunkte mit der x-Achse:
$h_1(x) = 0$
$\qquad 1 = 0$ (falsche Aussage)
$\Rightarrow$ h_1 hat keine Nullstelle, also keinen Schnittpunkt mit der x-Achse.

d) Schnittpunkt mit der y-Achse:
$h_2(0) = 0 \Rightarrow S_y(0 | 0)$
Schnittpunkte mit der x-Achse:
$h_2(x) = 0$
$\qquad x = 0$
$\Rightarrow$ $S_x(0 | 0)$, der Graph schneidet die Koordinatenachsen im Ursprung.

11. a)

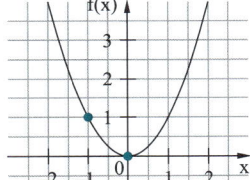

Schnittpunkt mit der y-Achse: **(0 | 0)**
Das ist bei diesem Graphen zugleich
der Schnittpunkt mit der x-Achse.
Funktionswert bei $x = -1$:
$f(-1) = 1$

$D_g = [1; 4]$
Nullstelle von g: $x_0 = 2$

Gesuchter Abszissenwert:
$g(x) = 1 \Rightarrow x = 3$

b) $W_f = [0; \infty[$

$W_g = [-1; 2]$

12.

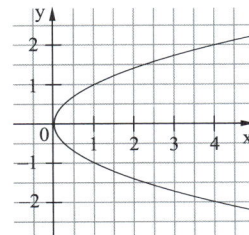

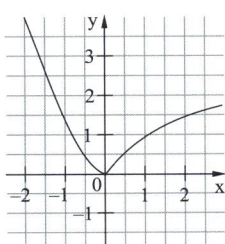

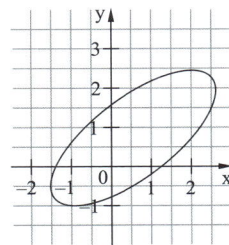

Bild 1: keine Funktion   Bild 2: Funktion   Bild 3: keine Funktion

Bei Funktionen darf eine beliebige senkrechte Gerade im Koordinatensystem
höchstens einmal vom Graphen geschnitten werden. Nur dann wird jedem
x-Wert genau ein y-Wert zugeordnet. Das ist nur bei Bild 2 der Fall.
In Bild 1 und 3 werden senkrechte Geraden von den Graphen zweimal

geschnitten. Hier gehören also zu einem bestimmten x-Wert zwei unterschiedliche y-Werte.

13. a) $S_y(0|2)$ ist der Schnittpunkt mit der y-Achse; Nullstellen: $x_1 = -2$, $x_2 = 1$; $W_f =]-\infty; 2,25]$ und $D_{max} = \mathbb{R}$

b) $S_y(0|0)$; Nullstellen: $x_1 = -2$, $x_2 = 0$, $x_3 = 1,5$; $W_g = \mathbb{R}$; $D_{max} = \mathbb{R}$

c) $S_y(0|6)$; Nullstellen: keine; $W_h = [1; \infty[$; $D_{max} = \mathbb{R}$

14. a)
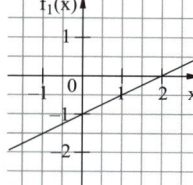

$W_{f_1} = \mathbb{R}$

Nullstelle: $x_0 = 2$

b)

$W_{f_2} =]-\infty; 4]$

Nullstellen: $x_{1/2} = \pm 2$

c)

$W_{f_3} = [0; \infty[$

Nullstelle: $x_0 = 0$

15. a) $f(x) = 3x - 4 + \frac{1}{x} \Rightarrow$ keine lineare Funktion

b) $f(x) = 4(1-x) = -4x + 4 \Rightarrow$ lineare Funktion mit $m = -4$ und $t = 4$

c) $f(x) = \frac{x-3}{2} = \frac{1}{2}x - \frac{3}{2} \Rightarrow$ lineare Funktion mit $m = \frac{1}{2}$ und $t = -\frac{3}{2}$

d) $f(x) = x(x+1) = x^2 + x \Rightarrow$ keine lineare Funktion

16. a) Nullstelle: $x = 4$

b) Schnittpunkt mit der y-Achse: $S_y(0|2)$

c) fehlende Koordinate des Punktes $P(-1|y_P) \in g$: $P(-1|2,5)$

d) fehlende Koordinate des Punktes $Q(x_Q|1) \in g$: $Q(2|1)$

e) Steigung von g: $m = \frac{-2}{4} = -\frac{1}{2}$

f) Funktionsgleichung g: $y = -\frac{1}{2}x + 2$

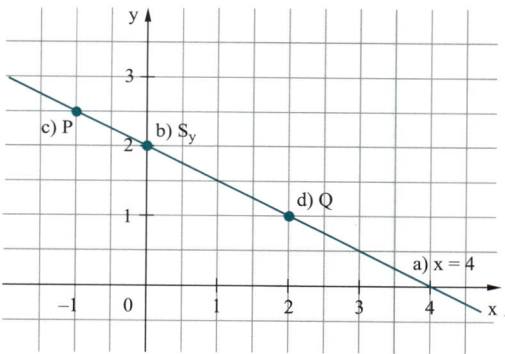

17. a) Die x- und y-Koordinaten der jeweiligen Punkte werden in die Geradengleichung eingesetzt. Wenn sich eine wahre Aussage ergibt, liegt der
Punkt auf g, andernfalls nicht.

A(2│1) in g eingesetzt liefert:
$1 = 2 \cdot 2 - 3$
$1 = 1$ (wahre Aussage)
$\Rightarrow$ A ∈ g

B(3│5) in g eingesetzt liefert:
$5 = 2 \cdot 3 - 3$
$5 = 3$ (falsche Aussage)
$\Rightarrow$ B ∉ g

b) $x_C = 3$ in g eingesetzt:
$y_C = 2 \cdot 3 - 3 = 3$
$\Rightarrow$ C(3│3) liegt auf g.

$y_D = 5$ in g eingesetzt:
$5 = 2x - 3$
$8 = 2x$
$x_D = 4$
$\Rightarrow$ D(4│5) liegt auf g.

18. Diese Angabe entspricht genau der mathematisch definierten Steigung:

$$m = \frac{\Delta y}{\Delta x} = \frac{14\,\text{m}}{100\,\text{m}} = 0,14 = 14\,\%$$

Dabei wurde berücksichtigt, dass Prozent nichts anderes bedeutet als ein
Hundertstel:

$$1\,\% = \frac{1}{100} = 0,01$$

Den Neigungswinkel der Straße erhält man mit dem Ansatz:
$\tan\alpha = 0,14$
$\alpha = \arctan(0,14) \approx 8,0°$

19. a)

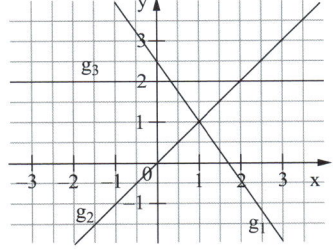

b) g_1 hat die Steigung $m_1 = -1,5$. Daraus folgt:
$\tan \alpha_1 = -1,5$
$\qquad \alpha_1 = \arctan(-1,5) \approx -56,3°$ (negative Drehrichtung = Uhrzeigersinn)

Stattdessen kann man auch den positiven Winkel angegeben, dazu muss man zum ausgerechneten (negativen) Winkel $180°$ addieren, das ergibt hier $123,7°$.

g_2 hat die Steigung $m_2 = 1$.
$\Rightarrow \quad \tan \alpha_2 = 1$
$\qquad \alpha_2 = \arctan(1) = 45°$

g_3 hat die Steigung $m_3 = 0$.
$\Rightarrow \quad \alpha_3 = 0°$

c) $W_1 = \mathbb{R}$; $W_2 = \mathbb{R}$; $W_3 = \{2\}$

d) $P(2|2)$ in g_1:
$2 = -\frac{3}{2} \cdot 2 + \frac{5}{2}$
$2 = -\frac{1}{2}$ (falsche Aussage)
$\Rightarrow \quad P \notin g_1$

$P(2|2)$ in g_2:
$2 = 2$ (wahre Aussage)
$\Rightarrow \quad P \in g_2$

$P(2|2)$ in g_3:
$2 = 2$ (wahre Aussage)
$\Rightarrow \quad P \in g_3$

P ist demnach Schnittpunkt von g_2 und g_3.

20. $3x - 4y + 1 = 0$
$\qquad -4y = -3x - 1 \quad |:(-4)$
$\qquad\quad y = \frac{3}{4}x + \frac{1}{4}$

Damit hat g die explizite Form g: $y = \frac{3}{4}x + \frac{1}{4}$ mit der Steigung $m = \frac{3}{4}$ und dem y-Achsenabschnitt $t = \frac{1}{4}$.

Darstellung von g im Koordinatensystem:

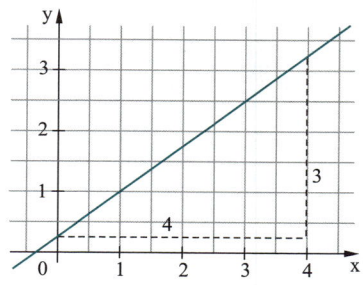

21. Aus dem Graphen: $A_1(0\,|\,1{,}5)$, $B_1(4{,}5\,|\,0)$ und $A_2(-1{,}5\,|\,2)$, $B_2(3\,|\,0{,}5)$.
Berechnung der Steigung:

$$m_1 = \frac{\Delta y}{\Delta x} = \frac{0 - 1{,}5}{4{,}5 - 0} = \frac{-1{,}5}{4{,}5} = -\frac{1}{3}$$

$$m_2 = \frac{\Delta y}{\Delta x} = \frac{0{,}5 - 2}{3 - (-1{,}5)} = \frac{-1{,}5}{4{,}5} = -\frac{1}{3}$$

Es ergeben sich immer die **gleichen** Werte für m, unabhängig davon, welche Punkte man wählt. Deshalb kann das Steigungsdreieck beliebig gewählt werden. Der y-Achsenabschnitt beträgt $t = 1{,}5$.
Setzt man die ermittelten Werte für m und t in die Geradengleichung $y = mx + t$ ein, so ergibt sich die Funktionsgleichung zu f: $y = -\frac{1}{3}x + 1{,}5$.

22. Die y-Achse kann nicht in der Form $y = mx + t$ dargestellt werden, da es sich um eine vertikale Gerade handelt. Es gibt zu dem x-Wert $x = 0$ unendlich viele y-Werte, deshalb handelt sich um keine Funktion.
Um trotzdem einen mathematischen Ausdruck angeben zu können, schreibt man dafür auch „vertikale Gerade: $x = 0$".
Die x-Achse lässt sich als Funktion darstellen. Jedem $x \in \mathbb{R}$ ist genau ein y-Wert zugeordnet, und zwar 0. Die x-Achse ist eine Gerade mit Steigung null und y-Achsenabschnitt null. Die Funktionsgleichung lautet daher $y = 0$.

23. a) Der Ansatz für die Geradengleichung lautet h: $y = -2x + t$, wobei das gegebene $m = -2$ schon verwendet wurde.
P(0 | 2) liegt auf der y-Achse, deshalb ist 2 der y-Achsenabschnitt.
Damit ist h bekannt: h: $y = -2x + 2$

b) Weil h* parallel zu h verläuft, hat h* die gleiche Steigung wie h. Das führt zu dem Ansatz h*: $y = -2x + t$.
Da h* bei $x = 3$ die x-Achse schneidet, muss der Punkt N(3 | 0) auf h* liegen. Einsetzen von N in h*:
$0 = -2 \cdot 3 + t$
$t = 6$
Ergebnis: h*: $y = -2x + 6$

24. Steigung von g:

$$m_g = \frac{\Delta y}{\Delta x} = \frac{2 - (-1)}{3 - (-2)} = \frac{3}{5}$$

Einsetzen von P(-2 | -1) in g: $y = \frac{3}{5}x + t$ liefert:

$-1 = \frac{3}{5} \cdot (-2) + t$

$t = \frac{1}{5}$

Damit ist g bestimmt: g: $y = \frac{3}{5}x + \frac{1}{5}$

Die Nullstelle von h hat die Koordinaten N(–2 | 0).
Zusammen mit dem Punkt R(0 | 3) lässt sich h berechnen:

$$m_h = \frac{\Delta y}{\Delta x} = \frac{3-0}{0-(-2)} = \frac{3}{2}$$

Aus R(0 | 3) ergibt sich t unmittelbar zu t = 3.

Somit ist h: $y = \frac{3}{2}x + 3$.

25.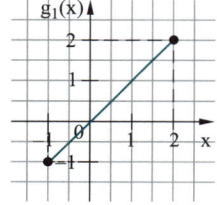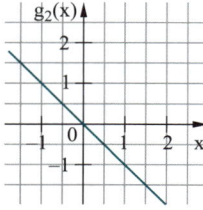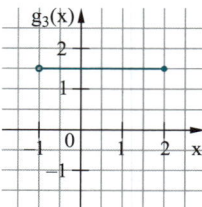

$D_{g_1} = [-1; 2]$

$W_{g_1} = [-1; 2]$

Definitions- und Wer-
temenge sind identisch,
da $g_1: x \mapsto x$ die **iden-**
tische Funktion ist. Das
abgeschlossene Inter-
vall [–1; 2] wird auf
sich selbst abgebildet.

$D_{g_2} = \mathbb{R}$

$W_{g_2} = \mathbb{R}$

Der uneingeschränkte
Definitionsbereich $\mathbb{R}$
(die gesamte x-Achse)
wird durch g_2 auf die
gesamte y-Achse abge-
bildet.

$D_{g_3} = \;]{-1}; 2]$

$W_{g_3} = \{\frac{3}{2}\}$

Die Definitionsmenge
ist links offen, rechts
abgeschlossen. Die
Wertemenge enthält
nur eine Zahl, da es
sich um eine **konstan-**
te Funktion handelt.

26. a) Steigung von g:

$$m_g = \frac{\Delta y}{\Delta x} = \frac{-1-4}{2-3} = \frac{-5}{-1} = 5$$

Einsetzen von A(3 | 4) in g: y = 5x + t liefert:

4 = 5 · 3 + t

t = –11

$\Rightarrow$ g: y = 5x – 11

Steigung von h:

$$m_h = \frac{\Delta y}{\Delta x} = \frac{-2-(-3)}{-2-5} = \frac{1}{-7} = -\frac{1}{7}$$

Einsetzen von D(–2 | –2) in h: $y = -\frac{1}{7}x + t$ liefert:

$-2 = -\frac{1}{7} \cdot (-2) + t$

$t = -\frac{16}{7}$

$\Rightarrow$ h: $y = -\frac{1}{7}x - \frac{16}{7}$

b) Wegen $g(0) = -11$ ist $S_y(0 \mid -11)$ der Schnittpunkt von g mit der y-Achse; der Schnittpunkt mit der x-Achse ergibt sich über die Nullstelle von g:

$$g(x) = 0$$
$$5x - 11 = 0$$
$$x = \frac{11}{5}$$

Der Schnittpunkt hat die Koordinaten $S_x\left(\frac{11}{5} \mid 0\right)$.

Für h gilt $S_y\left(0 \mid -\frac{16}{7}\right)$.

Nullstelle von h:

$$-\frac{1}{7}x - \frac{16}{7} = 0 \qquad | \cdot 7$$
$$-x - 16 = 0$$
$$x = -16$$
$$\Rightarrow \quad S_x(-16 \mid 0)$$

c) $x_P = 5$ in g einsetzen: $y_P = g(5) = 5 \cdot 5 - 11 = 14$
$$\Rightarrow \quad P(5 \mid 14) \in g$$

d) $y_Q = 3$ in h einsetzen:

$$3 = -\frac{1}{7}x - \frac{16}{7} \qquad | \cdot 7$$
$$21 = -x - 16$$
$$x_Q = -37$$
$$\Rightarrow \quad Q(-37 \mid 3) \in h$$

e) Ansatz:

$$g(x) = h(x)$$
$$5x - 11 = -\frac{1}{7}x - \frac{16}{7} \qquad | \cdot 7$$
$$35x - 77 = -x - 16$$
$$36x = 61$$
$$x_S = \frac{61}{36} \approx 1,69$$

Eingesetzt in g:

$$y_S = 5 \cdot \frac{61}{36} - 11 = -\frac{91}{36} \approx -2,53$$

Ungefährer Schnittpunkt von g und h: $S(1,69 \mid -2,53)$

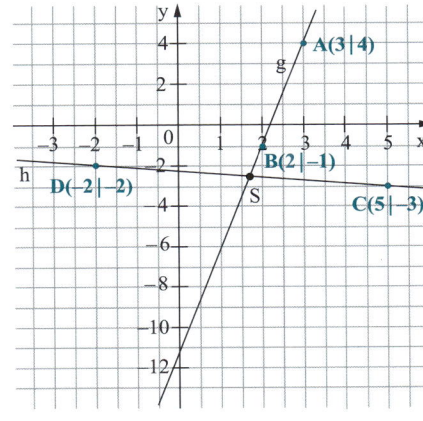

27. a) Schnittpunkt mit der y-Achse:
$$g(0) = 4 \quad \Rightarrow \quad S_y(0 \mid 4)$$

Schnittpunkt mit der x-Achse:

$g(x) = 0$

$3x + 4 = 0$

$x = -\frac{4}{3}$

$\Rightarrow S_x\left(-\frac{4}{3}\,|\,0\right)$

b) Steigung von h:

$m_h = \frac{\Delta y}{\Delta x} = \frac{3-0}{5-(-1)} = \frac{1}{2}$

Einsetzen von $Q(-1\,|\,0)$ in h:

$0 = \frac{1}{2} \cdot (-1) + t$

$t = \frac{1}{2}$

Damit lautet h:

h: $y = \frac{1}{2}x + \frac{1}{2}$ oder

h: $y = \frac{1}{2}(x+1)$ oder

h: $y = \frac{x+1}{2}$

All das sind gleichwertige Möglichkeiten, um h anzugeben.

c) Schnittpunkt:

$g(x) = h(x)$

$3x + 4 = \frac{1}{2}x + \frac{1}{2}$

$2,5x = -3,5$

$x_S = \frac{-3,5}{2,5} = -\frac{7}{5} = -1,4$

Die y-Koordinate lautet:

$y_S = g(-1,4) = -4,2 + 4 = -0,2$

$\Rightarrow S(-1,4\,|\,-0,2)$

d) $m_g = 3 \;\Rightarrow\; \tan\alpha_g = 3 \;\Rightarrow\; \alpha_g \approx 71,6°$

$m_h = \frac{1}{2} \;\Rightarrow\; \tan\alpha_h = \frac{1}{2} \;\Rightarrow\; \alpha_h \approx 26,6°$

28. a) Steigung von g:

$m_g = \frac{\Delta y}{\Delta x} = \frac{2-1}{1-(-2)} = \frac{1}{3}$

Einsetzen von $A(-2\,|\,1)$ in g:

$1 = \frac{1}{3} \cdot (-2) + t$

$t = \frac{5}{3}$

Das ergibt g: $y = \frac{1}{3}x + \frac{5}{3} = \frac{1}{3}(x+5)$.

b) Schnittpunkt mit der y-Achse: $S_y\left(0\,\middle|\,\frac{5}{3}\right)$

Schnittpunkte mit der x-Achse: Nullstelle von g bei $x=-5$
(folgt aus der Darstellung $g(x)=\frac{1}{3}(x+5)$ ohne weitere Rechnung)
$\Rightarrow\ S_x(-5\,|\,0)$

c) h ist durch $S(1\,|\,2)$ und $N_h(3\,|\,0)$ festgelegt.
Steigung von h:
$m_h=\dfrac{0-2}{3-1}=-1$

Einsetzen von $S(1\,|\,2)$ in h:
$2=-1\cdot1+t$
$t=3$
Das ergibt h: $y=-x+3$.

d) h*: $y=-x+t$ (gleiche Steigung wie h wegen Parallelität zu h).
Einsetzen von $A(-2\,|\,1)$ in h* ergibt $t=-1$, also h*: $y=-x-1$.

e) Es wird berechnet, welchen Funktionswert g an der Stelle $x=200$ hat:
$g(200)=\frac{1}{3}(200+5)=\frac{205}{3}\approx68{,}33$

Der Punkt $B(200\,|\,76)$ liegt damit höher als der Punkt $(200\,|\,g(200))$, weil
B die y-Koordinate $y_B=76>68{,}33$ hat. B liegt deshalb oberhalb der Geraden g.

29. a) Weil h senkrecht zu g steht (in Zeichen: $h\perp g$), gilt:
$m_h=-\dfrac{1}{m_g}=3$ (Der Kehrwert von $\frac{1}{3}$ ist 3.)
Einsetzen von $P(3\,|\,1)$ in h:
$1=3\cdot3+t$
$t=-8$

Damit ergibt sich h: $y=3x-8$.

b) Schnittpunkt:
$$g(x)=h(x)$$
$$-\tfrac{1}{3}x+2=3x-8$$
$$-\tfrac{10}{3}x=-10$$
$$x_S=3$$
$$y_S=h(3)=1$$
$$\Rightarrow\ S(3\,|\,1)$$

c)

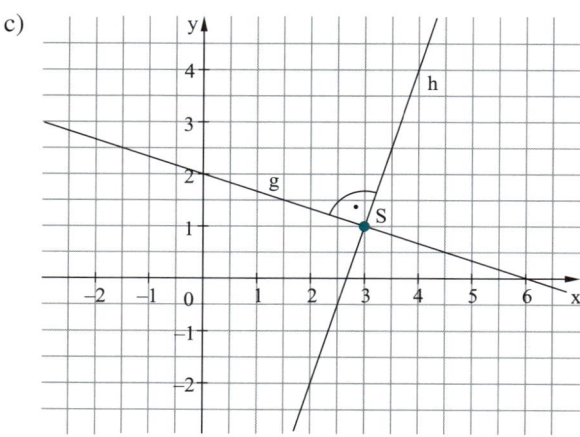

30. a) Steigung von g:

$$m_g = \frac{\Delta y}{\Delta x} = \frac{52 - (-168)}{-25 - 85} = \frac{220}{-110} = -2$$

Einsetzen von $P_1(-25 \mid 52)$ in g:

$$52 = -2 \cdot (-25) + t$$
$$t = 2$$

Das ergibt g_1: $y = -2x + 2$.

b) $m_2 = -\frac{1}{-2} = \frac{1}{2}$; Q eingesetzt ergibt g_2: $y = \frac{1}{2}x + 2$.

c) Da die beiden Geraden den gleichen y-Achsenabschnitt haben, müssen sie sich auf der y-Achse im Punkt $S(0 \mid 2)$ schneiden.

d)

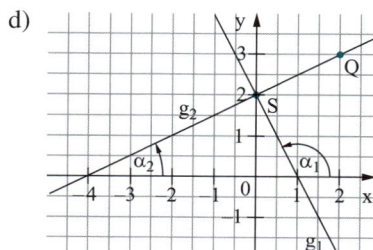

e) $\tan(\alpha_2) = 0,5$

$\qquad \alpha_2 = \arctan(0,5) \approx 26,6°$

Die Winkelsumme im Dreieck beträgt 180° (das ist aus der Mittelstufe bekannt). Die beiden Geradenabschnitte von g_1 und g_2 sowie die entsprechende Strecke auf der x-Achse bilden ein rechtwinkliges Dreieck. Der Nachbarwinkel α_1^* zu α lässt sich mit folgendem Ansatz berechnen:

$$\alpha_2 + 90° + \alpha_1^* = 180°$$
$$\alpha_1^* = 180° - 90° - \alpha_2 \approx 180° - 90° - 26,6° = 63,4°$$

Der gesuchte Winkel α_1 ergänzt sich mit α_1^* zu $180°$, sodass folgt:
$\alpha_1 \approx 116,6°$

Die direkte Berechnung führt auf:
$\tan(\alpha_1) = -2$
$$\alpha_1 = \arctan(-2) \approx -63,4°$$

Um den zugehörigen positiven Neigungswinkel von g_1 zu erhalten, müssen zu dem negativen Winkel $180°$ addiert werden, sodass sich ebenfalls $\alpha_1 \approx 116,6°$ ergibt.

31. Die Winkelhalbierende des I. und III. Quadranten hat die Steigung $m_1 = 1$. Demzufolge hat eine dazu senkrecht stehende Gerade die Steigung:

$$m_2 = -\frac{1}{m_1} = -1$$

$P(1|3)$ in $y = -x + t$ eingesetzt:
$3 = -1 + t$
$t = 4$

Mithin hat man die Funktionsgleichung dieser Geraden: $y = -x + 4$

32. a) $P(1|2)$ in b_m eingesetzt:
$$2 = m(1-2) + 3$$
$$m = 1$$

Also enthält die Gerade mit b_1: $y = 1 \cdot (x-2) + 3 = x + 1$ den Punkt P.

b) Ansatz auf Nullstellen:
$$b_m(x) = 0$$
$$m(x-2) + 3 = 0$$
$$mx = 2m - 3$$

Als nächster Rechenschritt stünde die Division durch m an, diese ist aber nur für $m \neq 0$ möglich. Deshalb sind zwei Fälle zu unterscheiden:

Fall 1: $m \neq 0$
Nun wird durch m dividiert und man erhält $x = \dfrac{2m-3}{m}$.

Das sind die Nullstellen der Geraden b_m, falls $m \neq 0$.

Beispielsweise hat b_2 die Nullstelle $x = \dfrac{2 \cdot 2 - 3}{2} = \dfrac{1}{2}$.

Fall 2: $m = 0$
In der Gleichung $mx = 2m - 3$ wird der Parameter m durch 0 ersetzt. Mithin ergibt sich $0 = -3$ (falsche Aussage!). Folglich hat b_0 keine Nullstelle. b_0 ist eine horizontale Gerade, die parallel zur x-Achse verläuft und diese nicht schneidet.

c) $b_{0,5}$ hat die Steigung $m_1 = \frac{1}{2}$. Eine dazu senkrechte Gerade hat dann die Steigung $m_2 = -2$ (negativer Kehrwert). Folglich steht die Gerade b_{-2}: $y = -2(x-2)+3$, also b_{-2}: $y = -2x+7$ senkrecht zu $b_{0,5}$.

d) Zwei beliebige, aber verschiedene Geraden aus dem Büschel werden zum Schnitt gebracht. Gewählt werden m_1 und m_2 mit $m_1 \neq m_2$, dadurch sind b_{m_1} und b_{m_2} unterschiedliche Geraden.

$b_{m_1}(x) = b_{m_2}(x)$	Die beiden Geraden werden zur Bestimmung der Schnittpunkte gleichgesetzt.
$m_1(x-2)+3 = m_2(x-2)+3 \quad \mid -3$	
$m_1(x-2) = m_2(x-2)$	Ausmultiplizieren, alle x nach links bringen und den Rest nach rechts.
$m_1 x - m_2 x = 2m_1 - 2m_2$	
$(m_1 - m_2)x = 2(m_1 - m_2) \quad \mid :(m_1-m_2)$	Division durch (m_1-m_2) ist möglich, weil vorausgesetzt ist, dass $m_1 \neq m_2$ und damit $m_1 - m_2 \neq 0$.
$\Rightarrow \quad x = 2$	Die Schnittstelle hängt nicht von m ab und gilt daher für alle Geraden.

Alle Geraden der Schar haben die Schnittstelle bei $x = 2$.
Die y-Koordinaten der Schnittpunkte lauten $y = b_m(2) = m(2-2)+3 = 3$ und sind ebenfalls unabhängig von m.

Der Schnittpunkt, in dem sich alle Geraden der Schar schneiden, lautet $S(2\mid3)$. Er ist von m unabhängig, d. h., alle Geraden der Schar gehen durch diesen Punkt.

33. a) g_1: $y = x - 1$ (In der Funktionenschar g_k wurde $k = 1$ gesetzt.)
g_2: $y = 2x - 4$
Schnittpunkt:
$g_1(x) = g_2(x)$
$x - 1 = 2x - 4$
$x_S = 3$

Einsetzen in g_1 ergibt $y_S = 2$.
$\Rightarrow \quad S(3\mid2)$

b)

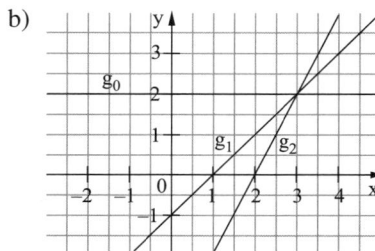

c) P in g_k einsetzen:
$$2 = k \cdot 3 + 2 - 3k$$
$$2 = 2 \quad \text{(wahre Aussage, unabhängig von k)}$$

Damit ist der Nachweis erbracht, dass P(3│2) auf allen Geraden g_k liegt.
P ist der Fixpunkt dieses Geradenbüschels.

d) Ansatz:
$$g_k(x) = 0$$
$$kx + 2 - 3k = 0$$
$$kx = 3k - 2$$

Division durch k ist nicht ohne Weiteres möglich, daher:
Fall 1: $k \neq 0$
$$x = 3 - \frac{2}{k}$$
Für $k \neq 0$ liegt bei $x_0 = 3 - \frac{2}{k}$ eine Nullstelle vor.
Fall 2: $k = 0$
$$0 = -2 \quad \text{(falsche Aussage)}$$
Für $k = 0$ besitzt g_k keine Nullstelle; g_0 ist eine Parallele zur x-Achse.

e) (1│4) einsetzen in g_k:
$$4 = k + 2 - 3k$$
$$-2k = 2$$
$$k = -1$$
Der Punkt (1│4) liegt auf der Geraden g_{-1}.

f) g wird in die explizite Form gebracht, d. h. nach y aufgelöst:
g: $y = 5x - 23$
Nun wird geprüft, ob sich diese Geradengleichung für ein bestimmtes k
ergibt. Das k müsste, damit zumindest die Steigungen übereinstimmen,
gleich 5 sein. Dann sind aber die y-Achsenabschnitte verschieden:
g_5: $y = 5x - 13$
g ist keine Gerade der Schar g_k.

34. a) Nullstellen von g_k:
$$g_k(x) = 0$$
$$kx + 3 - k = 0$$
$$kx = k - 3$$

Durch k kann nicht ohne Weiteres dividiert werden, daher:
Fall 1: $k \neq 0$
$$x = \frac{k-3}{k} = 1 - \frac{3}{k}$$
Für $k \neq 0$ liegt bei $x_0 = 1 - \frac{3}{k}$ eine Nullstelle vor.

Fall 2: $k = 0$

$0 = -3$ (falsche Aussage)

Für $k = 0$ besitzt g_k keine Nullstelle; g_0 ist eine Parallele zur x-Achse.

b) $P(1 \mid 3)$ einsetzen in g_k:

$3 = k + 3 - k$

$3 = 3$ (wahre Aussage, unabhängig von k)

$\Rightarrow$ $P \in g_k$ ist Fixpunkt der Geradenschar g_k.

c) Aus der Darstellung h_k: $y = x - k$ liest man direkt ab:
Es handelt sich um lauter parallele Geraden mit der Steigung 1.

d) Ansatz:

$$g_k(x) = h_k(x)$$

$$kx + 3 - k = x - k \qquad \mid + k$$

$$kx + 3 = x$$

$$kx - x = -3$$

$$(k-1)x = -3$$

Ab hier ist eine Fallunterscheidung nötig, und zwar sind die Fälle $k \neq 1$ und $k = 1$ getrennt zu behandeln.

Fall 1: $k \neq 1$

$$(k-1)x = -3 \qquad \mid : (k-1)$$

$$x = \frac{-3}{k-1} \quad \text{bzw.} \quad x = \frac{3}{1-k}$$

Fall 2: $k = 1$

Hier ist der Faktor $(k-1)$ dann null. Die Gleichung lautet dann:

$0 = -3$ (falsche Aussage)

Für $k = 1$ gibt es keinen Schnittpunkt, in diesem Fall sind g_1 und h_1 parallel.

35. Für direkte Proportionalität gibt es viele weitere Beispiele im Alltag:
- Preis in Abhängigkeit von der Menge
- Zins in Abhängigkeit von der Laufzeit (ohne Zinseszins)
- Lohn in Abhängigkeit von der Arbeitszeit
- Die Mehrwertsteuer und der Preis
- Die meisten Einheitenumrechnungen, z. B. DM in €, $\frac{m}{s}$ in $\frac{km}{h}$
- Masse und Volumen eines festen oder flüssigen Stoffes (z. B. Wasser)

Die folgenden Größen sind zwar voneinander abhängig (zwischen ihnen besteht ein funktionaler Zusammenhang), sie sind aber nicht direkt proportional zueinander:
- die Steuer in Abhängigkeit vom Einkommen
- die Endgeschwindigkeit in Abhängigkeit von der Fallhöhe

- das Porto in Abhängigkeit vom Gewicht
- Körpergröße und Gewicht
- Zeit und Aktienkurs
- Luftdruck und Höhe über dem Meeresspiegel

36. a)

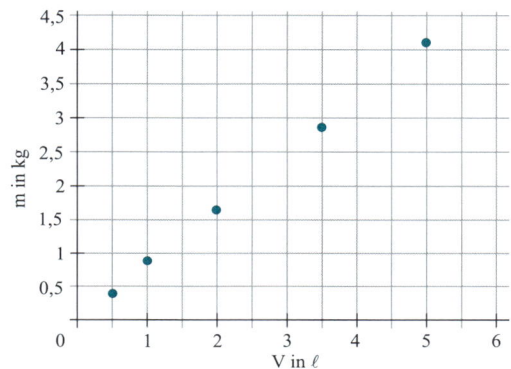

Da die Messpunkte auf einer (gedachten) Ursprungsgerade liegen, sind m und V direkt proportional zueinander.

b)

V in ℓ	0,5	1	2	3,5	5
m in kg	0,41	0,83	1,66	2,91	4,15
$\frac{m}{V}$ in $\frac{kg}{\ell}$	0,82	0,83	0,83	0,83	0,83

Die Quotienten $\frac{m}{V}$ sind (im Rahmen der Messgenauigkeit) konstant. Es gilt also $m = 0,83 \frac{kg}{\ell} \cdot V$, d. h., es liegt direkte Proportionalität vor. Physikalisch entspricht der Quotient $\frac{m}{V}$ der Dichte eines Stoffes, in diesem Fall mit der Einheit $\frac{kg}{\ell}$. Da diese Dichte kleiner als $1 \frac{kg}{\ell}$ ist, schwimmt Heizöl auf dem Wasser, das eine Dichte von $1 \frac{kg}{\ell}$ hat.

37. a) Anbieter 3:

$K_3(x) = 0 \cdot x + 49 = 49$

Anbieter 4:

Ein Nutzungsentgelt von $0,01 \frac{€}{min}$ bedeutet, dass man 0,6 € pro Stunde zahlen muss, also:

$K_4(x) = 0,6 \cdot x + 0 = 0,6x$

b)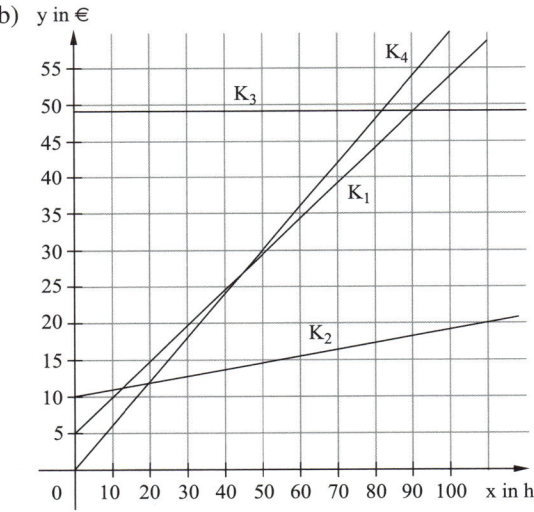

c) Es werden einfach die Gesamtkosten bei 20 h Nutzungsdauer für jeden der vier Anbieter errechnet und verglichen:
$K_1(20) = 0,49 \cdot 20 + 4,9 = 14,7 \ [€]$
$K_2(20) = 0,09 \cdot 20 + 9,9 = \mathbf{11,7 \ [€]}$
$K_3(20) = 49 \ [€]$
$K_4(20) = 0,6 \cdot 20 = 12 \ [€]$
Anbieter 2 ist der günstigste.

38. Ansatz:
$$K_1(x) \leq 25$$
$$0,49x + 4,9 \leq 25$$
$$0,49x \leq 20,1 \qquad |: 0,49$$
$$x \leq 41,02\ldots$$

Man darf also maximal 41 Stunden im Internet sein, wenn die Kosten 25 € nicht übersteigen sollen.

39. a) Tarif I: $K_I(x) = 0,16x + 15$
Tarif II: $K_{II}(x) = 0,49x$

b) Berechnung der Schnittstelle durch Ansatz auf Schneiden: $K_I(x) = K_{II}(x)$
$$0,16x + 15 = 0,49x$$
$$-0,33x = -15 \qquad |: (-0,33)$$
$$x \approx 45,5$$

Ab einem Verbrauch von ca. 45,5 kWh ist Tarif I günstiger.

c) $0{,}16x + 15 \leq 50$

$\quad\quad 0{,}16x \leq 35 \quad\quad\quad |:0{,}16$

$\quad\quad\quad\quad x \leq 218{,}75$

Es dürfen höchstens 218,75 kWh verbraucht werden.

40. a) $\frac{1}{2}\left(x - \frac{3}{2}\right) + \frac{1}{4} > \frac{5}{2}x + \frac{1}{2} \quad |\cdot 2$

$\quad\quad \left(x - \frac{3}{2}\right) + \frac{1}{2} > 5x + 1$

$\quad\quad\quad\quad x - 1 > 5x + 1$

$\quad\quad\quad\quad -4x > 2 \quad\quad\quad |:(-4)$

$\quad\quad\quad\quad\quad\quad x < -\frac{1}{2}$

$\Rightarrow L = \left]-\infty; -\frac{1}{2}\right[$

b) $\quad 2x - m \leq m(x + 2) + m$

$\quad\quad 2x - m \leq mx + 2m + m$

$\quad 2x - mx \leq 4m$

$\quad (2 - m)x \leq 4m$

Durch $(2 - m)$ kann nicht ohne Weiteres dividiert werden, daher ist eine Fallunterscheidung notwendig.

Fall 1: $m = 2$

$0 \leq 4 \cdot 2 = 8$ (stimmt immer!)

Fall 2: $m > 2$

$(2 - m)x \leq 4m \quad\quad |:(2 - m) < 0$

$\quad\quad\quad x \geq \frac{4m}{2 - m}$

Fall 3: $m < 2$

$(2 - m)x \leq 4m \quad\quad |:(2 - m) > 0$

$\quad\quad\quad x \leq \frac{4m}{2 - m}$

Insgesamt erhält man:

$$L = \begin{cases} \left]-\infty; \dfrac{4m}{2-m}\right] & \text{falls } m < 2 \\[2mm] \mathbb{R} & \text{falls } m = 2 \\[2mm] \left[\dfrac{4m}{2-m}; \infty\right[& \text{falls } m > 2 \end{cases}$$

c) $-\frac{1}{3}\left(x - \frac{k}{2}\right) + \frac{k}{4} > \frac{5}{2}x + \frac{1}{2k}$

$-\frac{1}{3}x + \frac{k}{6} + \frac{k}{4} > \frac{5}{2}x + \frac{1}{2k}$

$-\frac{1}{3}x + \frac{5k}{12} > \frac{5}{2}x + \frac{1}{2k}$

$-\frac{1}{3}x - \frac{5}{2}x > -\frac{5k}{12} + \frac{1}{2k}$

$-\frac{17}{6}x > \frac{6 - 5k^2}{12k} \qquad \Big| \cdot \left(-\frac{6}{17}\right)$

$x < \frac{6 - 5k^2}{12k} \cdot \left(-\frac{6}{17}\right)$ Die 6 im Zähler wird mit der 12 im Nenner gekürzt, das Minuszeichen dreht im Zähler die Vorzeichen um.

$x < \frac{5k^2 - 6}{34k}$

Damit folgt:

$L = \left] -\infty; \frac{5k^2 - 6}{34k} \right[$

Es ist keine Fallunterscheidung erforderlich ($k = 0$ war bereits ausgeschlossen).

d) $t^2 x - t \geq t - 1$

$t^2 x \geq 2t - 1$

Um nach x aufzulösen, muss t^2 auf die andere Seite dividiert werden. Es sind nur zwei Fälle zu unterscheiden: $t = 0$ und $t \neq 0$. Denn in beiden Fällen $t > 0$ und $t < 0$ ist $t^2 > 0$, sodass die Vorzeichenunterscheidung entfällt.

Fall 1: $t = 0$

$0 \geq -1$ (gilt immer!)

Fall 2: $t \neq 0$

$t^2 x \geq 2t - 1 \qquad \big| : t^2 > 0$

$x \geq \frac{2t - 1}{t^2}$

Man erhält insgesamt:

$L = \begin{cases} \left[\dfrac{2t - 1}{t^2}; \infty \right[& \text{falls } t \neq 0 \\[2ex] \mathbb{R} & \text{falls } t = 0 \end{cases}$

41. Ansatz:

$g_k(x) < h_k(x)$

$kx + 3 - k < x - k$

$kx + 3 < x$

$kx - x < -3$

$(k - 1)x < -3$

Hier müssen drei Fälle unterschieden werden, nämlich $k = 1$, $k > 1$ und $k < 1$.

Fall 1: $k = 1$ (also $k - 1 = 0$)

$0 < -3$ (stimmt nie!)

Fall 2: $k > 1$

$(k - 1)x < -3$ $\qquad | : (k - 1) > 0$

$\qquad x < \dfrac{-3}{k - 1}$

Fall 3: $k < 1$

$(k - 1)x < -3$ $\qquad | : (k - 1) < 0$

$\qquad x > \dfrac{-3}{k - 1}$

Die Lösungsmenge muss also dreigeteilt angegeben werden:

$$L = \begin{cases} \left] \dfrac{3}{1 - k}; \infty \right[& \text{falls } k < 1 \\ \varnothing & \text{falls } k = 1 \\ \left] -\infty; \dfrac{3}{1 - k} \right[& \text{falls } k > 1 \end{cases}$$

Das Symbol $\varnothing$ steht für die leere Menge.

42. a) Es handelt sich um eine nach unten geöffnete Normalparabel.

Wertebereich:
$W_{f_1} =]-\infty; 0]$

Schnittpunkt mit der y-Achse:
$y = f_1(0) = 0 \;\Rightarrow\; S_y(0|0)$

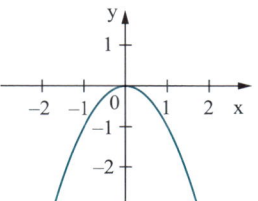

b) Die Parabel ist enger als die Normalparabel ($a = 2$) und gegenüber dieser um eine Einheit nach oben (längs der y-Achse) verschoben.

Wertebereich:
$W_{f_2} = [1; \infty[$

Schnittpunkt mit der y-Achse:
$y = f_2(0) = 1 \;\Rightarrow\; S_y(0|1)$

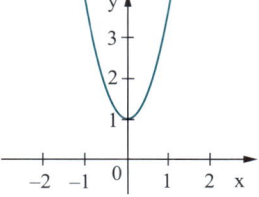

c) Lage wie Normalparabel, jedoch geweitet, da $a = \frac{1}{3}$.

Wertebereich:
$W_{f_3} = [0; \infty[$

Schnittpunkt mit der y-Achse:
$y = f_3(0) = 0 \;\Rightarrow\; S_y(0|0)$

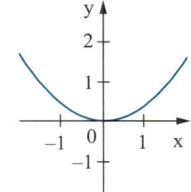

d) Nach unten geöffnete und geweitete Parabel, Scheitel bei $\left(0\,|-\frac{3}{4}\right)$.

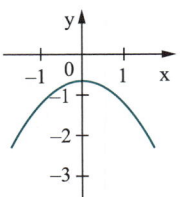

Wertebereich:

$$W_{f_4} = \left]-\infty;\,-\frac{3}{4}\right]$$

Schnittpunkt mit der y-Achse:

$$y = f_4(0) = -\frac{3}{4} \;\Rightarrow\; S_y\left(0\,|-\frac{3}{4}\right)$$

43. a)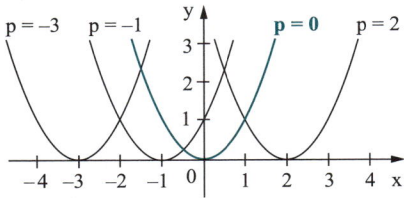

Die Zahl p in der Formel $f_p(x) = (x-p)^2$ bewirkt die Verschiebung des zugehörigen Graphen längs der x-Achse um $|p|$ Einheiten.

b) Die Parameter p und q in der Darstellungsform

$$f(x) = (x-p)^2 + q$$

für quadratische Funktionen sind die Scheitelkoordinaten der zugehörigen Normalparabel. Der Scheitelpunkt lautet daher: $S(p\,|\,q)$

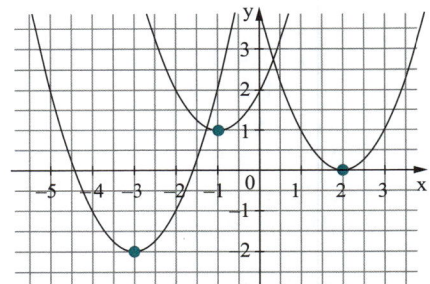

c) $f(x) = a(x-p)^2 + q$
$ = a(x^2 - 2px + p^2) + q$
$ = ax^2 - 2apx + ap^2 + q$

Der Koeffizientenvergleich mit der Form $f(x) = ax^2 + bx + c$ ergibt:

$a = a$
$b = -2ap$
$c = ap^2 + q$

Aus der Gleichung $b = -2ap$ folgt, dass sich die x-Koordinate des Scheitelpunktes folgendermaßen berechnen lässt:

$$x_S = p = -\frac{b}{2a}$$

(Für diese Formel hat man eine einfache Merkregel in Zusammenhang mit der Lösungsformel für quadratische Gleichungen. Dort ist diese Merkregel auch dargestellt.)

Aus der Gleichung $c = ap^2 + q$ folgt $c = a\left(-\frac{b}{2a}\right)^2 + q = \frac{b^2}{4a} + q$.

Demnach ergibt sich für die y-Koordinate des Scheitelpunktes:

$$y_S = q = c - \frac{b^2}{4a}$$

44. a) Im nebenstehenden Graphen ist die
y-Achse nach unten orientiert, damit das
Fallen der Kugel zum Ausdruck kommt.
Es ist eingezeichnet, wo sich die Kugel
zu den Zeitpunkten 0 s, 1 s und 2 s befindet. Man erkennt deutlich, dass die
durchfallende Höhe nichtlinear mit der
Zeit zunimmt.

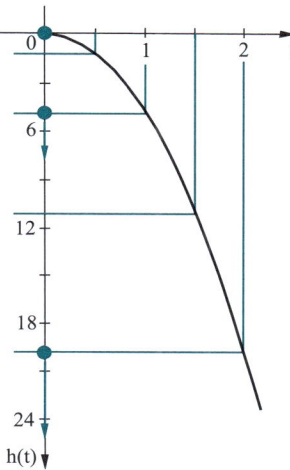

b) Für die gefallene Höhe des Steins im freien Fall gilt $h(t) = \frac{1}{2}gt^2$ (zur Er-
innerung: $g = 9,81\frac{m}{s^2}$ ist bekannt). Da der Stein nach $t = 2,5$ s aufschlägt,
braucht man nur 2,5 für t einsetzen, sodass sich unter Weglassen der Einheiten ergibt:

$$h(2,5) = \frac{1}{2} \cdot 9,81 \cdot 2,5^2 \approx 30,7\,[m]$$

Der Brunnen ist ca. 31 m tief.

45. a) $x^2 + 2x + 1 = 0$
Lösungsformel:

$$x_{1/2} = \frac{-2 \pm \sqrt{4 - 4 \cdot 1 \cdot 1}}{2} = \frac{-2 \pm \sqrt{0}}{2} = -1 \implies \mathbf{L = \{-1\}}$$

Alternative: Anwenden der 1. binomischen Formel:

$$x^2 + 2x + 1 = 0$$
$$(x + 1)^2 = 0$$
$$x + 1 = 0$$
$$x_{1/2} = -1$$

b) $\frac{1}{2}x^2 + 4x + \frac{3}{2} = 0 \quad \big|\cdot 2$

$\qquad x^2 + 8x + 3 = 0$

Lösungsformel:

$$x_{1/2} = \frac{-8 \pm \sqrt{64 - 4 \cdot 3}}{2} = \frac{-8 \pm \sqrt{52}}{2} = \frac{-8 \pm \sqrt{4 \cdot 13}}{2} = \frac{-8 \pm 2\sqrt{13}}{2}$$

$$= \frac{2 \cdot (-4 \pm \sqrt{13})}{2} = -4 \pm \sqrt{13} \approx \begin{cases} -0,39 \\ -7,61 \end{cases} \Rightarrow \mathbf{L = \{-7,61; -0,39\}}$$

c) $\frac{2}{3}m^2 + \frac{4}{3}m = \frac{5}{3}$ $\big| \cdot 3$

$2m^2 + 4m = 5$

$2m^2 + 4m - 5 = 0$

Lösungsformel:

$$m_{1/2} = \frac{-4 \pm \sqrt{16 - 4 \cdot 2 \cdot (-5)}}{4} = \frac{-4 \pm \sqrt{56}}{4} = \frac{-4 \pm \sqrt{4 \cdot 14}}{4} = \frac{-4 \pm 2\sqrt{14}}{4}$$

$$= -1 \pm \frac{1}{2}\sqrt{14} \approx \begin{cases} 0,87 \\ -2,87 \end{cases} \Rightarrow \mathbf{L = \{-2,87; 0,87\}}$$

d) $5x^2 + 4x = 0$

Lösungsformel:

$$x_{1/2} = \frac{-4 \pm \sqrt{16 - 4 \cdot 5 \cdot 0}}{2 \cdot 5} = \frac{-4 \pm 4}{10} = \begin{cases} 0 \\ -0,8 \end{cases} \Rightarrow \mathbf{L = \{-0,8; 0\}}$$

Alternative: Ausklammern von x:

$5x^2 + 4x = 0$

$x(5x + 4) = 0$

$\Rightarrow x_1 = 0; x_2 = -0,8$

e) $\frac{2x^2}{3} = 576$ $\big| \cdot 3$

$2x^2 - 1\,728 = 0$ $\big| : 2$

$x^2 - 864 = 0$

Lösungsformel:

$$x_{1/2} = \frac{0 \pm \sqrt{0 - 4 \cdot (-864)}}{2} = \frac{\pm \sqrt{4 \cdot 864}}{2} = \frac{\pm 2\sqrt{864}}{2} = \pm \sqrt{864} \approx \pm 29,39$$

$\Rightarrow \mathbf{L = \{-29,39; 29,39\}}$

Alternative: „Wurzelziehen"

$x^2 - 864 = 0$

$x^2 = 864$ $\big| \sqrt{}$

$x_{1/2} = \pm\sqrt{864}$

(siehe auch Abschnitt „rein-quadratische Gleichungen")

f) $k^2 = 4(k - 3)$

$k^2 = 4k - 12$

$k^2 - 4k + 12 = 0$

Lösungsformel:

$$k_{1/2} = \frac{4 \pm \sqrt{16 - 4 \cdot 12}}{2} = \frac{4 \pm \sqrt{-32}}{2} \notin \mathbb{R}$$

Wegen $D = -32 < 0$ (negative Diskriminante) hat diese Gleichung keine reelle Lösung. $\Rightarrow$ **L = Ø**

g)
$$(x+1)^2 + (x-1)^2 = 7x - 4$$
$$x^2 + 2x + 1 + x^2 - 2x + 1 = 7x - 4$$
$$2x^2 - 7x + 6 = 0$$

Lösungsformel:

$$x_{1/2} = \frac{7 \pm \sqrt{49 - 4 \cdot 2 \cdot 6}}{4} = \frac{7 \pm 1}{4} = \begin{cases} 2 \\ \frac{3}{2} \end{cases} \Rightarrow \mathbf{L = \{1,5;\ 2\}}$$

h)
$$x + 1 = \frac{2}{x} \quad \big|\cdot x, \quad \text{wobei } x \neq 0$$
$$x^2 + x - 2 = 0$$

Lösungsformel:

$$x_{1/2} = \frac{-1 \pm \sqrt{1 - 4 \cdot (-2)}}{2} = \frac{-1 \pm 3}{2} = \begin{cases} 1 \\ -2 \end{cases} \Rightarrow \mathbf{L = \{-2;\ 1\}}$$

i) $(x-3)(x+1) = 0$

Da es sich um die Produktform einer Gleichung handelt, kann man die Lösungen direkt ablesen. Wählt man $x_1 = 3$, so ist die erste Klammer null, für $x_2 = -1$ ist die zweite Klammer null. In beiden Fällen ist die Gleichung gelöst.

$\Rightarrow$ **L = {–1; 3}**

Alternative: „Ausmultiplizieren"
$$(x-3)(x+1) = 0$$
$$x^2 - 2x - 3 = 0$$

Lösungsformel:

$$x_{1/2} = \frac{2 \pm \sqrt{4 - 4 \cdot (-3)}}{2} = \frac{2 \pm 4}{2} = \begin{cases} 3 \\ -1 \end{cases}$$

j)
$$\frac{1}{2}t^2 + t = \sqrt{3}$$
$$\frac{1}{2}t^2 + t - \sqrt{3} = 0$$

Lösungsformel:

$$t_{1/2} = \frac{-1 \pm \sqrt{1 - 4 \cdot \frac{1}{2} \cdot (-\sqrt{3})}}{2 \cdot \frac{1}{2}} = -1 \pm \sqrt{1 + 2\sqrt{3}} \approx \begin{cases} 1,11 \\ -3,11 \end{cases}$$

$\Rightarrow$ **L = {–3,11; 1,11}**

46. a) Nullstellen:

$x^2 + 1 = 0$

$x_{1/2} = \dfrac{0 \pm \sqrt{0-4}}{2} = \dfrac{\pm\sqrt{-4}}{2} \implies$ keine Nullstellen, weil $D = -4 < 0$

Scheitelkoordinaten:

$x_S = -\dfrac{b}{2a} = -\dfrac{0}{2} = 0$

$y_S = f(x_S) = f(0) = 1$

$\implies$ **S(0|1)**

b) Nullstellen:

$x^2 + 6x + 5 = 0$

$x_{1/2} = \dfrac{-6 \pm \sqrt{36 - 4 \cdot 5}}{2} = \dfrac{-6 \pm \sqrt{16}}{2} = \dfrac{-6 \pm 4}{2} = \begin{cases} -1 \\ -5 \end{cases}$

Scheitelkoordinaten:

$x_S = \dfrac{-6}{2} = -3$ bzw. $x_S = \dfrac{1}{2}(-1-5) = -3$

$y_S = f(-3) = (-3)^2 + 6 \cdot (-3) + 5 = -4$

$\implies$ **S(−3|−4)**

c) Nullstellen:

$3x^2 + 2x - 5 = 0$

$x_{1/2} = \dfrac{-2 \pm \sqrt{4 - 4 \cdot 3 \cdot (-5)}}{2 \cdot 3} = \dfrac{-2 \pm \sqrt{64}}{6} = \dfrac{-2 \pm 8}{6} = \begin{cases} 1 \\ -\dfrac{5}{3} \end{cases}$

Scheitelkoordinaten:

$x_S = \dfrac{-2}{2 \cdot 3} = -\dfrac{1}{3}$ bzw. $x_S = \dfrac{1}{2}\left(1 - \dfrac{5}{3}\right) = -\dfrac{1}{3}$

$y_S = f\left(-\dfrac{1}{3}\right) = 3 \cdot \left(-\dfrac{1}{3}\right)^2 + 2 \cdot \left(-\dfrac{1}{3}\right) - 5 = \dfrac{1}{3} - \dfrac{2}{3} - 5 = -\dfrac{16}{3}$

$\implies$ **$S\left(-\dfrac{1}{3} \middle| -\dfrac{16}{3}\right)$**

d) Die Nullstellen können durch Ausklammern von x bestimmt werden:

$\dfrac{1}{3}x^2 + 4x = 0$

$x\left(\dfrac{1}{3}x + 4\right) = 0$

$\implies x_1 = 0;\ x_2 = -12$

Scheitelkoordinaten:

$x_S = \dfrac{-4}{2 \cdot \frac{1}{3}} = -6$ bzw. $x_S = \dfrac{1}{2}(0 - 12) = -6$

$y_S = f(-6) = \dfrac{1}{3}(-6)^2 + 4 \cdot (-6) = -12$

$\implies$ **S(−6|−12)**

e) Nullstellen:
$$-\tfrac{1}{2}(x-1)^2 + 1 = 0$$
$$-\tfrac{1}{2}(x^2 - 2x + 1) + 1 = 0$$
$$-\tfrac{1}{2}x^2 + x + \tfrac{1}{2} = 0$$
$$x_{1/2} = \frac{-1 \pm \sqrt{1 - 4 \cdot (-\tfrac{1}{2}) \cdot \tfrac{1}{2}}}{-1} = 1 \mp \sqrt{2} \approx \begin{cases} -0,41 \\ 2,41 \end{cases}$$

Scheitelkoordinaten:
$$x_S = \frac{-1}{2 \cdot (-\tfrac{1}{2})} = 1 \text{ bzw. } x_S = \tfrac{1}{2}(2,41 - 0,41) = 1$$
$$y_S = f(1) = -\tfrac{1}{2}(1-1)^2 + 1 = 1$$
$$\Rightarrow \; \mathbf{S(1\,|\,1)}$$

f) Nullstellen:
$$\frac{(x-2)^2}{\sqrt{3}} = 0$$

Hierbei handelt es sich um die Produktform einer Gleichung. Diese ist erfüllt, falls $(x-2)^2 = 0$, also für $x_{1/2} = 2$.

Scheitelkoordinaten:
$x_{1/2} = 2$ ist eine doppelte Nullstelle. Bei einer Parabel ist die doppelte Nullstelle zugleich die x-Koordinate des Scheitels.
$$\Rightarrow \; \mathbf{S(2\,|\,0)}$$

47. a) $x^2 + 1 = 0$
Lösungsformel:
$$x_{1/2} = \frac{\pm\sqrt{-4}}{2} \;\Rightarrow\; \mathbf{L = \emptyset}$$
Direkter Weg:
$$x^2 + 1 = 0$$
$$x^2 = -1 < 0 \;\Rightarrow\; \mathbf{L = \emptyset}$$

b) $x^2 + \sqrt{3} = 2x^2$
$$-x^2 + \sqrt{3} = 0$$
Lösungsformel:
$$x_{1/2} = \frac{0 \pm \sqrt{0 - 4 \cdot (-1) \cdot \sqrt{3}}}{2 \cdot (-1)} = \frac{\pm\sqrt{4\sqrt{3}}}{-2} = \mp\sqrt{\sqrt{3}} = \mp\sqrt[4]{3} \;\Rightarrow\; \mathbf{L = \{-1,32;\ 1,32\}}$$

Direkter Weg:

$$-x^2 + \sqrt{3} = 0$$
$$-x^2 = -\sqrt{3} \quad | \cdot (-1)$$
$$x^2 = \sqrt{3} \quad | \sqrt{\ }$$
$$x_{1/2} = \pm\sqrt{\sqrt{3}} = \pm\sqrt[4]{3}$$

c) $4x^2 - 0{,}5 = 0$

Lösungsformel:

$$x_{1/2} = \frac{0 \pm \sqrt{0 - 4 \cdot 4 \cdot (-0{,}5)}}{2 \cdot 4} = \frac{\pm\sqrt{8}}{8} = \pm\frac{2\sqrt{2}}{8} = \pm\frac{\sqrt{2}}{4} \quad \Rightarrow \quad \mathbf{L = \{-0{,}35;\ 0{,}35\}}$$

Direkter Weg:

$$4x^2 - 0{,}5 = 0$$
$$4x^2 = 0{,}5$$
$$x^2 = \frac{1}{8} \quad | \sqrt{\ }$$
$$\Rightarrow \quad x_{1/2} = \pm\sqrt{\frac{1}{8}} = \pm\sqrt{\frac{2}{16}} = \pm\frac{\sqrt{2}}{4}$$

d)
$$\frac{1}{a^2} = 9 \quad | \cdot a^2$$
$$1 = 9a^2$$
$$9a^2 - 1 = 0$$

Lösungsformel:

$$a_{1/2} = \frac{0 \pm \sqrt{0 - 4 \cdot 9 \cdot (-1)}}{2 \cdot 9} = \frac{\pm 6}{18} = \pm\frac{1}{3} \quad \Rightarrow \quad \mathbf{L = \left\{-\frac{1}{3};\ \frac{1}{3}\right\}}$$

Direkter Weg:

$$9a^2 - 1 = 0$$
$$9a^2 = 1$$
$$a^2 = \frac{1}{9} \quad | \sqrt{\ }$$
$$a_{1/2} = \pm\frac{1}{3}$$

e)
$$\sqrt{5} = \frac{x^2}{\sqrt{5}} \quad | \cdot \sqrt{5}$$
$$5 = x^2$$
$$x^2 - 5 = 0$$

Lösungsformel:

$$x_{1/2} = \frac{0 \pm \sqrt{0 + 4 \cdot 5}}{2} = \frac{\pm\sqrt{20}}{2} = \frac{\pm 2\sqrt{5}}{2} = \pm\sqrt{5} \quad \Rightarrow \quad \mathbf{L = \{-2{,}24;\ 2{,}24\}}$$

Direkter Weg:

$$x^2 - 5 = 0$$
$$x^2 = 5 \quad | \sqrt{\ }$$
$$x_{1/2} = \pm\sqrt{5}$$

f) $\quad -\sqrt{2}z^2 + \frac{1}{\sqrt{2}} = 2 \qquad |\cdot\sqrt{2}$

$\qquad -2z^2 + 1 = 2\sqrt{2}$

$\quad -2z^2 + 1 - 2\sqrt{2} = 0$

Lösungsformel:

$z_{1/2} = \dfrac{0 \pm \sqrt{0 - 4\cdot(-2)\cdot(1 - 2\sqrt{2})}}{2\cdot(-2)} = \dfrac{\pm\sqrt{8 - 16\sqrt{2}}}{-4} \approx \dfrac{\pm\sqrt{-14{,}63}}{-4} \notin \mathbb{R} \implies \mathbf{L = \varnothing}$

Direkter Weg:

$-\sqrt{2}z^2 + \frac{1}{\sqrt{2}} = 2 \qquad |\cdot(-\sqrt{2})$

$\quad 2z^2 - 1 = -2\sqrt{2}$

$\qquad 2z^2 = 1 - 2\sqrt{2} \quad |:2$

$\qquad\quad z^2 = \frac{1}{2} - \sqrt{2} \approx -0{,}91 \implies$ keine reelle Lösung

48. a) $\quad x^2 = x$

$\quad x^2 - x = 0$

Lösungsformel:

$x_{1/2} = \dfrac{1 \pm \sqrt{(-1)^2 - 4\cdot1\cdot0}}{2} = \dfrac{1 \pm \sqrt{1}}{2} = \dfrac{1 \pm 1}{2} = \begin{cases} 1 \\ 0 \end{cases} \implies \mathbf{L = \{0; 1\}}$

Ausklammern von x:

$\quad x^2 - x = 0$

$\quad x(x - 1) = 0$

$\implies x_1 = 0; \ x_2 = 1$

b) $\quad \left(\dfrac{x}{3}\right)^2 + \dfrac{x}{3} = 0$

$\quad \dfrac{x^2}{9} + \dfrac{x}{3} = 0 \quad |\cdot9$

$\quad x^2 + 3x = 0$

Lösungsformel:

$x_{1/2} = \dfrac{-3 \pm \sqrt{9 - 4\cdot1\cdot0}}{2} = \dfrac{-3 \pm 3}{2} = \begin{cases} 0 \\ -3 \end{cases} \implies \mathbf{L = \{-3; 0\}}$

Ausklammern von x:

$\quad x^2 + 3x = 0$

$\quad x(x + 3) = 0$

$\implies x_1 = 0; \ x_2 = -3$

c) $\quad \frac{w^2}{81} = \frac{w}{9}$

$\frac{w^2}{81} - \frac{w}{9} = 0 \quad | \cdot 81$

$w^2 - 9w = 0$

Lösungsformel:

$w_{1/2} = \frac{9 \pm \sqrt{81 - 4 \cdot 1 \cdot 0}}{2} = \frac{9 \pm 9}{2} = \begin{cases} 9 \\ 0 \end{cases} \Rightarrow \mathbf{L = \{0; 9\}}$

Ausklammern von w:

$w^2 - 9w = 0$

$w(w - 9) = 0$

$\Rightarrow \quad w_1 = 0; \, w_2 = 9$

d) $\sqrt{3}x^2 + x = 0$

Lösungsformel:

$x_{1/2} = \frac{-1 \pm \sqrt{1^2 - 4 \cdot \sqrt{3} \cdot 0}}{2 \cdot \sqrt{3}} = \frac{-1 \pm 1}{2 \cdot \sqrt{3}} \approx \begin{cases} 0 \\ -0{,}58 \end{cases} \Rightarrow \mathbf{L = \{-0{,}58; 0\}}$

Ausklammern von x:

$\sqrt{3}x^2 + x = 0$

$x(\sqrt{3}x + 1) = 0$

$\Rightarrow \quad x_1 = 0; \, x_2 = -\frac{1}{\sqrt{3}} \approx -0{,}58$

49. $f(x) = x^2 - 5x + 6$

Mögliche Faktorisierungen von **6** sind ± 1; ± 6 und ± 2; ± 3. Die Summe muss $-(-5) = 5$ ergeben, daher ist **2; 3** das passende Zahlenpaar.

Zerlegung von f in Linearfaktoren:

$f(x) = (x - \mathbf{2})(x - \mathbf{3})$

Nullstellen von f:

$(x - 2)(x - 3) = 0$

$\Rightarrow \quad x_1 = 2; \, x_2 = 3$

50. Die Schnittstellen mit der x-Achse sind die Nullstellen. Man kann die Funktion daher direkt in Produktform angeben:

$f(x) = [x - (\mathbf{-2})](x - \mathbf{3}) = (x + 2)(x - 3)$

Die Funktion kann natürlich auch in die ausmultiplizierte Form umgewandelt werden, sie lautet dann $f(x) = x^2 - x - 6$.

51. $x^2 + 3x - 10 = 0$

Gleichung in Produktform:

$[x - (-5)](x - 2) = 0$

$(x + 5)(x - 2) = 0$

Folglich lauten die Lösungen:

$x_1 = -5$; $x_2 = 2$

Mögliche Faktorisierungen von **–10** sind ±1; ∓10 und ±2; ∓5. Die Summe muss **–3** ergeben, daher ist **–5; 2** das passende Zahlenpaar.

52. a) $f(x) = \mathbf{3}x^2 - 15x + 18$

$= 3(x^2 - \mathbf{5}x + \mathbf{6})$

Gleichung in Produktform:

$f(x) = 3(x - \mathbf{2})(x - \mathbf{3})$

Die Nullstellen von f lauten:

$x_1 = 2$; $x_2 = 3$

Der Koeffizient **3** von x^2 wird ausgeklammert.

Auf die runde Klammer wird der Satz von Vieta angewandt. Mögliche Faktorisierungen von **6** sind ±1; ±6 und ±2; ±3. Die Summe muss **–(–5) = 5** ergeben, daher ist **2; 3** das passende Zahlenpaar.

b) $g(x) = \mathbf{2}x^2 + 14x + 24$

$= 2(x^2 + \mathbf{7}x + \mathbf{12})$

Gleichung in Produktform:

$g(x) = 2[x - (\mathbf{-3})][x - (\mathbf{-4})]$

$= 2(x + 3)(x + 4)$

Die Nullstellen von g lauten:

$x_1 = -3$; $x_2 = -4$

Der Koeffizient **2** von x^2 wird ausgeklammert.

Auf die runde Klammer wird der Satz von Vieta angewandt. Mögliche Faktorisierungen von **12** sind ±1; ±12, ±2; ±6 und ±3; ±4. Die Summe muss **–7** ergeben, daher ist **–3; –4** das passende Zahlenpaar.

53. a) $f(x) = x^2 - \mathbf{3}x - 28$

Zerlegung in Linearfaktoren:

$f(x) = [x - (\mathbf{-4})](x - 7)$

$= (x + 4)(x - 7)$

Nullstellen ablesen:

$x_1 = -4$; $x_2 = 7$

Vieta anwenden. Mögliche Faktorisierungen von **–28** sind ±1; ∓28, ±2; ∓14 und ±4; ∓7. Die Summe muss **–(–3) = 3** ergeben, daher ist **–4; 7** das passende Zahlenpaar.

b) $f(x) = 2x^2 - 4x$

$= \mathbf{2x}(x - 2)$

Nullstellen:

$x_1 = 0$; $x_2 = 2$

Ausklammern von **2x** ist möglich.

Dies ist bereits die Zerlegung in Linearfaktoren.

c) $f(x) = -x^2 + 8x - 16$

$= -(x^2 - 8x + 16)$

$= -(x - 4)^2$

$f(x) = -(x - 4)^2$

doppelte Nullstelle: $x_{1/2} = 4$

Minus ausklammern.

In der Klammer die zweite binomische Formel **(Minusformel)** erkennen und anwenden.

Dies ist bereits die Zerlegung in Linearfaktoren.

d) $f(x) = (x-2)^2$

doppelte Nullstelle: $x_{1/2} = 2$

e) $f(x) = 4x^2 - 12x + 9$

Ausklammern von 4 ist ungünstig (Brüche entstehen).

$$x_{1/2} = \frac{12 \pm \sqrt{144 - 4 \cdot 4 \cdot 9}}{2 \cdot 4}$$

Die Nullstellen werden deshalb mit der Lösungsformel ermittelt.

$$= \frac{12 \pm 0}{8} = \frac{3}{2}$$

doppelte Nullstelle: $x_{1/2} = \frac{3}{2}$

Zerlegung in Linearfaktoren:

$$f(x) = 4\left(x - \frac{3}{2}\right)^2$$

f) $f(x) = \frac{1}{2}x^2 - \frac{1}{2}x - 3$

Ausklammern von $\frac{1}{2}$

$$= \frac{1}{2}(x^2 - x - \mathbf{6})$$

Vieta anwenden. Mögliche Faktorisierungen von **−6** sind ± 1; ∓ 6 und ± 2; ∓ 3. Die Summe muss $-(\mathbf{-1}) = \mathbf{1}$ ergeben, daher ist **−2; 3** das passende Zahlenpaar.

Zerlegung in Linearfaktoren:

$$f(x) = \frac{1}{2}[x - (\mathbf{-2})](x - \mathbf{3})$$

$$= \frac{1}{2}(x + 2)(x - 3)$$

Nullstellen:
$x_1 = -2$; $x_2 = 3$

g) $f(x) = -\frac{1}{3}(x-3)^2 + 2$

Ausmultiplizieren

$$= -\frac{1}{3}x^2 + 2x - 1$$

$$f(x) = -\frac{1}{3}(x^2 - 6x + 3)$$

Den Faktor $-\frac{1}{3}$ ausklammern, Vieta lässt sich nicht anwenden.

Nullstellen von f:

Daher wird mit der Lösungsformel gearbeitet.

$$x_{1/2} = \frac{6 \pm \sqrt{36 - 4 \cdot 1 \cdot 3}}{2} = \frac{6 \pm \sqrt{24}}{2}$$

$$= \frac{6 \pm 2\sqrt{6}}{2} = 3 \pm \sqrt{6} \approx \begin{cases} 5,45 \\ 0,55 \end{cases}$$

h) $f(x) = 2x^2 + 1$ hat keine reellen Nullstellen (wovon man sich beispielsweise durch Berechnen der Diskriminante überzeugen kann: $D = -8 < 0$). Deshalb lässt sich $f(x)$ **nicht** faktorisieren.

54. a) $-0,5x^2 + 2x + 6 = 0 \quad \big| \cdot (-2)$

$\qquad x^2 - 4x - 12 = 0$

Multiplikation mit –2 ändert die Lösungsmenge nicht.

$\qquad [x - (-2)](x - 6) = 0$

$\qquad (x + 2)(x - 6) = 0$

Vieta anwenden. Mögliche Faktorisierungen von **–12** sind ± 1; ∓ 12, ± 2; ∓ 6 und ± 3; ∓ 4. Die Summe muss $-(-4) = 4$ ergeben, daher ist **–2; 6** das passende Zahlenpaar.

Lösungen ablesen:

$\qquad x_1 = -2;\ x_2 = 6 \ \Rightarrow\ \mathbf{L = \{-2;\ 6\}}$

b) $\qquad \dfrac{1}{x^2} + \dfrac{1}{x} = 1 \qquad \big| \cdot x^2$

Multiplikation mit x^2 ändert die Lösungsmenge nicht, da $x \neq 0$.

$\qquad\quad 1 + x = x^2$

$\qquad x^2 - x - 1 = 0$

Vieta lässt sich nicht anwenden, daher wird mit der Lösungsformel gearbeitet.

$\qquad x_{1/2} = \dfrac{1 \pm \sqrt{1+4}}{2} = \dfrac{1}{2}(1 \pm \sqrt{5})$

$\qquad\quad \approx \begin{cases} 1,62 \\ -0,62 \end{cases}$

$\Rightarrow\ \mathbf{L = \{-0,62;\ 1,62\}}$

c) $\qquad\quad u^2 = 4u$

$\qquad\ u^2 - 4u = 0$

$\qquad u(u - 4) = 0$

u lässt sich ausklammern.

Lösungen ablesen:

$\qquad u_1 = 0;\ u_2 = 4 \ \Rightarrow\ \mathbf{L = \{0;\ 4\}}$

d) $4(x + 3)^2 = 0$

$\qquad x_{1/2} = -3 \ \Rightarrow\ \mathbf{L = \{-3\}}$

e) $\qquad \dfrac{\sqrt{2}}{x^2 + 1} = \dfrac{1}{\sqrt{2}}$

„Über Kreuz" ausmultiplizieren

$\qquad \sqrt{2} \cdot \sqrt{2} = x^2 + 1$

$\qquad\qquad 2 = x^2 + 1$

$\qquad\qquad x^2 = 1$

$\qquad x_{1/2} = \pm\sqrt{1} = \pm 1 \ \Rightarrow\ \mathbf{L = \{-1;\ 1\}}$

Es liegt eine rein-quadratische Gleichung vor.

f) $\qquad\quad \dfrac{1}{a} = \dfrac{a}{a+1}$

„Über Kreuz" ausmultiplizieren

$\qquad\quad a + 1 = a^2$

$\qquad a^2 - a - 1 = 0$

$\qquad a_{1/2} = \dfrac{1 \pm \sqrt{1+4}}{2} = \dfrac{1}{2}(1 \pm \sqrt{5})$

Vieta lässt sich nicht anwenden, daher wird mit der Lösungsformel gearbeitet.

$\qquad\quad \approx \begin{cases} 1,62 \\ -0,62 \end{cases}$

$\Rightarrow\ \mathbf{L = \{-0,62;\ 1,62\}}$

55. a) $x^2 - 7x + 12 > 0$

zugehörige Gleichung:

$x^2 - 7x + 12 = 0$

Satz von Vieta:

$(x-3)(x-4) = 0$

Lösungen ablesen:

$x_1 = 3; \ x_2 = 4$

$\Rightarrow \ \mathbf{L = \ ]-\infty; \ 3[\ \cup \ ]4; \ \infty[\ = \mathbb{R} \setminus [3; \ 4]}$

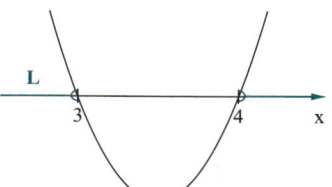

b) $-x^2 + 12x - 26 < 6$

$-x^2 + 12x - 32 < 0$

zugehörige Gleichung:

$-x^2 + 12x - 32 = 0 \quad | \cdot (-1)$

$x^2 - 12x + 32 = 0$

Satz von Vieta:

$(x-8)(x-4) = 0$

Lösungen ablesen:

$x_1 = 4; \ x_2 = 8$

$\Rightarrow \ \mathbf{L = \ ]-\infty; \ 4[\ \cup \ ]8; \ \infty[\ = \mathbb{R} \setminus [4; \ 8]}$

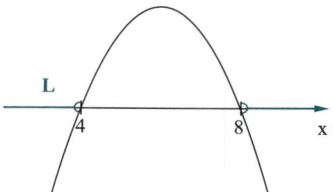

c) $\quad x^2 + 1 \leq 2(x-2)$

$\quad x^2 + 1 \leq 2x - 4$

$x^2 - 2x + 5 \leq 0$

zugehörige Gleichung:

$x^2 - 2x + 5 = 0$

Vieta ist nicht möglich, daher Lösungs-formel:

$x_{1/2} = \dfrac{2 \pm \sqrt{4 - 4 \cdot 5}}{2} = \dfrac{2 \pm \sqrt{-16}}{2} \notin \mathbb{R}$

Die Gleichung hat keine reelle Lösung, da $D = -16 < 0$.

$\Rightarrow \ \mathbf{L = \varnothing}$

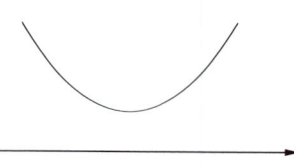

Da die zugehörige Parabel nirgends unterhalb der x-Achse verläuft, hat die Ungleichung $x^2 - 2x + 5 \leq 0$ **keine Lösung**.

Für die Ungleichung $x^2 - 2x + 5 \geq 0$ wäre $L = \mathbb{R}$, da die Parabel vollständig im Positiven verläuft.

d) $\quad x^2 \geq x$

$x^2 - x \geq 0$

zugehörige Gleichung:

$x^2 - x = 0$

Ausklammern von x:

$x(x-1) = 0$

Lösungen ablesen:

$x_1 = 0; \ x_2 = 1$

$\Rightarrow \ \mathbf{L = \ ]-\infty; \ 0] \cup [1; \ \infty[\ = \mathbb{R} \setminus]0; \ 1[}$

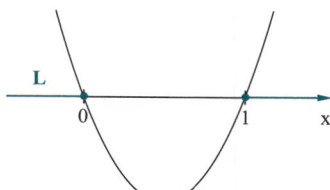

e) $2(x+1) > x(x+1)$
$\quad 2x+2 > x^2+x$
$x^2-x-2 < 0$
zugehörige Gleichung:
$x^2-x-2=0$
Satz von Vieta:
$(x-2)(x+1)=0$
Lösungen ablesen:
$x_1=-1; x_2=2$
$\Rightarrow$ **L =]–1; 2[**

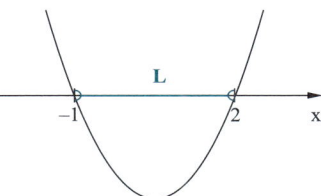

f) $-(3x+2)^2 \geq 0 \quad |\cdot(-1)$
$\quad (3x+2)^2 \leq 0$
Die linke Seite ist aufgrund des
Quadrats $\geq$ **0**, daher muss gelten:
$(3x+2)^2=0$ bzw. $3x+2=0$
Lösungen ablesen:
$x_{1/2} = -\frac{2}{3}$

$\Rightarrow$ **L** $= \left\{ -\frac{2}{3} \right\}$

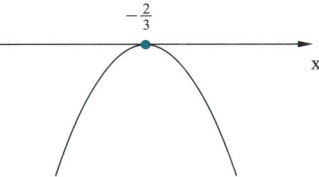

Die zugehörige Parabel berührt die
x-Achse, die Lösungsmenge ist demnach einelementig.

56. Lautet die Ungleichung $2x^2+3x \leq 2$, so ist die Rechnung die gleiche wie in
Beispiel 1. Allerdings sind nun auch die Intervallränder in der Lösungsmenge
enthalten: $L=[-2; 0,5]$.
Auch die Ungleichung $2x^2+3x > 2$ führt zu dem gleichen Rechenweg wie in
Beispiel 1. Jetzt ist allerdings gefragt, für welche x sich **positive** Werte erge-
ben. Das ist der Fall für $L=]-\infty; -2[\cup]0,5; \infty[$, einfacher geschrieben:
$L=\mathbb{R} \setminus [-2; 0,5]$.
Die Ungleichung $2x^2+3x \geq 2$ führt schließlich auf die Lösungsmenge
$L=\mathbb{R} \setminus]-2; 0,5[$. Es ist zu beachten, dass -2 und $0,5$ Elemente der Lösungs-
menge sind. Deshalb muss das aus $\mathbb{R}$ herausgenommene Intervall offen sein.

57. $-x^2+(t-1)x=0$ Zur Bestimmung der Nullstellen wird die Funktionenschar $f_t(x)$ gleich null gesetzt.

$\quad x(-x+t-1)=0$ Die beste Lösungsmethode ist es, x auszuklammern.

$x_1=0$ Die erste Nullstelle, die unabhängig von t ist,
kann abgelesen werden.

$x_2=t-1$ Der andere Faktor der in Produktform vorliegenden Gleichung ist null, wenn $-x+t-1=0$ ist.

Damit hat man eine „feste" Nullstelle bei $x_1=0$ und eine „bewegliche", d. h.
von t abhängige, bei $x_2=t-1$.

Für **t = 1** ist die zweite Nullstelle ebenfalls null. Dann fallen beide Nullstellen zusammen und man hat für t = 1 eine doppelte Nullstelle bei $x_{1/2} = 0$.
Für **t ≠ 1** sind stets zwei einfache Nullstellen vorhanden. Der Fall „keine Nullstelle" kommt bei dieser Funktionenschar nicht vor.

Im Diagramm, das die Graphen für $t \in \{-3; -1; 1; 3; 5\}$ enthält, erkennt man, dass alle Parabeln der Schar eine Nullstelle bei 0 besitzen.

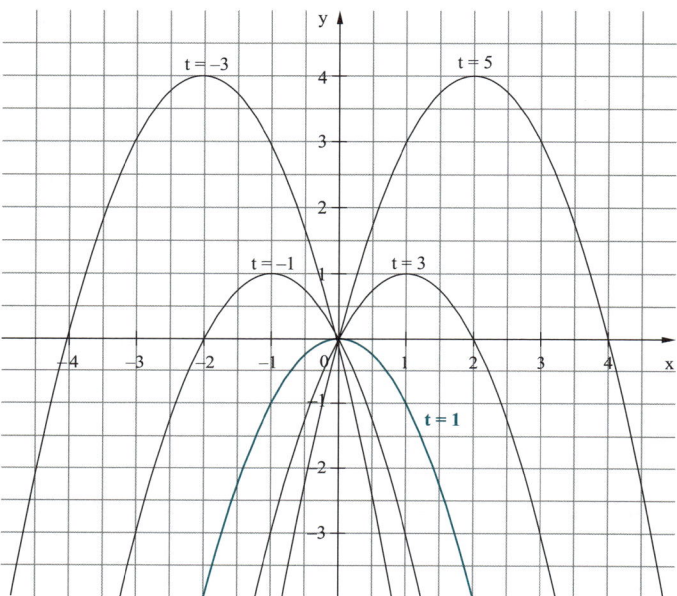

58. a) $$f_t(x) = 0$$
$$2x^2 + 6x + t = 0$$

Die Anzahl der Nullstellen wird mithilfe der Diskriminante bestimmt:
$$D = 6^2 - 4 \cdot 2 \cdot t = 36 - 8t$$

Es gibt drei Fälle:

Fall 1: $D > 0$	**Fall 2:** $D = 0$	**Fall 3:** $D < 0$
$36 - 8t > 0 \Leftrightarrow t < \dfrac{9}{2}$	$36 - 8t = 0 \Leftrightarrow t = \dfrac{9}{2}$	$36 - 8t < 0 \Leftrightarrow t > \dfrac{9}{2}$
Für $t < \dfrac{9}{2}$ hat f_t zwei einfache Nullstellen:	Für $t = \dfrac{9}{2}$ hat f_t eine doppelte Nullstelle:	keine Nullstellen
$x_{1/2} = \dfrac{-6 \pm \sqrt{36 - 8t}}{4}$ $= \dfrac{1}{2}(-3 \pm \sqrt{9 - 2t})$	$x_{1/2} = \dfrac{-6 \pm 0}{4} = -\dfrac{3}{2}$	

b)
$$f_a(x) = 0$$
$$x^2 - 6ax + 5a^2 = 0$$

Berechnung der Diskriminante:
$$D = (-6a)^2 - 4 \cdot 1 \cdot 5a^2 = 36a^2 - 20a^2 = 16a^2 \geq 0$$

Es gibt immer mindestens eine Nullstelle.
$$x_{1/2} = \frac{6a \pm \sqrt{36a^2 - 4 \cdot 5a^2}}{2} = \frac{6a \pm 4a}{2} = \begin{cases} 5a \\ a \end{cases}$$

Anmerkung: Für $a = 0$ besitzt f_a eine doppelte Nullstelle $x_{1/2} = 0$, andernfalls zwei einfache Nullstellen $x_1 = a$, $x_2 = 5a$.

c)
$$f_k(x) = 0$$
$$x^2 - k^2 = 0$$
$$x^2 = k^2$$

Diese rein-quadratische Gleichung wird durch Wurzelziehen gelöst:
$$x_{1/2} = \pm\sqrt{k^2} = \pm k$$

Für $k = 0$ besitzt f_k eine doppelte Nullstelle $x_{1/2} = 0$, andernfalls zwei einfache Nullstellen $x_1 = k$, $x_2 = -k$.

d)
$$f_m(x) = 0$$
$$x^2 + mx + \frac{3m + 4}{4} = 0$$

Die Diskriminante lautet:
$$D = m^2 - 4 \cdot \frac{3m + 4}{4} = m^2 - 3m - 4$$

Es handelt sich bei D um einen quadratischen Term, eine nach oben geöffnete Parabel. Es sind diejenigen m zu bestimmen, für die $D > 0$, $D = 0$ und $D < 0$ ist. Daraus ergibt sich dann (in Abhängigkeit von m) die Anzahl der Nullstellen von f_m.
Die Diskriminante wird null gesetzt:
$$m^2 - 3m - 4 = 0$$
Satz von Vieta:
$$(m - 4)(m + 1) = 0$$
$$\Rightarrow \quad m_1 = -1; \ m_2 = 4$$

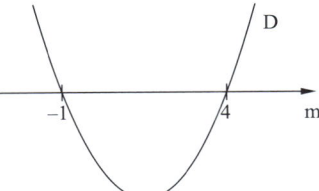

Eine Skizze der Diskriminantenfunktion verdeutlicht die drei zu unterscheidenden Fälle:

Fall 1: $D > 0$
$\Leftrightarrow m \in \mathbb{R} \setminus [-1; 4]$
f_m besitzt zwei einfache Nullstellen.

Fall 2: $D = 0$
$\Leftrightarrow m = -1$ oder $m = 4$
f_m besitzt jeweils eine doppelte Nullstelle.

Fall 3: $D < 0$
$\Leftrightarrow m \in \,]-1; 4[$
f_m besitzt keine Nullstellen.

e)
$$f_n(x) = 0$$
$$-\frac{1}{2}x^2 + (2-n)x + 4n - \frac{9}{2} = 0$$

Diskriminante:

$$D = (2-n)^2 - 4 \cdot \left(-\frac{1}{2}\right)\left(4n - \frac{9}{2}\right) = n^2 + 4n - 5$$

Es sind die drei Fälle $D > 0$, $D = 0$ und $D < 0$ zu untersuchen. Dazu wird D gleich null gesetzt:

$n^2 + 4n - 5 = 0$

Satz von Vieta:

$(n-1)(n+5) = 0$

Daraus folgt: $n_1 = -5$; $n_2 = 1$

Eine Skizze der Diskriminanten-funktion in Abhängigkeit von n hilft, die drei Fälle zu erkennen:

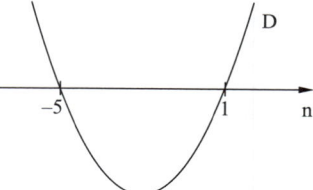

Fall 1: $D > 0$
$\Leftrightarrow n \in \mathbb{R} \setminus [-5; 1]$
f_n besitzt zwei ein-fache Nullstellen.

Fall 2: $D = 0$
$\Leftrightarrow n = -5$ oder $n = 1$
f_n besitzt jeweils eine doppelte Nullstelle.

Fall 3: $D < 0$
$\Leftrightarrow n \in \;]-5; 1[$
f_n besitzt keine Nullstellen.

Die drei unterschiedlichen Fallgruppen sind in der Grafik zu erkennen:

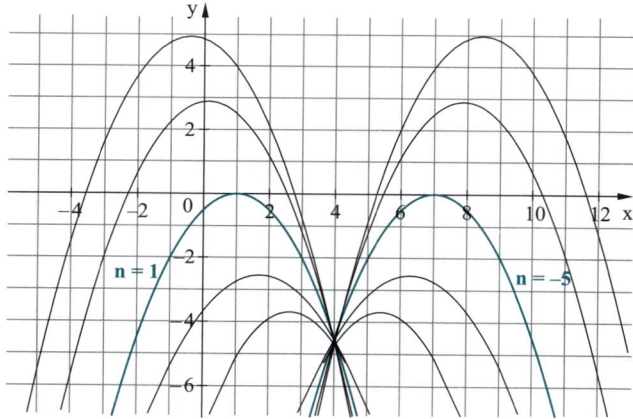

59. a)
$$\frac{m_1}{x^2} = \frac{m_2}{(d-x)^2} \qquad | \cdot x^2(d-x)^2$$
$$m_1(d-x)^2 = m_2 x^2$$
$$m_1(d^2 - 2dx + x^2) - m_2 x^2 = 0$$
$$(m_1 - m_2)x^2 - 2dm_1 x + d^2 m_1 = 0$$

Die Koeffizienten der Gleichung lauten:

$a = m_1 - m_2$; $b = -2dm_1$; $c = d^2 m_1$

b) Für $m_1 = m_2$ folgt nach Teilaufgabe a:

$$-2dm_1x + d^2m_1 = 0 \quad |:m_1$$
$$-2dx + d^2 = 0 \quad |:d \neq 0$$
$$-2x + d = 0$$
$$x = \frac{d}{2}$$

In diesem Fall herrscht genau in der Mitte zwischen den gleichen Massen Schwerelosigkeit.

c) $x_{1/2} = \dfrac{-b \pm \sqrt{b^2 - 4ac}}{2a} = \dfrac{2dm_1 \pm \sqrt{4d^2m_1^2 - 4(m_1 - m_2) \cdot d^2m_1}}{2(m_1 - m_2)}$

$\qquad = \dfrac{2dm_1 \pm \sqrt{4d^2m_1m_2}}{2(m_1 - m_2)} = \dfrac{2dm_1 \pm 2d\sqrt{m_1m_2}}{2(m_1 - m_2)} = \dfrac{m_1 \pm \sqrt{m_1m_2}}{m_1 - m_2} \cdot d$

Bemerkung: Es ist nur eine Lösung (die „–"-Lösung) für diese Problemstellung von Bedeutung, da $x \in [0; d]$ sein muss.

60. Das Zeit-Weg-Gesetz des senkrechten Wurfes lautet $h(t) = -\frac{1}{2}gt^2 + v_0t$ mit $0 \leq t \leq t_A$ (siehe Beispiel 3).

Der Ansatz für die Aufgabenstellung ist damit:

$$-\frac{1}{2}gt^2 + v_0t = h$$

Diese quadratische Gleichung mit der Unbekannten t wird auf die Grundform gebracht:

$$-\frac{1}{2}gt^2 + v_0t - h = 0$$

Daher gilt $a = -\frac{1}{2}g$, $b = v_0$ und $c = -h$.

Setzt man in die Lösungsformel ein, so findet man:

$$t_{1/2} = \frac{v_0 \pm \sqrt{v_0^2 - 2gh}}{g}$$

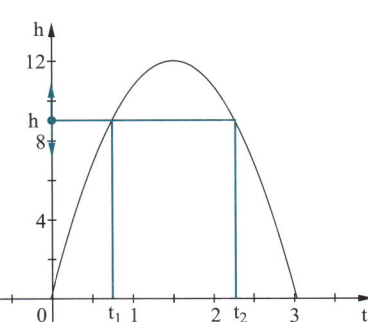

Die unterschiedlichen Werte t_1 und t_2 sind die Zeiten bei gleicher Höhe, einmal beim Hochsteigen und das andere Mal beim Zurückfallen. Im höchsten Punkt liegt eine Doppellösung vor. Das ist der Fall, wenn die Diskriminante null ist, also wenn $v_0^2 - 2gh = 0$. Daraus ergibt sich die maximale Steighöhe zu:

$$h_{max} = \frac{v_0^2}{2g}$$

61. Ansatz:

$$f(x) = h_m(x)$$

$$-\frac{1}{2}(x+2)(x-4) = mx + \frac{17}{2} \quad | \cdot (-2), \text{ ausmultiplizieren, zusammenfassen}$$

$$x^2 + 2(m-1)x + 9 = 0$$

Die zugehörige Diskriminante lautet dann:

$$D = 4(m-1)^2 - 36 = 4m^2 - 8m - 32 = 4(m^2 - 2m - 8) = 4(m+2)(m-4)$$

Es muss nun festgestellt werden, für welche m die Diskriminante größer, gleich bzw. kleiner null ist.

Da die Diskriminante ihrerseits ein quadratischer Term in Abhängigkeit von m ist, muss die zugehörige quadratische Ungleichung gelöst werden. Man liest ab, dass $D = 0$ für $m_1 = -2$ oder $m_2 = 4$. D ist in Abhängigkeit von m eine nach oben geöffnete Parabel, sodass gilt:

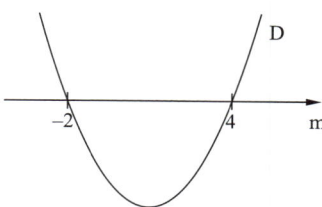

Fall 1: $D > 0$
$\Leftrightarrow m \in \mathbb{R} \setminus [-2; 4]$
f und h_m besitzen jeweils 2 Schnittpunkte.

Fall 2: $D = 0$
$\Leftrightarrow m = -2$ oder $m = 4$
f und h_m haben jeweils einen Berührpunkt.

Fall 3: $D < 0$
$\Leftrightarrow m \in \,]-2; 4[$
f und h_m haben keine gemeinsamen Punkte.

Die Koordinaten der Berührpunkte können berechnet werden, indem man die quadratische Gleichung $x^2 + 2(m-1)x + 9 = 0$ für die beiden Werte $m_{1/2}$ löst, für die die Diskriminante null ergibt:

$$x_{1/2} = \frac{-2(m_{1/2} - 1) \pm 0}{2} = -m_{1/2} + 1$$

Für $m_1 = -2$ folgt $x_{1/2} = 3$ und damit $y_1 = f(3) = 2{,}5$. $\Rightarrow B_1(3 \,|\, 2{,}5)$
Für $m_2 = 4$ folgt $x_{1/2} = -3$ und damit $y_2 = f(-3) = -3{,}5$. $\Rightarrow B_2(-3 \,|\, -3{,}5)$

Die Koordinaten der Schnittstellen für den 1. Fall ergeben sich mithilfe der Lösungsformel in Abhängigkeit von m folgendermaßen:

$$x_{1/2} = \frac{-2(m-1) \pm \sqrt{4(m^2 - 2m - 8)}}{2} = \frac{-2(m-1) \pm 2\sqrt{m^2 - 2m - 8}}{2}$$

$$= -m + 1 \pm \sqrt{m^2 - 2m - 8}$$

Dies gilt nur für
$m \in \mathbb{R} \setminus \,]-2; 4\,[$.

Eine weitere Verein-
fachung der x-Koor-
dinaten der Schnitt-
punkte ist nicht mehr
möglich.

Die drei unterschied-
lichen Fallgruppen
sind in der nebenste-
henden Grafik zu
erkennen:

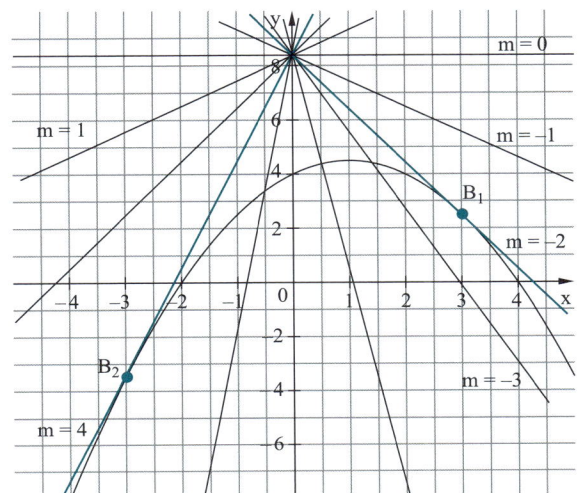

62.
$$f_{t_1}(x) = f_{t_2}(x)$$

Mit zwei unterschiedlichen Parametern t_1, $t_2 \in \mathbb{R} \setminus \{0\}$ und $t_1 \neq t_2$ wird die Funktionen-schar auf Schneiden angesetzt.

$$t_1^2 x^2 - 4t_1 x + 1 = t_2^2 x^2 - 4t_2 x + 1 \quad |-1$$

$$t_1^2 x^2 - 4t_1 x = t_2^2 x^2 - 4t_2 x$$

$$(t_1^2 - t_2^2)x^2 - 4(t_1 - t_2)x = 0$$

x lässt sich ausklammern.

$$x\,[(t_1^2 - t_2^2)x - 4(t_1 - t_2)] = 0$$

$$\Rightarrow \quad x_1 = 0$$

Man erkennt bei der Produktform die 1. Lösung: $x_1 = 0$

$$(t_1^2 - t_2^2)x - 4(t_1 - t_2) = 0$$

Um die 2. Lösung zu finden, wird der 2. Faktor (in den eckigen Klammern stehend) gleich null gesetzt.

$$(t_1^2 - t_2^2)x = 4(t_1 - t_2)$$

$$(t_1 - t_2) \cdot (t_1 + t_2)\,x = 4(t_1 - t_2) \quad |:(t_1 - t_2)$$

$$(t_1 + t_2)\,x = 4$$

$t_1^2 - t_2^2$ lässt sich nach der dritten binomischen Formel umwandeln in das Produkt $(t_1 - t_2) \cdot (t_1 + t_2)$. Division durch $(t_1 - t_2)$ ist möglich, da $t_1 \neq t_2$.

Ab hier ist eine Fallunterscheidung nötig.

Fall 1:
$t_1 + t_2 = 0$, d. h. $t_1 = -t_2$ $\Rightarrow$ Die Gleichung $0 = 4$ hat keine Lösung; es gibt keine weiteren Schnittstellen (außer die bei $x = 0$).

Fall 2:
$t_1 + t_2 \neq 0$, d. h. $t_1 \neq -t_2$
In diesem Fall wird weiter aufgelöst: $x_2 = \dfrac{4}{t_1 + t_2}$

Zusammengefasst erhält man:
Alle Parabeln gehen durch den
Punkt $P_1(0 \mid 1)$. Je zwei Parabeln,
deren Scharparameter die Summe
null ergeben, haben keinen weiteren gemeinsamen Punkt. Je zwei
Parabeln, bei denen das nicht zutrifft, schneiden sich außer in P_1
noch in einem weiteren Punkt P_2
mit der x-Koordinate $x_2 = \dfrac{4}{t_1 + t_2}$.

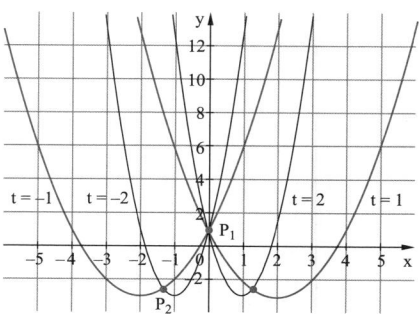

63. a) Nullstellen: $f(x) = 0$

$$-\frac{1}{2}x^2 - \frac{3}{2}x + \frac{7}{8} = 0 \quad \mid \cdot (-8)$$

$$4x^2 + 12x - 7 = 0$$

$$x_{1/2} = \frac{-12 \pm \sqrt{144 + 4 \cdot 4 \cdot 7}}{2 \cdot 4} = \frac{-12 \pm \sqrt{256}}{8} = \frac{-12 \pm 16}{8} = \begin{cases} \frac{1}{2} \\ -\frac{7}{2} \end{cases}$$

Scheitel von f: $x_S = \dfrac{-b}{2a} = \dfrac{\frac{3}{2}}{2\left(-\frac{1}{2}\right)} = -\frac{3}{2}$; $y_S = f\left(-\frac{3}{2}\right) = 2 \Rightarrow S_f\left(-\frac{3}{2} \mid 2\right)$

Nullstellen: $g(x) = 0$

$$\frac{1}{8}(4x^2 - 12x - 11) = \frac{1}{2}x^2 - \frac{3}{2}x - \frac{11}{8} = 0 \quad \mid \cdot 8$$

$$4x^2 - 12x - 11 = 0$$

$$x_{1/2} = \frac{12 \pm \sqrt{144 + 4 \cdot 4 \cdot 11}}{2 \cdot 4} = \frac{12 \pm \sqrt{320}}{8} = \frac{12 \pm 8\sqrt{5}}{8} = \frac{1}{2}(3 \pm 2\sqrt{5}) \approx \begin{cases} 3,74 \\ -0,74 \end{cases}$$

Scheitel von g: $x_S = \dfrac{\frac{3}{2}}{2 \cdot \frac{1}{2}} = \frac{3}{2}$; $y_S = g\left(\frac{3}{2}\right) = -\frac{5}{2} \Rightarrow S_g\left(\frac{3}{2} \mid -\frac{5}{2}\right)$

b) $f(x) = a(x - x_1)(x - x_2)$

$$= -\frac{1}{2}\left(x - \frac{1}{2}\right)\left(x + \frac{7}{2}\right)$$

c) Schnittstellen: $f(x) = g(x)$

$$-\frac{1}{2}x^2 - \frac{3}{2}x + \frac{7}{8} = \frac{1}{8}(4x^2 - 12x - 11) \quad \mid \cdot 8$$

$$-4x^2 - 12x + 7 = 4x^2 - 12x - 11$$

$$-8x^2 + 18 = 0 \quad \mid : (-8)$$

$$x^2 = \frac{9}{4} \quad \mid \sqrt{}$$

$$x_{1/2} = \pm \frac{3}{2}$$

Damit sind die Schnittstellen berechnet.

$y_1 = f\left(\frac{3}{2}\right) = -\frac{5}{2} \Rightarrow S_1\left(\frac{3}{2} \,\middle|\, -\frac{5}{2}\right)$

$y_2 = f\left(-\frac{3}{2}\right) = 2 \Rightarrow S_2\left(-\frac{3}{2} \,\middle|\, 2\right)$

S_1 stimmt mit S_g, S_2 mit S_f überein.

d) h: $y = mx + t$, mit $m = \frac{\Delta y}{\Delta x} = \frac{-\frac{5}{2} - 2}{\frac{3}{2} - \left(-\frac{3}{2}\right)} = \frac{-\frac{9}{2}}{3} = -\frac{3}{2}$;

S_1 eingesetzt in h: $y = -\frac{3}{2}x + t$ ergibt:

$-\frac{5}{2} = -\frac{3}{2} \cdot \frac{3}{2} + t$

$t = -\frac{5}{2} + \frac{9}{4} = -\frac{1}{4}$

$\Rightarrow$ h: $y = -\frac{3}{2}x - \frac{1}{4}$

e) Da h* und h** parallel zu h verlaufen, müssen sie die gleiche Steigung wie h haben.

h*: $y = -\frac{3}{2}x + t$

h**: $y = -\frac{3}{2}x + t$

Die Geraden h* und f werden auf Schneiden angesetzt:

$$f(x) = h^*(x)$$

$-\frac{1}{2}x^2 - \frac{3}{2}x + \frac{7}{8} = -\frac{3}{2}x + t$

$-\frac{1}{2}x^2 + \frac{7}{8} - t = 0 \qquad |\cdot(-2)$

$x^2 - \frac{7}{4} + 2t = 0 \quad$ (I)

Für diese Gleichung wird die Diskriminante berechnet (Achtung: $b = 0$):

$D = 0^2 - 4 \cdot \left(-\frac{7}{4} + 2t\right) = 7 - 8t$

Die zugehörigen Graphen berühren sich, wenn $D = 0$ ist, also für $t = \frac{7}{8}$.

$\Rightarrow$ h*: $y = -\frac{3}{2}x + \frac{7}{8}$

Ganz entsprechend wird mit h** verfahren. h** wird mit G_g zum Schnitt gebracht:

$$g(x) = h^{**}(x)$$

$\frac{1}{2}x^2 - \frac{3}{2}x - \frac{11}{8} = -\frac{3}{2}x + t$

$x^2 - \frac{11}{4} - 2t = 0 \quad$ (II)

Die zugehörige Diskriminante $D = 11 + 8t$ wird null für $t = -\frac{11}{8}$, woraus sich h** folgendermaßen ergibt:

h**: $y = -\frac{3}{2}x - \frac{11}{8}$

Die x-Koordinaten der Berührpunkte werden berechnet, indem die „Schnittgleichungen" I und II für die zugehörigen t-Werte gelöst werden, wobei die jeweilige Diskriminante den Wert null hat.

$$x^* = \frac{-b \pm 0}{2a} = \frac{0}{2 \cdot 1} = 0; \; y^* = h^*(0) = \frac{7}{8} \;\Rightarrow\; B^*\left(0 \mid \frac{7}{8}\right)$$

Entsprechend gilt:

$$x^{**} = \frac{0}{2 \cdot 1} = 0; \; y^{**} = h^{**}(0) = -\frac{11}{8} \;\Rightarrow\; B^{**}\left(0 \mid -\frac{11}{8}\right)$$

f)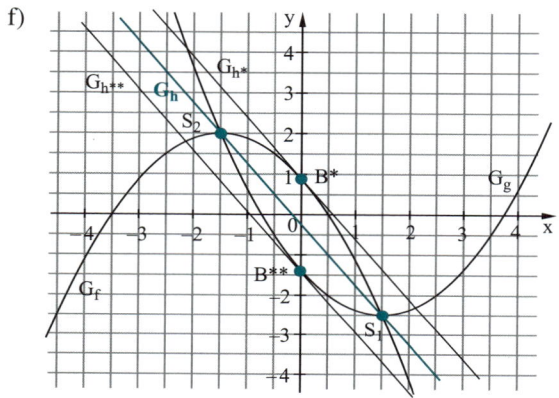

64. a) Ansatz auf Schneiden für $k = 1$:

$$f_1(x) = g(x)$$
$$(x-2)^2 = x^2 + 2x$$
$$x^2 - 4x + 4 = x^2 + 2x$$
$$6x = 4$$

$$\Rightarrow\; x_1 = \frac{2}{3}; \; y_1 = f_1\left(\frac{2}{3}\right) = \left(\frac{2}{3} - 2\right)^2 = \left(-\frac{4}{3}\right)^2 = \frac{16}{9}$$

$$\Rightarrow\; \mathbf{S_1\left(\frac{2}{3} \mid \frac{16}{9}\right)}$$

b) Ansatz auf Schneiden:

$$f_k(x) = g(x)$$
$$k(x-2)^2 = x^2 + 2x$$
$$kx^2 - 4kx + 4k - x^2 - 2x = 0$$
$$(k-1)x^2 - 2(2k+1)x + 4k = 0$$

Diskriminante:

$$D = b^2 - 4ac = [-2(2k+1)]^2 - 4 \cdot (k-1) \cdot 4k$$
$$= 16k^2 + 16k + 4 - 16k^2 + 16k = 32k + 4$$

Genau eine Lösung (Schnittstelle) gibt es, wenn $D = 0$:

$$32k + 4 = 0 \;\Rightarrow\; k = -\frac{1}{8}$$

Berechnung des Berührpunktes:

$$x_{1/2} = \frac{-b \pm 0}{2a} = \frac{2 \cdot \left[2\left(-\frac{1}{8}\right)+1\right]}{2\left(-\frac{1}{8}-1\right)} = \frac{\frac{3}{2}}{-\frac{9}{4}} = -\frac{2}{3}$$

$$g\left(-\frac{2}{3}\right) = \frac{4}{9} - \frac{4}{3} = -\frac{8}{9} \;\Rightarrow\; \mathbf{B\left(-\frac{2}{3} \middle| -\frac{8}{9}\right)} \text{ für } k = -\frac{1}{8}$$

c) Die Diskriminante lautet (siehe Teilaufgabe b):
   $$D = 32k + 4$$

   Fall 1: $D > 0$ **Fall 2:** $D = 0$ **Fall 3:** $D < 0$

   $32k + 4 > 0 \Leftrightarrow k > -\frac{1}{8}$ $32k + 4 = 0 \Leftrightarrow k = -\frac{1}{8}$ $32k + 4 < 0 \Leftrightarrow k < -\frac{1}{8}$

   zwei Schnittpunkte   ein Schnittpunkt   keine Schnittpunkte

   Sonderfall für k = 1:
   ein Schnittpunkt
   (In diesem Fall liegt
   keine quadratische
   Gleichung vor, siehe
   Teilaufgabe a.)

d) Nach Teilaufgabe c gibt es für $k = 0{,}5$ zwei Schnittpunkte.
   Die „Schnittgleichung" für $k = 0{,}5$ lautet (vgl. Teilaufgabe b):
   $$-0{,}5x^2 - 4x + 2 = 0$$

   Lösungsformel:
   $$x_{1/2} = \frac{4 \pm \sqrt{20}}{2 \cdot (-0{,}5)} = \frac{4 \pm \sqrt{4 \cdot 5}}{-1} = -4 \mp 2\sqrt{5} \approx \begin{cases} -8{,}47 \\ 0{,}47 \end{cases}$$

   Einsetzen der Lösungen in g:
   $$y_1 = g(0{,}47) = 1{,}17 \quad \Rightarrow \; \mathbf{S_1(0{,}47 \,|\, 1{,}17)}$$
   $$y_2 = g(-8{,}47) = 54{,}83 \quad \Rightarrow \; \mathbf{S_2(-8{,}47 \,|\, 54{,}83)}$$

e)

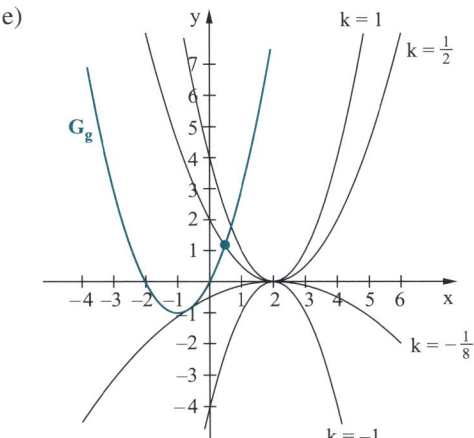

65. a) Ansatz auf Schneiden:
$$f(x) = g_m(x)$$
$$(x-1)^2 = mx + \frac{m}{2} - 4$$
$$x^2 - 2x + 1 - mx - \frac{m}{2} + 4 = 0$$
$$x^2 - (m+2)x + 5 - \frac{m}{2} = 0$$

Diskriminante:

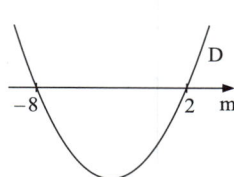

$$D = b^2 - 4ac = [-(m+2)]^2 - 4 \cdot \left(5 - \frac{m}{2}\right)$$
$$= m^2 + 4m + 4 - 20 + 2m = m^2 + 6m - 16$$
$$= (m+8)(m-2)$$

Fall 1: $D > 0$ **Fall 2:** $D = 0$ **Fall 3:** $D < 0$
$\Leftrightarrow$ $m \in \mathbb{R} \setminus [-8; 2]$ $\Leftrightarrow$ $m = -8$ oder $m = 2$ $\Leftrightarrow$ $m \in \,]-8; 2[$
zwei Schnittpunkte   jeweils ein Berührpunkt   keine Schnittpunkte

b) Nach Teilaufgabe a gibt es für $m = -8$ und $m = 2$ genau einen Schnittpunkt.

$m = -8$:
$$x_{1/2} = \frac{-b \pm 0}{2a} = \frac{-8+2}{2} = -3; \quad y_1 = f(-3) = 16 \quad \Rightarrow \quad \mathbf{B_1(-3 \,|\, 16)}$$

$m = 2$:
$$x_{1/2} = \frac{-b \pm 0}{2a} = \frac{2+2}{2} = 2; \quad y_2 = f(2) = 1 \quad \Rightarrow \quad \mathbf{B_2(2 \,|\, 1)}$$

c)

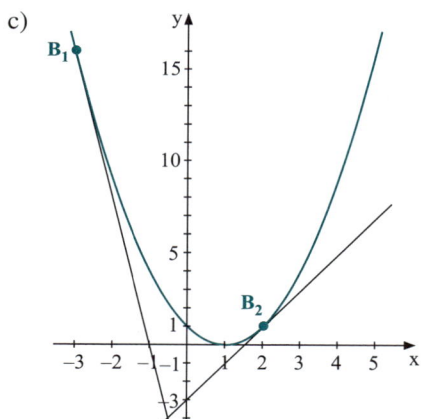

66. Die Berechnung wird in mehrere Schritte unterteilt:

1. Formel für die zu optimierende Größe aufstellen:
$$A(h; r) = 2r \cdot h + \frac{1}{2} r^2 \pi$$

2. Nebenbedingung aufstellen:

$U = 2h + 2r + r\pi$

Mit $U = 20$ erhält man $2h + 2r + r\pi = 20$, woraus dann folgt:

$h = 10 - r - \frac{1}{2}r\pi$

3. h in der Hauptformel ersetzen:

$A(r) = 2r\left(10 - r - \frac{1}{2}r\pi\right) + \frac{1}{2}r^2\pi = \left(-2 - \frac{\pi}{2}\right)r^2 + 20r \approx -3{,}57r^2 + 20r$

Der Definitionsbereich für diese Funktion ergibt sich aus folgenden Überlegungen: Die linke Grenze $r = 0$ ist klar. Den größtmöglichen Wert von r erhält man, wenn man für $h = 0$ wählt. Dann stehen nur für den Halbkreis und den Durchmesser 20 m Umfang zur Verfügung:

$r\pi + 2r = 20 \implies r = \frac{20}{2 + \pi} \approx 3{,}89$

Deshalb gilt: $D_A = [0; 3{,}89]$

4. Berechnung des Maximums (Scheitel):

$r_S = \frac{-20}{2 \cdot (-3{,}57)} \approx 2{,}80$

Wenn der Radius r ca. 2,80 m beträgt, hat die Toreinfahrt den größtmöglichen Flächeninhalt. Die Höhe h beträgt in diesem Fall:

$h = 10 - 2{,}80 - \frac{1}{2} \cdot 2{,}80 \cdot \pi \approx 2{,}80$

Die Höhe und der Radius haben also die gleichen Werte, nämlich jeweils 2,80 m, wenn der Flächeninhalt maximal ist:

$A_{max} = A(2{,}80) = -3{,}57 \cdot 2{,}80^2 + 20 \cdot 2{,}80 \approx 28{,}0$

Die größtmögliche Torfläche beträgt 28 m².

67. a) Wegen des rechten Winkels gilt (Pythagoras):

$x^2 + x^2 = b^2$

$2x^2 = b^2$

$x^2 = \frac{1}{2}b^2$

$x = \frac{1}{\sqrt{2}}b$

b) $A(b; h) = b \cdot h + \frac{1}{2} \cdot x \cdot x = bh + \frac{1}{2}x^2$

Einsetzen von $x = \frac{1}{\sqrt{2}}b$:

$A(b; h) = bh + \frac{1}{4}b^2$

c) $U = b + 2h + 2x = 50$

Einsetzen von $x = \frac{1}{\sqrt{2}}b$:

$b + 2h + 2\frac{1}{\sqrt{2}}b = 50$

$\implies h = 25 - \frac{1}{2}b - \frac{1}{\sqrt{2}}b = 25 - \left(\frac{1}{2} + \frac{1}{\sqrt{2}}\right)b \approx 25 - 1{,}21b$

h in der Hauptformel ersetzen:

$A(b) = b(25 - 1{,}21b) + \frac{1}{4}b^2 = -0{,}96b^2 + 25b$

d) Berechnung der Scheitelkoordinaten von A(b):

$$b_S = \frac{-25}{2 \cdot (-0,96)} \approx 13,02$$

Für b = 13,02 m ist die Giebelfläche maximal. In diesem Fall hat h den Wert:

h = 25 − 1,21 · 13,02 ≈ 9,25

Die Dachschräge x hat dann die Länge $x = \frac{1}{\sqrt{2}} \cdot 13,02 \approx 9,21$.

Für den maximalen Flächeninhalt ergibt sich mit diesen Abmessungen:

$A_{max} = A(13,02) = -0,96 \cdot 13,02^2 + 25 \cdot 13,02 \approx 162,76 \ [m^2]$

68. a) Ansatz: **y = mx + t**

Die Steigung wird mithilfe der Punkte C(4 | 1) und D(2,5 | 2) ermittelt:

$$m = \frac{\Delta y}{\Delta x} = \frac{1-2}{4-2,5} = -\frac{2}{3}$$

C(4 | 1) in die Geradengleichung einsetzen: $1 = -\frac{2}{3} \cdot 4 + t \ \Rightarrow \ t = \frac{11}{3}$

$\Rightarrow \ y = -\frac{2}{3}x + \frac{11}{3}$

b) $A(x) = xy = x\left(-\frac{2}{3}x + \frac{11}{3}\right) = \frac{1}{3}(-2x^2 + 11x)$, wobei (siehe Skizze):

$D_A = [2,5; \ 4]$

c) Der Graph von $A(x) = -\frac{2}{3}x^2 + \frac{11}{3}x$ ist eine nach unten geöffnete Parabel, die im Scheitel den größten Funktionswert hat.

$$x_S = \frac{-\frac{11}{3}}{2 \cdot \left(-\frac{2}{3}\right)} = \frac{11}{4} = 2,75$$

Das zugehörige y erhält man, wenn man x_S in die Geradengleichung einsetzt: $y = -\frac{2}{3} \cdot \frac{11}{4} + \frac{11}{3} = \frac{11}{6} \approx 1,83$

Für x = 2,75 m und y = 1,83 m erhält man die flächengrößte Rechteckscheibe.

d) Der größte Flächeninhalt ist $A_{max} = 2,75 \cdot \frac{11}{6} \approx 5,04 \ [m^2]$.

Zur Berechnung des ursprünglichen Flächeninhalts wird die Gesamtfläche in 2 Rechtecke und 1 Dreieck unterteilt:

$A_{R_1} = g \cdot h = 2,5 \cdot 2 = 5$

$A_{R_2} = g \cdot h = 1,5 \cdot 1 = 1,5$

$A_\Delta = \frac{1}{2} \cdot g \cdot h = \frac{1}{2} \cdot 1,5 \cdot 1 = 0,75$

$A_G = A_{R_1} + A_{R_2} + A_\Delta = 7,25 \ [m^2]$

Prozentanteil: $\frac{5,04}{7,25} \cdot 100 \ \% \approx 69,5 \ \%$

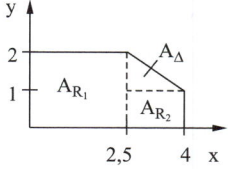

e) Da die maximale Höhe 2 m beträgt, ist
bei einer quadratischen Scheibe auch
für die Breite 2 m zu wählen.
$A_Q = 2 \cdot 2 = 4 \ [m^2]$
Prozentanteil: $\frac{4}{5,04} \cdot 100\ \% \approx 79,4\ \%$

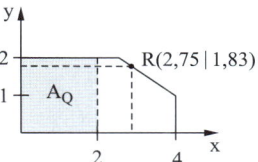

69. a) E = Eintrittspreis · Besucherzahl
Eintrittspreis = 15 + x; Besucherzahl = 300 − 10x
Wenn sich der Eintrittspreis um x € erhöht, geht die Besucherzahl um
10x zurück.
$E(x) = (15 + x)(300 - 10x) = -10x^2 + 150x + 4\,500$

b) Da nur positive Einnahmen sinnvoll sind, lautet der Ansatz: E(x) = 0
$(15 + x)(300 - 10x) = 0 \ \Rightarrow \ x_1 = -15,\ x_2 = 30$
$\Rightarrow \ D_E = [-15;\ 30]$

c) Die Nullstellen sind bekannt, daher hat der Scheitel die x-Koordinate
$x_S = \frac{1}{2}(x_1 + x_2) = \frac{1}{2}(-15 + 30) = 7,5$
$\Rightarrow$ Eintrittspreis: 15 € + 7,5 € = 22,5 €
Besucherzahl: 300 − 10 · 7,5 = 225

d) $E_{max} = 22,5\ € \cdot 225 = 5\,062,5\ €$
$E_{bisher} = 15\ € \cdot 300 = 4\,500\ €$

Berechnung der Mehreinnahmen:
$\frac{\Delta E}{E_{bisher}} = \frac{E_{max} - E_{bisher}}{E_{bisher}} = \frac{562,5\ €}{4\,500\ €} = 0,125 = 12,5\ \%$

70. a) Die Gewinnfunktion
$g(x) = e(x) - k(x) = 8,9x - (0,8x^2 + 20) = -0,8x^2 + 8,9x - 20$
stellt eine nach unten geöffnete Parabel dar. Verläuft diese im positiven
Bereich, so wird ein Gewinn erzielt, ansonsten wird Verlust gemacht. Die
Nullstellen sind gerade die Übergänge von Verlust zu Gewinn oder umgekehrt.
$$g(x) = 0$$
$$-0,8x^2 + 8,9x - 20 = 0$$

Lösungsformel:
$$x_{1/2} = \frac{-8,9 \pm \sqrt{8,9^2 - 4 \cdot (-0,8) \cdot (-20)}}{2 \cdot (-0,8)} = \frac{-8,9 \pm \sqrt{15,21}}{-1,6} = \frac{-8,9 \pm 3,9}{-1,6}$$
$\Rightarrow \ x_1 = 3,125;\ x_2 = 8$

Zwischen diesen Stückzahlen wird ein Gewinn erzielt (Gewinnzone),
außerhalb davon wird Verlust gemacht (Verlustzone).

b) Der größte Gewinn wird dort erzielt, wo g(x) den größten Funktionswert besitzt. Das ist im Scheitel der zugehörigen Parabel, also in der Mitte zwischen x_1 und x_2:

$$x_S = \tfrac{1}{2}(x_1 + x_2) = \tfrac{1}{2}(3{,}125 + 8) = 5{,}5625$$

c)

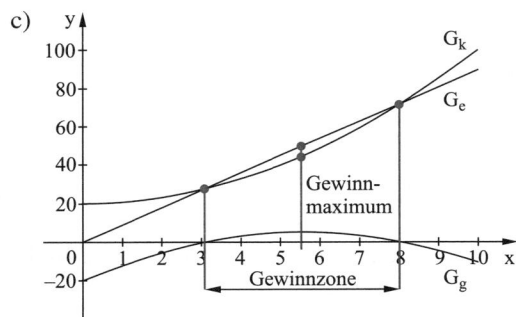

71. a) $\quad (-12x^3 + 7x^2 + 15x - 4) : (x + 1) = -12x^2 + 19x - 4$

$\quad\quad \underline{-(-12x^3 - 12x^2)}$

$\quad\quad\quad / \quad\quad 19x^2 + 15x$

$\quad\quad\quad\quad \underline{-(19x^2 + 19x)}$

$\quad\quad\quad\quad\quad / \quad\quad -4x - 4$

$\quad\quad\quad\quad\quad\quad \underline{-(-4x - 4)}$

$\quad\quad\quad\quad\quad\quad\quad / \;\; /$

Probe: $(-12x^2 + 19x - 4) \cdot (x + 1) = -12x^3 + 7x^2 + 15x - 4$

b) $\quad \left(3x^4 - \tfrac{5}{2}x^3 + \tfrac{13}{2}x^2 - 5x + 1\right) : \left(x - \tfrac{1}{2}\right) = 3x^3 - x^2 + 6x - 2$

$\quad\quad \underline{-\left(3x^4 - \tfrac{3}{2}x^3\right)}$

$\quad\quad\quad / \quad -x^3 + \tfrac{13}{2}x^2$

$\quad\quad\quad\quad \underline{-\left(-x^3 + \tfrac{1}{2}x^2\right)}$

$\quad\quad\quad\quad\quad / \quad 6x^2 - 5x$

$\quad\quad\quad\quad\quad\quad \underline{-(6x^2 - 3x)}$

$\quad\quad\quad\quad\quad\quad\quad / \quad -2x + 1$

$\quad\quad\quad\quad\quad\quad\quad\quad \underline{-(-2x + 1)}$

$\quad\quad\quad\quad\quad\quad\quad\quad\quad / \;\; /$

Probe: $(3x^3 - x^2 + 6x - 2) \cdot \left(x - \tfrac{1}{2}\right) = 3x^4 - \tfrac{5}{2}x^3 + \tfrac{13}{2}x^2 - 5x + 1$

c) Wenn im Polynom bestimmte Potenzen von x fehlen, so bedeutet das, dass ihre Koeffizienten null sind. Es mag hilfreich sein, diese bei der Polynomdivision zu ergänzen:

$$(x^3 + 0x^2 + 0x + 8) : (x + 2) = x^2 - 2x + 4$$
$$\underline{-(x^3 + 2x^2)}$$
$$\ -2x^2 + 0x$$
$$\underline{-(-2x^2 - 4x)}$$
$$\ \ 4x + 8$$
$$\underline{-(-4x + 8)}$$
$$/\ \ /$$

Probe: $(x^2 - 2x + 4) \cdot (x + 2) = x^3 + 8$

d) Auch wenn ein Parameter enthalten ist, lässt sich die Polynomdivision in ganz entsprechender Weise durchführen:

$$(x^3 - 2ax^2 + x - 2a) : (x - 2a) = x^2 + 1$$
$$\underline{-(x^3 - 2ax^2)}$$
$$/\ \ \ \ /\ \ \ \ x - 2a$$
$$\underline{-(x - 2a)}$$
$$/\ \ /$$

Probe: $(x^2 + 1) \cdot (x - 2a) = x^3 - 2ax^2 + x - 2a$

72. $f(x) = \frac{1}{4}x^4 - \frac{1}{4}x^3 - \frac{31}{16}x^2 + x + \frac{15}{16}$

a) Um Funktionswerte zu berechnen ist es vorteilhaft, $\frac{1}{16}$ auszuklammern.

$$f(x) = \frac{1}{16}(4x^4 - 4x^3 - 31x^2 + 16x + 15)$$

$$f\left(-\frac{5}{2}\right) = \frac{1}{16}\left[4\left(-\frac{5}{2}\right)^4 - 4\left(-\frac{5}{2}\right)^3 - 31\left(-\frac{5}{2}\right)^2 + 16\left(-\frac{5}{2}\right) + 15\right]$$

$$= \frac{1}{16}(156,25 + 62,5 - 193,75 - 40 + 15) = 0$$

$$f\left(-\frac{1}{2}\right) = \frac{1}{16}\left[4\left(-\frac{1}{2}\right)^4 - 4\left(-\frac{1}{2}\right)^3 - 31\left(-\frac{1}{2}\right)^2 + 16\left(-\frac{1}{2}\right) + 15\right]$$

$$= \frac{1}{16}(0,25 + 0,5 - 7,75 - 8 + 15) = 0$$

$$f(1) = \frac{1}{16}(4 \cdot 1^4 - 4 \cdot 1^3 - 31 \cdot 1^2 + 16 \cdot 1 + 15) = \frac{4 - 4 - 31 + 16 + 15}{16} = 0$$

$$f(3) = \frac{1}{16}(4 \cdot 3^4 - 4 \cdot 3^3 - 31 \cdot 3^2 + 16 \cdot 3 + 15) = \frac{324 - 108 - 279 + 48 + 15}{16} = 0$$

b) Die Faktorisierung lässt sich mithilfe der Nullstellen direkt angeben:

$$f(x) = \frac{1}{4}\left(x + \frac{5}{2}\right)\left(x + \frac{1}{2}\right)(x - 1)(x - 3)$$

Beachten Sie: Der Koeffizient vor der höchstens Potenz, hier $\frac{1}{4}$, muss vor dem Produkt stehen.

73. a) $f(x) = x^3 - 3x^2 - 2x + 6$

Nullstelle durch Probieren: Es kommen nur die Zahlen ± 1, ± 2, ± 3 oder ± 6 infrage, da nur sie Teiler von 6 sind.

Man stellt fest: $f(3) = 0$, also $\mathbf{x_1 = 3}$

$$
\begin{array}{l}
(x^3 - 3x^2 - 2x + 6) : (x - 3) = x^2 - 2 \\
\underline{-(x^3 - 3x^2)} \\
\qquad / \qquad / - 2x + 6 \\
\qquad \underline{-(-2x + 6)} \\
\qquad\qquad / \qquad /
\end{array}
$$

Nullstellen des abdividierten Polynoms:

$$x^2 - 2 = 0$$
$$x^2 = 2 \quad \Rightarrow \quad x_{2/3} = \pm\sqrt{2}$$

Damit kann die Zerlegung in Linearfaktoren vorgenommen werden:

$$f(x) = (x - 3)(x - \sqrt{2})(x + \sqrt{2})$$

b) $f(x) = x^4 + 2x^3 - 5{,}75x^2 - 6{,}75x + 4{,}5$

Durch Probieren findet man bei -3 und 2 ganzzahlige Nullstellen:

x	-3	-2	-1	0	1	2	3
f(x)	0	-5	4,5	4,5	-5	0	67,5

Zunächst wird $\mathbf{x_1 = 2}$ zur Polynomdivision herangezogen:

$$
\begin{array}{l}
(x^4 + 2x^3 - 5{,}75x^2 - 6{,}75x + 4{,}5) : (x - 2) = x^3 + 4x^2 + 2{,}25x - 2{,}25 \\
\underline{-(x^4 - 2x^3)} \\
\qquad / \quad 4x^3 - 5{,}75x^2 \\
\qquad \underline{-(4x^3 - \quad 8x^2)} \\
\qquad\qquad / \quad 2{,}25x^2 - 6{,}75x \\
\qquad\qquad \underline{-(2{,}25x^2 - 4{,}5x)} \\
\qquad\qquad\qquad / \quad -2{,}25x + 4{,}5 \\
\qquad\qquad\qquad \underline{-(-2{,}25x + 4{,}5)} \\
\qquad\qquad\qquad\qquad / \qquad /
\end{array}
$$

Aus der oben berechneten Wertetabelle ist bereits bekannt, dass $x_2 = -3$ eine weitere ganzzahlige Nullstelle ist:

$$
\begin{array}{l}
(x^3 + 4x^2 + 2{,}25x - 2{,}25) : (x + 3) = x^2 + x - 0{,}75 \\
\underline{-(x^3 + 3x^2)} \\
\qquad / \quad x^2 + 2{,}25x \\
\qquad \underline{-(x^2 + \quad 3x)} \\
\qquad\qquad -0{,}75x - 2{,}25 \\
\qquad\qquad \underline{-(-0{,}75x - 2{,}25)} \\
\qquad\qquad\qquad / \qquad /
\end{array}
$$

Die Nullstellen des abdividierten (quadratischen) Polynoms werden mit der Lösungsformel ermittelt:

$x^2 + x - 0,75 = 0$

$x_{3/4} = \dfrac{-1 \pm \sqrt{1^2 + 4 \cdot 0,75}}{2} = \dfrac{-1 \pm 2}{2} = \begin{cases} 0,5 \\ -1,5 \end{cases}$

Mit den vier Nullstellen ergibt sich folgende Zerlegung in Linearfaktoren:

$f(x) = (x+3)(x-2)(x-0,5)(x+1,5)$

c) $f(x) = (x+1)(x^3 - 3x^2 - 2x + 6)$

Die Nullstelle $x_1 = -1$ lässt sich direkt ablesen. Es muss noch der Term 3. Grades auf Nullstellen untersucht werden:

$x^3 - 3x^2 - 2x + 6 = 0$

Nullstelle durch Probieren: **$x_2 = 3$**

$$\begin{array}{l} (x^3 - 3x^2 - 2x + 6) : \mathbf{(x-3)} = x^2 - 2 \\ \underline{-(x^3 - 3x^2)} \\ \qquad /\qquad /\ -2x + 6 \\ \qquad\quad \underline{-(-2x + 6)} \\ \qquad\qquad\quad /\qquad / \end{array}$$

$x^2 - 2 = 0$

$x^2 = 2 \;\Rightarrow\; x_{3/4} = \pm\sqrt{2}$

Mithilfe der Nullstellen x_1, x_2, x_3 und x_4 kann man folgende Zerlegung angeben:

$f(x) = (x+1)(x-3)(x-\sqrt{2})(x+\sqrt{2})$

d) $f(x) = x^3 + 2x^2 - 35x$

Zur Berechnung ist keine Polynomdivision erforderlich. Die günstigste Methode ist hier das Ausklammern von x:

$x^3 + 2x^2 - 35x = 0$

$\mathbf{x}(x^2 + 2x - 35) = 0$

$\Rightarrow\; x_1 = 0$

$x^2 + 2x - 35 = 0$

Vieta (oder Lösungsformel):

$(x-5)(x+7) = 0 \;\Rightarrow\; x_2 = 5;\; x_3 = -7$

Faktorisierung: $f(x) = x(x-5)(x+7)$

e) $f(x) = x^3 - 1$

Die Gleichung $x^3 - 1 = 0$ lässt sich, da x^3 alleine vorkommt, durch die Isolierung von x^3 und anschließendes Wurzelziehen lösen:

$x^3 - 1 = 0$

$x^3 = 1 \quad |\sqrt[3]{}$

$\mathbf{x_1 = 1}$

Man beachte, dass in diesem Fall (ungeradzahlige Potenz) keine ± Lösungen auftreten.

Polynomdivision:

$$(x^3 + 0x^2 + 0x - 1) : (x - 1) = x^2 + x + 1$$
$$\underline{-(x^3 \quad - x^2)}$$
$$/ \qquad x^2 + 0x$$
$$\underline{-(x^2 - \quad x)}$$
$$/ \qquad x - 1$$
$$\underline{-(x - 1)}$$
$$/ \quad /$$

In dem quadratischen Term $x^2 + x + 1$ ist keine weitere reelle Nullstelle mehr enthalten, wie man etwa durch das Ausrechnen der zugehörigen Diskriminante ($D = -3$) bestätigt. Deshalb lässt sich dieser Term nicht weiter in Linearfaktoren zerlegen. Damit lautet die Zerlegung von $f(x)$:
$f(x) = (x - 1)(x^2 + x + 1)$

f) $f(x) = 4x^3 + 2x^2 - 26x + 12$

Man findet durch Probieren: $\mathbf{x_1 = 2}$

$$(4x^3 + 2x^2 - 26x + 12) : (x - 2) = 4x^2 + 10x - 6$$
$$\underline{-(4x^3 - 8x^2)}$$
$$/ \quad 10x^2 - 26x$$
$$\underline{-(10x^2 - 20x)}$$
$$/ \quad -6x + 12$$
$$\underline{-(-6x + 12)}$$
$$/ \quad /$$

$$4x^2 + 10x - 6 = 0 \quad | : 2$$
$$2x^2 + 5x - 3 = 0$$

$$x_{2/3} = \frac{-5 \pm \sqrt{5^2 + 4 \cdot 2 \cdot 3}}{2 \cdot 2} = \frac{-5 \pm \sqrt{49}}{4} = \frac{-5 \pm 7}{4} = \begin{cases} \frac{1}{2} \\ -3 \end{cases}$$

Mit den drei Nullstellen $x_1 = 2$, $x_2 = \frac{1}{2}$ und $x_3 = -3$ hat man folgende Zerlegung:

$$f(x) = 4(x - 2)\left(x - \frac{1}{2}\right)(x + 3)$$

Man beachte, dass der Koeffizient vor der höchsten Potenz, hier die 4, vor dem Produkt stehen muss!

74. a) $\frac{1}{4}x^4 - \frac{5}{4}x^2 + 1 = 0 \quad | \cdot 4$

$$x^4 - 5x^2 + 4 = 0$$

Substitution: $\mathbf{z = x^2}$

$$z^2 - 5z + 4 = 0$$

Vieta:

$(z-4)(z-1)=0$

$\Rightarrow\ z_1=4;\ z_2=1$

Rücksubstitution:

$x^2=4\ \Rightarrow\ x_{1/2}=\pm 2$

$x^2=1\ \Rightarrow\ x_{3/4}=\pm 1$

b) $x^4+2x^2+1=0$

Substitution: $\mathbf{z=x^2}$

$z^2+2z+1=0$

Erste binomische Formel (alternativ mit Vieta oder Lösungsformel):

$(z+1)^2=0$

$\Rightarrow\ z_{1/2}=-1$

Rücksubstitution: $x^2=-1$ (hat keine reellen Lösungen)

Die Funktion f hat keine reellen Nullstellen. Man kann das auch bereits am Funktionsterm erkennen, bei dem zu 1 lauter nicht negative Summanden addiert werden.

c) $x^4-2x^2+1=0$

Substitution: $\mathbf{z=x^2}$

$z^2-2z+1=0$

Zweite binomische Formel (alternativ mit Vieta oder Lösungsformel):

$(z-1)^2=0$

$\Rightarrow\ z_{1/2}=1$

Rücksubstitution: $x^2=1\ \Rightarrow\ x=\pm 1$

In diesem Fall sind das jeweils doppelte Nullstellen: $x_{1/2}=1;\ x_{3/4}=-1$

d) $x^4-2x^2=0$

Man kommt ohne Substitution aus, da sich x^2 ausklammern lässt:

$x^4-2x^2=x^2(x^2-2)=0$

$\Rightarrow\ x_{1/2}=0$

$x^2-2=0$

$\quad\ x^2=2$

$\Rightarrow\ x_{3/4}=\pm\sqrt{2}$

e) $x^6-4x^3+4=0$

Substitution: $\mathbf{z=x^3}$

$z^2-4z+4=0$

Zweite binomische Formel (alternativ mit Vieta oder Lösungsformel):

$(z-2)^2=0$

$\Rightarrow\ z_{1/2}=2$

Rücksubstitution: $x^3=2\ \Rightarrow\ x_{1/2}=\sqrt[3]{2}$

Es handelt sich um eine doppelte Nullstelle.

75. a) Der Graph verläuft von „links unten nach rechts unten" und besitzt zwei
doppelte Nullstellen bei $x_{1/2}=-1$ und $x_{3/4}=2$. Es liegt eine ganzrationale
Funktion 4. Grades vor, der Koeffizient a vor x^4 muss negativ sein.
$\Rightarrow$ $f(x)=a(x+1)^2(x-2)^2$, wobei $a<0$

b) Der Graph verläuft von „links oben nach rechts unten", besitzt eine doppelte Nullstelle bei $x_{1/2}=0$ und eine einfache Nullstelle bei $x_3=1,5$. Es
liegt eine ganzrationale Funktion 3. Grades mit negativem a vor.
$\Rightarrow$ $f(x)=ax^2(x-1,5)$, wobei $a<0$

c) Der Graph verläuft von „links unten nach rechts oben" und besitzt drei
einfache Nullstellen bei $x_1=-1$, $x_2=0$ und $x_3=1$. Es liegt eine ganzrationale Funktion 3. Grades mit positivem a vor.
$\Rightarrow$ $f(x)=ax(x+1)(x-1)$, wobei $a>0$

d) Der Graph verläuft von „links oben nach rechts oben" und besitzt vier
einfache Nullstellen bei $x_1=-2$, $x_2=-1$, $x_3=1$ und $x_4=2$. Es liegt eine
ganzrationale Funktion 4. Grades mit positivem a vor.
$\Rightarrow$ $f(x)=a(x+2)(x+1)(x-1)(x-2)$, wobei $a>0$

76. a) $f(x)=x^4-4x^3+5x^2-4x+4$

Man findet durch Probieren: $f(2)=0$

$$
\begin{array}{l}
(x^4-4x^3+5x^2-4x):(x-2)=x^3-2x^2+x-2 \\
\underline{-(x^4-2x^3)} \\
\quad /\ -2x^3+5x^2 \\
\quad \underline{-(-2x^3+4x^2)} \\
\qquad /\quad x^2-4x \\
\qquad \underline{-(x^2-2x)} \\
\qquad\quad /\ -2x+4 \\
\qquad\quad \underline{-(-2x+4)} \\
\qquad\qquad /\quad /
\end{array}
$$

$x^3-2x^2+x-2=0$
Probierlösung: $x_2=2$

$$
\begin{array}{l}
(x^3-2x^2+x-2):(x-2)=x^2+1 \\
\underline{-(x^3-2x^2)} \\
\quad /\quad /\quad x-2 \\
\qquad \underline{-(x-2)} \\
\qquad\quad /\quad /
\end{array}
$$

$x^2+1=0$ hat keine weiteren reellen Lösungen.
f hat eine doppelte Nullstelle $x_{1/2}=2$.
Faktorisierung: $f(x)=(x-2)^2(x^2+1)$

b) $f(x) = \frac{1}{4}x^4 - 2x^3 + 6x^2 - 8x + 4$

Man findet durch Probieren: $f(2) = 0$, also $x_1 = 2$

$$\left(\tfrac{1}{4}x^4 - 2x^3 + 6x^2 - 8x + 4\right) : (x-2) = \tfrac{1}{4}x^3 - \tfrac{3}{2}x^2 + 3x - 2$$
$$\underline{-\left(\tfrac{1}{4}x^4 - \tfrac{1}{2}x^3\right)}$$
$$/ \quad -\tfrac{3}{2}x^3 + 6x^2$$
$$\underline{-\left(-\tfrac{3}{2}x^3 + 3x^2\right)}$$
$$/ \quad 3x^2 - 8x$$
$$\underline{-(3x^2 - 6x)}$$
$$/ \quad -2x + 4$$
$$\underline{-(-2x + 4)}$$
$$/ \quad /$$

$\frac{1}{4}x^3 - \frac{3}{2}x^2 + 3x - 2 = 0$

Probierlösung: $x_2 = 2$

$$\left(\tfrac{1}{4}x^3 - \tfrac{3}{2}x^2 + 3x - 2\right) : (x-2) = \tfrac{1}{4}x^2 - x + 1$$
$$\underline{-\left(\tfrac{1}{4}x^3 - \tfrac{1}{2}x^2\right)}$$
$$/ \quad x^2 + 3x$$
$$\underline{-(x^2 + 2x)}$$
$$/ \quad x - 2$$
$$\underline{-(x-2)}$$
$$/ \quad /$$

$\frac{1}{4}x^2 - x + 1 = 0$

Lösungsformel:

$$x_{3/4} = \frac{1 \pm \sqrt{(-1)^2 - 4 \cdot \frac{1}{4} \cdot 1}}{2 \cdot \frac{1}{4}} = \frac{1 \pm 0}{\frac{1}{2}} = 2$$

Die Funktion f hat die 4-fache Nullstelle $x_{1/2/3/4} = 2$. Demnach gilt für die Faktorisierung:

$f(x) = \frac{1}{4}(x-2)^4$

c) $f(x) = \frac{1}{8}(x^3 - 3x^2 - 3x + 9)$

Da $\frac{1}{8}$ ein konstanter Vorfaktor ist (der nicht null werden kann), genügt es, den Term in den Klammern zu behandeln:

$x^3 - 3x^2 - 3x + 9 = 0$

Durch Probieren findet man als Lösung $x_1 = 3$.

Polynomdivision:

$$(x^3 - 3x^2 - 3x + 9) : (x - 3) = x^2 - 3$$
$$\underline{-(x^3 - 3x^2)}$$
$$// -3x + 9$$
$$\underline{-(-3x + 9)}$$
$$//$$

Das abdividierte Polynom führt auf eine rein-quadratische Gleichung:

$$x^2 - 3 = 0$$
$$x^2 = 3$$
$$\Rightarrow x_{2/3} = \pm\sqrt{3}$$

Demnach hat f drei einfache Nullstellen: $x_1 = 3$; $x_{2/3} = \pm\sqrt{3}$
Faktorisierung:

$$f(x) = \tfrac{1}{8}(x - 3)(x - \sqrt{3})(x + \sqrt{3})$$

d) f liegt bereits in einer faktorisierten Form vor. Um die Nullstellen zu bestimmen, sollte auf keinen Fall ausmultipliziert werden. Man muss nur feststellen, für welche Werte von x die einzelnen Faktoren null werden:

$$2x + 5 = 0 \quad \Rightarrow \quad x = -\tfrac{5}{2}$$

Es handelt sich um eine doppelte Nullstelle: $x_{1/2} = -\tfrac{5}{2}$

$$3 - 2x = 0 \quad \Rightarrow \quad x = \tfrac{3}{2}$$

Es handelt sich um eine einfache Nullstelle: $x_3 = \tfrac{3}{2}$

Damit man die Faktorisierung in gewohnter Darstellung mit Linearfaktoren erhält, wird f wie folgt umgeformt:

$$f(x) = \tfrac{1}{3}(2x + 5)^2(3 - 2x) = \tfrac{1}{3}\left[2\left(x + \tfrac{5}{2}\right)\right]^2(3 - 2x)$$
$$= \tfrac{1}{3} \cdot 2^2 \cdot \left(x + \tfrac{5}{2}\right)^2 \cdot (-2) \cdot \left(-\tfrac{3}{2} + x\right) = -\tfrac{8}{3}\left(x + \tfrac{5}{2}\right)^2\left(x - \tfrac{3}{2}\right)$$

e) $f(x) = x^5 + 3x^4 + x^3 - 5x^2 - 6x - 2$

Da das Ausklammern von x nicht möglich ist, muss eine Lösung geraten werden. Wegen des konstanten Gliedes −2 kommen als ganzzahlige Lösungen nur ±1 oder ±2 infrage. Man stellt fest, dass $x_1 = -1$ eine Lösung ist. Die Polynomdivision ergibt:

$$(x^5 + 3x^4 + x^3 - 5x^2 - 6x - 2) : (x + 1) = x^4 + 2x^3 - x^2 - 4x - 2$$

Jetzt muss das abdividierte Polynom untersucht werden:

$$x^4 + 2x^3 - x^2 - 4x - 2 = 0$$

Man findet, dass wieder −1 eine Lösung ist, d. h., $x_2 = -1$ kommt zum zweiten Mal als Lösung vor. Erneut wird die Polynomdivision durchgeführt:

$$(x^4 + 2x^3 - x^2 - 4x - 2) : (x + 1) = x^3 + x^2 - 2x - 2$$

Das abdividierte Polynom wird gleich null gesetzt:

$x^3 + x^2 - 2x - 2 = 0$

Und erneut ist -1 eine Lösung, also $x_3 = -1$.

Die Polynomdivision führt auf:

$(x^3 + x^2 - 2x - 2) : (x + 1) = x^2 - 2$

Das verbleibende Polynom führt auf die rein-quadratische Gleichung:

$x^2 - 2 = 0$

$\qquad x^2 = 2 \ |\sqrt{}$

$\Rightarrow \ x_4 = -\sqrt{2}; \ x_5 = \sqrt{2}$

Insgesamt hat f demnach eine 3-fache Nullstelle $x_{1/2/3} = -1$ und je eine einfache Nullstelle $x_{4/5} = \pm\sqrt{2}$.

Der Funktionsterm von f kann damit folgendermaßen faktorisiert werden:

$f(x) = (x + 1)^3 (x - \sqrt{2})(x + \sqrt{2})$

77. a) $f(x) = (x + 3)(x - 1)^2$

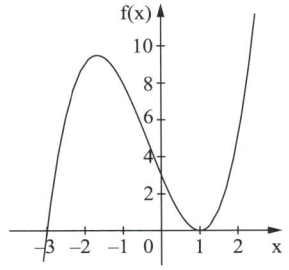

b) $f(x) = -\frac{1}{4}x(x - 2)^3$

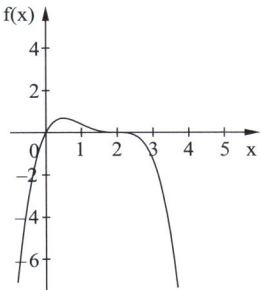

c) $f(x) = x^2(x^2 + 1)$

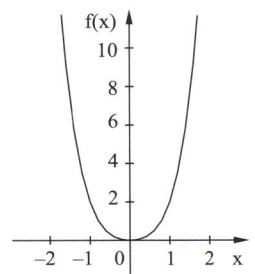

d) $f(x) = (x - 1)^3$

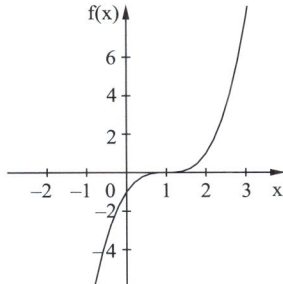

78. a) $x^3 + x^2 + 5x + 10 = -x^3 + 3x^2 - 5x + 20$

$2x^3 - 2x^2 + 10x - 10 = 0 \quad |:2$

$x^3 - x^2 + 5x - 5 = 0$

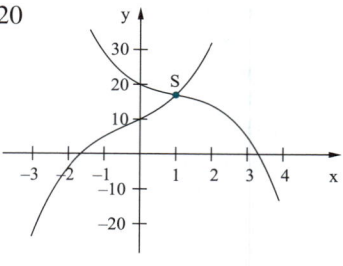

Probierlösung: $x_1 = 1$

Polynomdivision:

$(x^3 - x^2 + 5x - 5) : (x - 1) = x^2 + 5$

Die Gleichung $x^2 + 5 = 0$ hat keine

reellen Lösungen, es gibt nur eine

Schnittstelle bei $x_1 = 1$.

Berechnung der y-Koordinate:

$y = f(1) = 17 \quad \Rightarrow \quad S(1 \mid 17)$

b) $\frac{1}{4} x^4 - 3x^2 - 2 = -2$

$\frac{1}{4} x^4 - 3x^2 = 0 \qquad | \cdot 4$

$x^4 - 12x^2 = 0$

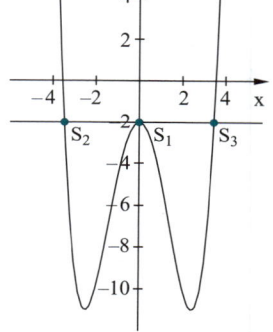

x^2 ausklammern:

$x^2 (x^2 - 12) = 0$

$\Rightarrow x_{1/2} = 0$

$x^2 - 12 = 0 \Rightarrow x_{3/4} = \pm\sqrt{12} = \pm 2\sqrt{3}$

Es gibt drei Schnittpunkte $S_1(0 \mid -2)$,

$S_2(-2\sqrt{3} \mid -2)$ und $S_3(2\sqrt{3} \mid -2)$.

Dabei ist S_1 ein Berührpunkt (doppelte

Lösung). Dass die y-Koordinaten alle

-2 sind, ergibt sich, weil $g(x) = -2$ ist.

c) $x^3 - x^2 = x(x - 1)$

$x^3 - x^2 = x^2 - x$

$x^3 - 2x^2 + x = 0$

x ausklammern:

$x(x^2 - 2x + 1) = 0$

Zweite binomische Formel:

$x(x - 1)^2 = 0$

$\Rightarrow x_1 = 0; x_{2/3} = 1$

$\Rightarrow S_1(0 \mid 0)$ und $S_2(1 \mid 0)$

Die Graphen schneiden bzw. berühren

sich an den Nullstellen.

d) $\frac{1}{4}(x - 2)^2 (x^2 + 1) = -x^2 + 2,5x - 1$

$\frac{1}{4}(x^4 - 4x^3 + 5x^2 - 4x + 4) + x^2 - 2,5x + 1 = 0 \quad | \cdot 4$

$x^4 - 4x^3 + 9x^2 - 14x + 8 = 0$

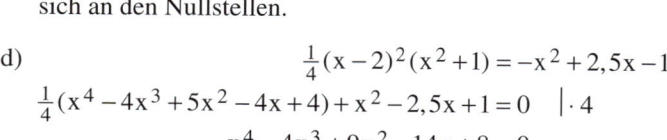

Probierlösung: $x_1 = 1$
Ergebnis der Polynomdivision:
$(x^4 - 4x^3 + 9x^2 - 14x + 8) : (x - 1) = x^3 - 3x^2 + 6x - 8$
Abdividiertes Polynom:
$x^3 - 3x^2 + 6x - 8 = 0$
Probierlösung: $x_2 = 2$
$(x^3 - 3x^2 + 6x - 8) : (x - 2) = x^2 - x + 4$
Die Gleichung $x^2 - x + 4 = 0$ hat wegen
$D = -15 < 0$ keine reellen Lösungen, es
gibt also nur die beiden Schnittstellen
$x_1 = 1$ und $x_2 = 2$.
$\Rightarrow$ Schnittpunkte: $S_1\left(1 \mid \frac{1}{2}\right)$; $S_2(2 \mid 0)$

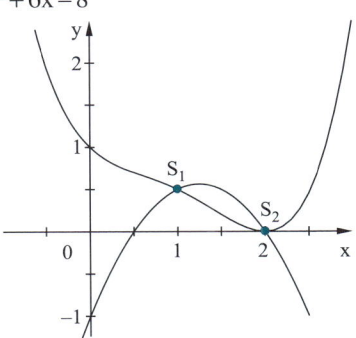

79. a) $f(x) = \frac{1}{4}x^4 - 3x^2 - 2$

G_f ist symmetrisch zur y-Achse, da nur geradzahlige Exponenten von x auftreten. Man berechnet die Funktionswerte nur an den positiven Stellen; sie gelten wegen der Symmetrie dann automatisch auch an den entsprechenden negativen Stellen (deshalb das $\pm$ vor den x-Werten).

x	0	±1	±2	±3	±4
f(x)	−2	−4,75	−10	−8,75	14

Skizze:

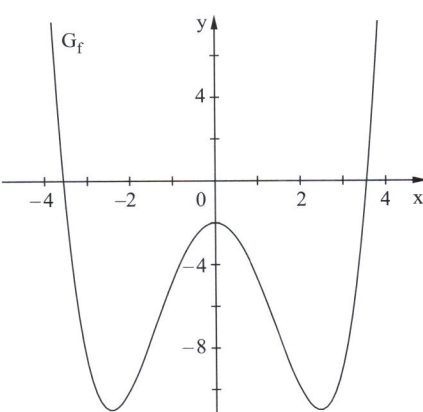

b) $f(x) = x^3 - x^2$ besitzt keine der bekannten Symmetrieeigenschaften, da ungeradzahlige (x^3) und geradzahlige (x^2) Exponenten auftreten.

c) $f(x) = x(x^2 - 1) = x^3 - x$ ist eine ungerade Funktion, denn:
$f(-x) = (-x)^3 - (-x) = -x^3 + x = -(x^3 - x) = -f(x)$

Wertetabelle:

x	−2	−1,5	−1	−0,5	0	0,5	1	1,5	2
f(x)	−6	−1,875	0	0,375	0	−0,375	0	1,875	6

Man beachte die Vorzeichenumkehr der Funktionswerte bei gegenüberliegenden x-Werten.

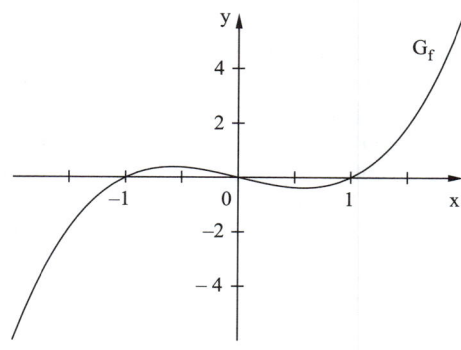

d) $f(x) = x^3 - x + \mathbf{1}$

Der Graph dieser Funktion wird durch die additive Konstante **1** gegenüber dem Graphen der Funktion von Aufgabe c um eine Einheit nach oben verschoben. Dadurch geht die Punktsymmetrie zum Ursprung verloren. Es liegt Punktsymmetrie zum Punkt P(0|1) vor, diese wird aber nicht weiter untersucht.

Man kann die x-freie Konstante 1 als $1 \cdot x^0$ auffassen, deshalb tritt nun ein geradzahliger Exponent von x auf und die Punktsymmetrie zum Ursprung geht dadurch verloren.

80. a) 3. Grades: $x_1 = -2$; $x_2 = 0$; $x_3 = 2$

Mögliche Funktionsterme:
$$f(x) = a(x+2) \cdot x \cdot (x-2)$$
$$= ax(x+2)(x-2)$$

mit $a \in \mathbb{R} \setminus \{0\}$

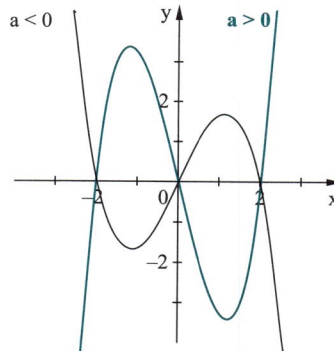

b) 3. Grades: $x_{1/2} = -1$; $x_3 = 1$

Mögliche Funktionsterme:

$f(x) = a(x+1)^2(x-1)$

mit $a \in \mathbb{R} \setminus \{0\}$

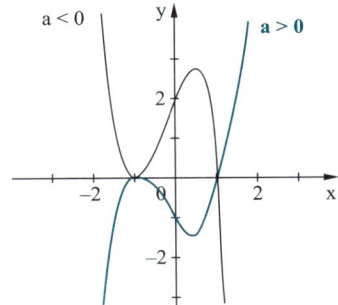

c) 3. Grades: $x_1 = -2$; $x_2 = 2$; $x_3 = k$; $k \geq 2$

Mögliche Funktionsterme:

$f(x) = a(x+2)(x-2)(x-k)$

mit $a \in \mathbb{R} \setminus \{0\}$

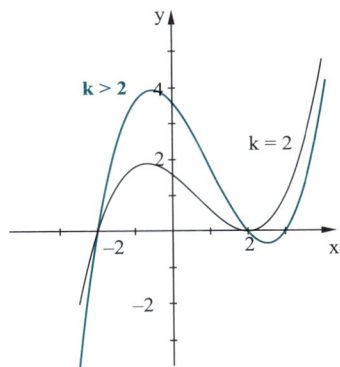

d) 4. Grades: $x_1 = -2$; $x_{2/3} = 0$; $x_4 = 2$

Mögliche Funktionsterme:

$f(x) = ax^2(x+2)(x-2)$

mit $a \in \mathbb{R} \setminus \{0\}$

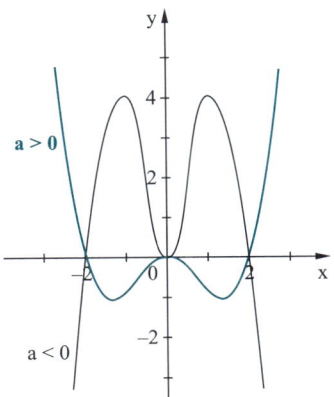

81. a) $f_a(x) = \frac{1}{80}(8x^3 - ax^4) = \frac{1}{80}x^3(8-ax)$ mit $a \in \mathbb{R}$ und $a > 0$

Aus der vorgenommenen Faktorisierung lässt sich ablesen:

dreifache Nullstelle $x_{1/2/3} = 0$, einfache Nullstelle $x_4 = \frac{8}{a}$

b) $f_k(x) = \frac{k}{9}x^3 - \frac{2k}{3}x^2 + kx = kx\left(\frac{1}{9}x^2 - \frac{2}{3}x + 1\right)$

$= \frac{1}{9}kx(x^2 - 6x + 9) = \frac{1}{9}kx(x-3)^2$

Daraus ergibt sich: einfache Nullstelle $x_1 = 0$; doppelte Nullstelle $x_{2/3} = 3$

c) Man kann – ohne zu raten – die Nullstellen berechnen:

$\frac{1}{8}(1-x)^3 + 1 = 0 \quad | \cdot 8$

$(1-x)^3 = -8 \quad |\sqrt[3]{}$

$1 - x = -2$

$\Rightarrow \quad x_1 = 3 \quad$ (einfache Nullstelle)

Es gilt:

$\frac{1}{8}(1-x)^3 + 1 = 0 \quad \Leftrightarrow \quad -x^3 + 3x^2 - 3x + 9 = 0$

Durchführung der Polynomdivision:

$(-x^3 + 3x^2 - 3x + 9) : (x-3) = -x^2 - 3$

Nullsetzen des abdividierten Polynoms:

$-x^2 - 3 = 0$

$x^2 = -3 \quad \Rightarrow \quad$ keine weiteren reellen Lösungen!

Damit ergibt sich für die Faktorisierung von f:

$f(x) = \frac{1}{8}(x-3)(-x^2 - 3) = -\frac{1}{8}(x-3)(x^2 + 3)$

d) $\qquad g(x) = 0$

$x^4 - x^2 + \frac{1}{4} = 0$

Substitution: $z = x^2$

$z^2 - z + \frac{1}{4} = 0$

$z_{1/2} = \frac{1 \pm \sqrt{(-1)^2 - 4 \cdot 1 \cdot \frac{1}{4}}}{2 \cdot 1} = \frac{1 \pm 0}{2} = \frac{1}{2}$

$x^2 = \frac{1}{2} \quad \Rightarrow \quad x_{1/2} = \pm\sqrt{\frac{1}{2}} = \pm\frac{1}{2}\sqrt{2}$

Es handelt sich um zwei doppelte Nullstellen. Die Faktorisierung lautet:

$g(x) = \left(x - \frac{1}{2}\sqrt{2}\right)^2\left(x + \frac{1}{2}\sqrt{2}\right)^2 = \left[\left(x - \frac{1}{2}\sqrt{2}\right)\left(x + \frac{1}{2}\sqrt{2}\right)\right]^2 = \left(x^2 - \frac{1}{2}\right)^2$

82. $f_t : x \mapsto (x-t)^2(x^2 + 4x + 4)$

a) Mithilfe der ersten binomischen Formel erhält man:

$f_t(x) = (x-t)^2(x^2 + 4x + 4) = (x-t)^2(x+2)^2$

b) **Fall 1:** $t = -2 \quad \Rightarrow \quad$ 4-fache Nullstelle bei -2

Fall 2: $t \neq -2 \quad \Rightarrow \quad$ doppelte Nullstelle bei -2 und bei t

c) Die Schnittpunkte mit der x-Achse liegen bei den Nullstellen:
$S_{x,1}(t|0); S_{x,2}(-2|0)$
Schnittpunkt mit der y-Achse: $y_S = f_t(0) = (-t)^2 \cdot 4 = 4t^2 \implies S_y(0|4t^2)$

d) Ansatz:
$$f_t(-1) = 1$$
$$(-1-t)^2 \cdot (1-4+4) = 1$$
$$(t+1)^2 = 1$$
$$t^2 + 2t = 0$$
$$t(t+2) = 0$$
$$\implies t_1 = -2; t_2 = 0$$

e)

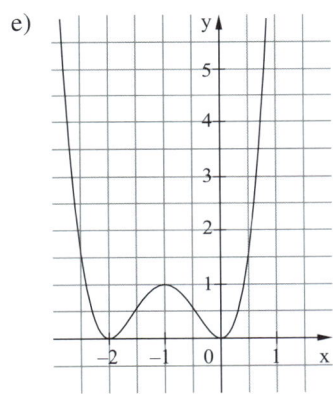

83. a) f_k liegt bereits in faktorisierter Form vor, die Nullstellen können direkt abgelesen werden. Bei $x_1 = 0$ liegt eine einfache Nullstelle vor, bei $x_{2/3} = \frac{1}{k}$ eine doppelte.

b)
$$g_k(x) = 0$$
$$3kx^2 - 4x + \frac{1}{k} = 0$$
$$D = (-4)^2 - 4 \cdot 3k \cdot \frac{1}{k} = 4 > 0$$
$$x_{1/2} = \frac{4 \pm \sqrt{4}}{2 \cdot 3k} = \frac{4 \pm 2}{6k} = \begin{cases} \frac{1}{k} \\ \frac{1}{3k} \end{cases}$$

Die Graphen von g_k sind, da $k > 0$ gilt, nach oben geöffnete Parabeln.
$\implies g_k(x) \leq 0$ im Intervall $\left[\frac{1}{3k}; \frac{1}{k}\right]$

c) Die gemeinsame Nullstelle liegt bei $\frac{1}{k}$, der zugehörige Schnittpunkt lautet $S_k\left(\frac{1}{k}|0\right)$. Liegt die Abszisse von S_k bei 3, so gilt: $\frac{1}{k} = 3 \implies k = \frac{1}{3}$

d)

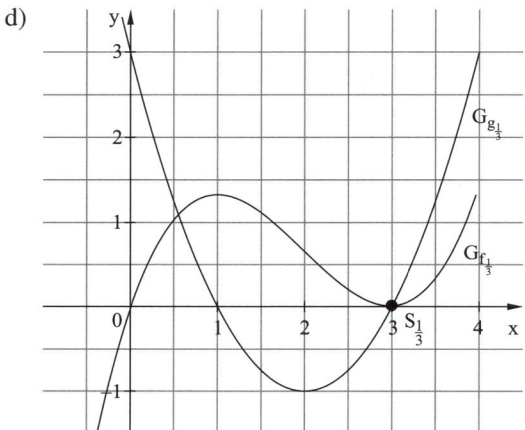

84. $f_t(x) = t[x^3 + (t-4)x^2 + 4(1-t)x + 4t]$

a) $f_t(2) = t[2^3 + (t-4)2^2 + 4(1-t)2 + 4t]$
$= t[8 + 4(t-4) + 8(1-t) + 4t] = t(8 + 4t - 16 + 8 - 8t + 4t) = t \cdot 0 = 0$

b) Um die Faktorisierung angeben zu können, müssen alle weiteren Nullstellen bestimmt werden. Polynomdivision durch $(x-2)$, wobei der Faktor $t \in \mathbb{R} \setminus \{0\}$ nicht mitgeführt werden braucht:

$[x^3 + (t-4)x^2 + 4(1-t)x + 4t] : (x-2) = x^2 + (t-2)x - 2t$
$\underline{-(x^3 - 2x^2)}$
$\quad (t-2)x^2 + 4(1-t)x$ Nebenrechnung:
$\quad \underline{-[(t-2)x^2 - 2(t-2)x]}$ $4(1-t)x + 2(t-2)x$
$\quad\quad\quad / \quad\quad -2tx + 4t$ $= 4x - 4tx + 2tx - 4x = -2tx$
$\quad\quad\quad\quad \underline{-(-2tx + 4t)}$
$\quad\quad\quad\quad\quad / \quad\quad /$

$x^2 + (t-2)x - 2t = 0$
$D = (t-2)^2 + 4 \cdot 2t = t^2 - 4t + 4 + 8t = t^2 + 4t + 4 = (t+2)^2 \geq 0$
$x_{2/3} = \dfrac{-(t-2) \pm \sqrt{(t+2)^2}}{2} = \dfrac{2 - t \pm (t+2)}{2} = \begin{cases} 2 \\ -t \end{cases}$

Jetzt kann f_t vollständig faktorisiert werden:
$\Rightarrow \quad f_t(x) = t(x-2)^2(x+t)$

c) **Fall 1:** $t \neq -2 \Rightarrow$ doppelte Nullstelle $x_{1/2} = 2$
                          einfache Nullstelle $x_3 = -t$
    Fall 2: $t = -2 \Rightarrow$ dreifache Nullstelle $x_{1/2/3} = 2$

d) Ansatz:
$$f_t(1) = 2$$
$$t(1-2)^2(1+t) = 2$$
$$t(1+t) = 2$$
$$t^2 + t - 2 = 0$$
$$t_{1/2} = \frac{-1 \pm \sqrt{1^2 + 4 \cdot 2}}{2} = \frac{-1 \pm 3}{2} = \begin{cases} 1 \\ -2 \end{cases}$$

Für $t_1 = 1$ oder $t_2 = -2$ enthält G_{f_t} den Punkt P(1|2).

e)

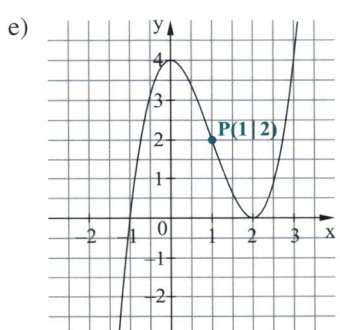

85. $f_a: x \mapsto \frac{1}{3}(-4x^3 - 6ax^2 + 2a^3)$ mit $a \in \mathbb{R}$ und $a > 0$

a) $f_a(-a) = \frac{1}{3}[-4(-a)^3 - 6a(-a)^2 + 2a^3] = \frac{1}{3}(4a^3 - 6a^3 + 2a^3) = 0$

Die Graphen von f_a haben an der Stelle $x = -a$ eine Nullstelle und damit einen gemeinsamen Punkt mit der x-Achse.

b) Es reicht, den Term in Klammern zu betrachten:
$$-4x^3 - 6ax^2 + 2a^3 = 0 \quad |:(-2)$$
$$2x^3 + 3ax^2 - a^3 = 0$$

Aus Teilaufgabe a ist die Nullstelle $x_1 = -a$ bekannt:
$$(2x^3 + 3ax^2 - a^3) : (x + a) = 2x^2 + ax - a^2$$
$$\underline{-(2x^3 + 2ax^2)}$$
$$/ \qquad ax^2 + \ 0x$$
$$\underline{-(ax^2 + a^2x)}$$
$$/ \ -a^2x - a^3$$
$$\underline{-(-a^2x - a^3)}$$
$$/ \qquad /$$

Weitere Nullstellen:

$2x^2 + ax - a^2 = 0$

$D = a^2 - 4 \cdot 2 \cdot (-a^2) = 9a^2 > 0$

$$x_{2/3} = \frac{-a \pm \sqrt{9a^2}}{2 \cdot 2} = \frac{-a \pm 3a}{4} = \begin{cases} \frac{1}{2}a \\ -a \end{cases}$$

$\Rightarrow$ f_a hat eine doppelte Nullstelle $x_{1/2} = -a$ und eine einfache Nullstelle $x_3 = \frac{1}{2}a$.

c) $f_a(x) = -\frac{4}{3}(x+a)^2 \left(x - \frac{1}{2}a\right)$

Man muss berücksichtigen, dass x^3 den Koeffizienten $-\frac{4}{3}$ besitzt, der als Vorfaktor erhalten bleibt.

d) Ansatz:

$$f_a(-1) = \frac{4}{3}$$

$$\frac{1}{3}[-4(-1)^3 - 6a(-1)^2 + 2a^3] = \frac{4}{3} \quad |\cdot 3$$

$$4 - 6a + 2a^2 = 4 \quad |:2$$

$$a^3 - 3a = 0$$

$$a(a^2 - 3) = 0$$

$a_1 = 0$ entfällt, da $a > 0$ vorausgesetzt ist.

$a^2 - 3 = 0$

$a^2 = 3$

$\Rightarrow$ $a_{2/3} = \pm\sqrt{3}$

$a_3 = -\sqrt{3}$ entfällt; $a_2 = \sqrt{3}$ ist die gesuchte Zahl.

86. $\frac{1}{5}(x^4 - kx^3 - 4kx^2) = 0 \quad |\cdot 5$

$x^2(x^2 - kx - 4k) = 0$

$\Rightarrow$ $x_{1/2} = 0$ ist immer doppelte Nullstelle.

Die Gleichung $x^2 - kx - 4k = 0$ besitzt genau dann keine weiteren Lösungen, wenn die Diskriminante < 0 ist.

$D = (-k)^2 + 4 \cdot 4k = k^2 + 16k = k(k + 16)$

$\Rightarrow$ $D = 0$, wenn $k_1 = -16$ oder $k_2 = 0$

Da die Diskriminante D eine nach oben geöffnete Parabel mit den Nullstellen -16 und 0 ist, gibt es keine weiteren Nullstellen von f_k, wenn $k \in \,]-16; 0[$, weil für diese k gilt: $D < 0$

87. $f_a(x) = x^3 - ax^2$ und $g_a(x) = \frac{1}{a}x(x-a)$ mit $a \in \mathbb{R} \setminus \{0\}$

a) Ansatz auf Schneiden:
$$f_a(x) = g_a(x)$$
$$x^3 - ax^2 = \frac{1}{a}x(x-a) \qquad | \cdot a$$
$$ax^3 - a^2x^2 = x^2 - ax$$
$$ax^3 + (-a^2 - 1)x^2 + ax = 0$$
$$x[ax^2 + (-a^2 - 1)x + a] = 0$$
$$\Rightarrow \quad \text{1. Schnittstelle: } x_1 = 0$$

$$ax^2 + (-a^2 - 1)x + a = 0$$
$$D = (-a^2 - 1)^2 - 4a^2 = a^4 + 2a^2 + 1 - 4a^2 = a^4 - 2a^2 + 1 = (a^2 - 1)^2 \geq 0$$

$$x_{2/3} = \frac{a^2 + 1 \pm \sqrt{(a^2-1)^2}}{2 \cdot a} = \frac{a^2 + 1 \pm (a^2 - 1)}{2a} = \begin{cases} a \\ \frac{1}{a} \end{cases}$$

Einsetzen der Schnittstellen in eine der beiden Funktionen:
$$y_1 = f_a(0) = 0 \qquad \Rightarrow \quad S_1(0\,|\,0)$$
$$y_2 = g_a(a) = 0 \qquad \Rightarrow \quad S_2(a\,|\,0)$$
$$y_3 = g_a\left(\frac{1}{a}\right) = \frac{1-a^2}{a^3} \quad \Rightarrow \quad S_3\left(\frac{1}{a}\,\Big|\,\frac{1-a^2}{a^3}\right)$$

b) Wegen $a \neq 0$ ist dies genau dann der Fall, wenn S_2 und S_3 zusammenfallen. Gleichsetzen der x- bzw. y-Koordinaten:
$$a = \frac{1}{a} \qquad | \cdot a$$
$$a^2 = 1 \quad \Rightarrow \quad a_{1/2} = \pm 1$$

$$0 = \frac{1-a^2}{a^3}$$
$$a^2 = 1 \quad \Rightarrow \quad a_{1/2} = \pm 1$$

Für $a_{1/2} = \pm 1$ gibt es genau zwei gemeinsame Punkte $S_1(0\,|\,0)$ und $S_{2/3}(\pm 1\,|\,0)$.

c) $a = 1 \quad \Rightarrow \quad S_1(0\,|\,0); \; S_{2/3}(1\,|\,0)$

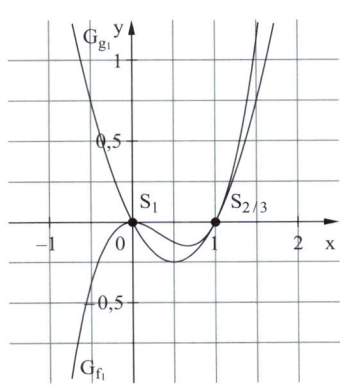

88. a) $\lim\limits_{x \to -\infty} \left(-\frac{1}{4}x^3 - 5x^2 + x\right) = \lim\limits_{x \to -\infty} -\frac{1}{4}x^3 = \infty$

$\lim\limits_{x \to \infty} \left(-\frac{1}{4}x^3 - 5x^2 + x\right) = \lim\limits_{x \to \infty} -\frac{1}{4}x^3 = -\infty$

b) $\lim\limits_{x \to -\infty} -5 = -5$

c) $\lim\limits_{x \to \pm\infty} (2x^4 - 4x^3 + 3x^2 - 10) = \lim\limits_{x \to \pm\infty} 2x^4 = \infty$ (in beiden Fällen)

89. a) $\lim\limits_{x \to \infty} (2x - 1) = \infty$

Der Graph ist eine Gerade mit **positiver** Steigung.

b) $\lim\limits_{x \to -\infty} (2x - 1) = -\infty$

Der Graph ist eine Gerade mit **positiver** Steigung.

c) $\lim\limits_{|x| \to \infty} \left(\frac{1}{4}x^2 - 5x + 1\right) = \infty$

Der Graph ist eine nach **oben** geöffnete Parabel.

(in beiden Fällen)

d) $\lim\limits_{x \to -\infty} -x^3 = \infty$

Graph verläuft von **links oben** nach **rechts unten**.

e) $\lim\limits_{x \to \infty} -x^3 = -\infty$

Graph verläuft von **links oben** nach **rechts unten**.

f) $\lim\limits_{x \to \pm\infty} x^4 = \infty$ (in beiden Fällen)

Graph verläuft von **links oben** nach **rechts oben**.

90. a) • Bei **50 %** Anziehungskraft gilt: $F(r) = \frac{1}{2}F_0$

Dieser Ansatz wird in die Formel eingesetzt:

$\frac{F_0}{r^2} = \frac{1}{2}F_0 \quad |:F_0, \quad$ Kehrbruch bilden

$r^2 = 2 \qquad |\sqrt{\ }$

$r = \sqrt{2} \approx 1{,}41$ (Die Lösung $r = -\sqrt{2}$ ist nicht relevant, da $r > 0$ vorausgesetzt ist.)

Da ein Erdradius vom Erdmittelpunkt bis zur Erdoberfläche reicht, ergibt sich von der Erdoberfläche aus gemessen die Entfernung:

$d = (\mathbf{r-1}) \cdot r_E = 0{,}41 \cdot 6\,370 \text{ km} \approx 2\,612 \text{ km}$

• Bei **10 %** Anziehungskraft gilt: $F(r) = \frac{1}{10}F_0$

Der Ansatz führt auf $r^2 = 10$, also $r \approx 3{,}16$.

$\Rightarrow \quad d = 2{,}16 \cdot 6\,370 \text{ km} = 13\,759 \text{ km}$

• Bei **1 %** Anziehungskraft gilt: $F(r) = \frac{1}{100}F_0$

Der Ansatz führt auf $r^2 = 100$, also $r = 10$.

$\Rightarrow \quad d = 9 \cdot 6\,370 \text{ km} = 57\,330 \text{ km}$

b) $\displaystyle\lim_{r \to \infty} F(r) = \lim_{r \to \infty} \frac{F_0}{r^2} = 0$

Das heißt, dass die Anziehungskraft null wird, wenn sich der Satellit „unendlich weit" von der Erde entfernt. Zwei Massen ziehen sich also gegenseitig stets (unabhängig von ihrem gegenseitigen Abstand) an.

91. a) $\displaystyle m_{PQ} = \frac{\Delta y}{\Delta x} = \frac{f(2) - f(0)}{2 - 0} = \frac{4 - 0}{2 - 0} = 2$

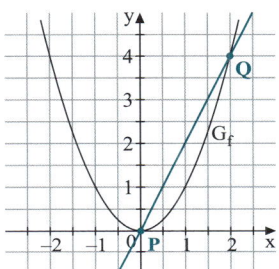

b) $\displaystyle m_{PQ} = \frac{\Delta y}{\Delta x} = \frac{f(1) - f(-1)}{1 - (-1)} = \frac{-1 - 3}{2} = -2$

G_f und die Sekante sind identisch, weil G_f eine Gerade ist.

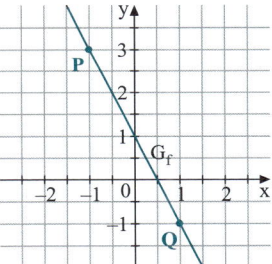

c) $\displaystyle m_{PQ} = \frac{\Delta y}{\Delta x} = \frac{f(1) - f\left(\frac{1}{2}\right)}{1 - \frac{1}{2}} = \frac{1 - 2}{\frac{1}{2}} = -2$

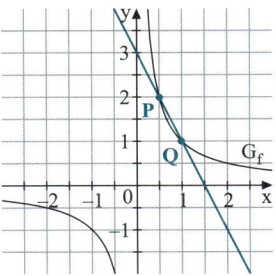

d) $\displaystyle m_{PQ} = \frac{\Delta y}{\Delta x} = \frac{f(3) - f(1)}{3 - 1} = \frac{-3 - (-3)}{2} = 0$

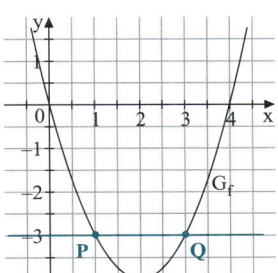

92. Für jeden Punkt Q wird in der nachfolgenden Tabelle die Steigung berechnet:

$$m_{PQ} = \frac{\Delta y}{\Delta x} = \frac{p(x_Q) - p(1)}{x_Q - 1} = \frac{-x_Q^2 + 5x_Q - 3 - 1}{x_Q - 1} = \frac{-x_Q^2 + 5x_Q - 4}{x_Q - 1}$$

x_Q	4	3	2	1,5	1,2	1,1	1,01
m_{PQ}	0	1	2	2,5	2,8	2,9	2,99

Es ist zu vermuten, dass sich die Steigungen m_{PQ} dem Wert 3 annähern, wenn sich x_Q dem Wert 1 nähert.

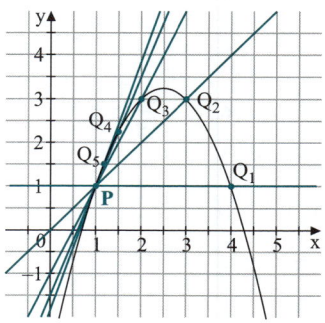

93.
$$f'(-1) = \lim_{h \to 0} \frac{f(-1+h) - f(-1)}{h} = \lim_{h \to 0} \frac{(-1+h)^2 - 2(-1+h) - 3 - 0}{h}$$

$$= \lim_{h \to 0} \frac{1 - 2h + h^2 + 2 - 2h - 3}{h} = \lim_{h \to 0} \frac{h^2 - 4h}{h} = \lim_{h \to 0} \frac{h(h-4)}{h}$$

$$= \lim_{h \to 0} (h - 4) = -4$$

$$f'(1) = \lim_{h \to 0} \frac{f(1+h) - f(1)}{h} = \lim_{h \to 0} \frac{(1+h)^2 - 2(1+h) - 3 - (-4)}{h}$$

$$= \lim_{h \to 0} \frac{1 + 2h + h^2 - 2 - 2h + 1}{h} = \lim_{h \to 0} \frac{h^2}{h} = \lim_{h \to 0} h = 0$$

$$f'(4) = \lim_{h \to 0} \frac{f(4+h) - f(4)}{h} = \lim_{h \to 0} \frac{(4+h)^2 - 2(4+h) - 3 - 5}{h}$$

$$= \lim_{h \to 0} \frac{16 + 8h + h^2 - 8 - 2h - 3 - 5}{h} = \lim_{h \to 0} \frac{h^2 + 6h}{h}$$

$$= \lim_{h \to 0} \frac{h(h+6)}{h} = \lim_{h \to 0} (h + 6) = 6$$

94.
$$f'(1) = \lim_{h \to 0} \frac{f(1+h) - f(1)}{h} = \lim_{h \to 0} \frac{(1+h)^3 - 1}{h} = \lim_{h \to 0} \frac{1 + 3h + 3h^2 + h^3 - 1}{h}$$

$$= \lim_{h \to 0} \frac{h^3 + 3h^2 + 3h}{h} = \lim_{h \to 0} \frac{h(h^2 + 3h + 3)}{h} = \lim_{h \to 0} (h^2 + 3h + 3) = 3$$

$$g\,'(1) = \lim_{h \to 0} \frac{g(1+h) - g(1)}{h} = \lim_{h \to 0} \frac{(1+h)^3 - 2 - (1^3 - 2)}{h} = \lim_{h \to 0} \frac{1 + 3h + 3h^2 + h^3 - 2 + 1}{h}$$

$$= \lim_{h \to 0} \frac{h^3 + 3h^2 + 3h}{h} = \lim_{h \to 0} \frac{\cancel{h}\,(h^2 + 3h + 3)}{\cancel{h}} = \lim_{h \to 0} (h^2 + 3h + 3) = 3$$

Die beiden Steigungen sind gleich, weil die Graphen nur längs der y-Achse gegeneinander verschoben sind. Deshalb sind die Tangenten in diesen Punkten parallel.

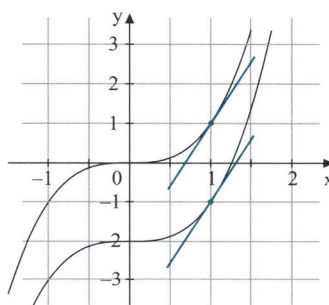

95. $g\,'(x_0) = \lim_{h \to 0} \frac{g(x_0 + h) - g(x_0)}{h} = \lim_{h \to 0} \frac{m(x_0 + h) + t - (mx_0 + t)}{h} = \lim_{h \to 0} \frac{m\,\cancel{h}}{\cancel{h}}$

$\qquad = \lim_{h \to 0} m = m$

Der Graph der Funktion g hat an jeder Stelle x_0 dieselbe Steigung, nämlich m. Das war aber von vornherein zu erwarten, da es sich bei dem Graphen von g um eine Gerade mit der Steigung m handelt.

96. $p(x) = x^2$

$\qquad p'(x_0) = \lim_{h \to 0} \frac{p(x_0 + h) - p(x_0)}{h} = \lim_{h \to 0} \frac{(x_0 + h)^2 - x_0^2}{h} = \lim_{h \to 0} \frac{x_0^2 + 2hx_0 + h^2 - x_0^2}{h}$

$\qquad = \lim_{h \to 0} \frac{h^2 + 2hx_0}{h} = \lim_{h \to 0} \frac{\cancel{h}\,(h + 2x_0)}{\cancel{h}} = \lim_{h \to 0} (h + 2x_0) = 2x_0$

Ergebnis: $p'(x_0) = 2x_0$.

Braucht man jetzt die Steigung der Normalparabel z. B. an der Stelle 3, so setzt man ein: $p'(3) = 2 \cdot 3 = 6$ und hat sofort die Steigung an dieser Stelle. Das gilt auch für jede andere Stelle!

97. a) $s(4) = 5 \cdot 4^2 = 80$

$\qquad \overline{v} = \frac{s}{t} = \frac{80}{4} = 20$

Durchschnittsgeschwindigkeit $\overline{v}$

$\qquad v(4) = \lim_{\Delta t \to 0} \frac{s(4 + \Delta t) - s(4)}{\Delta t}$

Die Aufschlaggeschwindigkeit ist die Momentangeschwindigkeit zum Zeitpunkt $t_0 = 4$, also $v(4)$.

$\qquad = \lim_{\Delta t \to 0} \frac{5(4 + \Delta t)^2 - 80}{\Delta t}$

$$v(4) = \lim_{\Delta t \to 0} \frac{80 + 40\Delta t + 5(\Delta t)^2 - 80}{\Delta t}$$

$$= \lim_{\Delta t \to 0} \frac{\Delta t(40 + 5\Delta t)}{\Delta t}$$

$$= \lim_{\Delta t \to 0} (40 + 5\Delta t) = 40 \qquad \text{Demnach gilt: } v(4) = 2\overline{v}$$

Im Zeit-Weg-Diagramm ist die Durchschnittsgeschwindigkeit die **Steigung der Sekante** durch die Punkte $P_1(0\,|\,0)$ und $P_2(4\,|\,80)$. Die Aufschlaggeschwindigkeit ist die **Steigung der Tangente** im Moment des Aufschlagens, also im Punkt $P_2(4\,|\,80)$.

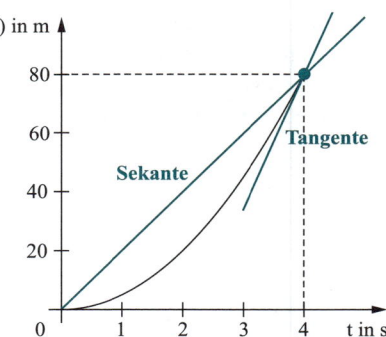

b) $s(t) = 5t^2$ mit $s(t) = 100$

$5t^2 = 100$

$t^2 = 20$

$t = \sqrt{20} \approx 4,47$

Zunächst wird mit dem Zeit-Weg-Gesetz des freien Falles die Zeit berechnet, die der Springer im freien Fall verbringt. Nach 4,47 s ist das Seil gespannt und bremst den Springer ab (die negative Lösung hat hier keine Bedeutung).

$$v(4,47) = \lim_{\Delta t \to 0} \frac{s(4,47 + \Delta t) - s(4,47)}{\Delta t} = \lim_{\Delta t \to 0} \frac{5(4,47 + \Delta t)^2 - 100}{\Delta t}$$

$$= \lim_{\Delta t \to 0} \frac{100 + 44,7\Delta t + 5(\Delta t)^2 - 100}{\Delta t} = \lim_{\Delta t \to 0} \frac{\Delta t(44,7 + 5\Delta t)}{\Delta t}$$

$$= \lim_{\Delta t \to 0} (44,7 + 5\Delta t) = 44,7$$

Der Springer erreicht eine Geschwindigkeit von $44,7\ \frac{m}{s} \approx 161\ \frac{km}{h}$.

98. a) $f(x) = x\,|x| = \begin{cases} x^2 & \text{für } x \geq 0 \\ -x^2 & \text{für } x < 0 \end{cases}$

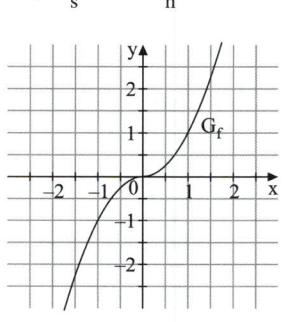

$$f'(0+) = \lim_{h \to 0+} \frac{f(0+h) - f(0)}{h} = \lim_{h \to 0+} \frac{h^2 - 0}{h}$$

$$= \lim_{h \to 0+} h = 0$$

$$f'(0-) = \lim_{h \to 0-} \frac{f(0+h) - f(0)}{h} = \lim_{h \to 0-} \frac{-h^2 - 0}{h}$$

$$= \lim_{h \to 0-} (-h) = 0$$

Daraus folgt: f ist differenzierbar an der Stelle $x_0 = 0$.

b) $f'(1+) = \lim\limits_{h \to 0+} \dfrac{f(1+h) - f(1)}{h} = \lim\limits_{h \to 0+} \dfrac{1 + h - 1}{h}$

$\qquad = \lim\limits_{h \to 0} 1 = 1$

$f'(1-) = \lim\limits_{h \to 0-} \dfrac{f(1+h) - f(1)}{h} = \lim\limits_{h \to 0-} \dfrac{(1+h)^2 - 1^2}{h}$

$\qquad = \lim\limits_{h \to 0-} \dfrac{1 + 2h + h^2 - 1}{h} = \lim\limits_{h \to 0-} \dfrac{h(h + 2)}{h}$

$\qquad = \lim\limits_{h \to 0-} (h + 2) = 2$

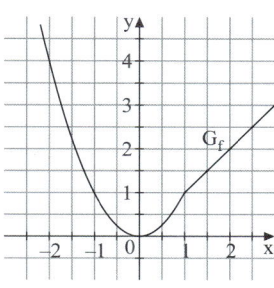

Daraus folgt: f ist **nicht** differenzierbar an der Stelle $x_0 = 1$.

c) $f'(1+) = \lim\limits_{h \to 0+} \dfrac{f(1+h) - f(1)}{h}$

$\qquad = \lim\limits_{h \to 0+} \dfrac{2(1+h) - 1 - 1}{h} = \lim\limits_{h \to 0+} \dfrac{2h}{h} = 2$

$f'(1-) = \lim\limits_{h \to 0-} \dfrac{f(1+h) - f(1)}{h} = \lim\limits_{h \to 0-} \dfrac{(1+h)^2 - 1^2}{h}$

$\qquad = \lim\limits_{h \to 0-} \dfrac{1 + 2h + h^2 - 1}{h} = \lim\limits_{h \to 0-} \dfrac{h(h + 2)}{h}$

$\qquad = \lim\limits_{h \to 0-} (h + 2) = 2$

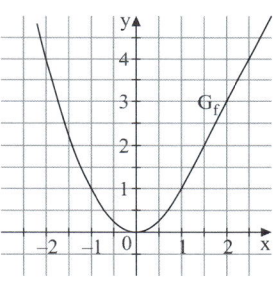

Daraus folgt: f ist differenzierbar an der Stelle $x_0 = 1$.

99. Aus Aufgabe 96 ist bekannt: $p(x) = x^2 \;\Rightarrow\; p'(x_0) = 2x_0$

$P_1(0 \mid 0)$:

$x_0 = 0; \; p(0) = 0; \; p'(0) = 0$

$t_1: \; y = 0(x - 0) + 0$

$\qquad = 0$

Aufstellen der Tangenten-
gleichung.
Da die Tangente waagrecht ist,
existiert die Normale als Funktionsgleichung nicht, weil es
sich um eine senkrechte Gerade
handelt.

$P_2(-1{,}5 \mid 2{,}25)$:

$x_0 = -1{,}5; \; p(-1{,}5) = 2{,}25; \; p'(-1{,}5) = -3$

$t_2: \; y = -3(x + 1{,}5) + 2{,}25$

$\qquad = -3x - 2{,}25$

Aufstellen der Tangenten-
gleichung

$n_2: \; y = \frac{1}{3}(x + 1{,}5) + 2{,}25$

$\qquad = \frac{1}{3}x + \frac{11}{4}$

Aufstellen der Normalen-
gleichung

100. $x_0 = 1$; $f(1) = 1$; $f'(1) = -1$

    t: $y = -1(x-1)+1$ Aufstellen der Tangentengleichung

       $= -x+2$

    n: $y = 1(x-1)+1$ Aufstellen der Normalengleichung

       $= x$

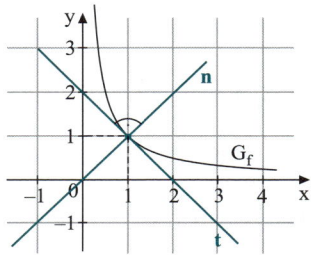

101. Die gesuchte Funktionsgleichung ist natürlich die Tangentengleichung an den Graphen von f im Punkt $P(2\,|\,f(2))$. Mit $x_0 = 2$; $f(2) = \frac{1}{4} \cdot 2^2 = 1$ erhält man:

$$f'(2) = \lim_{h \to 0} \frac{f(2+h) - f(2)}{h} \qquad \text{Steigung im Punkt P}$$

$$= \lim_{h \to 0} \frac{\frac{1}{4}(2+h)^2 - \frac{1}{4}2^2}{h}$$

$$= \lim_{h \to 0} \frac{1 + h + \frac{1}{4}h^2 - 1}{h}$$

$$= \lim_{h \to 0} \frac{\frac{1}{4}h^2 + h}{h}$$

$$= \lim_{h \to 0} \frac{\cancel{h}\left(\frac{1}{4}h + 1\right)}{\cancel{h}}$$

$$= \lim_{h \to 0} \left(\frac{1}{4}h + 1\right) = 1$$

    t: $y = 1(x-2)+1$ Aufstellen der Tangentengleichung

       $= x-1$

102. $p(x) = x^2$

    $x_0 = b$; $p(b) = b^2$; $p'(b) = 2b$ siehe Ergebnis aus Aufgabe 96

    t: $y = 2b(x-b) + b^2$ Aufstellen der Tangentengleichung

           $t(x) = 0$ Schnittpunkte von t mit der x-Achse bestimmen

    $2b(x-b) + b^2 = 0$

    $2bx - 2b^2 + b^2 = 0$

         $2bx - b^2 = 0$

             $2bx = b^2 \Rightarrow x = \frac{b^2}{2b} = \frac{b}{2}$

n: $y = -\frac{1}{2b}(x - b) + b^2$ Aufstellen der Normalengleichung

$\qquad n(x) = 0$ Schnittpunkte von n mit der x-Achse bestimmen

$-\frac{1}{2b}(x - b) + b^2 = 0$

$\qquad -\frac{1}{2b}(x - b) = -b^2 \qquad | \cdot (-2b)$

$\qquad\qquad x - b = 2b^3$

$\qquad\qquad\quad x = 2b^3 + b$

103. a) $p(h_0 + \Delta h) - p(h_0)$ ist die abso-
    b) lute Luftdruckänderung zwi-
schen der Höhe h_0 und der
Höhe $h_0 + \Delta h$. Sie entspricht
der Differenz der eingezeichneten Funktionswerte.

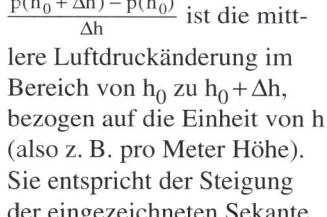

$\frac{p(h_0 + \Delta h) - p(h_0)}{\Delta h}$ ist die mitt-

lere Luftdruckänderung im
Bereich von h_0 zu $h_0 + \Delta h$,
bezogen auf die Einheit von h
(also z. B. pro Meter Höhe).
Sie entspricht der Steigung
der eingezeichneten Sekante.

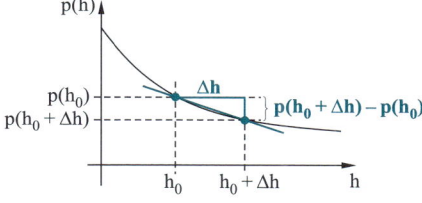

$p'(h_0)$ ist die Luftdruckänderung in der Höhe h_0, bezogen
auf die Einheit von h (also
z. B. pro Meter Höhe). Sie
entspricht der Steigung der
eingezeichneten Tangente.

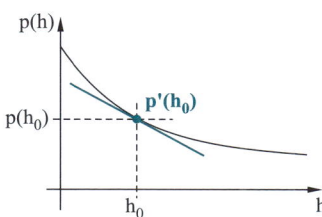

c) Das Vorzeichen von $p'(h_0)$ ist negativ. Das bedeutet, dass der Luftdruck
mit zunehmender Höhe sinkt.

104. Achten Sie darauf, ob dort, wo beim Graphen waagrechte Tangenten vorhanden sind, bei der Ableitungsfunktion Nullstellen vorliegen.

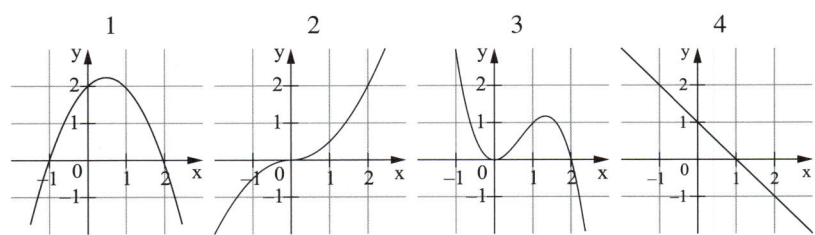

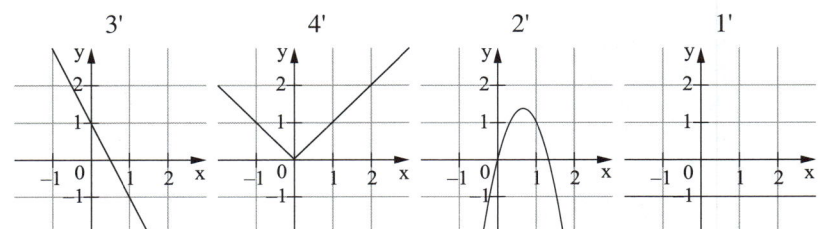

105. a) $f'(x) = 0$

b) $f'(x) = 0$

c) $p'(x) = 7x^6$

d) $p'(x) = (2a+1)x^{2a}$

e) $g'(t) = 2t$

f) $h'(x) = 0$ h(x) ist eine Funktion von x, a ist ein konstanter Parameter, deshalb ist auch a^2 konstant und wird beim Ableiten nach x null.

106. a) $f(x) = x^2; f'(x) = 2x$

$x_0 = -\frac{1}{2}; f\left(-\frac{1}{2}\right) = \frac{1}{4}; f'\left(-\frac{1}{2}\right) = 2 \cdot \left(-\frac{1}{2}\right) = -1$

t: $y = -1\left(x + \frac{1}{2}\right) + \frac{1}{4}$ Aufstellen der Tangentengleichung

$\quad = -x - \frac{1}{4}$

b) $g(x) = x^3; g'(x) = 3x^2$

$x_0 = 2; g(2) = 8; g'(2) = 12$

t: $y = 12(x - 2) + 8$ Aufstellen der Tangentengleichung

$\quad = 12x - 16$

107. a) $(x^2)' = 1,5$
$2x = 1,5$
$x = 0,75$

Die Steigung wird durch die Funktionswerte der Ableitungsfunktion angegeben. Es muss also gefragt werden, wo f'(x) den Wert 1,5 hat.

b) $f'(x) = 3x^2$
$3x^2 = 1$
$x^2 = \frac{1}{3}$
$x_{1/2} = \pm\sqrt{\frac{1}{3}} \approx \pm 0,58$

Ansatz

108. a) $f'(x) = 3x^2 + 1$

b) $f'(x) = 3x^2 + 2x + 1$

c) $f_t'(x) = 1$

d) $f'(x) = 3x^2 + 1$

e) $f_a'(x) = 2x$

109. a) $f'(x) = -2$

b) $f'(x) = \frac{2}{3}x$

c) $f'(x) = 4\sqrt{3}x^3$

$\sqrt{3}$ ist ein konstanter Faktor.

d) $f'(x) = 2\frac{x}{4} = \frac{1}{2}x$

e) $f_t'(x) = t$

f) $g_a'(x) = 2a^3x$

a^3 ist ein konstanter Faktor.

110. a) $f'(x) = 4 \cdot \frac{1}{4}x^3 - 3 \cdot 5x^2 + 2 \cdot 9x - \sqrt{3} + 0 = x^3 - 15x^2 + 18x - \sqrt{3}$

b) $f_k'(x) = \frac{1}{2}(3x^2 + 2k^2x)$

$\frac{1}{2}$ ist ein konstanter Faktor.

c) $f(x) = x^2(x-2) = x^3 - 2x^2$
$f'(x) = 3x^2 - 4x$

Hier muss f(x) zuerst ausmultipliziert werden, erst dann kann abgeleitet werden!

d) $f(x) = (x-1)^2 = x^2 - 2x + 1$
$f'(x) = 2x - 2$

e) $f_t(x) = \frac{3}{10}tx(x^2 - 2tx + t^2)$
$ = \frac{3}{10}t(x^3 - 2tx^2 + t^2x)$

$f_t'(x) = \frac{3t}{10}(3x^2 - 4tx + t^2)$

Das x ist kein konstanter Faktor. Es muss deshalb erst in die Klammer hineinmultipliziert werden. Für t ist das nicht nötig, da t ein konstanter Faktor ist.

f) $A_z(u) = zu^2 - zu + u - z^2$ Achtung: Hier ist u die Funktionsvariable und z
   $A_z'(u) = 2zu - z + 1$ eine Konstante. Es wird nach u abgeleitet.

g) $B_u(z) = zu^2 - zu + u - z^2$ Jetzt ist z die Variable und u eine Konstante.
   $B_u'(z) = u^2 - u - 2z$

111. a) $f(x) = 2x - x^3$
     $f'(x) = 2 - 3x^2$
     $x_0 = -1;\ f(-1) = -1;\ f'(-1) = -1$
     $t:\ y = -1(x+1) - 1 = -x - 2$ Tangentengleichung

  b) $f(x) = \frac{1}{8}(x^4 - 2x^2)$

     $f'(x) = \frac{1}{8}(4x^3 - 2 \cdot 2x) = \frac{1}{2}(x^3 - x)$

     $x_0 = 1;\ f(1) = -\frac{1}{8};\ f'(1) = 0$ waagrechte Tangente

     $t:\ y = 0 \cdot (x-1) - \frac{1}{8} = -\frac{1}{8}$ Tangentengleichung

  c) $f(x) = (x+1)(x-2) = x^2 - x - 2$
     $f'(x) = 2x - 1$
     $x_0 = 2;\ f(2) = 0;\ f'(2) = 3$
     $t:\ y = 3(x-2) + 0 = 3x - 6$

112. $f(x) = -\frac{1}{2}(x+2)(x-1) = -\frac{1}{2}x^2 - \frac{1}{2}x + 1;\ f'(x) = -x - \frac{1}{2}$

  a) $f'(-2) = \frac{3}{2};\ f'(-0,5) = 0;\ f'(1) = -\frac{3}{2}$

  b) $P_1(-2\,|\,?):$ $x_0 = -2;\ f(-2) = 0$ $\Rightarrow$ $t_1:\ y = \frac{3}{2}(x+2) = \frac{3}{2}x + 3$

     $P_2(-0,5\,|\,?):$ $x_0 = -0,5;\ f(-0,5) = \frac{9}{8}$ $\Rightarrow$ $t_2:\ y = \frac{9}{8}$

     $P_3(1\,|\,?):$ $x_0 = 1;\ f(1) = 0$ $\Rightarrow$ $t_3:\ y = -\frac{3}{2}(x-1) = -\frac{3}{2}x + \frac{3}{2}$

  c)

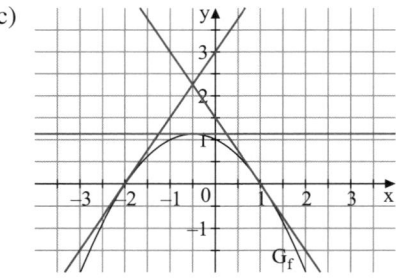

113. a) $f(x) = \frac{1}{3}x^3 + \frac{1}{2}x^2 - 2x + 3$

$f'(x) = x^2 + x - 2$

$x^2 + x - 2 = 0$ Ansatz für waagrechte Tangenten

$(x+2)(x-1) = 0$ Anwenden des Satzes von Vieta

$x_1 = -2;\ x_2 = 1$ An diesen Stellen hat der Graph von f waagrechte Tangenten.

b) $f(x) = 2(x-1)^2 = 2(x^2 - 2x + 1)$

$f'(x) = 2(2x - 2) = 4x - 4$

$4x - 4 = 1$ Ansatz für Steigung 1

$4x = 5$

$x_0 = \frac{5}{4}$ An dieser Stelle hat der Graph von f die Steigung 1.

c) $f(x) = \frac{1}{3}x(x^2 - 2x + 3) = \frac{1}{3}(x^3 - 2x^2 + 3x)$

$f'(x) = \frac{1}{3}(3x^2 - 4x + 3)$

$\frac{1}{3}(3x^2 - 4x + 3) = -\frac{1}{2}$ $\big|\cdot 3$ Damit die Tangente parallel zu der Geraden g ist, muss sie die gleiche Steigung haben wie g.

$3x^2 - 4x + 3 = -\frac{3}{2}$

$3x^2 - 4x + \frac{9}{2} = 0$

$x_{1/2} = \dfrac{4 \pm \sqrt{4^2 - 4 \cdot 3 \cdot \frac{9}{2}}}{2 \cdot 3}$ Mit der Lösungsformel sieht man, dass diese Gleichung keine reelle Lösung hat. Der Graph von f hat keine zu g parallele Tangente.

$= \dfrac{4 \pm \sqrt{16 - 54}}{6}$

$= \dfrac{4 \pm \sqrt{-38}}{6} \notin \mathbb{R}$

114. $f(x) = ax^2 + bx + c;\ f'(x) = 2ax + b$

$f'(x) = 0$ Nur im Scheitelpunkt liegt eine waagrechte Tangente vor, also ist dort und nur dort die Ableitung null. Diese Einsicht nutzt man, um die x-Koordinate des Scheitels zu berechnen.

$2ax + b = 0$

$2ax = -b \implies x_0 = -\dfrac{b}{2a}$

$y_0 = f(x_0)$ Die y-Koordinate ergibt sich durch Einsetzen der x-Koordinate in den Funktionsterm.

115. $f(x) = x^3;\ f'(x) = 3x^2$

$t:\ y = f'(x_0)(x - x_0) + f(x_0)$ Allgemeine Form der Tangente mit unbekanntem x_0

$t:\ y = 3x_0^2(x - x_0) + x_0^3$ Einsetzen der Funktion $f(x) = x^3$

$-2 = 3x_0^2(0 - x_0) + x_0^3$ Da t den Punkt $P(0\,|-2)$ enthält, müssen diese Koordinaten die Tangentengleichung erfüllen.

$-2 = -2x_0^3$

$$x_0^3 = 1 \quad \Leftrightarrow \quad x_0 = 1$$

Somit ergibt sich für die Berührstelle: $x_0 = 1$.

$$y_0 = f(1) = 1 \quad \Rightarrow \quad B(1\,|\,1)$$

Der Berührpunkt hat die Koordinaten $B(1\,|\,1)$.

$$t: \ y = 3(x-1)+1$$
$$= 3x - 2$$

Die Tangentengleichung ergibt sich nach Einsetzen der gefundenen Berührstelle.

116. a) $f(x) = g(x)$

Ansatz auf Schneiden

$$x^2 + x - 0{,}5 = -x^2$$
$$2x^2 + x - 0{,}5 = 0$$
$$x_{1/2} = \tfrac{1}{4}(-1 \pm \sqrt{5})$$

Mit der Lösungsformel erhält man die Lösungen.

$$f'(x_1) = 2 \cdot \tfrac{1}{4}(-1-\sqrt{5}) + 1$$
$$= \tfrac{1}{2}(1 - \sqrt{5})$$

Es werden die Steigungen der Tangenten im Schnittpunkt an der Stelle $x_1 = \tfrac{1}{4}(-1-\sqrt{5})$ berechnet.

$$g'(x_1) = -2 \cdot \tfrac{1}{4}(-1-\sqrt{5})$$
$$= \tfrac{1}{2}(1 + \sqrt{5})$$

$$f'(x_1) \cdot g'(x_1)$$
$$= \tfrac{1}{2}(1-\sqrt{5}) \cdot \tfrac{1}{2}(1+\sqrt{5})$$
$$= \tfrac{1}{4}(1-5) = -1$$

Die Graphen von f und von g schneiden sich an der Stelle x_1 senkrecht. Der Nachweis für die Stelle x_2 erfolgt genauso.

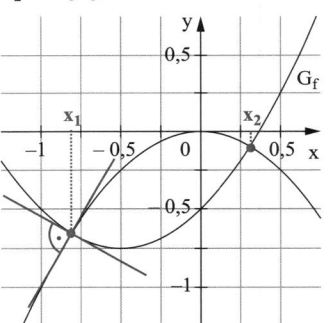

b) $f(x) = g(x)$

Ansatz auf Schneiden

$$x^2 + x - 1 = x^3$$
$$x^3 - x^2 - x + 1 = 0$$

Um diese Gleichung dritten Grades zu lösen, muss eine Lösung geraten werden: $x_1 = 1$

$$(x^3 - x^2 - x + 1) : (x-1) = x^2 - 1$$

Dann wird eine Polynomdivision durchgeführt.

$$\underline{-(x^3 - x^2)}$$
$$/ \quad / -x + 1$$
$$\underline{-(-x+1)}$$
$$/ \quad /$$

$$x^2 - 1 = 0$$
$$x^2 = 1$$
$$x_{2/3} = \pm 1$$

Es wird der abgespaltene Term null gesetzt.

Es ergibt sich also eine doppelte und eine einfache Lösung: $x_{1/2} = 1$; $x_3 = -1$.

$f'(x) = 2x + 1$,
also $f'(-1) = -1$ und $f'(1) = 3$

$g'(x) = 3x^2$,
also $g'(-1) = 3$ und $g'(1) = 3$.

An der Stelle -1 schneiden sich die beiden Graphen, ihre Steigungen sind dort unterschiedlich. An der Stelle 1 berühren sich die beiden Graphen, ihre Steigungen sind dort gleich.

Die Steigungen an den Schnittstellen werden berechnet.

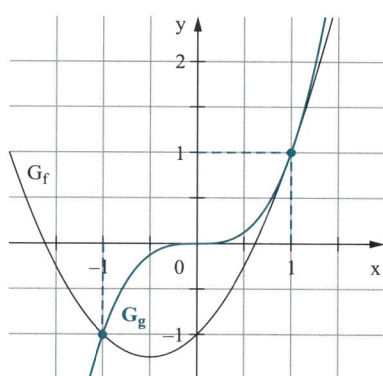

117. a) $\frac{1}{4}x^4 - t^2x^2 = x^2$

Ansatz auf Schneiden

$\frac{1}{4}x^4 - t^2x^2 - x^2 = 0 \quad |\cdot 4$

$x^4 - 4(t^2 + 1)x^2 = 0$

$x^2[x^2 - 4(t^2 + 1)] = 0$

$\Rightarrow x_{1/2} = 0$

$x^2 - 4(t^2 + 1) = 0$

$x^2 = 4(t^2 + 1)$

$\Rightarrow x_{3/4} = \pm 2\sqrt{t^2 + 1}$

$y_{1/2} = g(0) = 0$

$y_{3/4} = g(\pm 2\sqrt{t^2 + 1}) = 4(t^2 + 1)$

Die y-Koordinaten der Schnittpunkte werden berechnet.

Es gibt drei Schnittpunkte:
$P(-2\sqrt{t^2 + 1}\,|\,4(t^2 + 1))$, $R(0\,|\,0)$, $Q(2\sqrt{t^2 + 1}\,|\,4(t^2 + 1))$

b) Nach Teilaufgabe a gilt bereits: $f_t(0) = g(0)$. Ferner gilt
$f_t'(x) = x^3 - 2t^2x = x(x^2 - 2t^2)$
$g'(x) = 2x$
und damit:
$f_t'(0) = 0$
$g'(0) = 0$
Damit sind auch die Ableitungen gleich, folglich berühren sich die beiden Graphen im Ursprung.

c) $f_t'(\pm 2\sqrt{t^2+1})$

$= \pm 2\sqrt{t^2+1} \cdot [(\pm 2\sqrt{t^2+1})^2 - 2t^2]$

$= \pm 2\sqrt{t^2+1} \cdot [4(t^2+1) - 2t^2]$

$= \pm 2\sqrt{t^2+1} \cdot [2t^2+4]$

$= \pm 4(t^2+2)\sqrt{t^2+1}$

$\left. g'(\pm 2\sqrt{t^2+1}) = \pm 4\sqrt{t^2+1} \right\} \Rightarrow$

Es wird untersucht, ob bei den anderen Schnittpunkten $(x_{3/4})$ ebenfalls gleiche Steigungen vorliegen.

$f_t'(x_{3/4}) = (t^2+2) \cdot g'(x_{3/4})$

Man erkennt, dass die beiden Steigungen für kein t übereinstimmen können, weil der Faktor (t^2+2) niemals 1 werden kann.

$f_t'(\pm 2\sqrt{t^2+1}) \cdot g'(\pm 2\sqrt{t^2+1})$

$= 4(t^2+2)\sqrt{t^2+1} \cdot 4\sqrt{t^2+1}$

$= 16(t^2+2)(t^2+1) \neq -1$

Es wird auf senkrechtes Schneiden untersucht, dazu bildet man das Produkt der Ableitungen im Schnittpunkt. Dieses Produkt kann für kein t gleich –1 werden, weshalb sich die beiden Graphen auch nicht senkrecht schneiden.

d) $\qquad f_t'(1) = 0$

$1^3 - 2t^2 \cdot 1 = 0$

$\qquad t^2 = \frac{1}{2}$

$\Rightarrow \ t = \pm\frac{1}{\sqrt{2}} = \pm\frac{1}{2}\sqrt{2}$

Ansatz für waagrechte Tangente

e)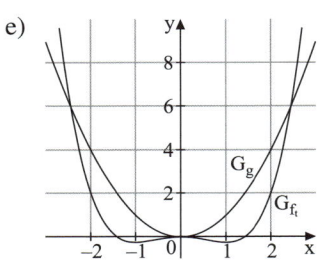

118. a) Die Erlösfunktion lautet:

$e(x) = 41x; \ D_e = [0; 9]$

Für die Gewinnfunktion (Verlust = negativer Gewinn) erhält man damit:

$g(x) = e(x) - k(x)$

$= 41x - (x^3 - 6x^2 + 13x + 72)$

$= -x^3 + 6x^2 + 28x - 72 \quad \text{mit } x \in [0; 9]$

b) Grenzgewinnfunktion:
$g'(x) = -3x^2 + 12x + 28$,
mit $x \in [0; 9]$

Die Nullstelle der Grenz-
gewinnfunktion liegt
offensichtlich genau
bei der Stückzahl für
das Gewinnmaximum.

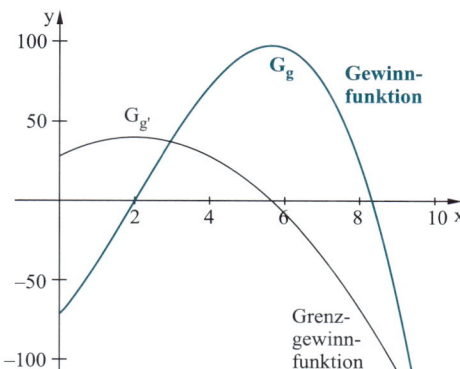

119. $p(x) = \frac{1}{4}x^2; \quad p'(x) = \frac{1}{2}x; \quad x_0 = ?$

t: $y = \frac{1}{2}x_0(x - x_0) + \frac{1}{4}x_0^2$ \hspace{2cm} Aufstellen der Tangentengleichung

$-2 = \frac{1}{2}x_0(0 - x_0) + \frac{1}{4}x_0^2$ \hspace{2cm} Die Tangente muss den Punkt P(0|−2) enthalten.

$\Leftrightarrow -2 = -\frac{1}{4}x_0^2 \Leftrightarrow x_0^2 = 8$

$\Rightarrow x_0 = \pm\sqrt{8} = \pm 2\sqrt{2}$ \hspace{2cm} x-Koordinaten der Berührpunkte

$p(\pm\sqrt{8}) = 2$ \hspace{2cm} y-Koordinaten der Berührpunkte

Die Koordinaten der Berührpunkte lauten damit: $B_{1/2}(\pm 2\sqrt{2} \,|\, 2)$.

Es genügt, die Normale in einem Berührpunkt zu errichten, da die
gesuchten Punkte symmetrisch zur y-Achse liegen.

$x_0 = 2\sqrt{2}; \quad p(x_0) = 2; \quad p'(x_0) = \sqrt{2}$

n: $y = -\frac{1}{\sqrt{2}}(x - 2\sqrt{2}) + 2$ \hspace{2cm} Aufstellen der Normalengleichung in
$ = -\frac{1}{\sqrt{2}}x + 4$ \hspace{2cm} $B_1(2\sqrt{2}\,|\,2)$

$-\frac{1}{\sqrt{2}}x + 4 = 0$ \hspace{2cm} Nullstelle der Normale

$\Rightarrow x = 4\sqrt{2} \approx 5{,}66$

Die Koordinaten der Schnittpunkte mit der x-Achse sind $S_{1/2}(\pm 4\sqrt{2}\,|\,0)$.

120. a) $f'(x) = \frac{1}{5}(4x^3 + 12x^2) = \frac{4}{5}(x^3 + 3x^2)$

$f''(x) = \frac{4}{5}(3x^2 + 6x) = \frac{12}{5}(x^2 + 2x)$

$f'''(x) = \frac{12}{5}(2x + 2) = \frac{24}{5}(x + 1)$

b) $f'(x) = 3x^2 - 4x + 1$

$f''(x) = 6x - 4$

$f'''(x) = 6$

c) $f'_t(x) = \frac{1}{4} \cdot 4x^3 - 2t^2x = x^3 - 2t^2x$

$f''_t(x) = 3x^2 - 2t^2$

$f'''_t(x) = 6x$

d) $f'_a(x) = 3ax^2 + \frac{2-3a}{4}$

$f''_a(x) = 6ax$

$f'''_a(x) = 6a$

e) $f_k(x) = \frac{1}{8}(x+1)^2(x^2-k) = \frac{1}{8}(x^4 + 2x^3 + x^2 - kx^2 - 2kx - k)$

$f'_k(x) = \frac{1}{8}(4x^3 + 6x^2 + 2x - 2kx - 2k)$

$f''_k(x) = \frac{1}{8}(12x^2 + 12x + 2 - 2k)$

$f'''_k(x) = \frac{1}{8}(24x + 12) = \frac{12}{8}(2x+1) = \frac{3}{2}(2x+1)$

f) $g'_k(x) = kx^2 - 2x - (k+1)$

$g''_k(x) = 2kx - 2$

$g'''_k(x) = 2k$

121. a) Zeit-Weg-Gesetz:

b) $h(t) = v_0 t - \frac{1}{2}gt^2$

$h(t) = 20 \cdot t - 5 \cdot t^2$

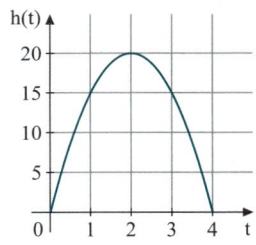

Zeit-Geschwindigkeits-Gesetz:

$v(t) = h'(t) = v_0 - gt$

$v(t) = 20 - 10 \cdot t$

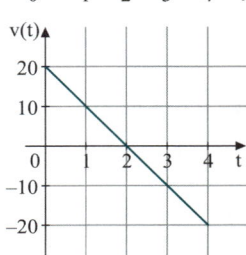

Zeit-Beschleunigungs-Gesetz:

$a(t) = v'(t) = -g$

$a(t) = -10$

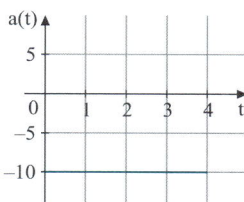

c) Die Geschwindigkeit des Körpers ist im höchsten Punkt, dem Umkehr-punkt, gleich null. Die Beschleunigung hat ein negatives Vorzeichen, weil sie entgegen der als positiv nach oben orientierten y-Achse wirkt.

122. a) $f(x) = \begin{cases} -x^2 - x + 2 & \text{für } x \leq 2 \\ \frac{3}{4}x(x-2) & \text{für } x > 2 \end{cases}$

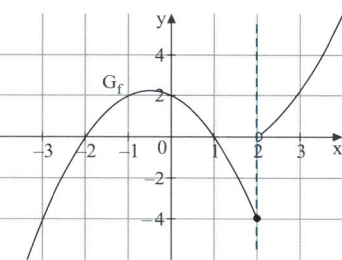

Der Graph von f hat an der Naht-stelle $x_0 = 2$ einen Sprung. f ist daher an der Nahtstelle nicht differenzier-bar.

b) $f(x) = \begin{cases} x^2 & \text{für } x < 0 \\ x^3 & \text{für } x \geq 0 \end{cases}$

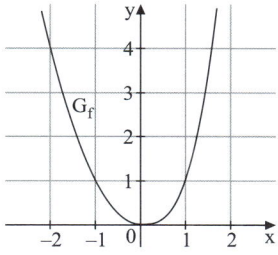

Der Graph von f verläuft ohne plötz-liche Richtungsänderung durch die Nahtstelle $x_0 = 0$. f ist daher an der Nahtstelle differenzierbar.

c) $f(x) = x|x| = \begin{cases} x^2 & \text{für } x \geq 0 \\ -x^2 & \text{für } x < 0 \end{cases}$

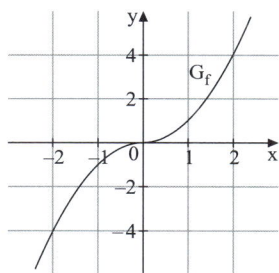

Der Graph von f verläuft ohne plötz-liche Richtungsänderung durch die Nahtstelle $x_0 = 0$. f ist daher an der Nahtstelle differenzierbar.

d) $f(x) = \frac{1}{2}(x + |x|) = \begin{cases} x & \text{für } x \geq 0 \\ 0 & \text{für } x < 0 \end{cases}$

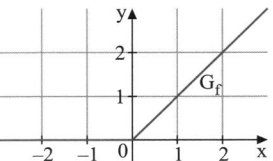

Der Graph von f hat an der Nahtstelle $x_0 = 0$ einen Knick. f ist daher an der Nahtstelle nicht differenzierbar.

123. Wertetabelle:

x	−3	−2	−1	0	1	2	3
y	3,75	0	−1	0	0,75	0	−3,75

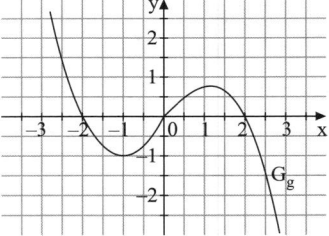

g ist an der Stelle −2 differenzierbar (keine plötzliche Richtungsänderung), an der Stelle 0 hingegen nicht.

124. a)

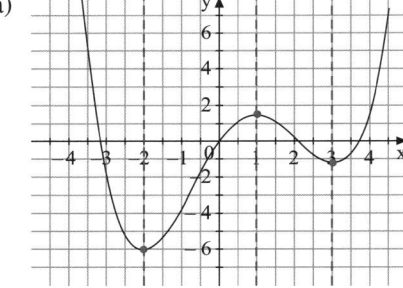

b) Beim linken Graphen gilt: In
- $]-\infty; -2]$ ist f streng monoton zunehmend.
- $[-2; 0]$ ist f streng monoton abnehmend.
- $[0; 3]$ ist f streng monoton zunehmend.
- $[3; \infty[$ ist f streng monoton abnehmend.

Beim rechten Graphen gilt: In
- $]-\infty; -1]$ ist f streng monoton abnehmend.
- $[-1; 1]$ ist f streng monoton zunehmend.
- $[1; \infty[$ ist f streng monoton abnehmend.

c) Das Monotonieverhalten der Funktionen hängt mit den Vorzeichen der Ableitungsfunktionen zusammen. An den Stellen, wo die Ableitungsfunktionen ihr Vorzeichen wechseln, also den Nullstellen von f' mit Vorzeichenwechsel, ändert sich das Monotonieverhalten von f.

Aus der Ableitungsfunktion zum Graphen links folgt für die Funktion f:
In
- $]-\infty; -2]$ ist f streng monoton abnehmend, da $f'(x) \leq 0$.
- $[-2; 1]$ ist f streng monoton zunehmend, da $f'(x) \geq 0$.
- $[1; \infty[$ ist f streng monoton abnehmend, da $f'(x) \leq 0$.

Aus der Ableitungsfunktion zum Graphen rechts folgt für die Funktion f:
In
- $]-\infty; -2]$ ist f streng monoton zunehmend.
- $[-2; 0]$ ist f streng monoton abnehmend.
- $[0; 3]$ ist f streng monoton zunehmend.
- $[3; \infty[$ ist f streng monoton abnehmend.

d) $f_1'(x) = 2 > 0$ in ganz $\mathbb{R}$
$\Rightarrow$ f_1 ist streng monoton zunehmend in ganz $\mathbb{R}$.

$f_2'(x) = -x$. Das Vorzeichen von $f_2'(x)$ ist positiv für $x < 0$ und negativ für $x > 0$.
$\Rightarrow$ f_2 ist in $]-\infty; 0]$ streng monoton zunehmend und in $[0; -\infty[$ streng monoton abnehmend.

$g'(x) = (x-1)^2 > 0$ für alle $x \neq 1$ und $g'(x) = 0$ für $x = 1$
$\Rightarrow$ g ist streng monoton zunehmend in ganz $\mathbb{R}$.

$h'(x) = x^2 + 1 > 0$ in ganz $\mathbb{R}$
$\Rightarrow$ h ist streng monoton zunehmend in ganz $\mathbb{R}$.

125. a) $f(x) = -(x-1)^2 = -x^2 + 2x - 1$
$f'(x) = -2x + 2$
$f'(x) = 0 \Leftrightarrow -2x + 2 = 0 \Rightarrow x_1 = 1$

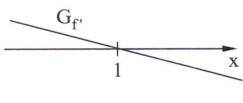

x		1	
f'(x)	+	0	−
f(x)	↗		↘

Monotonieverhalten: In
- $]-\infty; 1]$ ist f streng monoton zunehmend.
- $[1; \infty[$ ist f streng monoton abnehmend.

b) $f(x) = x(x-1)^2 = x(x^2 - 2x + 1) = x^3 - 2x^2 + x$
$f'(x) = 3x^2 - 4x + 1$
$f'(x) = 0 \Leftrightarrow 3x^2 - 4x + 1 = 0$
$\Rightarrow x_1 = \frac{1}{3}; x_2 = 1$

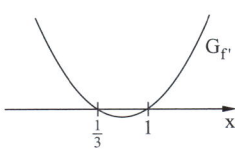

Der Graph von f' ist eine nach oben geöffnete Parabel mit den beiden angegebenen Nullstellen, daraus ergeben sich seine Vorzeichen.

x		$\frac{1}{3}$		1	
f'(x)	+	0	–	0	+
f(x)	↗		↘		↗

c) $f(x)=\frac{1}{9}x^3-\frac{2}{3}x^2+x$

$f'(x)=\frac{1}{3}x^2-\frac{4}{3}x+1$

$f'(x)=0 \Rightarrow x_1=1; x_2=3$

x		1		3	
f'(x)	+	0	–	0	+
f(x)	↗		↘		↗

d) $f(x)=-\frac{1}{4}x^4+\frac{1}{3}x^3+3x^2$

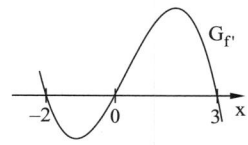

$f'(x)=-x^3+x^2+6x$

$f'(x)=0 \Leftrightarrow -x(x^2-x-6)=0$

$\Leftrightarrow -x(x-3)(x+2)=0$

$\Rightarrow x_1=-2; \; x_2=0; \; x_3=3$

x		–2		0		3	
f'(x)	+	0	–	0	+	0	–
f(x)	↗		↘		↗		↘

e) $f(x)=x\,|x|=\begin{cases} x^2 & \text{für } x \geq 0 \\ -x^2 & \text{für } x < 0 \end{cases}$

$f'(x)=\begin{cases} 2x & \text{für } x \geq 0 \\ -2x & \text{für } x < 0 \end{cases}$

f ist an der Nahtstelle $x_0=0$ differenzierbar mit $f'(0)=0$.
$f'(x)=0 \Rightarrow x_1=0$
Ferner erkennt man hier das Vorzeichen von $f'(x)$ sofort: $f'(x)>0$ für alle x bis auf $x_0=0$. Daraus folgt, dass f in ganz $\mathbb{R}$ streng monoton zunimmt.

126. a) $p_a(x)=a(x^2+1); \; a \in \mathbb{R} \setminus \{0\}$

$p'_a(x) = a(2x+0) = 2ax$

$p'_a(x) = 0 \Rightarrow x = 0$

Es gibt in Bezug auf das Vorzeichen von $p'_a(x)$ zwei Fälle, nämlich $a>0$ und $a<0$.

Fall 1: $a > 0$ **Fall 2:** $a < 0$

x		0	
$p_a'(x)$	$-$	0	$+$
$p_a(x)$	↘		↗

x		0	
$p_a'(x)$	$+$	0	$-$
$p_a(x)$	↗		↘

b) $f_k(x) = \frac{1}{k} x (kx-1)^2 = \frac{1}{k} x (k^2 x^2 - 2kx + 1) = \frac{1}{k}(k^2 x^3 - 2kx^2 + x)$

$f_k'(x) = \frac{1}{k}(3k^2 x^2 - 4kx + 1)$

$f_k'(x) = 0 \;\Rightarrow\; 3k^2 x^2 - 4kx + 1 = 0$

Diskriminante: $D = 16k^2 - 4 \cdot 3k^2 = 4k^2 > 0$

Damit ergeben sich die von k abhängigen Lösungen wie folgt:

$$x_{1/2} = \frac{4k \pm \sqrt{4k^2}}{2 \cdot 3k^2} = \frac{4k \pm 2k}{6k^2} = \frac{2 \pm 1}{3k} = \begin{cases} \dfrac{1}{k} \\ \dfrac{1}{3k} \end{cases}$$

$f_k'(x)$ hat also zwei Nullstellen. Die Graphen von f_k' sind nach oben ge-öffnete Parabeln, da $k > 0$ vorausgesetzt ist. Mit dieser Überlegung ergibt sich das folgende Monotonieverhalten (es ist keine Fallunterscheidung nötig):

x		$\frac{1}{3k}$		$\frac{1}{k}$	
$f_k'(x)$	$+$	0	$-$	0	$+$
$f_k(x)$	↗		↘		↗

127. a) Die Steigung des Graphen G_{f_1} ist streng monoton zunehmend, deshalb ist der Graph linksgekrümmt.
Die Steigung von G_g ist konstant; der Graph hat keine Krümmung.
Die Steigung des Graphen G_{f_2} ist streng monoton abnehmend, deshalb ist der Graph rechtsgekrümmt.

b) Bei dem links abgebildeten Graphen erkennt man den Vorzeichenwechsel von f″ bei $x_0 = -1$; links davon ist f″ negativ, rechts davon positiv. Daraus folgt: In
- $]-\infty; -1]$ ist der Graph der zugehörigen Funktion rechtsgekrümmt.
- $[-1; \infty[$ ist der Graph der zugehörigen Funktion linksgekrümmt.

Die Vorzeichen des rechts abgebildeten Graphen von f″ ergeben folgendes Krümmungsverhalten des Graphen von f: In
- $]-\infty; -2]$ ist der Graph der zugehörigen Funktion rechtsgekrümmt.
- $[-2; 1]$ ist der Graph der zugehörigen Funktion linksgekrümmt.
- $[1; \infty[$ ist der Graph der zugehörigen Funktion rechtsgekrümmt.

c) $f_1''(x) = -1 < 0 \;\Rightarrow\;$ Der Graph von f_1 ist überall rechtsgekrümmt.

$f_2''(x) = -x+1; f_2''(x) = 0$ für $x_0 = 1$, links davon positiv, rechts davon negativ („fallende" Gerade). Damit gilt: Der Graph von f_2 ist für $x \le 1$ linksgekrümmt und für $x \ge 1$ rechtsgekrümmt.

$g''(x) = (x-1)^2 \ge 0 \;\Rightarrow\;$ Der Graph ist überall linksgekrümmt.

$h''(x) = -x^2 + 1 = 0$ für $x_{1/2} = \pm 1$. Aus den Vorzeichen der nach unten geöffneten Parabel von h'' ergibt sich das Krümmungsverhalten des Graphen von h: In

- $]-\infty; -1]$ ist der Graph der zugehörigen Funktion rechtsgekrümmt.
- $[-1; 1]$ ist der Graph der zugehörigen Funktion linksgekrümmt.
- $[1; \infty[$ ist der Graph der zugehörigen Funktion rechtsgekrümmt.

128. a) $f(x) = x(x+2)^2 = x^3 + 4x^2 + 4x$

$f'(x) = 3x^2 + 8x + 4$

$f''(x) = 6x + 8$

$f''(x) = 0 \;\Rightarrow\; x_1 = -\dfrac{4}{3}$

Nach dem Vorzeichen von f'' (steigende Gerade) gilt: In

- $\left]-\infty; -\dfrac{4}{3}\right]$ ist der Graph von f rechtsgekrümmt.
- $\left[-\dfrac{4}{3}; \infty\right[$ ist der Graph von f linksgekrümmt.

b) $f'(x) = \dfrac{1}{3}x^2 - \dfrac{4}{3}x + 1$

$f''(x) = \dfrac{2}{3}x - \dfrac{4}{3}$

$f''(x) = 0 \;\Rightarrow\; x_1 = 2$

Nach dem Vorzeichen von f'' (steigende Gerade) gilt: In

- $]-\infty; 2]$ ist der Graph von f rechtsgekrümmt.
- $[2; \infty[$ ist der Graph von f linksgekrümmt.

c) $f'(x) = -x^3 + x^2 + 6x$

$f''(x) = -3x^2 + 2x + 6$

$f''(x) = 0 \;\Rightarrow\; x_{1/2} = \dfrac{-2 \pm \sqrt{4 + 4 \cdot 3 \cdot 6}}{2 \cdot (-3)} = \dfrac{-2 \pm 2\sqrt{19}}{-6} = \dfrac{1}{3}(1 \pm \sqrt{19}) \approx \begin{cases} 1{,}79 \\ -1{,}12 \end{cases}$

Da der Graph von f'' eine nach unten geöffnete Parabel ist, ergibt sich folgendes Vorzeichenverhalten und das daraus resultierende Krümmungsverhalten von f.

x		−1,12		1,79	
f''(x)	−	0	+	0	−
f(x)	⌒		⌣		⌒

d) $f'(x) = \frac{1}{8}(4x^3 + 12x^2 - 32x)$

$f''(x) = \frac{1}{8}(12x^2 + 24x - 32) = \frac{1}{2}(3x^2 + 6x - 8)$

$f''(x) = 0 \Rightarrow x_{1/2} = \frac{-6 \pm \sqrt{36 + 4 \cdot 3 \cdot 8}}{2 \cdot 3} = \frac{-6 \pm \sqrt{132}}{6} \approx \begin{cases} -2,91 \\ 0,91 \end{cases}$

Da der Graph von f'' eine nach oben geöffnete Parabel ist, ergibt sich folgendes Vorzeichenverhalten und das daraus resultierende Krümmungsverhalten von f.

x		−2,91		0,91	
f''(x)	+	0	−	0	+
f(x)	⌣		⌢		⌣

129. a) $f_a(x) = a(x+a)(x-2)^2 = a(x^3 + ax^2 - 4x^2 - 4ax + 4x + 4a)$

$f_a'(x) = a(3x^2 + 2ax - 8x - 4a + 4)$

$f_a''(x) = a(6x + 2a - 8)$

$f_a''(x) = 0 \Leftrightarrow 6x + 2a - 8 = 0 \Rightarrow x_1 = -\frac{1}{3}a + \frac{4}{3}$

$f_a''(x)$ hat als Graphen eine Gerade mit der o. g. Nullstelle. Für $a > 0$ steigt die Gerade, dann ist $f_a''(x) < 0$ links von x_1 und $f_a''(x) > 0$ rechts von x_1. Ist $a < 0$, so ist es genau umgekehrt. Daraus ergibt sich folgendes Krümmungsverhalten: In

- $\left]-\infty; -\frac{1}{3}a + \frac{4}{3}\right]$ ist der Graph von f_a rechtsgekrümmt, falls $a > 0$.

- $\left[-\frac{1}{3}a + \frac{4}{3}; \infty\right[$ ist der Graph von f_a linksgekrümmt, falls $a > 0$.

Für $a < 0$ kehrt sich das Krümmungsverhalten um.

b) $f_k(x) = \frac{1}{8}(x+2)^2(x^2 - k) = \frac{1}{8}(x^4 + 4x^3 + 4x^2 - kx^2 - 4kx - 4k)$

$f_k'(x) = \frac{1}{8}(4x^3 + 12x^2 + 8x - 2kx - 4k)$

$f_k''(x) = \frac{1}{8}(12x^2 + 24x + 8 - 2k) = \frac{3}{2}x^2 + 3x + 1 - \frac{1}{4}k$

$f_k''(x) = 0 \Leftrightarrow \frac{3}{2}x^2 + 3x + 1 - \frac{1}{4}k = 0$

Zunächst wird die Diskriminante berechnet:

$D = 9 - 4 \cdot \frac{3}{2}\left(1 - \frac{1}{4}k\right) = \frac{3}{2}k + 3$

Fall 1: $D < 0 \Leftrightarrow \frac{3}{2}k + 3 < 0 \Leftrightarrow k < -2$

f_k'' hat keine Nullstelle. Da der Graph von f_k'' eine nach oben geöffnete Parabel ist, folgt $f_k''(x) > 0$ überall. Der Graph von f_k ist deshalb überall linksgekrümmt.

Fall 2: $D = 0 \iff k = -2$

f_k'' hat eine doppelte Nullstelle, also eine ohne Vorzeichenwechsel.
Deshalb ist der Graph wie im Fall 1 gekrümmt.

Fall 3: $D > 0 \iff k > -2$

Die beiden Nullstellen der nach oben geöffneten Parabel f_k'' sind:

$$x_{1/2} = -1 \pm \tfrac{1}{6}\sqrt{6(k+2)}$$

Man hat damit das Krümmungsverhalten: In

- $]-\infty; x_1]$ ist der Graph von f linksgekrümmt.
- $[x_1; x_2]$ ist der Graph von f rechtsgekrümmt.
- $[x_2; \infty[$ ist der Graph von f linksgekrümmt.

130. a) **Schritt 1:**

$f'(x) = 2x + 2$

$f''(x) = 2$

Schritt 2:

$f'(x) = 0 \iff 2x + 2 = 0 \implies x_1 = -1$

Schritt 3:

$f''(-1) = 2 > 0 \implies$ lokales Minimum

Schritt 4:

$f(-1) = -1 \implies T(-1 \,|\, -1)$

b) **Schritt 1:**

$f(x) = x(x-2)^2 = x^3 - 4x^2 + 4x$

$f'(x) = 3x^2 - 8x + 4$

$f''(x) = 6x - 8$

Schritt 2:

$f'(x) = 0 \iff 3x^2 - 8x + 4 = 0 \implies x_1 = \tfrac{2}{3}; \; x_2 = 2$

Schritt 3:

$f''\left(\tfrac{2}{3}\right) = -4 < 0 \implies$ lokales Maximum

$f''(2) = 4 > 0 \implies$ lokales Minimum

Schritt 4:

$f\left(\tfrac{2}{3}\right) = \tfrac{32}{27} \implies H\left(\tfrac{2}{3} \,\Big|\, \tfrac{32}{27}\right)$

$f(2) = 0 \implies T(2 \,|\, 0)$

c) **Schritt 1:**

$f'(x) = 6x^2 + 6x - 12$

$f''(x) = 12x + 6$

Schritt 2:

$f'(x) = 0 \iff 6x^2 + 6x - 12 = 0 \implies x_1 = -2; \; x_2 = 1$

Schritt 3:

$f''(-2) = -18 < 0 \;\Rightarrow\;$ lokales Maximum

$f''(1) = 18 > 0 \qquad \Rightarrow\;$ lokales Minimum

Schritt 4:

$f(-2) = 21 \;\Rightarrow\; H(-2 \mid 21)$

$f(1) = -6 \;\Rightarrow\; T(1 \mid -6)$

d) **Schritt 1:**

$f'(x) = 4x^3 - 12x^2$

$f''(x) = 12x^2 - 24x$

Schritt 2:

$f'(x) = 0 \;\Leftrightarrow\; 4x^3 - 12x^2 = 0 \;\Leftrightarrow\; 4x^2(x-3) = 0 \;\Rightarrow\; x_{1/2} = 0; \;\; x_3 = 3$

Schritt 3:

$f''(0) = 0 \;\Rightarrow\;$ zunächst keine Aussage möglich

An der Stelle 0 liegt eine doppelte Nullstelle von f' vor, also eine Nullstelle ohne Vorzeichenwechsel. f hat an dieser Stelle daher **keine** Extremstelle.

$f''(3) = 36 > 0 \;\Rightarrow\;$ lokales Minimum

Schritt 4:

$f(3) = -27 \;\Rightarrow\; T(3 \mid -27)$

e) **Schritt 1:**

$f'(x) = x^3 - x^2 - 2x$

$f''(x) = 3x^2 - 2x - 2$

Schritt 2:

$f'(x) = 0 \;\Leftrightarrow\; x^3 - x^2 - 2x = 0 \;\Leftrightarrow\; x(x^2 - x - 2) = 0$

$\Rightarrow\; x_1 = 0; \;\; x_2 = -1; \;\; x_3 = 2$

Schritt 3:

$f''(0) = -2 < 0 \;\Rightarrow\;$ lokales Maximum

$f''(-1) = 3 > 0 \;\Rightarrow\;$ lokales Minimum

$f''(2) = 6 > 0 \;\Rightarrow\;$ lokales Minimum

Schritt 4:

$f(0) = 0 \qquad \Rightarrow\; H(0 \mid 0)$

$f(-1) = -\frac{5}{12} \;\Rightarrow\; T\!\left(-1 \mid -\frac{5}{12}\right)$

$f(2) = -\frac{8}{3} \qquad \Rightarrow\; T\!\left(2 \mid -\frac{8}{3}\right)$

f) **Schritt 1:**

$f'(x) = 12x^3 - 34x^2 + 10x$

$f''(x) = 36x^2 - 68x + 10$

Schritt 2:

$f'(x) = 0 \Leftrightarrow 12x^3 - 34x^2 + 10x = 0 \Rightarrow x_1 = 0; \ x_2 = \frac{1}{3}; \ x_3 = \frac{5}{2}$

Schritt 3:

$f''(0) = 10 > 0 \qquad \Rightarrow$ lokales Minimum

$f''\left(\frac{1}{3}\right) = -\frac{26}{3} < 0 \ \Rightarrow$ lokales Maximum

$f''\left(\frac{5}{2}\right) = 65 > 0 \qquad \Rightarrow$ lokales Minimum

Schritt 4:

$f(0) = 1 \qquad \Rightarrow \ T(0\,|\,1)$

$f\left(\frac{1}{3}\right) = \frac{95}{81} \qquad \Rightarrow \ H\left(\frac{1}{3}\,\middle|\,\frac{95}{81}\right)$

$f\left(\frac{5}{2}\right) = -\frac{1327}{48} \ \Rightarrow \ T\left(\frac{5}{2}\,\middle|\,-\frac{1327}{48}\right)$

131. a) **Schritt 1:**

$f_a'(x) = 2x - 2a^2$

$f_a''(x) = 2$

Schritt 2:

$f_a'(x) = 0 \Leftrightarrow 2x - 2a^2 = 0 \Rightarrow x_1 = a^2$

Schritt 3:

$f_a''(a^2) = 2 > 0 \Rightarrow$ lokales Minimum

Schritt 4:

$f_a(a^2) = -a^4 \Rightarrow T(a^2\,|\,-a^4)$

b) **Schritt 1:**

$f_t(x) = x^2(x - 3t) = x^3 - 3tx^2$

$f_t'(x) = 3x^2 - 6tx$

$f_t''(x) = 6x - 6t = 6(x - t)$

Schritt 2:

$f_t'(x) = 0 \Leftrightarrow 3x^2 - 6tx = 0 \Leftrightarrow 3x(x - 2t) = 0 \Rightarrow x_1 = 0; \ x_2 = 2t$

Schritt 3/4:

$f_t''(0) = -6t$

$f_t''(2t) = 6t$

Fall 1: $t = 0$

Die beiden Nullstellen der 1. Ableitung fallen zu einer doppelten Nullstelle ohne Vorzeichenwechsel zusammen. Daher gibt es keine Extrempunkte.

Fall 2: $t > 0$

$f_t''(0) = -6t < 0;\ f_t(0) = 0 \quad \Rightarrow\ H(0 \mid 0)$

$f_t''(2t) = 6t > 0;\ f_t(2t) = -4t^3 \Rightarrow\ T(2t \mid -4t^3)$

Fall 3: $t < 0$

$f_t''(0) = -6t > 0;\ f_t(0) = 0 \quad \Rightarrow\ T(0 \mid 0)$

$f_t''(2t) = 6t < 0;\ f_t(2t) = -4t^3 \Rightarrow\ H(2t \mid -4t^3)$

c) **Schritt 1:**

$f_k'(x) = -\dfrac{3}{k^2} x^2 + \dfrac{4}{k} x$

$f_k''(x) = -\dfrac{6}{k^2} x + \dfrac{4}{k}$

Schritt 2:

$f_k'(x) = 0 \iff -\dfrac{3}{k^2} x^2 + \dfrac{4}{k} x = 0 \iff 3x^2 - 4kx = 0 \iff x(3x - 4k) = 0$

$\Rightarrow\ x_1 = 0;\ x_2 = \dfrac{4}{3} k$

Schritt 3/4:

$f_k''(0) = \dfrac{4}{k}$

$f_k''\left(\dfrac{4}{3} k\right) = -\dfrac{4}{k}$

Fall 1: $k > 0$

$f_k''(0) = \dfrac{4}{k} > 0;\ f_k(0) = 0 \Rightarrow\ T(0 \mid 0)$

$f_k''\left(\dfrac{4}{3} k\right) = -\dfrac{4}{k} < 0;\ f_k\left(\dfrac{4}{3} k\right) = \dfrac{32}{27} k \Rightarrow\ H\left(\dfrac{4}{3} k \mid \dfrac{32}{27} k\right)$

Fall 2: $k < 0$: Dieser Fall ist genau umgekehrt, was T und H anbelangt.

$\Rightarrow\ H(0 \mid 0);\ T\left(\dfrac{4}{3} k \mid \dfrac{32}{27} k\right)$

132. a) $T(2 \mid 0{,}5)$; $H(4 \mid 2{,}5)$ Randmaximum

b) $T(1 \mid 0{,}5)$ Randminimum; $H(4 \mid 2{,}5)$ Randmaximum

c) $T(1 \mid -1{,}5)$; $H(3 \mid 1{,}5)$

d) keine globalen Extrema

133. a) $p_1'(x) = x - 2$

$p_1'(x) = 0 \Rightarrow x_1 = 2 \in D_1$

$\Rightarrow T\left(2 \mid \dfrac{1}{2}\right)$

An dieser Stelle muss das globale Minimum liegen, weil es sich beim Graphen um eine nach oben geöffnete Parabel handelt.

$$p_1(1) = 1; \; p_1(4) = \tfrac{5}{2}$$

$$\Rightarrow \; H\left(4 \,\middle|\, \tfrac{5}{2}\right)$$

Das globale Maximum muss am Rand liegen.

b) $p_2'(x) = \frac{1}{18}(8x - 8)$

$p_2'(x) = 0 \;\Rightarrow\; x_1 = 1 \in D_2$

An dieser Stelle muss das globale Minimum liegen, weil es sich beim Graphen um eine nach oben geöffnete Parabel handelt.

$$\Rightarrow \; T\left(1 \,\middle|\, \tfrac{1}{2}\right)$$

Das globale Minimum ist ein Randminimum.

$$\Rightarrow \; H\left(4 \,\middle|\, \tfrac{5}{2}\right)$$

Am anderen Rand muss das globale Maximum liegen.

c) **Schritt 1:**
$f'(x) = 3x^2 - 3$
$f''(x) = 6x$
$f'(x) = 0 \;\Rightarrow\; x_{1/2} = \pm 1$
$x_1 = -1 \notin D_f$ x_1 wird nicht weiter beachtet.
$x_2 = 1 \in D_f$ x_2 ist Kandidat für ein globales Extremum.
$f''(1) = 6 > 0; \; f(1) = -2$
$\Rightarrow$ lokales Minimum
Schritt 2:
$f(-0{,}5) = 1{,}375; \; f(3) = 18$ Randuntersuchung
Schritt 3:
An der Stelle 3 liegt das globale Maximum H(3|18), es ist ein Rand-maximum. Da an der Stelle 1 der Funktionswert kleiner ist als am Rand bei −0,5, liegt an der Stelle 1 das globale Minimum T(1|−2).

d) **Schritt 1:**
$g'(x) = \frac{1}{5}x(-4x^2 + 16)$
$g''(x) = \frac{4}{5}(-3x^2 + 4)$

$g'(x) = 0 \;\Rightarrow\; x_1 = -2; \; x_2 = 0; \; x_3 = 2$
$x_1 = -2 \notin D_g$ x_1 wird nicht weiter beachtet.
$x_2 = 0 \in D_g: \; g''(0) > 0; \; g(0) = \frac{9}{5}$
$\Rightarrow$ lokales Minimum
$x_3 = 2 \in D_g: \; g''(2) < 0; \; g(2) = 5$
$\Rightarrow$ lokales Maximum
Schritt 2:
$g(-1) = 3{,}2; \; g(3) = 0$ Randuntersuchung
Schritt 3:
Der Vergleich mit den Funktionswerten an den Rändern ergibt die glo-balen Extrema T(3|0) und H(2|5).

134. a) $f(0)=8 \Rightarrow C(0|8)$
An der Stelle B ist mathematisch gesehen eine Nullstelle: $f(x)=0$
$\frac{1}{1875}x^2 - \frac{11}{75}x + 8 = 0 \quad |\cdot 1875$
$x^2 - 275x + 15\,000 = 0 \Rightarrow x_1 = 75;\ x_2 = 200 \Rightarrow B(200|0)$

b) $D = [0;\ 200]$

c) Höchster Punkt: $C(0|8)$
Tiefster Punkt: $f'(x)=0 \Rightarrow x_0 = 137,5;\ f(137,5) = -2,08$
$\Rightarrow T(137,5|-2,08)$

d) $h = 8 - (-2,08) = 10,08$ [m]

135. a) $e(x) = k(x)$ Ansatz auf Schneiden
$x^3 - 6x^2 + 13x + 72 = 41x$
$x^3 - 6x^2 - 28x + 72 = 0$

$(x^3 - 6x^2 - 28x + 72) : (x-2)$ Nullstelle geraten: $x_1 = 2$
$= x^2 - 4x - 36$
$x^2 - 4x - 36 = 0$

$x_1 \approx 8,325$
$x_2 \approx -4,325 \notin D$

Die Gewinnzone ist das Intervall $]2;\ 8,325[$.

b) $g'(x) = 0$
$-3x^2 + 12x + 28 = 0 \Rightarrow -1,65 \notin D;\ x_0 = 5,65$

c) Gewinnmaximum: $g(5,65) \approx 97$

136. a) (1) $x_W = 2$
(2) $x_{W_1} = -1;\ x_{W_2} = 2$
Es gibt keine Sattelpunkte.

b) (1) Der Graph der zugehörigen Funktion hat an den Stellen $x_{W_1} = -1$;
$x_{W_2} = 2$ Wendepunkte, da die zweite Ableitung an diesen Stellen
Nullstellen mit Vorzeichenwechsel besitzt.
(2) Da die zweite Ableitung ihr Vorzeichen nicht wechselt, hat der
zugehörige Graph keinen Wendepunkt.

137. a)

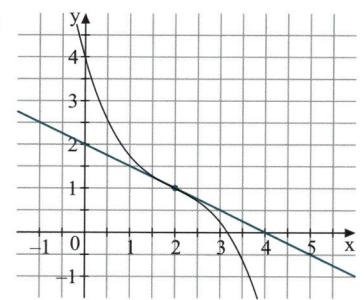

b)

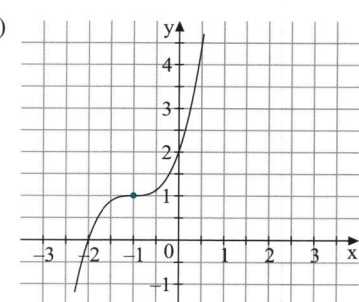

138. a) $f'(x) = \frac{1}{2}x^2 - 2x$ Die ersten drei Ableitungen werden berechnet.

$f''(x) = x - 2$

$f'''(x) = 1$

$f''(x) = 0 \Rightarrow x_1 = 2$ Die Nullstellen von f'' werden berechnet.

$f'''(2) = 1 \neq 0 \Rightarrow W\left(2 \,\middle|\, -\frac{5}{3}\right)$ Die Nullstelle von f'' wird in f''' eingesetzt.

$t: y = f'(x_0)(x - x_0) + f(x_0)$ Allgemeiner Ansatz für die Wendetangente

$x_0 = 2; \ f(2) = -\frac{5}{3}; \ f'(2) = -2$

$t: \ y = -2(x - 2) - \frac{5}{3}$ Einsetzen und Zusammenfassen ergibt die Gleichung der Wendetangente.

$ \ = -2x + \frac{7}{3}$

b) $f'(x) = \frac{1}{5}(4x^3 - 12x^2)$

$f''(x) = \frac{1}{5}(12x^2 - 24x) = \frac{12}{5}(x^2 - 2x)$

$f'''(x) = \frac{24}{5}(x - 1)$

$f''(x) = 0 \Leftrightarrow \frac{12}{5}x(x - 2) = 0 \Rightarrow x_1 = 0; \ x_2 = 2$

$f'''(0) \neq 0 \Rightarrow W_1(0 \,|\, 0)$

$f'''(2) \neq 0 \Rightarrow W_2\left(2 \,\middle|\, -\frac{16}{5}\right)$

c) $f'(x) = \frac{1}{6}x^3 - x^2 + 2x$

$f''(x) = \frac{1}{2}x^2 - 2x + 2$

$f'''(x) = x - 2$

$f''(x) = 0 \Leftrightarrow \frac{1}{2}x^2 - 2x + 2 = 0 \ \big| \cdot 2$

$ \Leftrightarrow (x - 2)^2 = 0 \Rightarrow x_{1/2} = 2$ (doppelte Nullstelle, ohne VZW)

$f'''(2) = 0$

Weil f'' an der Stelle 2 sein Vorzeichen nicht wechselt, hat der Graph von f an dieser Stelle keinen Wendepunkt.

d) $f_t'(x) = \frac{3}{2}x^3 - 2t^2 x$

$\quad f_t''(x) = \frac{9}{2}x^2 - 2t^2$

$\quad f_t'''(x) = 9x$

$\quad f_t''(x) = 0 \iff \frac{9}{2}x^2 - 2t^2 = 0$

$\qquad\qquad \iff x^2 = \frac{4}{9}t^2 \Rightarrow x_{1/2} = \pm\frac{2}{3}t$

$\quad f_t'''\left(\pm\frac{2}{3}t\right) \neq 0 \Rightarrow W\left(\pm\frac{2}{3}t \,\Big|\, -\frac{10}{27}t^4\right)$

139. $f_a'(x) = \frac{1}{12}(4x^3 - 6ax^2 + 60x)$

$\quad f_a''(x) = \frac{1}{12}(12x^2 - 12ax + 60) = \frac{12}{12}(x^2 - ax + 5) = x^2 - ax + 5$

$\quad f_a'''(x) = 2x - a$

a) $f_a''(x) = 0 \iff x^2 - ax + 5 = 0$

$\quad D = (-a)^2 - 4 \cdot 5 = a^2 - 20$ Es wird die Diskriminante berechnet.

$\quad$ Keine Wendepunkte, wenn $D < 0$:

$\quad a^2 - 20 < 0 \iff |a| < \sqrt{20}$

$\quad$ Zwei Wendepunkte, wenn $D > 0$:   Dass in diesem Fall auch tatsächlich zwei

$\quad |a| > \sqrt{20} \iff |a| > 2\sqrt{5}$ Wendepunkte vorliegen, geht daraus hervor, dass für diese a die zweite Ableitung zwei einfache Nullstellen, also Nullstellen mit Vorzeichenwechsel besitzt.

b) Es gibt zwar a, für welche die zweite Ableitung nur je eine (doppelte) Nullstelle hat, nämlich für $a = \pm\sqrt{20}$. Obwohl in diesen beiden Fällen Nullstellen der zweiten Ableitung vorhanden sind, gibt es trotzdem keinen Wendepunkt, weil es Nullstellen ohne Vorzeichenwechsel sind. Die Antwort lautet also: Es gibt kein a, sodass nur ein Wendepunkt vorliegt.

c) Wenn $|a| > 2\sqrt{5} \approx 4,47$, dann hat f_a'' die beiden einfachen Nullstellen:

$\quad x_{1/2} = \dfrac{a \pm \sqrt{a^2 - 20}}{2}$

$\quad$ Das sind die Wendestellen.

d) Für $a = 5$ gilt dann:

$\quad x_{1/2} = \dfrac{5 \pm \sqrt{5^2 - 20}}{2} = \frac{1}{2}(5 \pm \sqrt{5}) \approx \begin{cases} 1,38 \\ 3,62 \end{cases}$

$\quad f_5(1,38) = 2,88; \ f_5(3,62) = 7,54$

$\quad$ Damit ergeben sich die Wendepunkte wie folgt:

$\quad W_1(1,38 \,|\, 2,88); \ W_2(3,62 \,|\, 7,54)$

e)

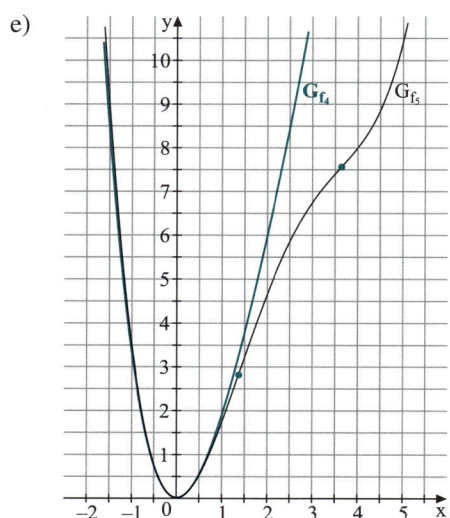

140. a) Der Hang ist dort am steilsten, wo die 1. Ableitungsfunktion (= Steigung) einen Extremwert hat. f' muss also auf Extremwerte untersucht werden, dazu wird die Ableitung von f', also f'' benötigt.

$$f'(x) = \frac{9}{625\,000}\, x^2 - \frac{9}{1\,250}\, x$$

$$f''(x) = \frac{9}{312\,500}\, x - \frac{9}{1\,250}$$

$$f'''(x) = \frac{9}{312\,500}$$

$$f''(x) = 0 \iff x_0 = 250$$

Wegen $f'''(250) > 0$ liegt also tatsächlich ein Extremwert von f' vor. An der Stelle $x_0 = 250$ m ist der Hang am steilsten.

b) $f'(250) = -\frac{9}{10} = -0,9;\ \tan \varphi = -0,9 \implies \varphi \approx -42°$

c) An dieser Stelle x_0 hat der Graph einen Wendepunkt. Es gilt nämlich: $f''(x_0) = 0$ und $f'''(x_0) \neq 0$

141. a) **Schritt 1:**

$$f'(x) = -\frac{1}{2}(3x^2 - 6x) = -\frac{3}{2}(x^2 - 2x) = -\frac{3}{2}x(x - 2)$$

$$f''(x) = -\frac{3}{2}(2x - 2) = -3(x - 1)$$

$$f'''(x) = -3$$

Schritt 2:

$$f'(x) = 0 \iff x(x - 2) = 0 \implies x_1 = 0;\ x_2 = 2$$

Schritt 3:
$f''(0) = 3 > 0 \quad \Rightarrow \quad T(0|0)$
$f''(2) = -3 < 0 \quad \Rightarrow \quad H(2|2)$

Schritt 4:
$f''(x) = 0 \quad \Leftrightarrow \quad x - 1 = 0$
$\Rightarrow \quad x_1 = 1$

Schritt 5:
$f'''(1) \neq 0 \quad \Rightarrow \quad W(1|1)$

Wendetangente:
$x_0 = 1; \ f(1) = 1; \ f'(1) = \frac{3}{2}$
t: $y = \frac{3}{2}(x - 1) + 1$
$ = \frac{3}{2}x - \frac{1}{2}$

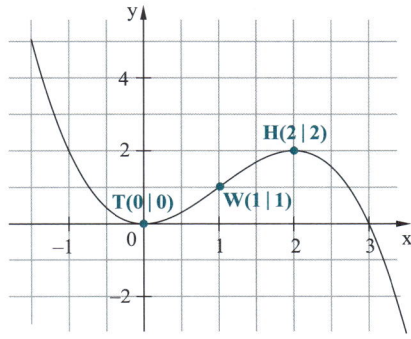

b) **Schritt 1:**
$f'(x) = 3x^2 - 6x + 3$
$f''(x) = 6x - 6$
$f'''(x) = 6$

Schritt 2:
$f'(x) = 0 \quad \Leftrightarrow \quad 3x^2 - 6x + 3 = 0 \quad \Leftrightarrow \quad 3(x - 1)^2 = 0$
$\Rightarrow \quad x_{1/2} = 1$

Schritt 3:
$f''(1) = 0$
Die Funktion hat keinen Extremalpunkt.

Schritt 4:
$f''(x) = 0 \quad \Leftrightarrow \quad 6x - 6 = 0$
$\Rightarrow \quad x_1 = 1$

Schritt 5:
$f'''(1) \neq 0 \quad \Rightarrow \quad$ An der Stelle 1
liegt ein Sattelpunkt $S(1|16)$
vor.

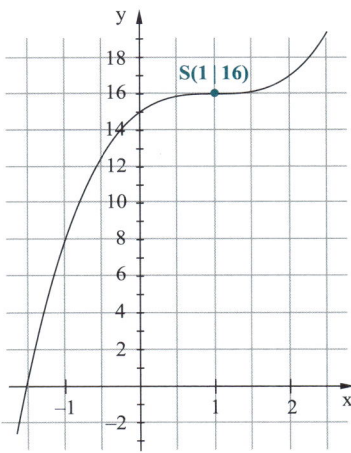

c) $f(x) = 2(x+1)(x-2)^2 = 2x^3 - 6x^2 + 8$

Schritt 1:

$f'(x) = 6x^2 - 12x$

$f''(x) = 12x - 12$

$f'''(x) = 12$

Schritt 2:

$f'(x) = 0 \Leftrightarrow 6x^2 - 12x = 0 \Rightarrow x_1 = 0; \; x_2 = 2$

Schritt 3:

$f''(0) = -12 < 0 \Rightarrow H(0|8)$

$f''(2) = 12 > 0 \Rightarrow T(2|0)$

Schritt 4:

$f''(x) = 0 \Rightarrow x_1 = 1$

Schritt 5:

$f'''(1) \neq 0 \Rightarrow W(1|4)$

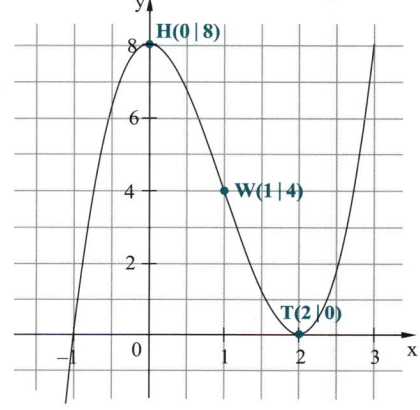

d) $f(x) = \frac{1}{6}x^2(x+3) = \frac{1}{6}x^3 + \frac{1}{2}x^2$

Schritt 1:

$f'(x) = \frac{1}{2}x^2 + x$

$f''(x) = x + 1$

$f'''(x) = 1$

Schritt 2:

$f'(x) = 0 \Leftrightarrow \frac{1}{2}x(x+2) = 0 \Rightarrow x_1 = -2; \; x_2 = 0$

Schritt 3:

$f''(-2) = -1 < 0 \Rightarrow H\left(-2 \,\middle|\, \frac{2}{3}\right)$

$f''(0) = 1 > 0 \Rightarrow T(0|0)$

Schritt 4:

$f''(x) = 0 \Rightarrow x_1 = -1$

Schritt 5:

$f'''(-1) \neq 0 \Rightarrow W\left(-1 \,\middle|\, \frac{1}{3}\right)$

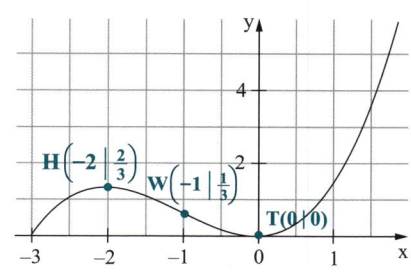

e) **Schritt 1:**

$g'(x) = \frac{1}{3}(4x^3 - 12x^2 - 4x + 12) = \frac{4}{3}(x^3 - 3x^2 - x + 3)$

$g''(x) = \frac{4}{3}(3x^2 - 6x - 1)$

$g'''(x) = \frac{4}{3}(6x - 6) = 8(x - 1)$

Schritt 2:

$g'(x) = 0 \iff x^3 - 3x^2 - x + 3 = 0$

geraten: $x_1 = 1$, dann Polynomdivision; weitere Lösungen: $x_2 = -1$, $x_3 = 3$

Schritt 3:

$g''(-1) = \frac{32}{3} > 0 \implies T(-1|0)$

$g''(1) = -\frac{16}{3} < 0 \implies H\left(1 \Big| \frac{16}{3}\right)$

$g''(3) = \frac{32}{3} > 0 \implies T(3|0)$

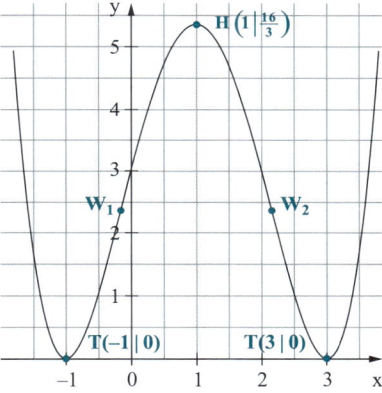

Schritt 4:

$g''(x) = 0 \iff 3x^2 - 6x - 1 = 0$

$\implies x_{1/2} = 1 \pm \frac{2\sqrt{3}}{3} \approx \begin{cases} -0{,}155 \\ 2{,}155 \end{cases}$

Schritt 5:

$g'''(x_1) \neq 0 \implies W_1(-0{,}155 | 2{,}37)$
$g'''(x_2) \neq 0 \implies W_2(2{,}155 | 2{,}37)$

f) **Schritt 1:**

$g'(x) = 4x^3 - 8$
$g''(x) = 12x^2$
$g'''(x) = 24x$

Schritt 2:

$g'(x) = 0 \iff x^3 = 2$
$x_1 = \sqrt[3]{2} \approx 1{,}26$

Schritt 3:

$g''(1{,}26) = 19{,}05 > 0 \implies T(\sqrt[3]{2} | -7{,}56)$

Schritt 4:

$g''(x) = 0 \iff x^2 = 0 \implies x_{1/2} = 0$

Schritt 5:

$g'''(0) = 0$

Es kann mit dem Wendepunktkriterium keine Aussage gemacht werden, ob ein Wendepunkt vorliegt. Andere Argumentation: Da g″ bei 0 eine doppelte Nullstelle aufweist (also eine ohne Vorzeichenwechsel), ändert der Graph von g an dieser Stelle sein Krümmungsverhalten nicht.
$\implies$ Es gibt keinen Wendepunkt.

$g(0)=0; \ g'(0)=-8$
$\Rightarrow \ t: y=-8x$

Tangente an der Stelle $x_0=0$

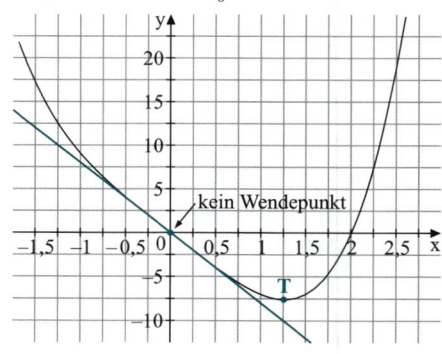

kein Wendepunkt

T

g) **Schritt 1:**

$g(x) = \frac{1}{8}(x+2)^2(x^2-4) = \frac{1}{8}(x^4+4x^3-16x-16)$

$g'(x) = \frac{1}{8}(4x^3+12x^2-16) = \frac{1}{2}(x^3+3x^2-4)$

$g''(x) = \frac{1}{2}(3x^2+6x) = \frac{3}{2}x(x+2)$

$g'''(x) = 3x+3$

Schritt 2:

$g'(x)=0 \ \Leftrightarrow \ x^3+3x^2-4=0$

Geraten: $x_1=1$, dann Polynomdivision; weitere Lösung: $x_{2/3}=-2$

Schritt 3:

$g''(1) = \frac{9}{2} > 0 \ \Rightarrow \ T\left(1\,\middle|\,-\frac{27}{8}\right)$

$g''(-2) = 0$

$\Rightarrow$ „Verdacht" auf Sattelpunkt!

Schritt 4:

$g''(x)=0 \ \Leftrightarrow \ x(x+2)=0$

$\Rightarrow \ x_1=0; \ x_2=-2$

Schritt 5:

$g'''(0)=3\neq0 \ \Rightarrow \ W(0\,|-2)$

$g'''(-2)=-3\neq0 \ \Rightarrow \ S(-2\,|\,0)$

Sattelpunkt

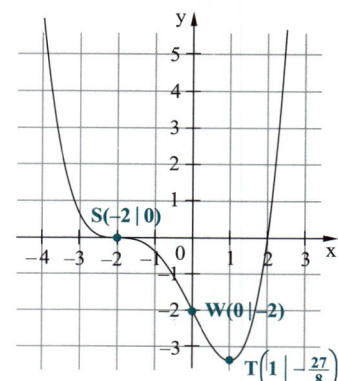

$S(-2\,|\,0)$

$W(0\,|-2)$

$T\left(1\,\middle|\,-\frac{27}{8}\right)$

h) **Schritt 1:**

$g'(x) = -x^3-6x$

$g''(x) = -3x^2-6$

$g'''(x) = -6x$

Schritt 2:

$g'(x) = 0 \iff -x^3 - 6x = 0$

$\Rightarrow x_1 = 0$

Schritt 3:

$g''(0) = -6 < 0 \Rightarrow H(0\,|\,1)$

Schritt 4:

$g''(x) = 0 \iff x^2 = -2$

$\Rightarrow$ keine reelle Lösung, also keine Wendepunkte

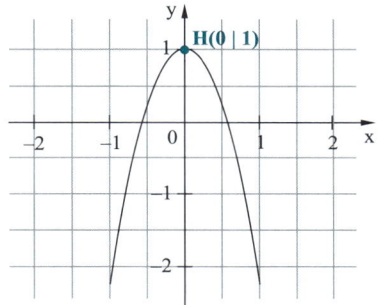

142. a) **Schritt 1:**

$f_k'(x) = \frac{k}{3}x^2 - \frac{4k}{3}x + k$

$f_k''(x) = \frac{2k}{3}x - \frac{4k}{3}$

$f_k'''(x) = \frac{2k}{3}$

Schritt 2:

$f_k'(x) = 0 \iff \frac{k}{3}x^2 - \frac{4k}{3}x + k = 0$

$\iff x^2 - 4x + 3 = 0 \iff (x-3)(x-1) = 0$

$\Rightarrow x_1 = 1;\ x_2 = 3$

Schritt 3:

$f_k''(1) = -\frac{2}{3}k < 0 \Rightarrow H\left(1\,\middle|\,\frac{4}{9}k\right)$

$f_k''(3) = \frac{2}{3}k > 0 \Rightarrow T(3\,|\,0)$

Schritt 4:

$f_k''(x) = 0 \iff \frac{2k}{3}x - \frac{4k}{3} = 0 \iff x - 2 = 0$

$\Rightarrow x_1 = 2$

Schritt 5:

$f_k'''(2) = \frac{2}{3}k \neq 0 \Rightarrow W\left(2\,\middle|\,\frac{2}{9}k\right)$

b) **Schritt 1:**

$f_a(x) = \frac{1}{4}(x-3)(x^2 + 2ax + a^2) = \frac{1}{4}(x^3 + 2ax^2 - 3x^2 + a^2x - 6ax - 3a^2)$

$f_a'(x) = \frac{1}{4}(3x^2 + 4ax - 6x + a^2 - 6a)$

$f_a''(x) = \frac{1}{4}(6x + 4a - 6) = \frac{1}{2}(3x + 2a - 3)$

$f_a'''(x) = \frac{3}{2}$

Schritt 2:

$f_a'(x) = 0 \Leftrightarrow 3x^2 + (4a - 6)x + a^2 - 6a = 0$

Zunächst wird die Diskriminante berechnet:

$D = (4a - 6)^2 - 4 \cdot 3 \cdot (a^2 - 6a) = 16a^2 - 48a + 36 - 12a^2 + 72a$
$= 4(a^2 + 6a + 9) = 4(a + 3)^2 \geq 0$

$x_{1/2} = \dfrac{-4a + 6 \pm \sqrt{4(a+3)^2}}{2 \cdot 3} = \dfrac{-4a + 6 \pm 2(a+3)}{6} = \dfrac{-2a + 3 \pm (a+3)}{3} = \begin{cases} 2 - \frac{a}{3} \\ -a \end{cases}$

Schritt 3:

$f_a''\left(2 - \frac{a}{3}\right) = \frac{1}{2}(a + 3)$

$f_a''(-a) = -\frac{1}{2}(a + 3)$

Fall 1: a = −3

Dann fallen die beiden Nullstellen zusammen: $x_{1/2} = 3$. In diesem Fall ist die zweite Ableitung null und die dritte ungleich null, d. h., es liegt ein Sattelpunkt vor, aber kein Extremum.

Fall 2: a > −3

Dann gilt:

$f_a''(-a) < 0 \Rightarrow H(-a \mid 0)$

$f_a''\left(2 - \frac{a}{3}\right) > 0 \Rightarrow T\left(2 - \frac{a}{3} \mid f_a\left(2 - \frac{a}{3}\right)\right)$

Fall 3: a < −3

Hoch- und Tiefpunkt werden ausgetauscht, wobei die Koordinaten unverändert bleiben.

Schritt 4:

$f_a''(x) = 0 \Leftrightarrow 3x + 2a - 3 = 0$

$\Rightarrow x_1 = 1 - \frac{2}{3}a$

Schritt 5:

$f_a'''(x_1) \neq 0 \Rightarrow W\left(1 - \frac{2}{3}a \mid f_a\left(1 - \frac{2}{3}a\right)\right)$

Hinweis: Auf die Berechnung der Funktionswerte wurde z. T. verzichtet, da relativ komplexe Ausdrücke entstehen.

c) **Schritt 1:**

$g_t'(x) = 4x^3 - 2t^2 x$

$g_t''(x) = 12x^2 - 2t^2$

$g_t'''(x) = 24x$

Schritt 2:

$g'_t(x) = 0 \iff 2x(2x^2 - t^2) = 0 \implies x_1 = 0; \; x_{2/3} = \pm\frac{1}{2}\sqrt{2}t$

Schritt 3:

$g''_t(0) = -2t^2 < 0 \implies H(0|0)$

$g''_t\left(\pm\frac{1}{2}\sqrt{2}t\right) = 4t^2 > 0 \implies T_{1/2}\left(\pm\frac{1}{2}\sqrt{2}t \mid -\frac{1}{4}t^4\right)$

Schritt 4:

$g''_t(x) = 0 \iff x^2 = \frac{1}{6}t^2 \implies x_{1/2} = \pm\frac{1}{6}\sqrt{6}t$

Schritt 5:

$g'''_t\left(\pm\frac{1}{6}\sqrt{6}t\right) \neq 0 \implies W_{1/2}\left(\pm\frac{1}{6}\sqrt{6}t \mid -\frac{5}{36}t^4\right)$

d) **Schritt 1:**

$g'_t(x) = \frac{1}{t}x^3 - 2x$

$g''_t(x) = \frac{3}{t}x^2 - 2$

$g'''_t(x) = \frac{6}{t}x$

Schritt 2:

$g'_t(x) = 0 \iff x\left(\frac{1}{t}x^2 - 2\right) = 0 \implies x_1 = 0; \; x_{2/3} = \pm\sqrt{2t}$

Schritt 3:

$g''_t(0) = -2 < 0 \implies H(0|t)$

Fallunterscheidung:

Fall 1: $t < 0 \implies$ keine weiteren Extrema

Fall 2: $t > 0 \implies x_{2/3} = \pm\sqrt{2t}$

$g''_t(\pm\sqrt{2t}) = 4 > 0 \implies T_{1/2}(\pm\sqrt{2t} \mid 0)$

Schritt 4:

$g''_t(x) = 0 \iff x^2 = \frac{2}{3}t \implies x_{1/2} = \pm\sqrt{\frac{2}{3}t}$

Schritt 5:

Fall 1: $t < 0 \implies$ keine Wendepunkte

Fall 2: $t > 0 \implies g'''_t(x_{1/2}) \neq 0 \implies W_{1/2}\left(\pm\sqrt{\frac{2}{3}t} \mid \frac{4}{9}t\right)$

143. a) Es liegt keine Symmetrie zum Koordinatensystem vor, da sowohl ungerade als auch gerade Exponenten von x auftreten.

b) $f_k(x) = 0 \Leftrightarrow \frac{kx^3}{3} - x^2 - x = 0 \Leftrightarrow x(kx^2 - 3x - 3) = 0$

$\Rightarrow x_1 = 0; \ kx^2 - 3x - 3 = 0$

Diskriminante: $D = (-3)^2 - 4k(-3) = 12k + 9 = 12\left(k + \frac{3}{4}\right)$

(1) Für

$D < 0 \Leftrightarrow k < -\frac{3}{4}$

kommen zu $x_1 = 0$ keine weiteren Nullstellen hinzu, sodass es nur eine Nullstelle gibt.

(2) Es gibt zwei Nullstellen, falls: $D = 0 \Leftrightarrow k = -\frac{3}{4}$

(3) Es gibt drei Nullstellen, falls: $D > 0 \Leftrightarrow k > -\frac{3}{4}$

c) $f_k'(x) = kx^2 - 2x - 1$

Ansatz: $f_k'(x) = 0 \Leftrightarrow kx^2 - 2x - 1 = 0$

Diskriminante: $D = 4 + 4k = 4(k + 1)$

Zwei waagrechte Tangenten gibt es, wenn: $D > 0 \Leftrightarrow k > -1$

d) Ansatz: $f_k''(1) = 0 \Leftrightarrow 2k - 2 = 0 \Leftrightarrow k = 1$

Für $k = 1$ hat die Funktion einen Wendepunkt an der angegebenen Stelle.

e) $f_3(x) = x^3 - x^2 - x$

(1) $f_3(x) = 0 \Leftrightarrow x(x^2 - x - 1) = 0 \Rightarrow x_1 = 0, \ x_{2/3} = \frac{1}{2}(1 \pm \sqrt{5}) \approx \begin{cases} 1{,}62 \\ -0{,}62 \end{cases}$

(2) $f_3'(x) = 3x^2 - 2x - 1$

$f_3''(x) = 6x - 2$

$f_3'(x) = 0 \Leftrightarrow 3x^2 - 2x - 1 = 0 \Rightarrow x_1 = -\frac{1}{3}; \ x_2 = 1$

$f_3''\left(-\frac{1}{3}\right) = -4 < 0 \Rightarrow H\left(-\frac{1}{3} \mid \frac{5}{27}\right)$

$f_3''(x) = 4 > 0 \Rightarrow T(1 \mid -1)$

(3) $f_3''(x) = 0 \Leftrightarrow 6x - 2 = 0 \Rightarrow x_1 = \frac{1}{3}$

$f_3'''\left(\frac{1}{3}\right) \neq 0 \Rightarrow W\left(\frac{1}{3} \mid -\frac{11}{27}\right)$

Allgemeiner Ansatz für die Wendetangente:

t: $y = f'(x_0)(x - x_0) + f(x_0)$

Mit $x_0 = \frac{1}{3}; \ f_3\left(\frac{1}{3}\right) = -\frac{11}{27}; \ f_3'\left(\frac{1}{3}\right) = -\frac{4}{3}$ folgt:

t: $y = -\frac{4}{3}\left(x - \frac{1}{3}\right) - \frac{11}{27} = -\frac{4}{3}x + \frac{1}{27}$

(4) Wertetabelle:

x	−1,5	−1	−0,5	0	0,5	1	1,5	2	2,5
y	−4,1	−1	0,13	0	−0,6	−1	−0,4	2	6,9

Nullstellen:
$x_1 = 0; \ x_2 = -0{,}62; \ x_3 = 1{,}62$

Extremalpunkte:
$H\left(-\frac{1}{3} \mid \frac{5}{27}\right); \ T(1 \mid -1)$

Wendepunkt:
$W\left(\frac{1}{3} \mid -\frac{11}{27}\right)$

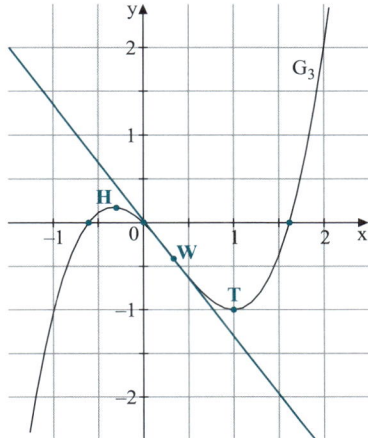

144. a) (1) $f_a(x) = 0 \ \Leftrightarrow \ \frac{a}{9}x^3 - \frac{2a}{3}x^2 + ax = 0 \ \Leftrightarrow \ x(x^2 - 6x + 9) = 0$

$\Leftrightarrow \ x(x-3)^2 = 0 \ \Rightarrow \ x_1 = 0; \ x_{2/3} = 3$

An der doppelten Nullstelle $x_{2/3} = 3$ liegt ein Extremalpunkt vor.

(2) $f_a'(x) = \frac{a}{3}x^2 - \frac{4a}{3}x + a$

$f_a''(x) = \frac{2a}{3}x - \frac{4a}{3}$

$f_a'(x) = 0 \ \Leftrightarrow \ x^2 - 4x + 3 = 0 \ \Leftrightarrow \ (x-1)(x-3) = 0 \ \Rightarrow \ x_1 = 1; \ x_2 = 3$

$f_a''(1) = -\frac{2}{3}a < 0, \text{ da } a > 0 \ \Rightarrow \ H\left(1 \mid \frac{4}{9}a\right)$

$f_a''(3) = \frac{2}{3}a > 0 \ \Rightarrow \ T(3 \mid 0)$

(3) $f_a''(x) = \frac{2a}{3}(x - 2)$

$f_a''(x) = 0 \ \Leftrightarrow \ x - 2 = 0 \ \Rightarrow \ x_1 = 2$

Da $a > 0$ vorausgesetzt ist, folgt
$f_a''(x) < 0$, wenn $x < 2$, und
$f_a''(x) > 0$, wenn $x > 2$.

Damit ergibt sich: In
- $]-\infty; \ 2]$ sind die Graphen von f_a rechtsgekrümmt.
- $[2; \ \infty[$ sind die Graphen von f_a linksgekrümmt.

Man hat Wendepunkte an der Stelle 2. Mit $f_a(2) = \frac{2}{9}a$ folgt:
$W\left(2 \mid \frac{2}{9}a\right)$

b) $t_a: y = ax$

Die Steigung des Graphen von f_a im Ursprung ist gleich $f_a'(0) = a$.

$f_a(x) = t_a(x)$

Ansatz auf Schneiden

$\frac{a}{9}x^3 - \frac{2a}{3}x^2 + ax = ax$

$\Leftrightarrow x^3 - 6x^2 = 0$

$\Leftrightarrow x^2(x-6) = 0$

$\Rightarrow x_{1/2} = 0;\ x_3 = 6$

Weiterer Schnittpunkt: $S(6\,|\,6a)$

c) Wertetabelle:

x	−1	0	1	2
y	−3,6	0	0,89	0,44

x	3	4	5	6
y	0	0,89	4,44	12

Nullstellen:
$x_1 = 0;\ x_{2/3} = 3$

Extremalpunkte:
$H(1\,|\,0,89);\ T(3\,|\,0)$

Wendepunkt:
$W(2\,|\,0,44)$

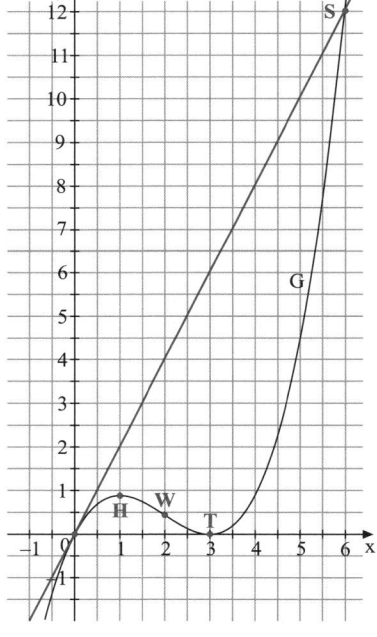

d) Weil t_2 die Steigung 2 hat, muss gelten:

$f_2'(x) = 2 \Leftrightarrow \frac{2}{3}x^2 - \frac{8}{3}x + 2 = 2 \Leftrightarrow x(x-4) = 0 \Rightarrow x_1 = 0;\ x_2 = 4$

An der Stelle 4 hat der Graph von f_2 eine Tangente, die parallel zu t_2 ist.

145. a) $f_k(x) = 0 \Leftrightarrow (x+2)^2(x^2-k) = 0 \Rightarrow x_{1/2} = -2;\ x_{3/4} = \pm\sqrt{k}$

Fall 1: $k = 0$ $\Rightarrow$ zwei doppelte Nullstellen: $x_{1/2} = -2;\ x_{3/4} = 0$

Fall 2: $k = 4$ $\Rightarrow$ eine dreifache Nullstelle: $x_{1/2/3} = -2$; eine einfache Nullstelle $x_4 = 2$

Fall 3: $k \in \mathbb{R} \setminus \{0;\,4\} \Rightarrow$ eine doppelte Nullstelle: $x_{1/2} = -2$; $\wedge\ k \geq 0$ zwei einfache Nullstellen: $x_{3/4} = \pm\sqrt{k}$

b) Das ist nach Teilaufgabe a für $k=4$ der Fall.

c) $f_4(x) = \frac{1}{8}(x+2)^2(x^2-4) = \frac{1}{8}(x^2+4x+4)(x^2-4)$

$\qquad = \frac{1}{8}(x^4+4x^3-16x-16) = \frac{1}{8}x^4+\frac{1}{2}x^3-2x-2$

$f_4(0)=-2 \;\Rightarrow\; S_y(0|-2)$

$f_4(x)=0 \;\Rightarrow\; x_{1/2/3}=-2; \; x_4=2$ (nach Teilaufg. a) $\;\Rightarrow\; N_1(-2|0); \; N_2(2|0)$

d) $f_4'(x) = \frac{1}{2}x^3+\frac{3}{2}x^2-2$

$f_4'(x)=0 \;\Leftrightarrow\; \frac{1}{2}x^3+\frac{3}{2}x^2-2=0 \;\Leftrightarrow\; x^3+3x^2-4=0 \;\Rightarrow\; x_1=-2$

Polynomdivision liefert weitere Nullstellen von $f_4'(x)$:

$(x^3+3x^2-4):(x+2)=x^2+x-2$

$x^2+x-2=0 \;\Leftrightarrow\; (x+2)(x-1)=0 \;\Rightarrow\; x_2=-2; \; x_3=1$

Testwerte: $f_4'(-3)=-2; \; f_4'(0)=-2; \; f_4'(2)=8$

x		-2		1	
$f_4'(x)$	$-$	0	$-$	0	$+$
$f_4(x)$	$\searrow$	S	$\searrow$	T	$\nearrow$

In

* $]-\infty; 1]$ ist f_4 streng monoton abnehmend.
* $[1; \infty[$ ist f_4 streng monoton zunehmend.

Aus dem Monotonieverhalten ergibt sich der Extremalpunkt: $T\left(1 \mid -\frac{27}{8}\right)$

An der Stelle -2 findet keine Monotonieänderung statt. Hier liegt also kein Extremalpunkt, sondern ein Sattelpunkt vor.

e) $f_4''(x) = \frac{3}{2}x^2+3x = \frac{3}{2}x(x+2)$; nach oben geöffnete Parabel

$f_4''(x)=0 \;\Rightarrow\; x_1=0; \; x_2=-2$

x		-2		0	
$f_4''(x)$	$+$	0	$-$	0	$+$
$f_4(x)$	$\smile$	W_1	$\frown$	W_2	$\smile$

In

* $]-\infty; -2]$ ist der Graph von f_4 linksgekrümmt.
* $[-2; 0]$ ist der Graph von f_4 rechtsgekrümmt.
* $[0; \infty[$ ist der Graph von f_4 linksgekrümmt.

Wendepunkte: $W(0|-2); \; S(-2|0)$

f) Wertetabelle:

x	$-3,5$	-2	-1	0	1	2	$2,5$
y	$2,32$	0	$-0,38$	-2	$-3,38$	0	$5,7$

Nullstellen: $x_{1/2/3} = -2$; $x_4 = 2$

Extrempunkt: $T\left(1 \mid -\frac{27}{8}\right)$

Wendepunkte:
$W(0 \mid -2)$; $S(-2 \mid 0)$

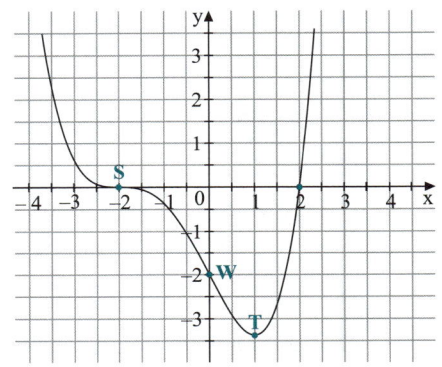

146. Im Intervall $[-1; 1[$ ist der Graph von g streng monoton zunehmend und rechtsgekrümmt; in $]1; 3]$ ist er immer noch zunehmend und linksgekrümmt.

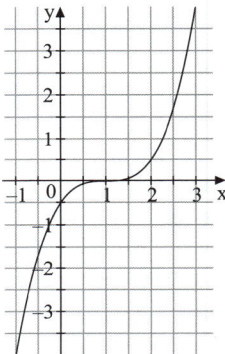

147. Spitze:
$S(0 \mid 0 \mid 0)$

Vier Eckpunkte:
$A(1,5 \mid 1,5 \mid -5)$;
$B(-1,5 \mid 1,5 \mid -5)$;
$C(-1,5 \mid -1,5 \mid -5)$;
$D(1,5 \mid -1,5 \mid -5)$

Höhenfußpunkt:
$H(0 \mid 0 \mid -5)$

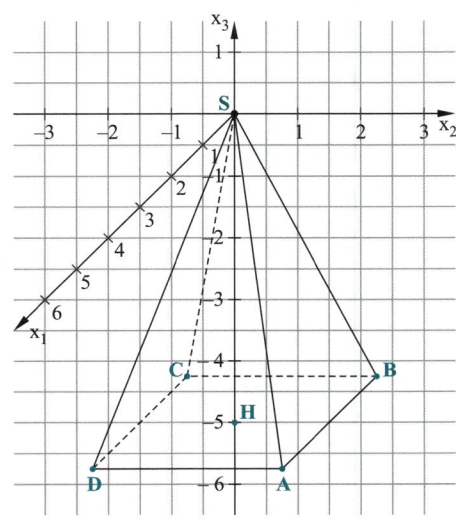

148. a) Mit g wird die Ursprungsgerade bezeichnet, die
Winkelhalbierende für den ersten und dritten Quadranten der x_1x_2-Grundebene ist. Für die Koordinaten ihrer Punkte gilt $x_3 = 0$ und $x_1 = x_2$, also:
$P_g(\lambda \mid \lambda \mid 0)$, wobei $\lambda \in \mathbb{R}$ beliebig

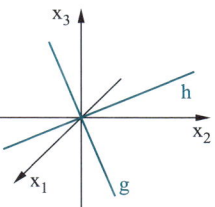

Für h gilt $x_3 = 0$ und $x_1 = -x_2$, also:
$P_h(\mu \mid -\mu \mid 0)$, wobei $\mu \in \mathbb{R}$ beliebig

b) Die x_3-Koordinate ist beliebig; x_1 und x_2 müssen gleich sein:
$P_E(\lambda \mid \lambda \mid \mu)$ mit $\lambda, \mu \in \mathbb{R}$

149. a)

gegensinnig
parallel
gleich lang
$\vec{a} \neq \vec{b}$

b)

gleichsinnig
parallel
nicht gleich lang
$\vec{a} \neq \vec{b}$

c)

gleichsinnig
parallel
gleich lang
$\vec{a} = \vec{b}$

d)

gleichsinnig
nicht parallel
nicht gleich lang
$\vec{a} \neq \vec{b}$

e)

gleichsinnig
nicht parallel
gleich lang
$\vec{a} \neq \vec{b}$

150. Rechnerisch:

$$\vec{a} + \vec{b} = \begin{pmatrix} a_1 \\ a_2 \\ a_3 \end{pmatrix} + \begin{pmatrix} b_1 \\ b_2 \\ b_3 \end{pmatrix} = \begin{pmatrix} a_1 + b_1 \\ a_2 + b_2 \\ a_3 + b_3 \end{pmatrix}$$

$$\vec{b} + \vec{a} = \begin{pmatrix} b_1 \\ b_2 \\ b_3 \end{pmatrix} + \begin{pmatrix} a_1 \\ a_2 \\ a_3 \end{pmatrix} = \begin{pmatrix} b_1 + a_1 \\ b_2 + a_2 \\ b_3 + a_3 \end{pmatrix}$$

Weil $a_1 + b_1 = b_1 + a_1$ gilt (entspre-
chend gilt das auch für die anderen
Koordinaten), ergibt sich in beiden
Fällen derselbe Summenvektor.

Zeichnerisch:

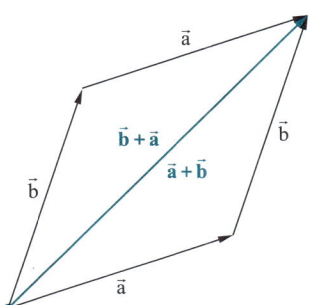

151. Man liest ab:

$$\vec{a} = \begin{pmatrix} 1,5 \\ 2 \end{pmatrix}; \vec{b} = \begin{pmatrix} -2,5 \\ 1 \end{pmatrix}; \vec{c} = \begin{pmatrix} 1 \\ -3 \end{pmatrix}$$

$$\vec{a} + \vec{b} + \vec{c} = \begin{pmatrix} 1,5 \\ 2 \end{pmatrix} + \begin{pmatrix} -2,5 \\ 1 \end{pmatrix} + \begin{pmatrix} 1 \\ -3 \end{pmatrix} = \begin{pmatrix} 0 \\ 0 \end{pmatrix} = \vec{0}$$

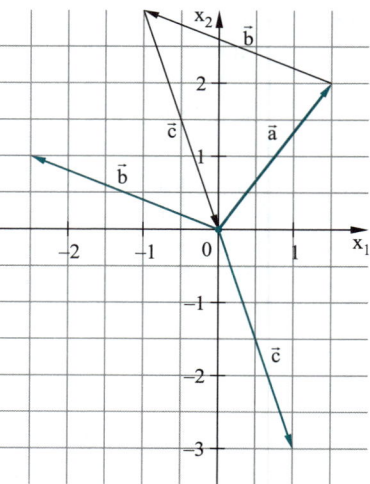

Die Summe dieser drei Vektoren ergibt den Nullvektor. Das ist ein wichtiger Fall. Werden diese drei Vektoren als Kräfte interpretiert, so sind sie einer Nullkraft äquivalent, d. h., sie heben sich in ihrer Wirkung gegenseitig auf.

In der zeichnerischen Darstellung bilden diese Vektoren eine sogenannte **geschlossene Vektorkette**.

152. Die Reihenfolge, in welcher die Vektoren aneinandergehängt werden, spielt keine Rolle (Kommutativgesetz). Unten sind drei Varianten angegeben. Sie führen zum selben Ergebnis, nämlich (im Rahmen der Zeichengenauigkeit) zu: $\vec{F}_R = (8\ \text{kN};\ 46°)$

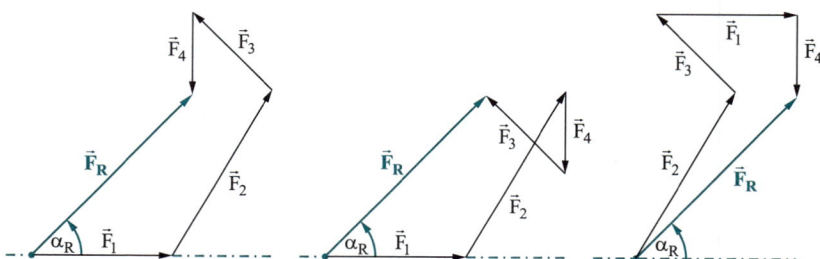

153. a) $\vec{v}_1 = \frac{1}{2}\vec{a} = \frac{1}{2} \cdot \begin{pmatrix} -2 \\ -4 \\ 1 \end{pmatrix} = \begin{pmatrix} -1 \\ -2 \\ \frac{1}{2} \end{pmatrix}$

b) $\vec{v}_2 = \vec{a} - \vec{b} = \begin{pmatrix} -2 \\ -4 \\ 1 \end{pmatrix} - \begin{pmatrix} 3 \\ 4 \\ 3 \end{pmatrix} = \begin{pmatrix} -5 \\ -8 \\ -2 \end{pmatrix}$

c) $\vec{v}_3 = 2\vec{a} + 3\vec{b} = 2 \cdot \begin{pmatrix} -2 \\ -4 \\ 1 \end{pmatrix} + 3 \cdot \begin{pmatrix} 3 \\ 4 \\ 3 \end{pmatrix} = \begin{pmatrix} 5 \\ 4 \\ 11 \end{pmatrix}$

d) $\vec{v}_4 = -3\left(2\vec{a} - \frac{1}{3}\vec{b}\right) + 4\vec{a} = -2\vec{a} + \vec{b} = -2 \cdot \begin{pmatrix} -2 \\ -4 \\ 1 \end{pmatrix} + \begin{pmatrix} 3 \\ 4 \\ 3 \end{pmatrix} = \begin{pmatrix} 7 \\ 12 \\ 1 \end{pmatrix}$

154. a) $\quad \vec{x} + 2\vec{a} - \vec{b} = \vec{c} - 2\vec{x} + \vec{b} \qquad\qquad |+2\vec{x}$

$\qquad\quad 3\vec{x} + 2\vec{a} - \vec{b} = \vec{c} + \vec{b} \qquad\qquad\quad |-2\vec{a} + \vec{b}$

$\qquad\qquad\qquad\quad 3\vec{x} = -2\vec{a} + \vec{c} + 2\vec{b} \qquad\quad |:3$

$\qquad\qquad\qquad\quad\; \vec{x} = -\frac{2}{3}\vec{a} + \frac{2}{3}\vec{b} + \frac{1}{3}\vec{c}$

b) $\quad \frac{1}{2}\vec{x} - 4\vec{a} = 2\left(\vec{b} - \frac{1}{2}\vec{a}\right) - \frac{1}{4}(2\vec{x} + 3\vec{b}) \qquad |\cdot 4$

$\qquad\quad 2\vec{x} - 16\vec{a} = 8\left(\vec{b} - \frac{1}{2}\vec{a}\right) - (2\vec{x} + 3\vec{b})$

$\qquad\quad 2\vec{x} - 16\vec{a} = 8\vec{b} - 4\vec{a} - 2\vec{x} - 3\vec{b} \qquad\qquad |+2\vec{x} + 16\vec{a}$

$\qquad\qquad\quad 4\vec{x} = 5\vec{b} + 12\vec{a} \qquad\qquad\qquad\quad |:4$

$\qquad\qquad\qquad\;\; \vec{x} = 3\vec{a} + \frac{5}{4}\vec{b}$

c) $\quad \vec{x} + \begin{pmatrix} -3 \\ 2 \\ -3 \end{pmatrix} = \begin{pmatrix} -2 \\ 4 \\ 2 \end{pmatrix} \quad\Leftrightarrow\quad \vec{x} = \begin{pmatrix} -2 \\ 4 \\ 2 \end{pmatrix} - \begin{pmatrix} -3 \\ 2 \\ -3 \end{pmatrix} \quad\Leftrightarrow\quad \vec{x} = \begin{pmatrix} 1 \\ 2 \\ 5 \end{pmatrix}$

d) $\quad -2 \cdot \begin{pmatrix} 1 \\ -2 \\ 4 \end{pmatrix} + \frac{1}{3}\vec{x} = \frac{1}{2} \cdot \begin{pmatrix} -2 \\ 4 \\ 2 \end{pmatrix} + 2\vec{x} \quad\Leftrightarrow\quad -2\vec{x} + \frac{1}{3}\vec{x} = \frac{1}{2} \cdot \begin{pmatrix} -2 \\ 4 \\ 2 \end{pmatrix} + 2 \cdot \begin{pmatrix} 1 \\ -2 \\ 4 \end{pmatrix}$

$\quad\Leftrightarrow\quad -\frac{5}{3}\vec{x} = \begin{pmatrix} -1 \\ 2 \\ 1 \end{pmatrix} + \begin{pmatrix} 2 \\ -4 \\ 8 \end{pmatrix} \quad\Leftrightarrow\quad \vec{x} = -\frac{3}{5} \cdot \begin{pmatrix} 1 \\ -2 \\ 9 \end{pmatrix}$

155. a) $\quad 2\vec{a} + \frac{1}{2}\vec{b} \qquad$ Das ist ein definierter Ausdruck, und zwar ein Vektor.

b) $\quad 2\vec{a} + \frac{1}{2} \qquad$ Das ist kein sinnvoller Ausdruck, da Vektor und Skalar nicht addiert werden können.

c) $\quad \vec{x} = \frac{2}{3}\vec{a} - \frac{\vec{b}}{2} \qquad$ Das ist ein sinnvoller mathematischer Ausdruck, wobei $\frac{\vec{b}}{2}$ dasselbe ist wie $\frac{1}{2}\vec{b}$.

d) $\quad 3 = \frac{1}{2}\vec{a} - \vec{b} \qquad$ Das ist ein fehlerhafter Ausdruck: Ein Skalar (linke Seite der Gleichung) kann niemals gleich einem Vektor (rechte Seite) sein.

e) $\quad \vec{v} = \frac{\vec{a}}{\vec{b}} \qquad$ Das ist kein definierter Ausdruck, da eine Division durch einen Vektor nicht definiert ist.

156. a) Der Ansatz lautet:

$$\begin{pmatrix} 2 \\ -1 \\ 7 \end{pmatrix} = \lambda_1 \cdot \begin{pmatrix} 1 \\ 1 \\ 0 \end{pmatrix} + \lambda_2 \cdot \begin{pmatrix} 1 \\ -1 \\ 0 \end{pmatrix} + \lambda_3 \cdot \begin{pmatrix} 1 \\ 0 \\ 2 \end{pmatrix}$$

Dies ist gleichbedeutend mit dem Gleichungssystem:

(1) $\lambda_1 + \lambda_2 + \lambda_3 = 2$

(2) $\lambda_1 - \lambda_2 \qquad = -1$

(3) $\qquad\qquad 2\lambda_3 = 7$

Aus (3) folgt:

$\lambda_3 = \mathbf{3,5}$

In (1) $\quad \lambda_1 + \lambda_2 = -1,5 \quad (1*)$

$\qquad$ (2) $\quad \lambda_1 - \lambda_2 = -1$

Bei der Addition von (1*) und (2) ergibt sich:

$2\lambda_1 = -2,5$, also $\boldsymbol{\lambda_1 = -1,25}$

In (2) eingesetzt ergibt sich:

$-1,25 - \lambda_2 = -1$ und somit $\boldsymbol{\lambda_2 = -0,25}$

Damit erhält man $\vec{v}$ folgendermaßen als Linearkombination der angegebenen Vektoren:

$$\begin{pmatrix} 2 \\ -1 \\ 7 \end{pmatrix} = \boldsymbol{-1,25} \cdot \begin{pmatrix} 1 \\ 1 \\ 0 \end{pmatrix} \boldsymbol{-0,25} \cdot \begin{pmatrix} 1 \\ -1 \\ 0 \end{pmatrix} + \boldsymbol{3,5} \cdot \begin{pmatrix} 1 \\ 0 \\ 2 \end{pmatrix}$$

b) Entsprechend ergibt sich hier das Gleichungssystem:

(1) $\lambda_1 \qquad\qquad = 2$

(2) $\qquad \lambda_2 \qquad = -1$

(3) $\qquad\qquad \lambda_3 = 7$

In diesem Fall liegt die Lösung unmittelbar ohne jegliche Rechnung vor und man hat die Linearkombination:

$$\begin{pmatrix} 2 \\ -1 \\ 7 \end{pmatrix} = 2 \cdot \begin{pmatrix} 1 \\ 0 \\ 0 \end{pmatrix} - 1 \cdot \begin{pmatrix} 0 \\ 1 \\ 0 \end{pmatrix} + 7 \cdot \begin{pmatrix} 0 \\ 0 \\ 1 \end{pmatrix}$$

c) Das zugehörige Gleichungssystem lautet in diesem Fall:

(1) $\lambda_1 + 2\lambda_2 + \lambda_3 = 2$

(2) $\lambda_1 + \lambda_2 \qquad = -1$

(3) $\qquad 2\lambda_2 + 2\lambda_3 = 7$

Lösung mit dem Einsetzverfahren:

$\lambda_1 = -1 - \lambda_2$ $\qquad\qquad$ folgt aus (2)

(1*) $\quad \lambda_2 + \lambda_3 = 3$ $\qquad\qquad$ λ_1 in (1) ersetzen

(3) $\quad 2\lambda_2 + 2\lambda_3 = 7$

$\lambda_2 = 3 - \lambda_3$ $\qquad\qquad$ (1*) auflösen

$2(3 - \lambda_3) + 2\lambda_3 = 7 \quad \Leftrightarrow \quad \mathbf{6 = 7}$ $\qquad$ in (3) einsetzen

Das ist eine **falsche Aussage**, woraus folgt, dass dieses Gleichungssystem keine Lösung hat. Dies bedeutet, dass sich der Vektor $\vec{v}$ **nicht** als Linearkombination der angegebenen Vektoren darstellen lässt.

157. Mit zwei Vektoren können niemals alle Vektoren des $\mathbb{R}^3$ erzeugt werden. Zwei Vektoren können höchstens eine Ebene erzeugen, niemals den Raum.

Im vorliegenden Fall kann mit den beiden Vektoren $\begin{pmatrix} 1 \\ 0 \\ 0 \end{pmatrix}$ und $\begin{pmatrix} 1 \\ 1 \\ 0 \end{pmatrix}$ kein Vektor des $\mathbb{R}^3$ erzeugt werden, dessen 3. Koordinate ungleich null ist. Wenn zu den beiden Vektoren ein weiterer hinzugenommen wird, so muss dieser auf jeden Fall in der 3. Koordinate einen von null verschiedenen Wert haben. Der einfachste Vektor, der infrage kommt, lautet:

$\begin{pmatrix} 0 \\ 0 \\ 1 \end{pmatrix}$

Mit diesen drei Vektoren kann jeder Vektor des $\mathbb{R}^3$ als Linearkombination erzeugt werden:

$$\begin{pmatrix} x_1 \\ x_2 \\ x_3 \end{pmatrix} = (x_1 - x_2) \cdot \begin{pmatrix} 1 \\ 0 \\ 0 \end{pmatrix} + x_2 \cdot \begin{pmatrix} 1 \\ 1 \\ 0 \end{pmatrix} + x_3 \cdot \begin{pmatrix} 0 \\ 0 \\ 1 \end{pmatrix}$$

158. a) Spitze minus Fuß:
$$\overrightarrow{AB} = \overrightarrow{OB} - \overrightarrow{OA} = \begin{pmatrix} 1 \\ 3 \end{pmatrix} - \begin{pmatrix} 2 \\ 1 \end{pmatrix} = \begin{pmatrix} -1 \\ 2 \end{pmatrix}$$

b) $\overrightarrow{OM} = \frac{1}{2}(\overrightarrow{OA} + \overrightarrow{OB}) = \frac{1}{2}\left(\begin{pmatrix} 2 \\ 1 \end{pmatrix} + \begin{pmatrix} 1 \\ 3 \end{pmatrix}\right) = \begin{pmatrix} \frac{3}{2} \\ 2 \end{pmatrix}$

c)

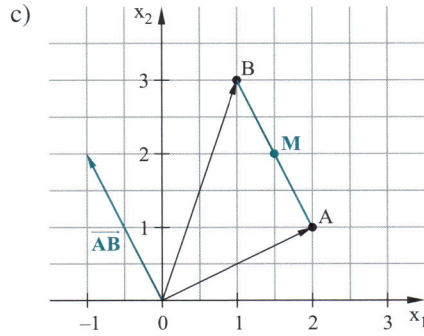

159. Es wird ein Umlauf gewählt, der den aus-zudrückenden Vektor $\overrightarrow{PM}$ miteinbezieht, etwa ABPMA:

$\overrightarrow{AP} + \overrightarrow{PM} - \overrightarrow{AM} = \vec{0}$, wobei

$\overrightarrow{AP} = \vec{a} + \frac{1}{2} \cdot \vec{a} = \frac{3}{2} \cdot \vec{a}$ und $\overrightarrow{AM} = \frac{1}{2} \cdot \vec{b}$

$\Rightarrow \quad \frac{3}{2} \cdot \vec{a} + \overrightarrow{PM} - \frac{1}{2} \cdot \vec{b} = \vec{0}$

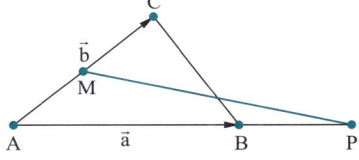

Aufgelöst nach $\overrightarrow{PM}$ ergibt sich:

$\overrightarrow{PM} = -\frac{3}{2} \cdot \vec{a} + \frac{1}{2} \cdot \vec{b}$

160. Spitze minus Fuß: $\overrightarrow{PS} = \overrightarrow{OS} - \overrightarrow{OP}$

Gebraucht wird ein Weg, der über bekannte Vektoren von O nach P' führt:

$\overrightarrow{OP'} = \overrightarrow{OP} + \overrightarrow{PS} + \overrightarrow{PS} = \overrightarrow{OP} + 2 \cdot \overrightarrow{PS}$

$\overrightarrow{PS}$ eingesetzt ergibt:

$\mathbf{\overrightarrow{OP'}} = \overrightarrow{OP} + 2 \cdot (\overrightarrow{OS} - \overrightarrow{OP}) = \mathbf{2 \cdot \overrightarrow{OS} - \overrightarrow{OP}}$

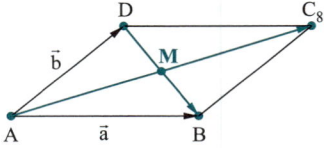

Alternativ: S ist der Mittelpunkt von $\overline{PP'}$. Daher ist:

$\overrightarrow{OS} = \frac{1}{2} \cdot (\overrightarrow{OP} + \overrightarrow{OP'}) \;\Leftrightarrow\; 2 \cdot \overrightarrow{OS} = \overrightarrow{OP} + \overrightarrow{OP'} \;\Leftrightarrow\; \mathbf{\overrightarrow{OP'} = 2 \cdot \overrightarrow{OS} - \overrightarrow{OP}}$

161. a) Ein Parallelogramm liegt dann vor, wenn die Vektoren

$\overrightarrow{AB} = \begin{pmatrix} 3 \\ 1 \\ 5 \end{pmatrix}$ und $\overrightarrow{DC_k} = \begin{pmatrix} 3 \\ 1 \\ k-3 \end{pmatrix}$

gleich sind. Aus $\overrightarrow{AB} = \overrightarrow{DC_k}$ folgt:
$5 = k - 3$, also $\mathbf{k = 8}$

b) 1. Umlauf: AC_8BA

$\overrightarrow{AC_8} - \vec{b} - \vec{a} = \vec{0} \;\Leftrightarrow\; \overrightarrow{AC_8} = \vec{a} + \vec{b}$

2. Umlauf: $ADBA$

$\vec{b} + \overrightarrow{DB} - \vec{a} = \vec{0} \;\Leftrightarrow\; \overrightarrow{DB} = \vec{a} - \vec{b}$

Bemerkung: Diese Diagonalvektoren hätten natürlich auch direkt, ohne geschlossene Vektorkette, bestimmt werden können. Man erkennt leicht, dass $\overrightarrow{AC_8}$ der Summenvektor von $\vec{a}$ und $\vec{b}$ ist, und ebenso, dass $\overrightarrow{DB}$ der Differenzvektor (Spitze minus Fuß) dieser beiden Vektoren ist.

c) Man wählt einen Weg vom Ursprung O zum Punkt M über bekannte Vektoren:

$\overrightarrow{OM} = \overrightarrow{OA} + \overrightarrow{AM} = \overrightarrow{OA} + \frac{1}{2}\overrightarrow{AC_8} = \overrightarrow{OA} + \frac{1}{2}(\vec{a} + \vec{b}) = \overrightarrow{OA} + \frac{1}{2}(\overrightarrow{AB} + \overrightarrow{AD})$

Eingesetzt ergibt sich:

$\overrightarrow{OM} = \begin{pmatrix} 1 \\ -2 \\ 1 \end{pmatrix} + \frac{1}{2} \cdot \left(\begin{pmatrix} 3 \\ 1 \\ 5 \end{pmatrix} + \begin{pmatrix} 3 \\ -1 \\ 2 \end{pmatrix} \right) = \begin{pmatrix} 4 \\ -2 \\ 4,5 \end{pmatrix}$

Der Punkt M hat die Koordinaten: $\mathbf{M(4\,|\,{-2}\,|\,4,5)}$

162. $\overrightarrow{OB} = \overrightarrow{OA} + \overrightarrow{AB} = \begin{pmatrix} 2 \\ 1 \\ 1 \end{pmatrix} + \begin{pmatrix} 3 \\ 1 \\ -2 \end{pmatrix} = \begin{pmatrix} 5 \\ 2 \\ -1 \end{pmatrix}$

$\Rightarrow \quad B(5\,|\,2\,|\,{-1})$

$\overrightarrow{OC} = \overrightarrow{OA} + \overrightarrow{AB} + \overrightarrow{AD}$

$\quad = \begin{pmatrix} 2 \\ 1 \\ 1 \end{pmatrix} + \begin{pmatrix} 3 \\ 1 \\ -2 \end{pmatrix} + \begin{pmatrix} -2 \\ 2 \\ -1 \end{pmatrix} = \begin{pmatrix} 3 \\ 4 \\ -2 \end{pmatrix}$

$\Rightarrow \quad C(3\,|\,4\,|\,{-2})$

$\overrightarrow{OD} = \overrightarrow{OA} + \overrightarrow{AD} = \begin{pmatrix} 2 \\ 1 \\ 1 \end{pmatrix} + \begin{pmatrix} -2 \\ 2 \\ -1 \end{pmatrix} = \begin{pmatrix} 0 \\ 3 \\ 0 \end{pmatrix}$ $\quad\Rightarrow\quad D(0\,|\,3\,|\,0)$

$\overrightarrow{OE} = \overrightarrow{OA} + \overrightarrow{AE} = \begin{pmatrix} 2 \\ 1 \\ 1 \end{pmatrix} + \begin{pmatrix} 2 \\ 2 \\ 5 \end{pmatrix} = \begin{pmatrix} 4 \\ 3 \\ 6 \end{pmatrix}$ $\quad\Rightarrow\quad E(4\,|\,3\,|\,6)$

$\overrightarrow{OF} = \overrightarrow{OA} + \vec{a} + \vec{c} = \begin{pmatrix} 2 \\ 1 \\ 1 \end{pmatrix} + \begin{pmatrix} 3 \\ 1 \\ -2 \end{pmatrix} + \begin{pmatrix} 2 \\ 2 \\ 5 \end{pmatrix} = \begin{pmatrix} 7 \\ 4 \\ 4 \end{pmatrix}$ $\quad\Rightarrow\quad F(7\,|\,4\,|\,4)$

$\overrightarrow{OG} = \overrightarrow{OA} + \vec{a} + \vec{b} + \vec{c} = \begin{pmatrix} 2 \\ 1 \\ 1 \end{pmatrix} + \begin{pmatrix} 3 \\ 1 \\ -2 \end{pmatrix} + \begin{pmatrix} -2 \\ 2 \\ -1 \end{pmatrix} + \begin{pmatrix} 2 \\ 2 \\ 5 \end{pmatrix} = \begin{pmatrix} 5 \\ 6 \\ 3 \end{pmatrix}$ $\quad\Rightarrow\quad G(5\,|\,6\,|\,3)$

$\overrightarrow{OH} = \overrightarrow{OA} + \vec{c} + \vec{b} = \begin{pmatrix} 2 \\ 1 \\ 1 \end{pmatrix} + \begin{pmatrix} 2 \\ 2 \\ 5 \end{pmatrix} + \begin{pmatrix} -2 \\ 2 \\ -1 \end{pmatrix} = \begin{pmatrix} 2 \\ 5 \\ 5 \end{pmatrix}$ $\quad\Rightarrow\quad H(2\,|\,5\,|\,5)$

$\overrightarrow{OM} = \overrightarrow{OA} + \tfrac{1}{2}(\vec{a} + \vec{b} + \vec{c}) = \begin{pmatrix} 2 \\ 1 \\ 1 \end{pmatrix} + \tfrac{1}{2}\left[\begin{pmatrix} 3 \\ 1 \\ -2 \end{pmatrix} + \begin{pmatrix} -2 \\ 2 \\ -1 \end{pmatrix} + \begin{pmatrix} 2 \\ 2 \\ 5 \end{pmatrix}\right] = \begin{pmatrix} \frac{7}{2} \\ \frac{7}{2} \\ 2 \end{pmatrix} \Rightarrow M\left(\tfrac{7}{2}\,\middle|\,\tfrac{7}{2}\,\middle|\,2\right)$

163. a) Kollineare Vektoren:
$\overrightarrow{AE};\ \overrightarrow{EF};\ \overrightarrow{FB};\ \overrightarrow{AF};\ \overrightarrow{AB};\ \overrightarrow{EB};\ \overrightarrow{DC}$

Weitere kollineare Vektoren sind:
$\overrightarrow{AH};\ \overrightarrow{AD};\ \overrightarrow{HD};\ \overrightarrow{BG};\ \overrightarrow{BC};\ \overrightarrow{GC}$

Außerdem sind kollinear:

$\overrightarrow{AS};\ \overrightarrow{AR};\ \overrightarrow{AC};\ \overrightarrow{SR};\ \overrightarrow{SC};\ \overrightarrow{RC};\ \overrightarrow{EQ};\ \overrightarrow{EP};\ \overrightarrow{EG};\ \overrightarrow{QP};\ \overrightarrow{QG};\ \overrightarrow{PG}$

Ferner sind kollinear:
$\overrightarrow{DR};\ \overrightarrow{DP};\ \overrightarrow{DB};\ \overrightarrow{RP};\ \overrightarrow{RB};\ \overrightarrow{PB};\ \overrightarrow{HS};\ \overrightarrow{HQ};\ \overrightarrow{HF};\ \overrightarrow{SQ};\ \overrightarrow{SF};\ \overrightarrow{QF}$

b) Linear abhängige Vektoren sind: $\vec{a}$, $\vec{b}$ und $\overrightarrow{HF}$
Ferner sind $\vec{b}$, $\vec{c}$ und $\overrightarrow{BG}$ linear abhängig.
Keiner der farbig eingezeichneten Vektoren ist zusammen mit $\vec{a}$, $\vec{c}$ linear abhängig.

164. a) Ansatz: $\vec{b} = \lambda \cdot \vec{a}$

$$\begin{pmatrix} 2 \\ -4 \\ -12 \end{pmatrix} = \lambda \cdot \begin{pmatrix} -\frac{1}{2} \\ 1 \\ 3 \end{pmatrix} \quad \begin{array}{l} \Rightarrow \quad 2 = -\frac{1}{2}\lambda \Leftrightarrow \lambda = -4 \\ \Rightarrow \quad -4 = \lambda \quad \Leftrightarrow \lambda = -4 \\ \Rightarrow \quad -12 = 3\lambda \quad \Leftrightarrow \lambda = -4 \end{array} \Biggr\} \Rightarrow \text{kollinear}$$

b) Ansatz: $\vec{b} = \lambda \cdot \vec{a}$

$$\begin{pmatrix} 0 \\ 2 \\ -1 \end{pmatrix} = \lambda \cdot \begin{pmatrix} 2 \\ -4 \\ -2 \end{pmatrix} \quad \begin{array}{l} \Rightarrow \quad 0 = 2\lambda \quad \Leftrightarrow \lambda = 0 \\ \Rightarrow \quad 2 = -4\lambda \Leftrightarrow \lambda = -\frac{1}{2} \\ \Rightarrow \quad -1 = -2\lambda \Leftrightarrow \lambda = \frac{1}{2} \end{array} \Biggr\} \Rightarrow \textbf{nicht } \text{kollinear}$$

c) Ansatz: $\vec{b} = \lambda \cdot \vec{a}$

$$\begin{pmatrix} \sqrt{2} \\ -2 \\ \sqrt{3} \end{pmatrix} = \lambda \cdot \begin{pmatrix} -\sqrt{4} \\ 2 \\ -\sqrt{6} \end{pmatrix} \quad \begin{array}{l} \Rightarrow \quad \sqrt{2} = -\sqrt{4}\lambda \Leftrightarrow \lambda = -\sqrt{\frac{1}{2}} \\ \Rightarrow \quad -2 = 2\lambda \quad \Leftrightarrow \lambda = -1 \\ \Rightarrow \quad \sqrt{3} = -\sqrt{6}\lambda \quad \text{nicht mehr nötig} \end{array} \Biggr\} \Rightarrow \textbf{nicht } \text{kollinear}$$

d) 1. Ansatz: $\vec{b} = \lambda \cdot \vec{a}$

$$\begin{pmatrix} 1{,}32 \\ -0{,}66 \\ 2{,}97 \end{pmatrix} = \lambda \cdot \begin{pmatrix} 1{,}2 \\ -0{,}6 \\ 2{,}7 \end{pmatrix} \Rightarrow \lambda = 1{,}1, \text{ also sind } \vec{a} \text{ und } \vec{b} \text{ kollinear.}$$

2. Ansatz: $\vec{c} = \mu \cdot \vec{b}$

$$\begin{pmatrix} -1{,}8 \\ 0{,}9 \\ -4{,}05 \end{pmatrix} = \mu \cdot \begin{pmatrix} 1{,}32 \\ -0{,}66 \\ 2{,}97 \end{pmatrix} \Rightarrow \mu = -1{,}\overline{36}, \text{ also sind auch } \vec{b} \text{ und } \vec{c} \text{ kollinear.}$$

Damit sind alle drei Vektoren kollinear.

165. a) $\det(\vec{a}, \vec{b}, \vec{c}) = \begin{vmatrix} 1 & 0 & 0 \\ 0 & 1 & 0 \\ 0 & 0 & 1 \end{vmatrix} = 1 \neq \mathbf{0}$

$\Rightarrow \vec{a}, \vec{b}, \vec{c}$ sind linear unabhängig.

b) $\det(\vec{a}, \vec{b}, \vec{c}) = \begin{vmatrix} 1 & 2 & -3 \\ 0 & 0 & 0 \\ -1 & 1 & 5 \end{vmatrix}\begin{matrix} 1 & 2 \\ 0 & 0 \\ -1 & 1 \end{matrix} = \mathbf{0}$

$\Rightarrow \vec{a}, \vec{b}, \vec{c}$ sind linear abhängig.

Das ist in diesem Fall auch unmittelbar ersichtlich, da alle 2. Koordinaten null sind.

c) $\det(\vec{a}, \vec{b}, \vec{c}) = \begin{vmatrix} -\frac{1}{2} & 2 & 1 \\ 1 & -4 & -2 \\ 3 & -12 & -6 \end{vmatrix}\begin{matrix} -\frac{1}{2} & 2 \\ 1 & -4 \\ 3 & -12 \end{matrix}$

$= -\frac{1}{2} \cdot (-4) \cdot (-6) + 2 \cdot (-2) \cdot 3 - 12 - 3 \cdot (-4) - (-12) \cdot (-2) \cdot \left(-\frac{1}{2}\right) - (-6) \cdot 2$

$= -12 - 12 - 12 + 12 + 12 + 12 = \mathbf{0}$

$\Rightarrow \vec{a}, \vec{b}, \vec{c}$ sind linear abhängig.

d) $\det(\vec{a}, \vec{b}, \vec{c}) = \begin{vmatrix} 1 & 1 & 1 \\ 0 & 1 & 1 \\ 0 & 0 & 1 \end{vmatrix} \begin{matrix} 1 & 1 \\ 0 & 1 \\ 0 & 0 \end{matrix} = 1 \neq \mathbf{0}$

$\Rightarrow$ $\vec{a}, \vec{b}, \vec{c}$ sind linear unabhängig.

Das erkennt man auch ohne Berechnung, weil der Rang der Matrix 3 ist, wie man unmittelbar sieht.

166. a) Ansatz: $\vec{b} = \lambda \cdot \vec{a}$ $\Leftrightarrow$ $\begin{pmatrix} 2 \\ 3 \\ 9 \end{pmatrix} = \lambda \cdot \begin{pmatrix} k \\ 1 \\ 3 \end{pmatrix}$ $\Leftrightarrow$ $\begin{matrix} (1) & 2 = k \cdot \lambda \\ (2) & 3 = \lambda \\ (3) & 9 = 3\lambda \end{matrix}$

Gleichung (2) und (3) sind erfüllt, wenn $\lambda = 3$. Damit $\vec{a}$ und $\vec{b}$ kollinear sind, muss auch Gleichung (1) für $\lambda = 3$ gelten: $2 = 3k$. Diese Gleichung ist für $\mathbf{k = \frac{2}{3}}$ erfüllt. Für diesen Wert von k sind $\vec{a}$ und $\vec{b}$ kollinear.

b) Ansatz: $\vec{b} = \lambda \cdot \vec{a}$ $\Leftrightarrow$ $\begin{pmatrix} m \\ -4 \\ -2 \end{pmatrix} = \lambda \cdot \begin{pmatrix} 0 \\ 2 \\ -1 \end{pmatrix}$ $\Leftrightarrow$ $\begin{matrix} (1) & m = 0 \\ (2) & -4 = 2\lambda \\ (3) & -2 = -\lambda \end{matrix}$

Aus (2) folgt $\lambda = -2$, aus (3) aber $\lambda = 2$. Daher treten zwei unterschiedliche Werte für λ auf, und zwar unabhängig von m. Diese Vektoren sind auf jeden Fall linear unabhängig und werden für kein m kollinear.

c) Ansatz: $\vec{b} = \lambda \cdot \vec{a}$ $\Leftrightarrow$ $\begin{pmatrix} -3 \\ t_2 \\ 2 \end{pmatrix} = \lambda \cdot \begin{pmatrix} t_1 \\ 2 \\ -1 \end{pmatrix}$ $\Leftrightarrow$ $\begin{matrix} (1) & -3 = t_1 \cdot \lambda \\ (2) & t_2 = 2\lambda \\ (3) & 2 = -\lambda \end{matrix}$

Das sind drei Gleichungen mit drei Unbekannten:

$2 = -\lambda \Leftrightarrow \lambda = -2$ aus (3)

$\mathbf{t_2 = 2 \cdot (-2) = -4}$ in (2) eingesetzt

$-3 = t_1 \cdot (-2) \Rightarrow \mathbf{t_1 = 1{,}5}$ in (1) eingesetzt

Für $t_1 = 1{,}5$ und $t_2 = -4$ sind $\vec{a}$ und $\vec{b}$ kollinear.

d) Ansatz: $\vec{b} = \lambda \cdot \vec{a}$ $\Leftrightarrow$ $\begin{pmatrix} s+1 \\ 2s \\ 1 \end{pmatrix} = \lambda \cdot \begin{pmatrix} 2 \\ 2 \\ 1 \end{pmatrix}$ $\Leftrightarrow$ $\begin{matrix} (1) & s+1 = 2\lambda \\ (2) & 2s = 2\lambda \\ (3) & 1 = \lambda \end{matrix}$

Aus Gleichung (3) folgt $\lambda = 1$. Setzt man das in Gleichung (2) ein, so ergibt sich, dass $s = 1$ sein muss. Nun ist noch Gleichung (1) zu prüfen: Für $\lambda = 1$ und $s = 1$ ergibt sich eine wahre Aussage.

Für $\mathbf{s = 1}$ sind die beiden Vektoren kollinear.

167. a) $\det(\vec{a}, \vec{b}, \vec{c}) = \begin{vmatrix} k & 2 & 0 \\ 1 & 3 & 2 \\ 3 & 9 & -1 \end{vmatrix} \begin{matrix} k & 2 \\ 1 & 3 \\ 3 & 9 \end{matrix} = -3k + 12 - 18k + 2 = -21k + 14$

Die Vektoren $\vec{a}, \vec{b}, \vec{c} \in \mathbb{R}^3$ sind genau dann linear abhängig, wenn diese Determinante 0 ist:

$-21k + 14 = 0 \Leftrightarrow \mathbf{k = \frac{2}{3}}$

b) $\det(\vec{a}, \vec{b}, \vec{c}) = \begin{vmatrix} m & 1 & m \\ 2 & -4 & -4 \\ -1 & -2 & -2m \end{vmatrix} \begin{matrix} m & 1 \\ 2 & -4 \\ -1 & -2 \end{matrix} = 8m^2 - 12m + 4$

Die Gleichung $8m^2 - 12m + 4 = 0$ hat zwei Lösungen: $\mathbf{m_1 = 0{,}5}$; $\mathbf{m_2 = 1}$
Für diese beiden Werte von m sind die Vektoren linear abhängig.

168. a)

(1)	2	−1	4	
(2)	1	3	1	$\left\lvert -\frac{1}{2} \cdot (1) + (2) \right.$

(1)	2	−1	4
(2)	0	$\frac{7}{2}$	−1

Aus der letzten Zeile folgt $\frac{7}{2}y = -1$, also $\mathbf{y = -\frac{2}{7}}$.
In (1) eingesetzt, ergibt sich $2x + \frac{2}{7} = 4$, also $\mathbf{x = \frac{13}{7}}$.
$\Rightarrow$ $\mathbf{L = \left\{ \left(\frac{13}{7}; -\frac{2}{7} \right) \right\}}$

b)

(1)	1	3	−4	10	
(2)	3	10	−6	40	$\left\lvert -3 \cdot (1) + (2) \right.$
(3)	4	12	−12	48	

(1)	1	3	−4	10	
(2)	0	1	6	10	
(3)	4	12	−12	48	$\left\lvert -4 \cdot (1) + 3 \right.$

(1)	1	3	−4	10
(2)	0	1	6	10
(3)	0	0	4	8

Aus der letzten Zeile folgt: $4x_3 = 8$ $\Rightarrow$ $\mathbf{x_3 = 2}$
In (2) eingesetzt, ergibt sich: $x_2 + 6 \cdot 2 = 10$ $\Rightarrow$ $\mathbf{x_2 = -2}$
Einsetzen dieser Werte in (1): $x_1 + 3 \cdot (-2) - 4 \cdot 2 = 10$ $\Rightarrow$ $\mathbf{x_1 = 24}$
$\Rightarrow$ $\mathbf{L = \{(24; -2; 2)\}}$

c)

(1)	2	3	6	−18	
(2)	1	1	1	−6	$\left\lvert -\frac{1}{2} \cdot (1) + (2) \right.$
(3)	1	2	3	−10	

(1)	2	3	6	−18	
(2)	0	$-\frac{1}{2}$	−2	3	
(3)	1	2	3	−10	$\left\lvert -\frac{1}{2} \cdot (1) + (3) \right.$

(1)	2	3	6	−18	
(2)	0	$-\frac{1}{2}$	−2	3	
(3)	0	$\frac{1}{2}$	0	−1	$\left\lvert (2) + (3) \right.$

$$
\begin{array}{c}
(1) \\ (2) \\ (3)
\end{array}
\left|
\begin{array}{rrr}
2 & 3 & 6 \\
0 & -\frac{1}{2} & -2 \\
0 & 0 & -2
\end{array}
\right.
\left|
\begin{array}{r}
-18 \\
3 \\
2
\end{array}
\right.
$$

Aus der letzten Zeile folgt: $\qquad -2x_3 = 2 \qquad \Rightarrow \; \mathbf{x_3 = -1}$

In (2) eingesetzt, ergibt sich: $\quad -\frac{1}{2}x_2 - 2 \cdot (-1) = 3 \qquad \Rightarrow \; \mathbf{x_2 = -2}$

Einsetzen dieser Werte in (1): $\; 2x_1 + 3 \cdot (-2) + 6 \cdot (-1) = -18 \; \Rightarrow \; \mathbf{x_1 = -3}$

$\Rightarrow \; \mathbf{L = \{(-3; \, -2; \, -1)\}}$

d) Zunächst wird das Gleichungssystem auf die Grundform gebracht und dann im Gauß-Schema bearbeitet:

$$
\begin{array}{c}
(1) \\ (2) \\ (3)
\end{array}
\left|
\begin{array}{rrr}
2 & 1 & 2 \\
1 & -3 & 1 \\
0 & 1 & 2
\end{array}
\right.
\left|
\begin{array}{c}
2 \\
1 \\
3
\end{array}
\right.
\quad \left| -\frac{1}{2} \cdot (1) + (2) \right.
$$

$$
\begin{array}{c}
(1) \\ (2) \\ (3)
\end{array}
\left|
\begin{array}{rrr}
2 & 1 & 2 \\
0 & -\frac{7}{2} & 0 \\
0 & 1 & 2
\end{array}
\right.
\left|
\begin{array}{c}
2 \\
0 \\
3
\end{array}
\right.
\quad \left| \frac{2}{7} \cdot (2) + (3) \right.
$$

$$
\begin{array}{c}
(1) \\ (2) \\ (3)
\end{array}
\left|
\begin{array}{rrr}
2 & 1 & 2 \\
0 & -\frac{7}{2} & 0 \\
0 & 0 & 2
\end{array}
\right.
\left|
\begin{array}{c}
2 \\
0 \\
3
\end{array}
\right.
$$

Aus der letzten Zeile folgt: $\qquad 2x_3 = 3 \qquad \Rightarrow \; \mathbf{x_3 = \frac{3}{2}}$

In (2) eingesetzt, ergibt sich: $\quad -\frac{7}{2}x_2 = 0 \qquad \Rightarrow \; \mathbf{x_2 = 0}$

Einsetzen dieser Werte in (1): $\; 2x_1 + 1 \cdot 0 + 2 \cdot \frac{3}{2} = 2 \; \Rightarrow \; \mathbf{x_1 = -\frac{1}{2}}$

$\Rightarrow \; \mathbf{L = \left\{\left(-\frac{1}{2}; \, 0; \, \frac{3}{2}\right)\right\}}$

e) Die rechte Seite des Gleichungssystems, die aus lauter Nullen besteht, braucht nicht mitgeführt zu werden.

$$
\begin{array}{c}
(1) \\ (2) \\ (3)
\end{array}
\left|
\begin{array}{rrr}
2 & 3 & 0 \\
1 & 4 & 2 \\
0 & -2 & 1
\end{array}
\right.
\quad \left| -\frac{1}{2} \cdot (1) + (2) \right.
$$

$$
\begin{array}{c}
(1) \\ (2) \\ (3)
\end{array}
\left|
\begin{array}{rrr}
2 & 3 & 0 \\
0 & \frac{5}{2} & 2 \\
0 & -2 & 1
\end{array}
\right.
\quad \left| \cdot 2 \right. \qquad
\begin{array}{l}
\text{Zeile (2) wird mit dem Faktor 2} \\
\text{multipliziert.}
\end{array}
$$

$$
\begin{array}{c}
(1) \\ (2) \\ (3)
\end{array}
\left|
\begin{array}{rrr}
2 & 3 & 0 \\
0 & 5 & 4 \\
0 & -2 & 1
\end{array}
\right.
\quad \left| \frac{2}{5} \cdot (2) + (3) \right.
$$

(1)   2   3   0

(2)   0   5   4

(3)   0   0 $\frac{13}{5}$

Aus der letzten Zeile erhält man die Gleichung $\frac{13}{5}x_3 = 0$, d. h. $x_3 = 0$.
Setzt man von unten nach oben ein, so erhält man $x_2 = x_1 = 0$.

$\Rightarrow$ $L = \{(0;\, 0;\, 0)\}$

Da es sich um ein homogenes LGS handelt, ist klar, dass es die triviale
Lösung $(0;\, 0;\, 0)$ besitzt. Dass es keine weiteren Lösungen gibt, sieht
man aber erst nach der Gauß-Umformung.

169. Die durchgeführten Zeilenumformungen sind auf der rechten Seite doku-
mentiert.

(1)   1   −1   2 | 7

(2)   4   0   3 | 9 $|\; -4\cdot(1)+(2)$

(3)   2   −5   1 | −2 $|\; -2\cdot(1)+(3)$

(1)   1   −1   2 | 7

(2)   0   4   −5 | −19

(3)   0   −3   −3 | −16 $|\; \frac{3}{4}\cdot(2)+(3)$

(1)   1   −1   2 | 7

(2)   0   4   −5 | −19

(3)   0   0 $-\frac{27}{4}$ | $-\frac{121}{4}$

Als Lösung findet man mit (3) beginnend: $x_3 = -\frac{4}{27}\cdot\left(-\frac{121}{4}\right) = \frac{121}{27}$

In (2): $4x_2 = 5\cdot\frac{121}{27} - 19 = \frac{92}{27}$ $\Rightarrow$ $x_2 = \frac{23}{27}$

In (1): $x_1 = \frac{23}{27} - 2\cdot\frac{121}{27} + 7 = -\frac{10}{9}$

$\Rightarrow$ $L = \left\{\left(-\frac{10}{9};\, \frac{23}{27};\, \frac{121}{27}\right)\right\}$

170. $\begin{pmatrix} 1 & 3 & -5 & | & 2 \\ 0 & 5 & -1 & | & 3 \\ 0 & 0 & 0 & | & -2 \end{pmatrix}$

$\text{rg}(A) = 2;\ \text{rg}(A_e) = 3$
$\text{rg}(A_e) > \text{rg}(A)$
$\Rightarrow$ **keine Lösung**

$\begin{pmatrix} 1 & 3 & -5 & | & 2 \\ 0 & 5 & -1 & | & 3 \\ 0 & 0 & 7 & | & -2 \end{pmatrix}$

$\text{rg}(A) = 3;\ \text{rg}(A_e) = 3$
$\text{rg}(A_e) = \text{rg}(A) = 3$
$\Rightarrow$ **genau eine Lösung**

$\begin{pmatrix} 1 & 3 & -5 & | & 2 \\ 0 & 5 & -1 & | & 3 \\ 0 & 0 & 0 & | & 0 \end{pmatrix}$

$\text{rg}(A) = 2;\ \text{rg}(A_e) = 2$
$\text{rg}(A_e) = \text{rg}(A) < 3$
$\Rightarrow$ **unendlich viele Lösungen**

171. a)

$$
\begin{array}{rrrr|r}
(1) & -2 & 3 & 5 & 1 \\
(2) & 7 & 3 & -22 & 7 \\
(3) & 1 & 3 & -4 & 3
\end{array}
$$

Die Zeilen (1) und (3) werden vertauscht.

$$
\begin{array}{rrrr|r}
(1) & 1 & 3 & -4 & 3 \\
(2) & 7 & 3 & -22 & 7 \\
(3) & -2 & 3 & 5 & 1
\end{array}
\qquad \left|\,-7\cdot(1)+(2)\right.
$$

$$
\begin{array}{rrrr|r}
(1) & 1 & 3 & -4 & 3 \\
(2) & 0 & -18 & 6 & -14 \\
(3) & -2 & 3 & 5 & 1
\end{array}
\qquad \left|\,2\cdot(1)+(3)\right.
$$

$$
\begin{array}{rrrr|r}
(1) & 1 & 3 & -4 & 3 \\
(2) & 0 & -18 & 6 & -14 \\
(3) & 0 & 9 & -3 & 7
\end{array}
$$

Die Zeilen (2) und (3) werden vertauscht.

$$
\begin{array}{rrrr|r}
(1) & 1 & 3 & -4 & 3 \\
(2) & 0 & 9 & -3 & 7 \\
(3) & 0 & -18 & 6 & -14
\end{array}
\qquad \left|\,2\cdot(2)+(3)\right.
$$

$$
\begin{array}{rrrr|r}
(1) & 1 & 3 & -4 & 3 \\
(2) & 0 & 9 & -3 & 7 \\
(3) & 0 & 0 & 0 & 0
\end{array}
$$

An der Stufenform erkennt man, dass $rg(A) = rg(A_e) = 2$ ist; das Gleichungssystem ist also lösbar. Da die Ränge der Matrizen kleiner als die Anzahl der Unbekannten sind, gibt es unendlich viele Lösungen mit einem freien Parameter k.

z = k

Da die 3. Gleichung (letzte Zeile) für jede Zahl k erfüllt ist, kann z durch k ersetzt werden.

$$9y - 3k = 7$$
$$y = \tfrac{1}{3}k + \tfrac{7}{9}$$

Einsetzen von **z = k** in (2), Auflösen nach y

$$x + 3\left(\tfrac{1}{3}k + \tfrac{7}{9}\right) - 4k = 3$$
$$\mathbf{x = 3k + \tfrac{2}{3}}$$

Einsetzen von y und z in (1), Auflösen nach x

$$\Rightarrow\ \mathbf{L = \left\{\left(3k + \tfrac{2}{3};\ \tfrac{1}{3}k + \tfrac{7}{9};\ k\right)\ \middle|\ k \in \mathbb{R}\right\}}$$

b) Das Gleichungssystem wird auf die Grundform gebracht und ins Gauß-Schema übertragen.

$$
\begin{array}{rrr|r}
(1) & 4 & 2 & 10 \\
(2) & -3 & -8 & -1 \\
(3) & 5 & 1 & 14
\end{array}
\qquad \left|\,\tfrac{3}{4}\cdot(1)+(2)\right.
$$

$$
\begin{array}{rrr|r}
(1) & 4 & 2 & 10 \\
(2) & 0 & -\tfrac{13}{2} & \tfrac{13}{2} \\
(3) & 5 & 1 & 14
\end{array}
\qquad \left|\,-\tfrac{5}{4}\cdot(1)+(3)\right.
$$

(1)	4	2		10		$\cdot \frac{1}{2}$
(2)	0	$-\frac{13}{2}$		$\frac{13}{2}$		$\cdot \frac{2}{13}$
(3)	0	$-\frac{3}{2}$		$\frac{3}{2}$		$\cdot \frac{2}{3}$

Zeile (1) wird mit $\frac{1}{2}$, Zeile (2) mit $\frac{2}{13}$ und Zeile (3) mit $\frac{2}{3}$ multipliziert. Das vereinfacht die weitere Rechnung ganz erheblich!

(1)	2	1	5	
(2)	0	-1	1	
(3)	0	-1	1	$\vert -(2)+(3)$

(1)	2	1	5	
(2)	0	-1	1	
(3)	0	0	0	

Man erkennt, dass $rg(A) = rg(A_e) = 2$. Da die Anzahl der Unbekannten ebenfalls 2 ist, hat dieses Gleichungssystem mit zwei Unbekannten und drei Gleichungen (überbestimmtes System!) genau eine Lösung.

$-y = 1 \implies \mathbf{y = -1}$ Aus Gleichung (2) lässt sich y bestimmen.

$2x + 1 \cdot (-1) = 5$ Einsetzen von $\mathbf{y = -1}$ in (1), Auflösen nach x

$\qquad \mathbf{x = 3}$

$\implies \mathbf{L = \{(3;\ -1)\}}$

c)
(1)	3	9	6	12	
(2)	5	17	16	30	$\vert -\frac{5}{3} \cdot (1) + (2)$

(1)	3	9	6	12	
(2)	0	2	6	10	

Man hat zwei Gleichungen und drei Unbekannte (unterbestimmtes System!). Man erkennt, dass $rg(A) = rg(A_e) = 2$ ist. Wegen der Anzahl der Unbekannten n = 3 gibt es unendlich viele Lösungen mit einem freien Parameter k.

$\mathbf{x_3 = k}$ Ersetzen von x_3 durch k

$2x_2 + 6k = 10$ Einsetzen von $\mathbf{x_3 = k}$ in (2), Auflösen

$\qquad \mathbf{x_2 = 5 - 3k}$ nach x_2

$3x_1 + 9(5 - 3k) + 6k = 12$ Einsetzen von x_2 und x_3 in (1),

$\qquad \mathbf{x_1 = 7k - 11}$ Auflösen nach x_1

$\implies \mathbf{L = \{(7k - 11;\ 5 - 3k;\ k)\ |\ k \in \mathbb{R}\}}$

d)
(1)	-2	4	2	$12a$	
(2)	2	12	7	$12a + 7$	$\vert (1) + (2)$
(3)	1	10	6	$7a + 8$	

(1)	-2	4	2	$12a$	
(2)	0	16	9	$24a + 7$	
(3)	1	10	6	$7a + 8$	$\vert \frac{1}{2} \cdot (1) + (3)$

(1)	-2	4	2	$12a$	
(2)	0	16	9	$24a + 7$	
(3)	0	12	7	$13a + 8$	$\vert -\frac{3}{4} \cdot (2) + (3)$

(1)	-2	4	2	$12a$	
(2)	0	16	9	$24a + 7$	
(3)	0	0	$\frac{1}{4}$	$-5a + \frac{11}{4}$	$\vert \cdot 4$

(1)	-2	4	2	$12a$
(2)	0	16	9	$24a+7$
(3)	0	0	1	$-20a+11$

$x_3 = -20a + 11$

Wie man sieht, gilt
$rg(A_e) = rg(A) = 3$,
d. h., es gibt genau eine Lösung.

Aus Zeile (3) lässt sich x_3 ablesen.

$$16x_2 = 24a + 7 - 9(-20a + 11)$$
$$= 204a - 92$$

$x_2 = \frac{1}{4}(51a - 23)$

Einsetzen von x_3 in (2), Auflösen nach x_2

$$-2x_1 = 12a - 2 \cdot (-20a + 11) - 4 \cdot \frac{1}{4}(51a - 23)$$
$$= a + 1$$

$x_1 = -\frac{1}{2}(a + 1)$

Einsetzen von x_2 und x_3 in (1), Auflösen nach x_1

$$\Rightarrow \quad \mathbf{L = \left\{ \left(-\frac{1}{2}(a+1); \frac{1}{4}(51a - 23); -20a + 11 \right) \right\}}$$

Beachten Sie: Eine Fallunterscheidung ist nicht erforderlich, die Lösungsmenge gilt für alle $a \in \mathbb{R}$.

172. x: Anteil der Legierung 1
y: Anteil der Legierung 2
z: Anteil des reinen Zinns
Es wird jeweils eine Gleichung für die Reinmetall-Anteile angesetzt:

(1) $50x + 40y \qquad = 42$ \qquad (Nickel)
(2) $20x + 30y \qquad = 21$ \qquad (Kupfer)
(3) $30x + 30y + 100z = 37$ \qquad (Zinn)

Zur Lösung wird das Additionsverfahren verwendet:

$2 \cdot (1) - 5 \cdot (2):$ \qquad\qquad $-70y = -21 \;\; \Rightarrow \; \mathbf{y = 0,3}$
In (1): \qquad\qquad\qquad $50x + 40 \cdot 0,3 = 42 \;\; \Rightarrow \; \mathbf{x = 0,6}$
In (3): \qquad\qquad $30 \cdot 0,6 + 30 \cdot 0,3 + 100z = 37 \;\; \Rightarrow \; \mathbf{z = 0,1}$

Es müssen 60 % von der Legierung 1, 30 % von der Legierung 2 und 10 % reines Zinn gemischt werden, um die neue Legierung zu erhalten.

173. a) Ansatz: $\mathbf{f(x) = ax^3 + bx^2 + cx + d}$
Es sind also vier Gleichungen erforderlich, um die Koeffizienten a, b, c und d bestimmen zu können. Die Punkte $(3\,|\,0)$, $(0\,|\,3)$, $A(-2\,|\,-3)$ und $B(2\,|\,2)$ liegen auf dem Graphen von f, damit lassen sich vier Gleichungen aufstellen:

(1) $f(3) = 0 \;\;\Rightarrow\;\; a \cdot 3^3 + b \cdot 3^2 + c \cdot 3 + d = 0$
(2) $f(0) = 3 \;\;\Rightarrow\;\; a \cdot 0 + b \cdot 0 + c \cdot 0 + d = 3$
(3) $f(-2) = -3 \;\;\Rightarrow\;\; a \cdot (-2)^3 + b \cdot (-2)^2 + c \cdot (-2) + d = -3$
(4) $f(2) = 2 \;\;\Rightarrow\;\; a \cdot 2^3 + b \cdot 2^2 + c \cdot 2 + d = 2$

Damit gilt:

(1) $27a + 9b + 3c + d = 0$

(2) $\qquad\qquad\qquad d = 3$

(3) $-8a + 4b - 2c + d = -3$

(4) $\quad 8a + 4b + 2c + d = 2$

Aus Gleichung (2) lässt sich ablesen: **d = 3**. Das reduziert damit die Anzahl der Unbekannten und der Gleichungen auf drei.

(1*) $27a + 9b + 3c = -3$

(2*) $-8a + 4b - 2c = -6$

(3*) $\quad 8a + 4b + 2c = -1$

Dieses Gleichungssystem wird ins Gauß-Schema übertragen und gelöst:

$$
\begin{array}{l|rrr|r|l}
(1^*) & 27 & 9 & 3 & -3 & \\[4pt]
(2^*) & -8 & 4 & -2 & -6 & \left|\ \frac{8}{27}\cdot(1^*)+(2^*)\right. \\[6pt]
(3^*) & 8 & 4 & 2 & -1 & \left|\ -\frac{8}{27}\cdot(1^*)+(3^*)\right. \\[4pt]
\hline
(1^*) & 27 & 9 & 3 & -3 & \\[6pt]
(2^*) & 0 & \frac{20}{3} & -\frac{10}{9} & -\frac{62}{9} & \\[6pt]
(3^*) & 0 & \frac{4}{3} & \frac{10}{9} & -\frac{1}{9} & \left|\ -\frac{1}{5}\cdot(2^*)+(3^*)\right. \\[4pt]
\hline
(1^*) & 27 & 9 & 3 & -3 & \\[6pt]
(2^*) & 0 & \frac{20}{3} & -\frac{10}{9} & -\frac{62}{9} & \\[6pt]
(3^*) & 0 & 0 & \frac{4}{3} & \frac{19}{15} & \\
\end{array}
$$

Aus (3*): $c = \dfrac{3}{4}\cdot\dfrac{19}{15} = \dfrac{19}{20}$

in (2*): $b = \dfrac{3}{20}\left(-\dfrac{62}{9} + \dfrac{10}{9}\cdot\dfrac{19}{20}\right) = -\dfrac{7}{8}$

In (1*): $a = \dfrac{1}{27}\left(-3 - 3\cdot\dfrac{19}{20} - 9\cdot\left(-\dfrac{7}{8}\right)\right) = \dfrac{3}{40}$

Damit lautet der Funktionsterm: $f(x) = \dfrac{3}{40}x^3 - \dfrac{7}{8}x^2 + \dfrac{19}{20}x + 3$

Der zugehörige Graph erfüllt die angegebenen Eigenschaften.

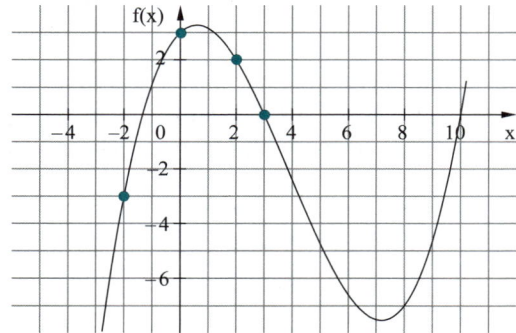

b) Ansatz: $f(x) = ax^4 + bx^2 + c$

Eigentlich hätte eine Funktion vierten Grades fünf Koeffizienten. Da ihr Graph aber symmetrisch zur y-Achse sein soll, treten keine Potenzen von x mit ungeraden Exponenten auf. Deshalb sind nur die drei Koeffizienten a, b und c zu bestimmen.

Die Koordinaten der drei gegebenen Punkte werden eingesetzt:

(1) Punkt P: $f(1) = -\frac{2}{5} \Rightarrow a \cdot 1^4 + b \cdot 1^2 + c = -\frac{2}{5}$

(2) Punkt Q: $f(2) = \frac{1}{2} \Rightarrow a \cdot 2^4 + b \cdot 2^2 + c = \frac{1}{2}$

(3) Punkt R: $f(3) = 6 \quad \Rightarrow a \cdot 3^4 + b \cdot 3^2 + c = 6$

Damit ist das folgende Gleichungssystem zu lösen:

(1) $a + b + c = -\frac{2}{5}$

(2) $16a + 4b + c = \frac{1}{2}$

(3) $81a + 9b + c = 6$

Eintragen ins Gauß-Schema:

(1)   1 1 1 $\Big|$ $-\frac{2}{5}$

(2) 16 4 1 $\Big|$ $\frac{1}{2}$ $\Big| -16 \cdot (1) + (2)$

(3) 81 9 1 $\Big|$ 6 $\Big| -81 \cdot (1) + (3)$

(1)   1   1   1 $\Big|$ $-\frac{2}{5}$

(2)   0 −12 −15 $\Big|$ $\frac{69}{10}$

(3)   0 −72 −80 $\Big|$ $\frac{192}{5}$ $\Big| -6 \cdot (2) + (3)$

(1)   1   1   1 $\Big|$ $-\frac{2}{5}$

(2)   0 −12 −15 $\Big|$ $\frac{69}{10}$

(3)   0   0   10 $\Big|$ -3

Aus (3): $c = -\frac{3}{10}$

In (2): $b = -\frac{1}{12}\left(\frac{69}{10} + 15 \cdot \left(-\frac{3}{10}\right)\right) = -\frac{1}{5}$

In (1): $a = -\frac{2}{5} - \left(-\frac{3}{10}\right) - \left(-\frac{1}{5}\right) = \frac{1}{10}$

Die Lösung heißt:

$a = \frac{1}{10};\ b = -\frac{1}{5};\ c = -\frac{3}{10}$

Damit lautet der Funktionsterm:

$f(x) = \frac{1}{10}x^4 - \frac{1}{5}x^2 - \frac{3}{10}$

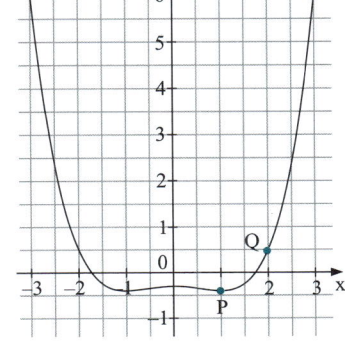

174. a) In diesem Fall liegt Achsensymmetrie
vor, was den Ansatz vereinfacht.

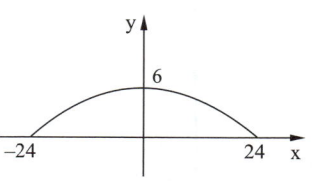

Ansatz: $\mathbf{f_1(x) = ax^2 + b}$

Die Koordinaten der Punkte (0|6) und
(24|0) werden eingesetzt:

(1) $f_1(0) = 6 \quad \Rightarrow \quad \mathbf{b = 6}$

(2) $f_1(24) = 0 \quad \Rightarrow \quad a \cdot 24^2 + b = 0$

Einsetzen von (1) in (2) ergibt: $576a + 6 = 0 \quad \Rightarrow \quad \mathbf{a = -\dfrac{1}{96}}$

Der Parabelbogen hat in diesem Koordinatensystem den Funktionsterm:

$f_1(x) = -\dfrac{1}{96}x^2 + 6$

b) In diesem Fall liegt keine Symmetrie
zum Koordinatensystem vor, sodass
der Ansatz in allgemeiner Form benötigt wird.

Ansatz: $\mathbf{f_2(x) = ax^2 + bx + c}$

Die Koordinaten der Punkte (0|0),
(24|6) und (48|0) werden eingesetzt:

(1) $f_2(0) = 0 \quad \Rightarrow \quad \mathbf{c = 0}$

(2) $f_2(24) = 6 \quad \Rightarrow \quad a \cdot 24^2 + b \cdot 24 = 6$

(3) $f_2(48) = 0 \quad \Rightarrow \quad a \cdot 48^2 + b \cdot 48 = 0$

Damit ist noch das folgende Gleichungssystem zu lösen:

(1*) $\quad 576a + 24b = 6$

(2*) $\quad 2\,304a + 48b = 0$

Aus (2*) folgt: $b = -48a$

Einsetzen in (1*) ergibt $576a - 1\,152a = 6$, also $-576a = 6$ und damit

$\mathbf{a = -\dfrac{1}{96}}$.

Daraus folgt: $\mathbf{b = -48 \cdot \left(-\dfrac{1}{96}\right) = \dfrac{1}{2}}$

Der Parabelbogen hat in diesem Koordinatensystem den Funktionsterm:

$f_2(x) = -\dfrac{1}{96}x^2 + \dfrac{1}{2}x$

175. a) Im Koordinatensystem sind die vier Punkte A(−3|1), B(−1|−1), C(2|2)
und D(4|−2) eingezeichnet. Damit lassen sich vier unabhängige Glei-
chungen für vier Unbekannte aufstellen. Das führt auf eine ganzrationale
Funktion dritten Grades: $\mathbf{f(x) = ax^3 + bx^2 + cx + d}$

(1) $f(-3) = 1 \quad \Rightarrow \quad a \cdot (-3)^3 + b \cdot (-3)^2 + c \cdot (-3) + d = 1$

(2) $f(-1) = -1 \quad \Rightarrow \quad a \cdot (-1)^3 + b \cdot (-1)^2 + c \cdot (-1) + d = -1$

(3) $f(2) = 2 \quad \Rightarrow \quad a \cdot 2^3 + b \cdot 2^2 + c \cdot 2 + d = 2$

(4) $f(4) = -2 \quad \Rightarrow \quad a \cdot 4^3 + b \cdot 4^2 + c \cdot 4 + d = -2$

Somit ist das folgende Gleichungssystem zu lösen:

(1) $\quad -27 + 9b - 3c + d = 1$
(2) $\quad -a + b - c + d = -1$
(3) $\quad 8a + 4b + 2c + d = 2$
(4) $\quad 64a + 16b + 4c + d = -2$

Lösung mit dem Gauß-Schema, wobei die Zeilen (1) und (2) bereits vertauscht wurden:

(1)	-1	1	-1	1	-1	
(2)	-27	9	-3	1	1	$\left| -27 \cdot (1) + (2) \right.$
(3)	8	4	2	1	2	$\left| 8 \cdot (1) + (3) \right.$
(4)	64	16	4	1	-2	$\left| 64 \cdot (1) + (4) \right.$

(1)	-1	1	-1	1	-1	
(2)	0	-18	24	-26	28	
(3)	0	12	-6	9	-6	$\left| \frac{12}{18} \cdot (2) + (3) \right.$
(4)	0	80	-60	65	-66	$\left| \frac{80}{18} \cdot (2) + (4) \right.$

(1)	-1	1	-1	1	-1	
(2)	0	-18	24	-26	28	
(3)	0	0	10	$-\frac{25}{3}$	$\frac{38}{3}$	
(4)	0	0	$\frac{140}{3}$	$-\frac{455}{9}$	$\frac{526}{9}$	$\left| -\frac{14}{3} \cdot (3) + (4) \right.$

(1)	-1	1	-1	1	-1	
(2)	0	-18	24	-26	28	
(3)	0	0	10	$-\frac{25}{3}$	$\frac{38}{3}$	
(4)	0	0	0	$-\frac{35}{3}$	$-\frac{2}{3}$	

Aus (4): $\quad \mathbf{d = \frac{3}{35} \cdot \frac{2}{3} = \frac{2}{35}}$

In (3): $\quad \mathbf{c = \frac{1}{10} \cdot \left(\frac{38}{3} + \frac{25}{3} \cdot \frac{2}{35} \right) = \frac{46}{35}}$

In (2): $\quad \mathbf{b = -\frac{1}{18} \cdot \left(28 + 26 \cdot \frac{2}{35} - 24 \cdot \frac{46}{35} \right) = \frac{4}{35}}$

In (1): $\quad \mathbf{a = 1 + \frac{2}{35} - \frac{46}{35} + \frac{4}{35} = -\frac{1}{7}}$

Damit lautet der Funktionsterm: $f(x) = -\frac{1}{7}x^3 + \frac{4}{35}x^2 + \frac{46}{35}x + \frac{2}{35}$

b) Wertetabelle:

x	-5	-4	-3	-2	-1	0	1	2	3	4	5
f(x)	14,20	5,77	1,00	$-0,97$	$-1,00$	0,06	1,34	2,00	1,17	$-2,00$	$-8,37$

Der Graph von f enthält, wie im Diagramm auf der nächsten Seite zu sehen ist, die vier vorgegebenen Punkte.

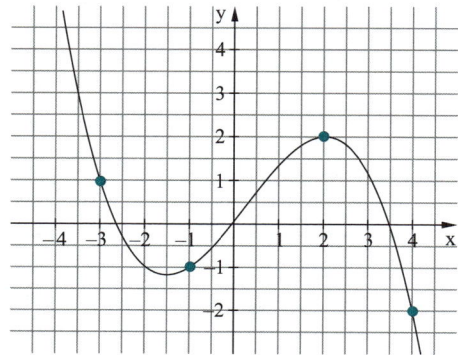

176. Wenn der Rang 1 ist, sind die Vektoren kollinear. Ist der Rang 2, so sind die Vektoren komplanar. Bei Rang 3 sind die Vektoren linear unabhängig.

a) $A = \begin{pmatrix} 1 & 3 & 7 \\ 2 & 1 & -1 \\ 3 & 0 & 6 \end{pmatrix} \cong \begin{pmatrix} 1 & 3 & 7 \\ 0 & -5 & -15 \\ 3 & 0 & 6 \end{pmatrix} \cong \begin{pmatrix} 1 & 3 & 7 \\ 0 & -5 & -15 \\ 0 & -9 & -15 \end{pmatrix} \cong \begin{pmatrix} 1 & 3 & 7 \\ 0 & -5 & -15 \\ 0 & 0 & 12 \end{pmatrix}$

$\Rightarrow$ rg(A) = 3

$\Rightarrow$ $\vec{a}, \vec{b}, \vec{c}$ sind linear unabhängig.

b) $B = \begin{pmatrix} -2 & 1 & -3 \\ 2 & -1 & 3 \\ 4 & -2 & 6 \end{pmatrix} \cong \begin{pmatrix} -2 & 1 & -3 \\ 0 & 0 & 0 \\ 4 & -2 & 6 \end{pmatrix} \cong \begin{pmatrix} -2 & 1 & -3 \\ 0 & 0 & 0 \\ 0 & 0 & 0 \end{pmatrix}$

$\Rightarrow$ rg(B) = 1

$\Rightarrow$ $\vec{a}, \vec{b}, \vec{c}$ sind linear abhängig, und zwar sind die Vektoren kollinear.

c) $C = \begin{pmatrix} -2 & 1 & 3 \\ 0 & 0 & 1 \\ 3 & 2 & 1 \end{pmatrix} \cong \begin{pmatrix} -2 & 1 & 3 \\ 0 & 0 & 1 \\ 0 & \frac{7}{2} & \frac{11}{2} \end{pmatrix} \cong \begin{pmatrix} -2 & 1 & 3 \\ 0 & \frac{7}{2} & \frac{11}{2} \\ 0 & 0 & 1 \end{pmatrix}$

$\Rightarrow$ rg(C) = 3

$\Rightarrow$ $\vec{a}, \vec{b}, \vec{c}$ sind linear unabhängig.

d) $D = \begin{pmatrix} 2 & 3 & 1 \\ -3 & 1 & -7 \\ 3 & 4 & 2 \end{pmatrix} \cong \begin{pmatrix} 2 & 3 & 1 \\ 0 & \frac{11}{2} & -\frac{11}{2} \\ 3 & 4 & 2 \end{pmatrix} \cong \begin{pmatrix} 2 & 3 & 1 \\ 0 & \frac{11}{2} & -\frac{11}{2} \\ 0 & -\frac{1}{2} & \frac{1}{2} \end{pmatrix} \cong \begin{pmatrix} 2 & 3 & 1 \\ 0 & 1 & -1 \\ 0 & -\frac{1}{2} & \frac{1}{2} \end{pmatrix} \cong \begin{pmatrix} 2 & 3 & 1 \\ 0 & 1 & -1 \\ 0 & 0 & 0 \end{pmatrix}$

$\Rightarrow$ rg(D) = 2

$\Rightarrow$ $\vec{a}, \vec{b}, \vec{c}$ sind linear abhängig, und zwar sind die Vektoren komplanar.

177. a) Linear abhängig sind die Vektoren auf jeden Fall, wenn man den Null-vektor hinzufügt. So einfach soll es aber nicht gemacht werden: Fügt man $\vec{c} = \vec{a} + \vec{b}$ hinzu, so sind $\vec{a}, \vec{b}$ und $\vec{c}$ linear abhängig. Allgemein sind sie linear abhängig, wenn der Vektor $\vec{c}$ eine Linearkombination der Vektoren $\vec{a}$ und $\vec{b}$ ist: $\vec{c} = \lambda \cdot \vec{a} + \mu \cdot \vec{b}$. $\vec{a}, \vec{b}$ und $\vec{c}$ sind dann komplanar.

b) Da $\vec{a}$ und $\vec{b}$ linear unabhängig (also nicht kollinear) sind, kann jeder beliebige Vektor $\vec{c}$ hinzugefügt werden, der sich **nicht** als Linearkombination von $\vec{a}$ und $\vec{b}$ erzeugen lässt, beispielsweise $\vec{c} = \begin{pmatrix} 1 \\ 0 \\ 0 \end{pmatrix}$.

Dann ist $\det(\vec{a}, \vec{b}, \vec{c}) = 4 \neq 0$, also sind $\vec{a}$, $\vec{b}$ und $\vec{c}$ linear unabhängig.

178. Bei Vektoren aus dem $\mathbb{R}^4$ muss die Untersuchung mithilfe des Rangkriteriums vorgenommen werden, weil es für 4-reihige Determinanten keine zur Regel von Sarrus ähnliche Formel gibt.

$$E = \begin{pmatrix} 1 & -2 & 2 & 1 \\ 6 & -4 & 2 & 4 \\ 2 & 0 & -1 & 1 \\ 2 & -1 & -1 & 0 \end{pmatrix} \cong \begin{pmatrix} 1 & -2 & 2 & 1 \\ 0 & 8 & -10 & -2 \\ 0 & 4 & -5 & -1 \\ 0 & 3 & -5 & -2 \end{pmatrix} \cong \begin{pmatrix} 1 & -2 & 2 & 1 \\ 0 & 8 & -10 & -2 \\ 0 & 0 & 0 & 0 \\ 0 & 0 & -\frac{5}{4} & -\frac{5}{4} \end{pmatrix} \cong \begin{pmatrix} 1 & -2 & 2 & 1 \\ 0 & 8 & -10 & -2 \\ 0 & 0 & -\frac{5}{4} & -\frac{5}{4} \\ 0 & 0 & 0 & 0 \end{pmatrix}$$

$\Rightarrow$ rg(E) = 3 < 4
$\Rightarrow$ $\vec{a}$, $\vec{b}$, $\vec{c}$, $\vec{d}$ sind linear abhängig.

179. a) $F = \begin{pmatrix} -1 & 2 & 1 & 5 \\ 3 & 0 & 3 & -9 \\ 4 & -1 & 3 & -13 \end{pmatrix} \cong \begin{pmatrix} -1 & 2 & 1 & 5 \\ 0 & 6 & 6 & 6 \\ 0 & 7 & 7 & 7 \end{pmatrix} \cong \begin{pmatrix} -1 & 2 & 1 & 5 \\ 0 & 6 & 6 & 6 \\ 0 & 0 & 0 & 0 \end{pmatrix}$

$\Rightarrow$ rg(F) = 2
$\Rightarrow$ $\vec{a}$, $\vec{b}$, $\vec{c}$, $\vec{d}$ sind linear abhängig, und zwar komplanar.

b) $G = \begin{pmatrix} 1 & 2 & -1 & 2 \\ 2 & 1 & 1 & 3 \\ 3 & 1 & 0 & 5 \end{pmatrix} \cong \begin{pmatrix} 1 & 2 & -1 & 2 \\ 0 & -3 & 3 & -1 \\ 0 & -5 & 3 & -1 \end{pmatrix} \cong \begin{pmatrix} 1 & 2 & -1 & 2 \\ 0 & -3 & 3 & -1 \\ 0 & 0 & -2 & \frac{2}{3} \end{pmatrix}$

$\Rightarrow$ rg(G) = 3 < 4
$\Rightarrow$ $\vec{a}$, $\vec{b}$, $\vec{c}$, $\vec{d}$ sind linear abhängig, jedoch nicht komplanar, da rg(G) $\neq$ 2.

Vier Vektoren des $\mathbb{R}^3$ sind stets linear abhängig, da der Rang der zugehörigen Matrix höchstens 3 sein kann und damit immer kleiner als 4 ist.

180. a) $\vec{a}_1 = \begin{pmatrix} 2 \\ 1 \end{pmatrix}$ und $\vec{a}_2 = \begin{pmatrix} 1 \\ 2 \end{pmatrix}$ sind eine **Basis** des $\mathbb{R}^2$.

Man sieht sofort, dass die beiden Vektoren nicht kollinear sind, weil in der 1. Koordinate ein anderes λ gebraucht wird als in der 2. Koordinate, wenn man $\vec{a}_1 = \lambda \vec{a}_2$ ansetzt.

b) $\vec{b}_1 = \begin{pmatrix} 2 \\ -1 \end{pmatrix}$ und $\vec{b}_2 = \begin{pmatrix} -1 \\ 1 \end{pmatrix}$ stellen ebenfalls eine **Basis** des $\mathbb{R}^2$ dar, da sie linear unabhängig sind.

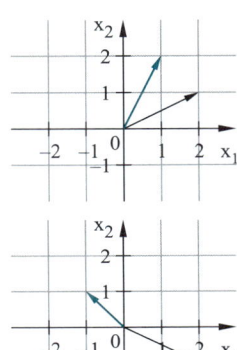

c) $\vec{c}_1 = \begin{pmatrix} 1 \\ -1 \end{pmatrix}$ und $\vec{c}_2 = \begin{pmatrix} -2 \\ 2 \end{pmatrix}$ sind linear abhängig,

da $-2 \cdot \vec{c}_1 = \vec{c}_2$. Somit ist dieses Paar **keine Basis**.

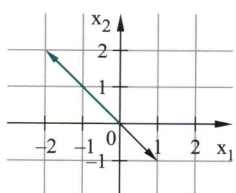

181. a) $\det(\vec{a}_1, \vec{a}_2, \vec{a}_3) = \begin{vmatrix} 1 & 1 & 0 \\ -1 & 0 & 0 \\ 1 & 1 & 1 \end{vmatrix} = 1 \neq \mathbf{0}$

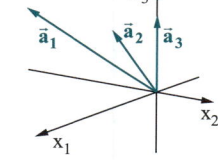

$\Rightarrow$ $\vec{a}_1, \vec{a}_2, \vec{a}_3$ sind linear unabhängig.

Die drei Vektoren $\vec{a}_1, \vec{a}_2, \vec{a}_3$ stellen also eine **Basis** des $\mathbb{R}^3$ dar.

b) $\det(\vec{b}_1, \vec{b}_2, \vec{b}_3) = \begin{vmatrix} 2 & 1 & 1 \\ 1 & 0 & 3 \\ 0 & -1 & 1 \end{vmatrix} = 4 \neq \mathbf{0}$

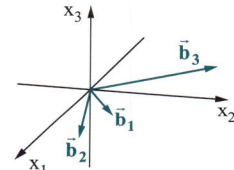

$\Rightarrow$ $\vec{b}_1, \vec{b}_2, \vec{b}_3$ sind linear unabhängig.

Die drei Vektoren $\vec{b}_1, \vec{b}_2, \vec{b}_3$ stellen also ebenfalls eine **Basis** des $\mathbb{R}^3$ dar.

c) $\det(\vec{c}_1, \vec{c}_2, \vec{c}_3) = \begin{vmatrix} 1 & 1 & 1 \\ 2 & 1 & 0 \\ 1 & 1 & 1 \end{vmatrix} = \mathbf{0}$

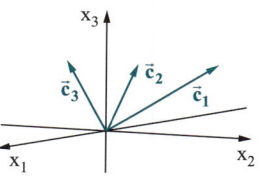

$\Rightarrow$ $\vec{c}_1, \vec{c}_2, \vec{c}_3$ sind linear abhängig.

Die drei Vektoren $\vec{c}_1, \vec{c}_2, \vec{c}_3$ stellen also **keine Basis** des $\mathbb{R}^3$ dar.

Es ist schwer, die Vektoren im $\mathbb{R}^3$ zeichnerisch so darzustellen, dass man sieht, ob sie linear unabhängig sind oder nicht. Deshalb wurde bei diesen drei Abbildungen bewusst von der sonst üblichen Schrägbilddarstellung abgewichen.

Vielleicht ist trotzdem zu erkennen, dass $\vec{a}_1, \vec{a}_2, \vec{a}_3$ alle drei Raumrichtungen beanspruchen, also ein sogenanntes „räumliches Dreibein" bilden. Sie sind linear unabhängig und können jeden beliebigen Vektor des $\mathbb{R}^3$ erzeugen; das bedeutet, kurz gesagt, sie sind eine Basis. Entsprechendes gilt für die Vektoren von Teilaufgabe b. Die Vektoren von Teilaufgabe c sind im Gegensatz dazu komplanar; sie stellen kein „räumliches Dreibein" dar, sondern liegen in einer Ebene. Deshalb können sie nur Vektoren erzeugen, die ebenfalls in dieser Ebene liegen. Sie stellen keine Basis des $\mathbb{R}^3$ dar.

182. a) Ansatz für die 1. Basis:

$$\vec{v} = \lambda_1 \cdot \vec{a}_1 + \lambda_2 \cdot \vec{a}_2$$

$$\begin{pmatrix} 2 \\ -1 \end{pmatrix} = \lambda_1 \cdot \begin{pmatrix} 2 \\ 1 \end{pmatrix} + \lambda_2 \cdot \begin{pmatrix} 1 \\ 1 \end{pmatrix}$$

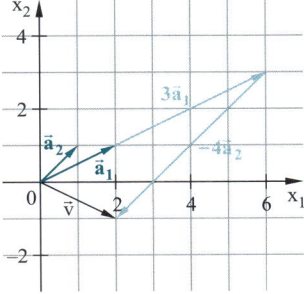

(1) $\quad 2 = 2\lambda_1 + \lambda_2$

(2) $\quad -1 = \lambda_1 + \lambda_2$

Aus (1) $\lambda_2 = 2 - 2\lambda_1$

In (2) $\quad -1 = \lambda_1 + 2 - 2\lambda_1 \Leftrightarrow \boldsymbol{\lambda_1 = 3}$

Eingesetzt: $\boldsymbol{\lambda_2 = 2 - 2 \cdot 3 = -4}$

$\vec{v} = \begin{pmatrix} 3 \\ -4 \end{pmatrix}$ bzgl. $\vec{a}_1$; $\vec{a}_2$

Ansatz für die 2. Basis:

$$\begin{pmatrix} 2 \\ -1 \end{pmatrix} = \mu_1 \cdot \begin{pmatrix} 2 \\ 1 \end{pmatrix} + \mu_2 \cdot \begin{pmatrix} -1 \\ 1 \end{pmatrix}$$

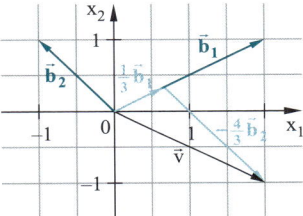

(1) $\quad 2 = 2\mu_1 - \mu_2$

(2) $\quad -1 = \mu_1 + \mu_2$

(1) + (2) $\quad 1 = 3\mu_1 \Leftrightarrow \boldsymbol{\mu_1 = \dfrac{1}{3}}$

In (2) $\quad \boldsymbol{\mu_2 = -\dfrac{4}{3}}$

$\vec{v} = \begin{pmatrix} \frac{1}{3} \\ -\frac{4}{3} \end{pmatrix}$ bzgl. $\vec{b}_1$; $\vec{b}_2$

Ansatz für die 3. Basis:

$$\begin{pmatrix} 2 \\ -1 \end{pmatrix} = \sigma_1 \cdot \begin{pmatrix} 1 \\ 0 \end{pmatrix} + \sigma_2 \cdot \begin{pmatrix} 0 \\ 1 \end{pmatrix}$$

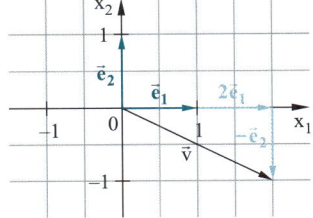

Man sieht unmittelbar:

$\boldsymbol{\sigma_1 = 2; \ \sigma_2 = -1}$

Demnach gilt:

$\vec{v} = \begin{pmatrix} 2 \\ -1 \end{pmatrix}$ bzgl. $\vec{e}_1$; $\vec{e}_2$

Das heißt: $\vec{v}$ ist bereits bezüglich
dieser Basis, der Standardbasis,
gegeben.

b) Die 1. Basis führt auf das Gleichungssystem:

(1) $\quad \lambda_1 + \lambda_2 \qquad = 1$

(2) $\quad -\lambda_1 \qquad\qquad = 2$

(3) $\quad \lambda_1 + \lambda_2 + \lambda_3 = 3$

Aus (2) $\boldsymbol{\lambda_1 = -2}$

In (1) $\quad -2 + \lambda_2 = 1 \Leftrightarrow \boldsymbol{\lambda_2 = 3}$

In (3) $\quad -2 + 3 + \lambda_3 = 3 \Leftrightarrow \boldsymbol{\lambda_3 = 2}$

Demnach gilt:

$$\vec{w} = \begin{pmatrix} -2 \\ 3 \\ 2 \end{pmatrix} \text{ bzgl. } \vec{a}_1, \vec{a}_2, \vec{a}_3$$

Für die 2. Basis gilt:
(1) $2\mu_1 + \mu_2 + \mu_3 = 1$
(2) $\mu_1 + 3\mu_3 = 2$
(3) $-\mu_2 + \mu_3 = 3$

Daraus ergibt sich $\mu_1 = 2$, $\mu_2 = -3$, $\mu_3 = 0$ und somit:

$$\vec{w} = \begin{pmatrix} 2 \\ -3 \\ 0 \end{pmatrix} \text{ bzgl. } \vec{b}_1, \vec{b}_2, \vec{b}_3$$

183. a) Die Vektoren bilden genau dann eine Basis, wenn sie linear unabhängig sind, d. h., die Determinante der zugehörigen Matrix ungleich null ist.

$$\begin{vmatrix} 1 & -1 & 2 \\ 0 & -1 & t \\ 1 & 0 & t^2 \end{vmatrix} = -t^2 - t + 2 \qquad \text{zugehörige Determinante}$$

$-t^2 - t + 2 = 0$ zu lösende Gleichung

$t_1 = -2; t_2 = 1$ Lösungen dieser Gleichung

Demnach sind die Vektoren $\vec{u} = \begin{pmatrix} 1 \\ 0 \\ 1 \end{pmatrix}$; $\vec{v} = \begin{pmatrix} -1 \\ -1 \\ 0 \end{pmatrix}$ und $\vec{w}_t = \begin{pmatrix} 2 \\ t \\ t^2 \end{pmatrix}$ für alle $t \in \mathbb{R} \setminus \{-2; 1\}$ eine Basis.

b) $\begin{pmatrix} 1 \\ -2 \\ -1 \end{pmatrix} = \lambda_1 \cdot \begin{pmatrix} 1 \\ 0 \\ 1 \end{pmatrix} + \lambda_2 \cdot \begin{pmatrix} -1 \\ -1 \\ 0 \end{pmatrix} + \lambda_3 \cdot \begin{pmatrix} 2 \\ 2 \\ 4 \end{pmatrix}$ Ansatz

(1) $\lambda_1 - \lambda_2 + 2\lambda_3 = 1$ zugehöriges Gleichungssystem
(2) $-\lambda_2 + 2\lambda_3 = -2$
(3) $\lambda_1 + 4\lambda_3 = -1$

$\lambda_1 = 3$, $\lambda_2 = 0$, $\lambda_3 = -1$ Lösung des Gleichungssystems

$$\vec{x} = \begin{pmatrix} 3 \\ 0 \\ -1 \end{pmatrix} \text{ bzgl. } \vec{u}; \vec{v}; \vec{w}_2$$

c) Mit einer Ranguntersuchung wird geprüft, ob die Vektoren $\vec{u}$, $\vec{v}$ und $\vec{w}_1$ komplanar sind:

$$(\vec{u}, \vec{v}, \vec{w}_1) = \begin{pmatrix} 1 & -1 & 2 \\ 0 & -1 & 1 \\ 1 & 0 & 1 \end{pmatrix} \cong \begin{pmatrix} 1 & -1 & 2 \\ 0 & -1 & 1 \\ 0 & 1 & -1 \end{pmatrix} \cong \begin{pmatrix} 1 & -1 & 2 \\ 0 & -1 & 1 \\ 0 & 0 & 0 \end{pmatrix}$$

Wegen $rg(\vec{u}, \vec{v}, \vec{w}_1) = 2$ sind diese drei Vektoren komplanar und erzeugen einen Vektorraum der Dimension 2.

Ansatz, um $\vec{v}$ als Linearkombination von $\vec{u}$ und $\vec{w}_1$ darzustellen:

$$\begin{pmatrix} -1 \\ -1 \\ 0 \end{pmatrix} = \mu_1 \cdot \begin{pmatrix} 1 \\ 0 \\ 1 \end{pmatrix} + \mu_2 \cdot \begin{pmatrix} 2 \\ 1 \\ 1 \end{pmatrix}$$

Zugehöriges Gleichungssystem:

(1) $\mu_1 + 2\mu_2 = -1$

(2) $\mu_2 = -1$

(3) $\mu_1 + \mu_2 = 0$

(2) in (3) ergibt: $\mu_1 = 1$

Mit diesen Werten ist noch (1) zu prüfen:

$1 + 2 \cdot (-1) = -1 \iff -1 = -1$ wahre Aussage

Demnach sind alle drei Gleichungen erfüllt und es gilt:

$\vec{v} = \vec{u} - \vec{w}_1$

184. a) Die Untersuchung auf lineare Unabhängigkeit wird mithilfe einer Rang-betrachtung vorgenommen:

$$(\vec{a},\, \vec{b},\, \vec{c},\, \vec{d}_k) = \begin{pmatrix} 1 & 1 & 1 & 1 \\ 1 & -1 & 1 & -1 \\ 0 & 0 & 1 & 2 \\ 0 & 1 & -1 & k \end{pmatrix} \cong \begin{pmatrix} 1 & 1 & 1 & 1 \\ 0 & -2 & 0 & -2 \\ 0 & 0 & 1 & 2 \\ 0 & 1 & -1 & k \end{pmatrix} \cong \begin{pmatrix} 1 & 1 & 1 & 1 \\ 0 & -2 & 0 & -2 \\ 0 & 0 & 1 & 2 \\ 0 & 0 & -1 & k-1 \end{pmatrix}$$

$$\cong \begin{pmatrix} 1 & 1 & 1 & 1 \\ 0 & -2 & 0 & -2 \\ 0 & 0 & 1 & 2 \\ 0 & 0 & 0 & k+1 \end{pmatrix}$$

$\Rightarrow$ $\mathrm{rg}(\vec{a},\, \vec{b},\, \vec{c},\, \vec{d}_k) = 3$, wenn $k = -1$

Die Vektoren $\vec{a}$, $\vec{b}$, $\vec{c}$ und $\vec{d}_k$ stellen nur für $k = -1$ keine Basis dar.

b) Der Ansatz $\vec{d}_{-1} = \lambda_1 \cdot \vec{a} + \lambda_2 \cdot \vec{b} + \lambda_3 \cdot \vec{c}$ führt auf das überbestimmte Gleichungssystem (drei Unbekannte mit vier Gleichungen):

(1) $\lambda_1 + \lambda_2 + \lambda_3 = 1$

(2) $\lambda_1 - \lambda_2 + \lambda_3 = -1$

(3) $\lambda_3 = 2$

(4) $\lambda_2 - \lambda_3 = -1$

(3) in (4) $\lambda_2 - 2 = -1 \iff \lambda_2 = 1$

In (2) $\lambda_1 - 1 + 2 = -1 \iff \lambda_1 = -2$

Mit diesen Werten ist noch (1) zu prüfen: $-2 + 1 + 2 = 1$

Das ist eine wahre Aussage, folglich gilt: $\vec{d}_{-1} = -2 \cdot \vec{a} + \vec{b} + 2 \cdot \vec{c}$

c) Das aus dem Ansatz $\vec{v} = \mu_1 \cdot \vec{a} + \mu_2 \cdot \vec{b} + \mu_3 \cdot \vec{c} + \mu_4 \cdot \vec{d}_1$ entstehende 4×4-Gleichungssystem wird mithilfe des Gauß'schen Algorithmus gelöst:

$$M_e = \begin{pmatrix} 1 & 1 & 1 & 1 & 0 \\ 1 & -1 & 1 & -1 & -6 \\ 0 & 0 & 1 & 2 & 2 \\ 0 & 1 & -1 & 1 & 3 \end{pmatrix} \cong \begin{pmatrix} 1 & 1 & 1 & 1 & 0 \\ 0 & -2 & 0 & -2 & -6 \\ 0 & 0 & 1 & 2 & 2 \\ 0 & 1 & -1 & 1 & 3 \end{pmatrix} \cong \begin{pmatrix} 1 & 1 & 1 & 1 & 0 \\ 0 & -2 & 0 & -2 & -6 \\ 0 & 0 & 1 & 2 & 2 \\ 0 & 0 & -1 & 0 & 0 \end{pmatrix}$$

$$\cong \begin{pmatrix} 1 & 1 & 1 & 1 & 0 \\ 0 & -2 & 0 & -2 & -6 \\ 0 & 0 & 1 & 2 & 2 \\ 0 & 0 & 0 & 2 & 2 \end{pmatrix}$$

Das letzte System wird von unten nach oben aufgelöst:

Aus (4) $\mu_4 = 1$

In (3) $\mu_3 + 2 \cdot 1 = 2$ $\qquad\qquad \Leftrightarrow \; \mu_3 = 0$

In (2) $-2 \cdot \mu_2 + 0 - 2 \cdot 1 = -6 \Leftrightarrow \mu_2 = 2$

In (1) $\mu_1 + 2 + 0 + 1 = 0 \;\Leftrightarrow \; \mu_1 = -3$

Demnach gilt:

$$\vec{v} = \begin{pmatrix} -3 \\ 2 \\ 0 \\ 1 \end{pmatrix} \text{ bzgl. der Basisvektoren } \vec{a}, \vec{b}, \vec{c}, \vec{d}_1$$

Bemerkung: Das 4×4-Gleichungssystem kann statt mit dem Gauß'schen Algorithmus auch mit dem Einsetzverfahren gelöst werden.

185. a) $\begin{pmatrix} \frac{1}{2} \\ 2 \\ -3 \end{pmatrix} \circ \begin{pmatrix} 2 \\ 2 \\ 2 \end{pmatrix} = \frac{1}{2} \cdot 2 + (-3) \cdot 2 = 1 - 6 = -5$

b) $\begin{pmatrix} 2 \\ 1 \\ -3 \end{pmatrix} \circ \begin{pmatrix} 2 \\ -2 \\ 1 \end{pmatrix} = 2 \cdot 2 + 1 \cdot (-2) + (-3) \cdot 1 = 4 - 2 - 3 = -1$

c) $\begin{pmatrix} 4 \\ 0 \\ -3 \end{pmatrix} \circ \begin{pmatrix} 0 \\ -5 \\ 0 \end{pmatrix} = 4 \cdot 0 + 0 \cdot (-5) + (-3) \cdot 0 = 0$

$\Rightarrow$ Die beiden Vektoren stehen senkrecht zueinander.

d) $\begin{pmatrix} a \\ b \\ -a \end{pmatrix} \circ \begin{pmatrix} b \\ -a \\ -b \end{pmatrix} = a \cdot b + b \cdot (-a) + (-a) \cdot (-b) = ab - ab + ab = ab$

186. a) $\begin{pmatrix} -2 \\ x \\ 1 \end{pmatrix} \circ \begin{pmatrix} 2x \\ -2 \\ -2 \end{pmatrix} = -4x - 2x - 2 = -6x - 2$

Zu lösen ist also die Gleichung: $-6x - 2 = 4 \;\Rightarrow\; x = -1$

b) $\begin{pmatrix} a \\ a \\ a \end{pmatrix} \circ \begin{pmatrix} a \\ a \\ a \end{pmatrix} = 1 \;\Leftrightarrow\; 3a^2 = 1 \;\Leftrightarrow\; a^2 = \frac{1}{3} \;\Rightarrow\; a_{1/2} = \pm\sqrt{\frac{1}{3}}$

c) $\begin{pmatrix} 1 \\ 2 \\ 3 \end{pmatrix} \circ \begin{pmatrix} 2 \\ 4 \\ z \end{pmatrix} = 2 + 8 + 3z = 3z + 10$

$3z + 10 = 0 \iff z = -\dfrac{10}{3}$

Für diesen Wert von z sind beide Vektoren zueinander senkrecht.

d) $\begin{pmatrix} k \\ 1 \\ -2 \end{pmatrix} \circ \begin{pmatrix} k \\ 0 \\ k \end{pmatrix} = k^2 - 2k$

$k^2 - 2k = -1 \iff k^2 - 2k + 1 = 0 \iff (k-1)^2 = 0 \implies \mathbf{k = 1}$

187. a) $\vec{a} \circ \vec{b} + \vec{c}$

Zunächst ist unklar, welche Verknüpfung zuerst zu berechnen ist, normalerweise das Skalarprodukt („Punkt vor Strich"). In diesem Fall ist der Ausdruck undefiniert, da ein Skalar nicht mit einem Vektor addiert werden kann:

$\underbrace{\vec{a} \circ \vec{b}}_{\text{Skalar}} + \vec{c}$

Hingegen wäre $\vec{a} \circ (\vec{b} + \vec{c})$ ein definierter Ausdruck, nämlich das Skalarprodukt zweier Vektoren; es ergibt sich ein Skalar.

b) $\underbrace{(\vec{u} \circ \vec{v})}_{\text{Skalar}} \cdot \vec{w}$ ist definiert und ergibt einen Vektor.

c) $\underbrace{(\lambda \vec{a} + \mu \vec{b})}_{\text{Vektor}} \circ \vec{c}$ ist definiert und ergibt einen Skalar.

d) $\underbrace{(\lambda \vec{a} \circ \mu \vec{b})}_{\text{Skalar}} \circ \vec{c}$ ist undefiniert, da ein Skalar und ein Vektor mit dem Skalarprodukt verknüpft werden sollen.

188. a) $\vec{a} \circ \vec{b} = |\vec{a}| \cdot |\vec{b}| \cdot \cos(\varphi)$

$\vec{a} \circ \vec{b} = a_1 b_1 + a_2 b_2 + a_3 b_3$

b) $\vec{a} \circ \vec{b} = \mathbf{0}$

$\vec{a} \circ \vec{a} = \vec{a}^2 = a_1^2 + a_2^2 + a_3^2$

$|\vec{a}| = \left| \begin{pmatrix} a_1 \\ a_2 \\ a_3 \end{pmatrix} \right| = \sqrt{a_1^2 + a_2^2 + a_3^2}$

$\vec{a}^0 = \dfrac{1}{|\vec{a}|} \vec{a}$

$\cos(\varphi) = \dfrac{\vec{a} \circ \vec{b}}{|\vec{a}| \cdot |\vec{b}|}$

189. a) $\dfrac{\vec{a}}{|\vec{a}|}$ ist definiert, wenn $\vec{a}$ nicht gerade der Nullvektor ist.

b) $\dfrac{|\vec{a}|}{\vec{a}}$ ist undefiniert, da es keine Division durch einen Vektor gibt.

c) $\vec{a} \circ |\vec{b}|$ ist undefiniert, da es kein Skalarprodukt zwischen dem Vektor $\vec{a}$ und dem Skalar $|\vec{b}|$ gibt.

d) $\dfrac{\vec{a} \circ \vec{b}}{|\vec{a}| \cdot |\vec{b}|}$ ist definiert, sofern weder $\vec{a}$ noch $\vec{b}$ der Nullvektor sind; in diesem Fall ist das $\cos \sphericalangle(\vec{a}; \vec{b})$.

e) $\vec{a} \circ \vec{b} = 1$ ist eine wohldefinierte Gleichung.

190. a) $\left| \begin{pmatrix} 2 \\ 1 \end{pmatrix} \right| = \sqrt{2^2 + 1^2} = \sqrt{4+1} = \sqrt{5}$

b) $\left| \begin{pmatrix} -2 \\ 1 \\ 1 \end{pmatrix} \right| = \sqrt{(-2)^2 + 1^2 + 1^2} = \sqrt{4+1+1} = \sqrt{6}$

c) $\left| \begin{pmatrix} -\sqrt{2} \\ 1 \\ -1 \end{pmatrix} \right| = \sqrt{(-\sqrt{2})^2 + 1^2 + (-1)^2} = \sqrt{2+1+1} = \sqrt{4} = 2$

d) $\left| 3 \cdot \begin{pmatrix} -\sqrt{2} \\ 1 \\ -1 \end{pmatrix} \right| = 3 \cdot \left| \begin{pmatrix} -\sqrt{2} \\ 1 \\ -1 \end{pmatrix} \right| = 3 \cdot \sqrt{2+1+1} = 6$

e) $\left| \begin{pmatrix} \sqrt{k} \\ -2k \\ 3 \end{pmatrix} \right| = \sqrt{k + 4k^2 + 9} = \sqrt{4k^2 + k + 9}$ lässt sich nicht weiter vereinfachen

f) $d(O; A) = |\overrightarrow{OA}| = \left| \begin{pmatrix} 1 \\ 1 \\ 0 \end{pmatrix} \right| = \sqrt{2}$

g) $d(P; Q) = |\overrightarrow{PQ}| = \left| \begin{pmatrix} 3 \\ 0 \end{pmatrix} - \begin{pmatrix} 1 \\ -2 \end{pmatrix} \right| = \left| \begin{pmatrix} 2 \\ 2 \end{pmatrix} \right| = \sqrt{4+4} = \sqrt{8} = 2\sqrt{2}$

h) $d(A; B) = |\overrightarrow{AB}| = \left| \begin{pmatrix} -3 \\ 8 \\ 1 \end{pmatrix} - \begin{pmatrix} 2 \\ 1 \\ -1 \end{pmatrix} \right| = \left| \begin{pmatrix} -5 \\ 7 \\ 2 \end{pmatrix} \right| = \sqrt{25+49+4} = \sqrt{78}$

191. Ist Q ein beliebiger Punkt auf der Parabel, so kann man in Abhängigkeit von x seine Koordinaten angeben: $Q(x \mid x^2)$

Der Abstand von $P(0 \mid 2)$ zu $Q(x \mid x^2)$ beträgt dann:

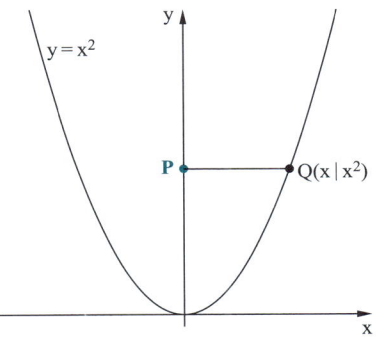

$$d(P; Q) = \left| \overrightarrow{PQ} \right| = \left| \begin{pmatrix} x \\ x^2 \end{pmatrix} - \begin{pmatrix} 0 \\ 2 \end{pmatrix} \right|$$

$$= \left| \begin{pmatrix} x \\ x^2 - 2 \end{pmatrix} \right|$$

$$= \sqrt{x^2 + (x^2 - 2)^2}$$

$$= \sqrt{x^2 + x^4 - 4x^2 + 4}$$

$$= \sqrt{x^4 - 3x^2 + 4}$$

Der kleinste Abstand ist dort, wo der Radikand $x^4 - 3x^2 + 4$ den kleinsten Wert hat. Diese Stelle kann mit der Differenzialrechnung bestimmt werden:

$$\frac{d}{dx}(x^4 - 3x^2 + 4) = 4x^3 - 6x \qquad \text{1. Ableitung bilden}$$

$$4x^3 - 6x = 0 \qquad \text{1. Ableitung null setzen}$$

$$x(4x^2 - 6) = 0$$

$$x_1 = 0 \qquad 4x^2 - 6 = 0 \iff x^2 = \frac{3}{2} \implies x_{2/3} = \pm\sqrt{\frac{3}{2}}$$

Die Nullstellen der 1. Ableitung werden in die 2. Ableitung eingesetzt:

$$y'' = \frac{d}{dx}(4x^3 - 6x) = 12x^2 - 6$$

$$y''(0) = -6 < 0$$

$\implies$ relatives Maximum

$$y''\left(\pm\sqrt{\frac{3}{2}}\right) = 12 \cdot \frac{3}{2} - 6 = 12 > 0$$

$\implies$ relative Minima

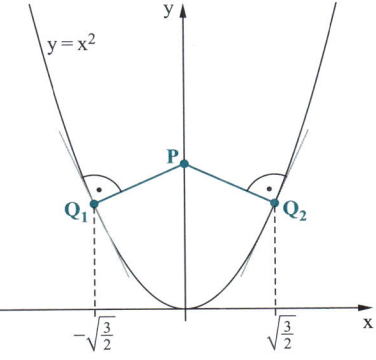

Die Punkte $Q_{1/2}\left(\pm\sqrt{\frac{3}{2}} \mid \frac{3}{2}\right)$ haben unter allen Punkten auf der Normalparabel den geringsten Abstand zum Punkt $P(0 \mid 2)$.

Die Strecken $\overline{PQ_1}$ und $\overline{PQ_2}$ stehen senkrecht auf den Tangenten in den Punkten Q_1 und Q_2.

192. a) $\vec{a}^0 = \frac{1}{\left|\binom{-1}{2}\right|} \cdot \binom{-1}{2} = \frac{1}{\sqrt{1+4}}\binom{-1}{2} = \frac{1}{\sqrt{5}}\binom{-1}{2}$

b) $\vec{b}^0 = \frac{1}{\sqrt{2+1+1}}\begin{pmatrix}-\sqrt{2}\\1\\-1\end{pmatrix} = \frac{1}{2}\begin{pmatrix}-\sqrt{2}\\1\\-1\end{pmatrix} = \begin{pmatrix}-\frac{1}{2}\sqrt{2}\\\frac{1}{2}\\-\frac{1}{2}\end{pmatrix}$

c) $\vec{c}^0 = \frac{1}{\sqrt{9+16}}\begin{pmatrix}-3\\0\\4\end{pmatrix} = \frac{1}{5}\begin{pmatrix}-3\\0\\4\end{pmatrix} = \begin{pmatrix}-\frac{3}{5}\\0\\\frac{4}{5}\end{pmatrix}$

d) $\vec{d}^0 = \frac{1}{\sqrt{1+9+16}}\begin{pmatrix}-1\\3\\4\end{pmatrix} = \frac{1}{\sqrt{26}}\begin{pmatrix}-1\\3\\4\end{pmatrix}$

193. a) $\vec{a} \circ \vec{b} = \begin{pmatrix}-3\\0\\4\end{pmatrix} \circ \begin{pmatrix}1\\-3\\1\end{pmatrix} = -3+0+4 = 1$

b) $|\vec{a}| \cdot |\vec{b}| = \left|\begin{pmatrix}-3\\0\\4\end{pmatrix}\right| \cdot \left|\begin{pmatrix}1\\-3\\1\end{pmatrix}\right| = \sqrt{9+16} \cdot \sqrt{1+9+1} = 5\sqrt{11}$

c) $|\vec{a} - \vec{b}| = \left|\begin{pmatrix}-3\\0\\4\end{pmatrix} - \begin{pmatrix}1\\-3\\1\end{pmatrix}\right| = \left|\begin{pmatrix}-4\\3\\3\end{pmatrix}\right| = \sqrt{16+9+9} = \sqrt{34}$

d) $|\vec{a}| - |\vec{b}| = \left|\begin{pmatrix}-3\\0\\4\end{pmatrix}\right| - \left|\begin{pmatrix}1\\-3\\1\end{pmatrix}\right| = \sqrt{9+16} - \sqrt{1+9+1} = 5 - \sqrt{11}$

e) $|\vec{a} + 2\vec{b}| = \left|\begin{pmatrix}-3\\0\\4\end{pmatrix} + 2\begin{pmatrix}1\\-3\\1\end{pmatrix}\right| = \left|\begin{pmatrix}-1\\-6\\6\end{pmatrix}\right| = \sqrt{1+36+36} = \sqrt{73}$

f) $\frac{\vec{a} \circ \vec{b}}{|\vec{a}| \cdot |\vec{b}|} = \frac{\begin{pmatrix}-3\\0\\4\end{pmatrix} \circ \begin{pmatrix}1\\-3\\1\end{pmatrix}}{\left|\begin{pmatrix}-3\\0\\4\end{pmatrix}\right| \cdot \left|\begin{pmatrix}1\\-3\\1\end{pmatrix}\right|} = \frac{-3+0+4}{\sqrt{9+16} \cdot \sqrt{1+9+1}} = \frac{1}{5\sqrt{11}}$

194. a) Wegen der Einheitsvektoren liegt ein gleichschenkliges Dreieck vor, also gilt $\alpha = \beta$.
Da β und γ Wechselwinkel sind, stimmen auch diese überein. Daher zeigt der Vektor $\vec{w} = \vec{a}^0 + \vec{b}^0$ in Richtung der Winkelhalbierenden.

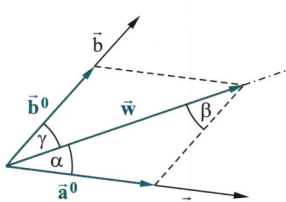

b) $\vec{w} = \vec{a}^0 + \vec{b}^0 = \frac{1}{5}\begin{pmatrix} 0 \\ 3 \\ 4 \end{pmatrix} + \frac{1}{2}\begin{pmatrix} 1 \\ 1 \\ \sqrt{2} \end{pmatrix} = \begin{pmatrix} \frac{1}{2} \\ \frac{11}{10} \\ \frac{8+5\sqrt{2}}{10} \end{pmatrix}$

195. a) $\cos(\varphi_1) = \dfrac{\vec{a}_1 \circ \vec{b}_1}{|\vec{a}_1| \cdot |\vec{b}_1|} = \dfrac{\begin{pmatrix} -1 \\ 2 \end{pmatrix} \circ \begin{pmatrix} -2 \\ 4 \end{pmatrix}}{\left|\begin{pmatrix} -1 \\ 2 \end{pmatrix}\right| \cdot \left|\begin{pmatrix} -2 \\ 4 \end{pmatrix}\right|} = \dfrac{10}{\sqrt{5} \cdot \sqrt{20}} = \dfrac{10}{\sqrt{100}} = 1$

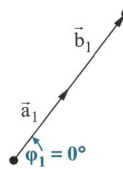

$\Rightarrow \quad \boldsymbol{\varphi_1 = 0°}$

$\vec{a}_1$ und $\vec{b}_1$ sind zwei kollineare Vektoren mit gleicher
Orientierung; sie schließen einen 0°-Winkel ein.

$\cos(\varphi_2) = \dfrac{\begin{pmatrix} -3 \\ 0 \\ 4 \end{pmatrix} \circ \begin{pmatrix} -1 \\ 3 \\ 4 \end{pmatrix}}{\sqrt{9+16} \cdot \sqrt{1+9+16}} = \dfrac{3+16}{\sqrt{25} \cdot \sqrt{26}} = \dfrac{19}{5 \cdot \sqrt{26}} \quad \Rightarrow \quad \boldsymbol{\varphi_2 \approx 41,8°}$

b) $\cos(45°) = \dfrac{\begin{pmatrix} k \\ 0 \\ -1 \end{pmatrix} \circ \begin{pmatrix} 1 \\ \sqrt{2} \\ -1 \end{pmatrix}}{\sqrt{k^2+1} \cdot \sqrt{4}} \qquad \cos(45°) = \frac{1}{2}\sqrt{2}$

$\frac{1}{2}\sqrt{2} = \dfrac{k+1}{2\sqrt{k^2+1}}$

$\sqrt{2} \cdot \left(\sqrt{k^2+1}\right) = k+1 \qquad$ quadrieren

$2(k^2+1) = (k+1)^2 \qquad$ Binom

$2k^2+2 = k^2+2k+1$

$k^2 - 2k^2 + 1 = 0 \qquad$ Binom

$(k-1)^2 = 0 \quad \Rightarrow \quad k_{1/2} = 1$

Für **k = 1** bilden die beiden Vektoren einen 45°-Winkel.

c) $\cos(\alpha) = \dfrac{\overrightarrow{AB} \circ \overrightarrow{AC}}{|\overrightarrow{AB}| \cdot |\overrightarrow{AC}|} = \dfrac{\begin{pmatrix} 1 \\ 1 \\ -2 \end{pmatrix} \circ \begin{pmatrix} 3 \\ 0 \\ 2 \end{pmatrix}}{\sqrt{6} \cdot \sqrt{13}} = \dfrac{-1}{\sqrt{6} \cdot \sqrt{13}}$

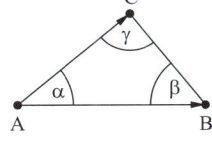

$\Rightarrow \quad \boldsymbol{\alpha \approx 96,5°}$

$\cos(\beta) = \dfrac{\overrightarrow{BA} \circ \overrightarrow{BC}}{|\overrightarrow{BA}| \cdot |\overrightarrow{BC}|} = \dfrac{\begin{pmatrix} -1 \\ -1 \\ 2 \end{pmatrix} \circ \begin{pmatrix} 2 \\ -1 \\ 4 \end{pmatrix}}{\sqrt{6} \cdot \sqrt{21}} = \dfrac{7}{\sqrt{6} \cdot \sqrt{21}}$

$\Rightarrow \quad \boldsymbol{\beta \approx 51,4°}$

$\cos(\gamma) = \dfrac{\overrightarrow{CA} \circ \overrightarrow{CB}}{|\overrightarrow{CA}| \cdot |\overrightarrow{CB}|} = \dfrac{\begin{pmatrix} -3 \\ 0 \\ -2 \end{pmatrix} \circ \begin{pmatrix} -2 \\ 1 \\ -4 \end{pmatrix}}{\sqrt{13} \cdot \sqrt{21}} = \dfrac{14}{\sqrt{13} \cdot \sqrt{21}}$

$\Rightarrow \quad \boldsymbol{\gamma \approx 32,1°}$

Man rechnet leicht nach, dass $\alpha + \beta + \gamma = 180°$ gilt (Winkelsumme im
Dreieck).

d) $\overrightarrow{AD} = \overrightarrow{AB} + \overrightarrow{AC} = \begin{pmatrix} 1 \\ 1 \\ -2 \end{pmatrix} + \begin{pmatrix} 3 \\ 0 \\ 2 \end{pmatrix} = \begin{pmatrix} 4 \\ 1 \\ 0 \end{pmatrix}$

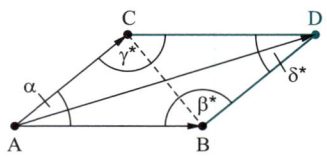

$\overrightarrow{OD} = \overrightarrow{OA} + \overrightarrow{AD} = \begin{pmatrix} 1 \\ 0 \\ -1 \end{pmatrix} + \begin{pmatrix} 4 \\ 1 \\ 0 \end{pmatrix} = \begin{pmatrix} 5 \\ 1 \\ -1 \end{pmatrix}$

$\Rightarrow$ **D(5 | 1 | –1)**

$\alpha \approx 96{,}5°$ (unverändert)

$\cos(\beta^*) = \dfrac{\overrightarrow{BA} \circ \overrightarrow{BD}}{|\overrightarrow{BA}| \cdot |\overrightarrow{BD}|} = \dfrac{1}{\sqrt{6} \cdot \sqrt{13}} \quad \Rightarrow \quad \boldsymbol{\beta^* \approx 83{,}5°}$

$\cos(\gamma^*) = \dfrac{\overrightarrow{CA} \circ \overrightarrow{CD}}{|\overrightarrow{CA}| \cdot |\overrightarrow{CD}|} = \dfrac{1}{\sqrt{13} \cdot \sqrt{6}} \quad \Rightarrow \quad \boldsymbol{\gamma^* \approx 83{,}5°}$

$\cos(\delta^*) = \dfrac{\overrightarrow{DB} \circ \overrightarrow{DC}}{|\overrightarrow{DB}| \cdot |\overrightarrow{DC}|} = \dfrac{-1}{\sqrt{13} \cdot \sqrt{6}} \quad \Rightarrow \quad \boldsymbol{\delta^* \approx 96{,}5°}$

Man erkennt, dass im Parallelogramm gegenüberliegende Winkel gleich groß sind. Das folgt aus der Symmetrie des Parallelogramms.

Die Diagonalen des Parallelogramms sind durch die Vektoren

$\vec{d}_1 = \overrightarrow{AD} = \begin{pmatrix} 4 \\ 1 \\ 0 \end{pmatrix}$ und $\vec{d}_2 = \overrightarrow{BC} = \begin{pmatrix} 2 \\ -1 \\ 4 \end{pmatrix}$ festgelegt.

$\cos \sphericalangle(\vec{d}_1 ; \vec{d}_2) = \dfrac{\begin{pmatrix} 4 \\ 1 \\ 0 \end{pmatrix} \circ \begin{pmatrix} 2 \\ -1 \\ 4 \end{pmatrix}}{\sqrt{17} \cdot \sqrt{21}} = \dfrac{7}{\sqrt{17} \cdot \sqrt{21}} \quad \Rightarrow \quad \boldsymbol{\sphericalangle(\vec{d}_1 ; \vec{d}_2) \approx 68{,}3°}$

Es gibt noch einen weiteren Winkel zwischen den Diagonalen, nämlich den Komplementärwinkel zu 180° zum obigen Winkel. Als „Schnittwinkel" wählt man immer den kleineren der beiden Winkel.

e) Mit den eingeführten Bezeichnungen sind die Diagonalvektoren wie folgt:

$\vec{d}_1 = \overrightarrow{E_3A} = \begin{pmatrix} 1 \\ 1 \\ 0 \end{pmatrix} - \begin{pmatrix} 0 \\ 0 \\ 1 \end{pmatrix} = \begin{pmatrix} 1 \\ 1 \\ -1 \end{pmatrix}; \quad \vec{d}_2 = \overrightarrow{BE_2} = \begin{pmatrix} 0 \\ 1 \\ 0 \end{pmatrix} - \begin{pmatrix} 1 \\ 0 \\ 1 \end{pmatrix} = \begin{pmatrix} -1 \\ 1 \\ -1 \end{pmatrix}$

$\cos(\varphi) = \dfrac{\vec{d}_1 \circ \vec{d}_2}{|\vec{d}_1| \cdot |\vec{d}_2|} = \dfrac{1}{\sqrt{3} \cdot \sqrt{3}} = \dfrac{1}{3} \quad \Rightarrow \quad \boldsymbol{\varphi \approx 70{,}5°}$

Der Winkel φ ist kleiner als 90° und damit tatsächlich der Schnittwinkel der beiden Raumdiagonalen des Einheitswürfels.

196. $|\vec{a} + \vec{b}|^2 = (\vec{a} + \vec{b}) \circ (\vec{a} + \vec{b}) = \vec{a} \circ \vec{a} + 2\underbrace{(\vec{a} \circ \vec{b})}_{= 0, \text{ da } \vec{a} \perp \vec{b}} + \vec{b} \circ \vec{b} = |\vec{a}|^2 + |\vec{b}|^2$

197. a) $\begin{pmatrix} 4 \\ 0 \\ -3 \end{pmatrix} \times \begin{pmatrix} 0 \\ -5 \\ 0 \end{pmatrix} = \begin{pmatrix} 0-(-3)\cdot(-5) \\ -(0+0) \\ 4\cdot(-5)-0 \end{pmatrix} = \begin{pmatrix} -15 \\ 0 \\ -20 \end{pmatrix}$

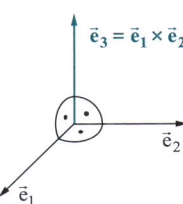

b) $\begin{pmatrix} 1 \\ 0 \\ 0 \end{pmatrix} \times \begin{pmatrix} 0 \\ 1 \\ 0 \end{pmatrix} = \begin{pmatrix} 0 \\ 0 \\ 1 \end{pmatrix}$

c) $\begin{pmatrix} 2 \\ 3 \\ 5 \end{pmatrix} \times \begin{pmatrix} 2 \\ 3 \\ 5 \end{pmatrix} = \begin{pmatrix} 15-15 \\ -(10-10) \\ 6-6 \end{pmatrix} = \begin{pmatrix} 0 \\ 0 \\ 0 \end{pmatrix} = \vec{0}$

Das gilt immer: Zwei gleiche Vektoren (sogar zwei kollineare Vektoren) ergeben das Vektorprodukt $\vec{0}$.

d) $\begin{pmatrix} 2 \\ 1 \\ -3 \end{pmatrix} \times \begin{pmatrix} 2 \\ -2 \\ 1 \end{pmatrix} = \begin{pmatrix} 1-6 \\ -(2-(-6)) \\ -4-2 \end{pmatrix} = \begin{pmatrix} -5 \\ -8 \\ -6 \end{pmatrix}$

e) $\begin{pmatrix} a \\ b \\ -a \end{pmatrix} \times \begin{pmatrix} b \\ -a \\ -b \end{pmatrix} = \begin{pmatrix} -a^2-b^2 \\ 0 \\ -a^2-b^2 \end{pmatrix}$

198. Das **vordere Schrägdach** hat die Eckpunkte:
A(3|0|1); B(3|3|1); C(0|3|4); D(0|0|4)

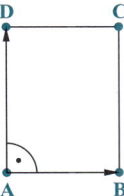

Kantenvektoren:

$\overrightarrow{AB} = \overrightarrow{OB} - \overrightarrow{OA} = \begin{pmatrix} 0 \\ 3 \\ 0 \end{pmatrix}$; $\overrightarrow{AD} = \overrightarrow{OD} - \overrightarrow{OA} = \begin{pmatrix} -3 \\ 0 \\ 3 \end{pmatrix}$

Normalenvektor:

$\vec{n}_1 = \overrightarrow{AB} \times \overrightarrow{AD} = \begin{pmatrix} 0 \\ 3 \\ 0 \end{pmatrix} \times \begin{pmatrix} -3 \\ 0 \\ 3 \end{pmatrix} = \begin{pmatrix} 9 \\ 0 \\ 9 \end{pmatrix}$ Laut „Rechte-Hand-Regel" zeigt $\vec{n}_1$ nach außen.

Flächeninhalt:

$A_1 = |\overrightarrow{AB} \times \overrightarrow{AD}| = \left| \begin{pmatrix} 9 \\ 0 \\ 9 \end{pmatrix} \right| = \sqrt{9^2+0^2+9^2} = \sqrt{2\cdot9^2} = 9\sqrt{2}$

Das **hintere Schrägdach** hat die Eckpunkte:
P(0|5|5); Q(−5|5|3); R(0|0|5)

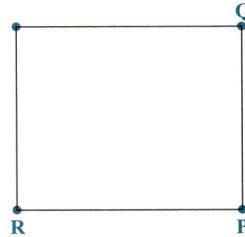

Kantenvektoren:

$\overrightarrow{PQ} = \begin{pmatrix} -5 \\ 0 \\ -2 \end{pmatrix}$; $\overrightarrow{PR} = \begin{pmatrix} 0 \\ -5 \\ 0 \end{pmatrix}$

Normalenvektor:

$\vec{n}_2 = \overrightarrow{PQ} \times \overrightarrow{PR} = \begin{pmatrix} -5 \\ 0 \\ -2 \end{pmatrix} \times \begin{pmatrix} 0 \\ -5 \\ 0 \end{pmatrix} = \begin{pmatrix} -10 \\ 0 \\ 25 \end{pmatrix}$

Flächeninhalt:

$A_2 = |\overrightarrow{PQ} \times \overrightarrow{PR}| = \left| \begin{pmatrix} -10 \\ 0 \\ 25 \end{pmatrix} \right| = \sqrt{100+625} = 5\sqrt{29}$

199. $\vec{a} \times \vec{b} = \begin{pmatrix} a_1 \\ a_2 \\ a_3 \end{pmatrix} \times \begin{pmatrix} b_1 \\ b_2 \\ b_3 \end{pmatrix} = \begin{pmatrix} a_2 b_3 - a_3 b_2 \\ -(a_1 b_3 - a_3 b_1) \\ a_1 b_2 - a_2 b_1 \end{pmatrix}$

Die beiden Vektoren $\vec{a}$ und $\vec{n}$ stehen senkrecht aufeinander, wenn das Skalarprodukt null ist. Das wird nachgewiesen:

$\vec{a} \circ \vec{n} = \vec{a} \circ \lambda (\vec{a} \times \vec{b}) = \lambda \cdot \left(\vec{a} \circ (\vec{a} \times \vec{b}) \right) = \lambda \cdot \left(\begin{pmatrix} a_1 \\ a_2 \\ a_3 \end{pmatrix} \circ \begin{pmatrix} a_2 b_3 - a_3 b_2 \\ -a_1 b_3 + a_3 b_1 \\ a_1 b_2 - a_2 b_1 \end{pmatrix} \right)$

$= \lambda \cdot \left(a_1 (a_2 b_3 - a_3 b_2) + a_2 (a_3 b_1 - a_1 b_3) + a_3 (a_1 b_2 - a_2 b_1) \right)$

$= \lambda \cdot \left(\mathbf{a_1 a_2 b_3} - a_1 a_3 b_2 + a_2 a_3 b_1 - \mathbf{a_1 a_2 b_3} + a_1 a_3 b_2 - a_2 a_3 b_1 \right)$

$= \lambda \cdot 0 = 0 \quad \Rightarrow \quad \vec{a} \perp \lambda (\vec{a} \times \vec{b})$

Den Beweis für $\vec{b} \perp \lambda (\vec{a} \times \vec{b})$ führt man genauso.

200. a) $\vec{a} \times \vec{b} - 1$ ist undefiniert, da von einem Vektor $(\vec{a} \times \vec{b})$ keine Zahl (1) subtrahiert werden kann.

b) $\vec{a} \times \vec{b} \times \vec{c}$ ist nicht eindeutig, da wegen fehlender Klammern nicht klar ist, mit welchen beiden Vektoren begonnen werden soll.

c) $\begin{pmatrix} a_1 \\ a_2 \end{pmatrix} \times \begin{pmatrix} b_1 \\ b_2 \end{pmatrix}$ ist undefiniert: Das Vektorprodukt gibt es nur im $\mathbb{R}^3$.

d) $(\vec{a} \circ \vec{b}) \times \vec{c}$ ist undefiniert: Das Skalarprodukt ergibt einen Skalar, der mit $\vec{c}$ zum Vektorprodukt verrechnet werden soll. Das geht nicht!

e) $(\vec{a} \times \vec{b}) \circ \vec{c}$ ist definiert: $\vec{a} \times \vec{b}$ ergibt einen Vektor, der mit $\vec{c}$ zum Skalarprodukt verrechnet wird. Das Ergebnis ist ein Skalar.

f) $\lambda \vec{a} \times \mu \vec{b}$ ist definiert: Es wird mit zwei Vektoren das Vektorprodukt gebildet. Das Ergebnis ist ein Vektor.

201. Die Berechnungen sollen vektoriell durchgeführt werden. Deshalb wird ein Koordinatensystem eingeführt (siehe Abbildung):
$O(0|0|0)$; $P(3|0|0)$; $Q(3|2|1)$

Seitenlängen

$|\overrightarrow{OP}| = \left| \begin{pmatrix} 3 \\ 0 \\ 0 \end{pmatrix} \right| = \sqrt{3^2} = 3$

$|\overrightarrow{PQ}| = \left| \begin{pmatrix} 3 \\ 2 \\ 1 \end{pmatrix} - \begin{pmatrix} 3 \\ 0 \\ 0 \end{pmatrix} \right| = \left| \begin{pmatrix} 0 \\ 2 \\ 1 \end{pmatrix} \right| = \sqrt{5}$

$|\overrightarrow{OQ}| = \left| \begin{pmatrix} 3 \\ 2 \\ 1 \end{pmatrix} \right| = \sqrt{9 + 4 + 1} = \sqrt{14}$

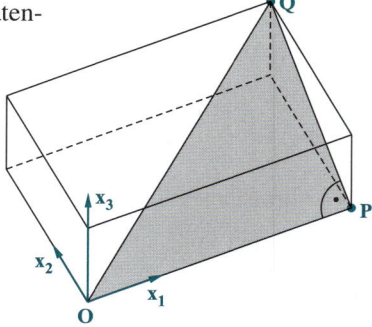

Kontrolle mithilfe des Satzes von Pythagoras:

$\sqrt{14}^2 = 3^2 + \sqrt{5}^2$ ist eine wahre Aussage.

Winkel beim Ursprung

$\cos(\alpha) = \dfrac{\overrightarrow{OP} \circ \overrightarrow{OQ}}{|\overrightarrow{OP}| \cdot |\overrightarrow{OQ}|} = \dfrac{9}{3 \cdot \sqrt{14}} \quad \Rightarrow \quad \alpha \approx 36,7°$

Winkel beim Punkt Q

$\cos(\beta) = \dfrac{\overrightarrow{QO} \circ \overrightarrow{QP}}{|\overrightarrow{QO}| \cdot |\overrightarrow{QP}|} = \dfrac{5}{\sqrt{14} \cdot \sqrt{5}} \quad \Rightarrow \quad \beta \approx 53,3°$

Kontrolle: Die Winkelsumme ist zusammen mit dem rechten Winkel 180°.

Flächeninhalt

$A_\triangle = \frac{1}{2} |\overrightarrow{OP} \times \overrightarrow{OQ}| = \frac{1}{2} \left| \begin{pmatrix} 3 \\ 0 \\ 0 \end{pmatrix} \times \begin{pmatrix} 3 \\ 2 \\ 1 \end{pmatrix} \right| = \frac{1}{2} \left| \begin{pmatrix} 0 \\ -3 \\ 6 \end{pmatrix} \right| = \frac{1}{2}\sqrt{9+36} = \frac{3}{2}\sqrt{5}$

Kontrolle: Da es sich um ein rechtwinkliges Dreieck handelt, kann der Flächeninhalt auch mit den Kathetenlängen bestimmt werden:

$A_\triangle = \frac{1}{2} gh = \frac{1}{2} \cdot 3 \cdot \sqrt{5} = \frac{3}{2}\sqrt{5}$

202. a) Bei einem Parallelogramm sind gegenüberliegende Seiten parallel und gleich lang.

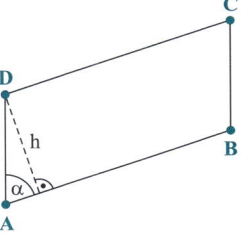

Vektoriell muss gelten:
$\overrightarrow{AB} = \overrightarrow{DC}$ bzw. $\overrightarrow{AD} = \overrightarrow{BC}$

$\left. \begin{array}{l} \overrightarrow{AB} = \begin{pmatrix} 2 \\ 3 \\ 3 \end{pmatrix} - \begin{pmatrix} 1 \\ 1 \\ 1 \end{pmatrix} = \begin{pmatrix} 1 \\ 2 \\ 2 \end{pmatrix} \\[18pt] \overrightarrow{DC} = \begin{pmatrix} -1 \\ 4 \\ -1 \end{pmatrix} - \begin{pmatrix} -2 \\ 2 \\ -3 \end{pmatrix} = \begin{pmatrix} 1 \\ 2 \\ 2 \end{pmatrix} \end{array} \right\} \Rightarrow$ ABCD sind Eckpunkte eines Parallelogramms.

b) Der Winkel $\alpha = \sphericalangle\,DAB$ wird von den Vektoren

$\overrightarrow{AB} = \begin{pmatrix} 1 \\ 2 \\ 2 \end{pmatrix}$ und $\overrightarrow{AD} = \begin{pmatrix} -2 \\ 2 \\ -3 \end{pmatrix} - \begin{pmatrix} 1 \\ 1 \\ 1 \end{pmatrix} = \begin{pmatrix} -3 \\ 1 \\ -4 \end{pmatrix}$

gebildet:

$\cos(\alpha) = \dfrac{\overrightarrow{AB} \circ \overrightarrow{AD}}{|\overrightarrow{AB}| \cdot |\overrightarrow{AD}|} = \dfrac{-9}{3 \cdot \sqrt{26}} \quad \Rightarrow \quad \boldsymbol{\alpha \approx 126°}$

c) $A_P = |\overrightarrow{AB} \times \overrightarrow{AD}| = \left| \begin{pmatrix} 1 \\ 2 \\ 2 \end{pmatrix} \times \begin{pmatrix} -3 \\ 1 \\ -4 \end{pmatrix} \right| = \left| \begin{pmatrix} -10 \\ -2 \\ 7 \end{pmatrix} \right| = \sqrt{100+4+49} = \boldsymbol{3\sqrt{17}}$

d) $A_P = g \cdot h = |\overrightarrow{AB}| \cdot h \quad \Rightarrow \quad h = \dfrac{A_P}{|\overrightarrow{AB}|} = \dfrac{3\sqrt{17}}{3} = \boldsymbol{\sqrt{17}}$

203. Die Koordinaten des (auf der x_3-Achse beweglichen) Punktes C werden mithilfe des Parameters k ausgedrückt: $C(0\,|\,0\,|\,k)$ mit $k \in \mathbb{R}$

a) $A_\triangle = \frac{1}{2}\left|\,\overrightarrow{AB} \times \overrightarrow{AC}\,\right| = \frac{1}{2}\left|\begin{pmatrix} -5 \\ 3 \\ 1 \end{pmatrix} \times \begin{pmatrix} -4 \\ -1 \\ k \end{pmatrix}\right| = \frac{1}{2}\left|\begin{pmatrix} 3k+1 \\ 5k-4 \\ 17 \end{pmatrix}\right|$

$ = \frac{1}{2}\sqrt{(3k+1)^2 + (5k-4)^2 + 17^2} = \frac{1}{2}\sqrt{34k^2 - 34k + 306}$

Da $A_\triangle = 10$ gelten soll, muss $\frac{1}{2}\sqrt{34k^2 - 34k + 306} = 10$ sein. Daher ist diese Gleichung zu lösen:

$\sqrt{34k^2 - 34k + 306} = 20 \qquad \big|\,(\ )^2$

$\phantom{\sqrt{}}34k^2 - 34k + 306 = 400 \qquad \big|-400$

$\phantom{\sqrt{}}34k^2 - 34k - 94 = 0$

$$k_{1/2} = \frac{34 \pm \sqrt{34^2 + 4 \cdot 34 \cdot 94}}{2 \cdot 34} = \frac{34 \pm \sqrt{13\,940}}{68}$$

$$k_1 \approx -1{,}24; \quad k_2 \approx 2{,}24$$

$\Rightarrow \ \mathbf{C_1(0\,|\,0\,|-1{,}24); \ C_2(0\,|\,0\,|\,2{,}24)}$

b) Schrägbild mit $C_2(0\,|\,0\,|\,2{,}24)$

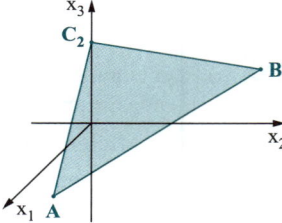